华中和华南

中国自助游

「中国自助游」编写组 编著

U0125065

中国地图出版社

北　京

目录 CONTENTS

本书 内容简介

言简意赅的城市简介，快速了解目的地

罗列当地特色纪念品、土特产

包罗各种交通方式

精选推荐住哪里、吃什么

提供全面景点信息，特点、亮点、交通方式一应俱全

优选旅行线路，串联特色目的地

广州

广州别称羊城、花城，是广东省省会。

它有着2200多年的历史，是中国2000多年来一直没有改变过名称的城市，也是中国历史上唯一一个从来没有中断过的古代外贸港口城市。

广州是一座既现代又古老的城市，既有深厚的岭南特色又融汇东西文化的城市，种种文化在此形成、聚集，并目碰撞出灿烂的文化火花。

广州是一座古老而富有活力的城市。珠江蜿蜒流过的珠水带来的温润气候，而老城区则有着极富人情味的小桥流水般的悠闲时光。全国各地甚至世界各国的美食文化在这里汇聚、交融，让人感到不出广州便可以穿行于世界之中。2006年开通的广州地铁更是为出行锦上添花。

来到广州，不但能享受到"食在广州"的发达饮食文化，正所谓"好景、好玩、好吃、样样俱全"，还可以一下子穿过国内外的风物风情，白切鸡、老火靓汤等各式美食皆为地道的"广州味道"，微风拂面，正是一番惬意时光。

☎电话区号 020

交通

■飞机
广州（微信公众号，https://www.byboyunairport.com/byb/export-web/index，微信公众号：白云1456）

■火车
广州站（微信公众号：广铁集团）／火车站也是热闹繁华的代表之一，深圳到广州／广州东站（61344610）上接的铁路有广深铁路（95105688）是个广州城际铁路／广州城际铁路、广深城际铁路、广佛肇铁路／广州站国际铁路。

■长途汽车
广州汽车客运站（86684259，越秀区环市西路188号147号）
流花汽车站（86669412，天河区黄埔大道633号）

■地铁
广州地铁系统发达、运营线路共13条。

广州地铁以人工或自助服务器等方式购票，可刷羊城通／可刷广东交通卡。另外也可以使用广州地铁微信小程序等购票，下载广州地铁App时需要注意绑定的卡号，扫描乘车二维码，上车前则下车。广州地铁运行时间为6:00～23:00，节假日有所变动，请行前留意最新信息。

■公交车
广州市的公交线路、支持投币、扫描乘车二维码，羊城通等，信息等方式支付。其公交线路上下车一次扫一次卡。

土特产和纪念品
当地特色广式腊肠、马蹄糕、老婆饼。

住宿
■经济型
莲花山1984
（8264882，越秀区文明路210号）
是一家开业不久的民国风情酒店，是一座三层独栋的民国别墅，整个酒店是民国装修的风格，复古，轻奢，它的外表延续的复古的民国时代风格，内部则可以感受到民国风尚的舒适，是好现代的舒适与老广的味道相结合，位于越秀区文明路，非常方便。

美食
■吃记煲仔饭
（81728887，宝华路荔湾里10号）
11:00～14:00，17:00～21:00 吃记煲仔饭是一家老字号餐饮，广州吃记以煲仔饭做成的点菜，反应制作用火干足，蜜汁大骨、蒸鸡、瑶柱饭等都是好吃的美味，非常美食的品。

■陶陶居
（8883888，珠江新城猎德路二街78号）
四季酒店之下坐落于城内，临海广州太点院区内有34间客房处，在热闹的广州和酒楼文化的影响下在自云山景区一带，提供当地的地方特色美食，是城内可感受广州味道的地方。

景点
■白云山
广州白云山（"羊城第一秀"）名称。由30多座山峰组成的风景名山，附近以登高望远为主，时刻山明以景致和游人的风气。"白云松涛"自古以来就是羊城八景之一，悠然云海、云溪公园、云岩桥等景点皆可观赏。是白云山景区的一个热门景点。白切鸡等每岁进有闲情入山的"夕照"景观自然景点，山上古观赏白云和大自然天然怡情。山上古观赏有等乐项目，山上还有"大树等"，悬索桥等观赏设施。山下近山城，清新舒服，环境优美，空气清新再来一。

营业时间：6:00～22:00

交通信息：搭乘地铁3号线至白云山底站，搭乘公交5号、38、76、127、223、245、265、891、旅游3、夜3、夜53路至白云山。

电话：37222222。

微信公众号｜白云山风景名胜区

门票信息：http://www.baiyunshan.com.cn/byx/index.shtml

■購物
四阿坡台·萧仁专·碌林

丝路推荐
■长隆旅游度假区
5A级景区／国家级文化产业示范基地／全球森林主题乐园旗舰。

广州长隆旅游度假区已成为世界、亮东长隆、国际大马戏、水上乐园、飞鸟乐园以及两次吸引完美的森林生态住地，是一个大型综合性度假区，野生动物世界有哺乳动物方丛里保种的森林生态住地，水上长隆野生动物世界则有完整的野生动物世界，与摄影合作动物公园特有完善的综合性本地成就业，完善的度假、综合游玩与娱乐项目，这一体化是条。

纵览博物馆

无惧寒暑，任何时候都可以参观体验，不管是独行还是携家人同行，博物馆都是好去处，你还能和国宝近距离接触。各地的博物馆各有特色，还有专属的镇馆之宝等你去观赏。

河南博物院	贾湖骨笛
湖北省博物馆	曾侯乙编钟
湖南省博物馆	辛追夫人
广东省博物馆	信宜铜盉
广西民族博物馆	云雷纹大铜鼓
海南省博物馆	越王亓北古剑
香港历史博物馆	李郑屋汉墓
澳门博物馆	山水人物

影视取景地

看电影就是一场心灵的旅行，你是否也想透过国内外著名导演的独特视角，领略他们眼中的美景呢？辽阔的祖国大地上美景无数，许多都是著名的影视取景地。跟着电影去旅行，感受也会有所不同。

嵩山少林寺	《少林寺》
汉口保元里	《人生大事》
张家界	《阿凡达》
赤坎古镇	《一代宗师》
阳朔、象鼻山	《刘三姐》
蜈支洲岛	《私人订制》
重庆大厦	《重庆森林》
福隆新街	《2046》

图为湖北博物馆曾侯乙编钟

图为张家界阿凡达悬浮山

③

④

四时赏花

由南至北,由东到西,城市更迭,则花香不同。花是迎风招展的城市标签,在熟悉一座城之前,不妨先去赏赏这座城姹紫嫣红的花。

洛阳	牡丹
武汉	樱花
长沙	杜鹃花
广州	三角梅
南宁	朱槿
海口	三叶梅
香港	紫荆花
澳门	荷花

凛冬魅力

气温渐冷,冬天悄然而至,初雪点缀的大地唯美梦幻。吃着火锅,泡着温泉,银装素裹的景色让人忘却烦恼,沿途南下又能重拾春夏的美好时光,冬天的快乐多种多样。

伏牛山滑雪度假乐园	雪海冰山
神农架国际滑雪场	白雪皑皑
长沙橘子洲头	雪中古桥
东澳岛	灿烂海景
隘门界	林海雾凇
椰梦长廊	温暖落日
三亚亚龙湾	沙滩

图为樱花在校园

图为雾凇

5

6

灵动逐浪

上善若水，有了水，这方土地就有了灵气。无论是发源于世界屋脊的长江、黄河，还是自向南流的珠江水系，都为华夏文明孕育了生机。与此同时，也有不少游览活动伴水而生。

三门峡	黄河小浪底
宜昌	长江三峡
长沙	湘江
广州	珠江
桂林	灵渠
万宁	日月湾
石澳	泳滩

森林公园

苍翠的林间，仿佛描绘着原始自然的美丽画卷，又如同天然雕刻的艺术展览。断崖绝壁下云雾缭绕，古树名木间飞瀑荡气回肠，更有奇珍异兽、层峦耸翠等你去发现。

云台山风景区	红石峡、猕猴群
神农架国家公园	珙桐、金丝猴
南山国家公园	中山泥炭藓沼泽湿地
西樵山	南拳文化、观音文化
广西十万大山国家森林公园	万年木、金花茶
海南热带雨林国家公园	热带雨林、海南长臂猿
七仙岭温泉国家森林公园	温泉疗养

图为日月湾日出

图为神农架国家公园

自然生灵

　　这些珍贵的生灵一度到达濒危的境地，所幸近年来情况已经有所好转。虽然你在路途中未必真的能邂逅它们，但探访其保护区或栖息地，更能切实体会到人与自然是在同享一个地球。

华南虎　　洛阳王城公园
川金丝猴　神农顶、老君山
云豹　　　华中和华南亚热带
　　　　　　和热带山地及丘陵
中华穿山甲深圳、肇庆、惠州、
　　　　　　潮州
中华秋沙鸭惠州、韶关南岭
白臂叶猴　海南热带雨林
卢氏小树蛙广东珠海淇澳-
　　　　　　担杆岛省级自然
　　　　　　保护区
鳄蜥　　　罗坑镇、茂名信宜

古城风情

　　城市是历史的见证者，虽然千百年过往已成为过眼云烟，但古城雕梁画栋的一砖一瓦、一草一木，都曾目睹过历史长河的万种风情，无时无刻不在传递时间积淀的悠悠古韵。

开封　　　东京汴梁、
　　　　　　《清明上河图》
洛阳　　　武周神都、龙门石窟
宜昌宜都　青林古镇、非遗文化
凤凰县　　凤凰古城
永顺县　　芙蓉古镇
广州　　　南越王都、岭南风情
崇左　　　太平古城
三亚　　　崖州古城

城市漫步

长途跋涉，舟车劳顿，你是否也想放慢节奏呢？那不妨在城市街头多逛逛。虽没有高山大河，但闲庭信步，闹中取静，找一间咖啡馆打发一下午的时间，看窗外熙熙攘攘的人群，也是旅途中非常独特的享受。

郑州	德化步行街、书店街
武汉	昙华林、江汉路
长沙	太平街
广州	上下九步行街
北海	侨港风情街
海口	骑楼老街
香港	兰桂坊
澳门	路环岛

主题乐园

主题乐园可以算是游玩界的集大成者，在这里你可以穿梭于梦幻的国度，邂逅动漫电影中的人物，让梦中的景象照进现实。适合携家带口，或叫上三五好友，在欢声与尖叫中尽享世间美好。

郑州	银基国际旅游度假区
武汉	华侨城欢乐谷
长沙	世界之窗
广州	长隆欢乐世界
南宁	方特东盟神画
海口	长影环球100奇幻乐园
香港	迪士尼乐园
澳门	新濠影汇水上乐园

图为德化步行街夜景

图为长沙世界之窗

11

12

美食之旅

　　湘菜香辣鲜嫩、粤菜用料广
博、豫菜包容五味……民以食为
天，出门在外，若想玩得开心，便
要先吃得爽快。

周口	胡辣汤
武汉	热干面
常德	米粉
潮州、汕头、揭阳	手打牛肉丸
柳州	螺蛳粉
三亚	椰子饭
香港	云吞面
澳门	葡式蛋挞

登山远眺

　　"登山则情满于山"，有人认
为登山是为了征服高山，其实这
何尝不是挑战自己内心的过程。
沿着山道一路向上，静下心来看
看沿途的风景，在忙碌的工作生
活之余，停下脚步休息，在云雾间
迎接那一轮旭日。登山，是会上
瘾的！

嵩山	峻极峰
武当山	紫霄宫
衡山	南岳大庙
鼎湖山	蝴蝶谷
十万大山	八寨沟
五指山	原始森林
太平山顶	山顶广场

图为热干面

图为海南五指山森林公园

中国政区图

◎乌鲁木齐

新 疆 维 吾 尔 自 治 区

甘

肃

内

青 海 省　西宁◎　兰州

省

西 藏 自 治 区

◎拉萨

四 川 省

◎
成都

昆明

云 南 省

比例尺

N

0　　　　　　　520千米

图　例	
★　北京	首都
◎　天津	省级行政中心
——— _{未定} - - - -	国界
———————	省、自治区、直辖市界
- - - - - - - -	特别行政区界

南海诸岛
1:53 000 000

澳门塔

香港和
澳门

英国人和葡萄牙人在香港和澳门多年的执政，为两地留下了浓厚的异国风情和特别的生活习惯。如今两地纷纷被纳入大湾区，与祖国内地的联结日益紧密，另一波文化的大融合正在发生，这两座国际化大都市也正在经历改变。此刻的港澳与十年前的它们如此不同，如果你曾去过这两座城市，如今再去也许会发现它们似乎都变了，又有很多东西始终如故。

行前参考　☎ 电话区号 香港 852、澳门 853

💬 实用方言

早晨：早上好

唔该：谢谢（可以当作"打扰一下""麻烦你""谢谢"来用，通常以此开头）

多谢：谢谢（与"唔该"的语境不同，是对得到的帮助表示感谢，通常以此结尾）

地下：不是说地下室或者地底，通常指楼宇的一楼大堂。

☀ 何时去

3月至5月：和暖潮湿，晚上比较凉，可以穿上长袖上衣或薄外套。

6月至8月：炎热潮湿，偶有骤雨和雷暴，雨具要随身携带。此外商场或交通工具上冷气比较强，可以准备一件外套。

9月至11月：阳光明媚，气温宜人，是全年最舒适的月份，适合登山。

12月至次年2月：清凉干爽，但是市区气温依然可能降到10℃以下，建议穿上保暖的毛衣或大衣。

香港有轨电车

🛈 注意事项

香港和澳门的汽车均靠左行驶，主要车型也是右舵为主。乘坐出租车时千万不要按照平时的习惯拉开右侧车门——你会看到一位惊慌的司机而不是座位。

香港和澳门的电压都是220伏特/50赫兹，以英式三脚插座为主，如使用其他电压的电器，需自备变压器。

首次申请通行证选择签注，除了香港也别忘了勾选澳门。

🛈 当地新讯

香港旅游发展局与香港品质保证局合作，推出"卫生抗疫措施认证计划"，为购物商场、餐厅、零售商户、酒店、景点等旅游相关的行业订制统一卫生标准，达标商户拥有认证标贴。

国家发改委批复粤港澳大湾区城际铁路建设规划，大湾区将规划建设13条城铁，其中珠海站承担城际交通功能，至2023年与澳门轻轨衔接。

香港特别行政区

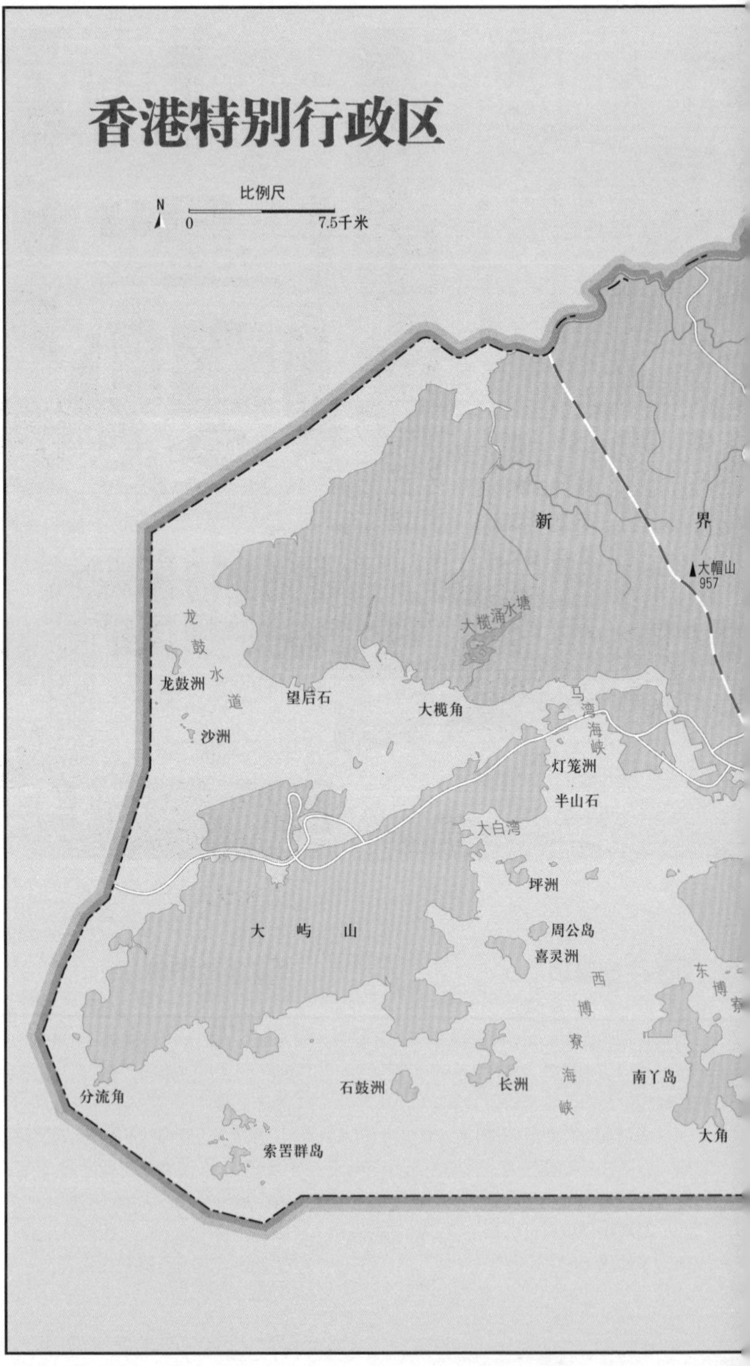

N

比例尺

0   7.5千米

新 界

▲大帽山
957

龙鼓水道

龙鼓洲

望后石

大榄涌水塘

大榄角

沙洲

马湾海峡

灯笼洲

半山石

大白湾

坪洲

周公岛

大 屿 山

喜灵洲

西博寮海峡

东博寮

分流角

石鼓洲

长洲

南丫岛

索罟群岛

大角

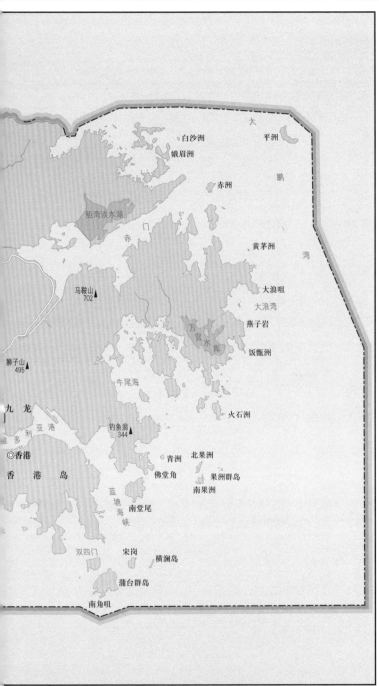

大平洲

白沙洲

娥眉洲

赤洲

鹏

船湾淡水湖

赤

门

黄茅洲

湾

马鞍山
702▲

大浪咀

大浪湾

万宜水库

燕子岩

饭甑洲

狮子山
495▲

牛尾海

九龙

火石洲

维多利亚港

钓鱼翁
344▲

◎香港

青洲

北果洲

香港岛

佛堂角

果洲群岛

南果洲

蓝塘海峡

南堂尾

双四门

宋岗

横澜岛

蒲台群岛

南角咀

珠

友谊大桥

大潭山
158.2

澳
望厦山
60.7

门
东望洋山
90.0

凼仔岛

半
澳凼大桥

岛

小潭山
110.4

青洲山
54.5

澳门◎

西湾大桥

妈阁山
71.6

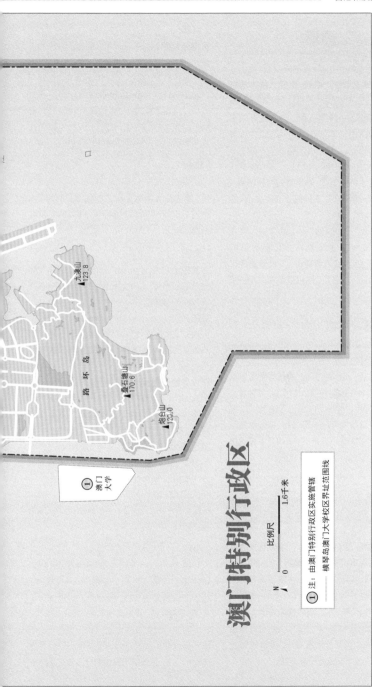

澳门特别行政区

比例尺

0   1.6千米

① 注：由澳门特别行政区实施管辖
- - - - - 横琴岛澳门大学校区界址范围线

九澳山 123.8
路 环 岛
叠石塘山 170.6
炮台山 120.0

① 澳门大学

香港和澳门

香港

自20世纪80年代起，香港影视剧、电影、流行音乐等逐渐传入内地，引起一阵阵的文化波澜。你或多或少对香港的城市风光、街头美食、市井文化有些了解，这个城市对很多人而言既陌生，又熟悉。1997年之后，香港变得更容易亲近，也有越来越多的人踏上了这座"寸土寸钻"的城市，但是更多人还在浅尝辄止。除了粤式美食、数不清的购物场所，很多人无意探知这片土地的社会历史、自然环境。

多给自己一些时间，你会发现国际文化在这里碰撞，传统和新潮在这里融合，叮叮车宛若活化石在城市里穿梭，贝聿铭的现代设计作品在这里高耸，民国风的警署、法院建筑被保护和活化。

🚗 交通

在香港旅游和生活，八达通卡必不可少。除了搭乘公共交通工具（包括出租车），在便利店、快餐店、超市和自动贩卖机等都可以用八达通。旅客八达39港币，不需要付押金，卡面印刷有香港地标，再次到香港还可以继续使用，也可以作为纪念品。另一种是租用版八达通，支付50港币押金，90天内退卡需支付手续费。

✈ 飞机

香港国际机场（Hong Kong International Airport; IATA: HKG, ICAO: VHHH; 微信公众号: 香港国际机场）是国泰航空、港龙航空、香港航空、香港快运航空、华民航空的枢纽，几乎有通达世界各地的航线在此停靠。

多条"A"号巴士路线来往机场及香港主要地区，行驶地区包括香港岛、九龙、新界及大屿山，中途停站较少。离开机场入境大堂后右转，即可前往机场巴士站。此外，也可使用有效八达通以优惠价港币20元，搭乘机场快线由九龙站或青衣站前往香港站。

🚆 火车

香港西九龙站 3条直通车线路往返香港和内地，分别为北京线、上海线及广东线。粤港直通车由红磡开往常平、广州东及佛山。红磡至广州东每日对开12班，全程约需2小时，其中一班以佛山为终站，全程约需3小时。京九直通车以北京西为终站，全程约需24小时。沪九直通车以上海为终站，全程约需19小时。

🚇 地铁

港铁（http://www.mtr.com.hk/）四通八达，能去往大多数你想去的地方。可使用八达通进出站，也可以在自助售票机、人工窗口购票。

🚌 大巴

九龙巴士（http://www.kmb.hk/tc/）大部分是双层巴士，在九龙和新界区经营354条路线和64条过海路线。

城巴（http://www.bravobus.com.hk/）包括52条港岛路线、3条九龙市区和新界线、35条过海路线及28条服务北大屿山及机场的路线。

新世界第一巴士（简称新巴; http://www.qbusfile.com/nwfb.htm）经营48条港岛路线、13条九龙/将军澳线及33条过海路线。

龙运巴士（简称龙运; http://www.lwb.hk/tc/）提供北大屿山和机场的专营巴士服务，共38条路线。

新大屿山巴士（简称屿巴; http://www.nlb.com.hk/）经营26条大屿山路线及1条新界路线。

🚐 小巴

通常为19座小型巴士，绿色为专线小巴，可使用零钱或八达通卡付款，不设找零；红色为非固定路线小巴，没有固定的班次和车资，下车时付钱，司机会找零。

乘坐小巴需要主动向司机报站停车，不懂粤语以及不认识路的情况下坐小巴容易过站。可以一上车就向司机说明自己要在某站下车，请司机到站提醒你。

▌电车

香港独有的双层电车自1904年开始在香港岛行驶，是在港岛区观光的好选择。可选个靠窗的座位，尽览西区、湾仔、铜锣湾及北角的城市景观。搭乘电车，由车尾入口上车，然后下车时在车头以零钱或八达通卡支付车资。

▌出租车

在香港，不同类型之的士有其指定的经营范围。市区的士（红色）可在本港大部分地方行驶，新界的士（绿色）主要在新界东北部（即沙田以北）及西北部（即荃湾以北）营运，大屿山的士（蓝色）只可在大屿山及赤鱲角行驶。所有的士均可在香港国际机场客运大楼、港珠澳大桥香港口岸和香港迪士尼乐园提供服务。打车时应注意你的车是否可跨区。

▌渡轮

渡轮往来尖沙咀和中环、湾仔，以及往来红磡和中环，除了是香港居民的常规交通工具，也是欣赏维多利亚港美景的窗口。此外，从中环渡轮码头可搭乘来往香港多个离岛，如坪洲、长洲、南丫岛和大屿山等。

🛒 土特产和纪念品

当地特色有珍妮曲奇小熊饼干、美心月饼和其他点心、山顶等景点的纪念明信片和冰箱贴、国际品牌的护肤品和服饰。

🏠 住宿

▌经济型

YHA美荷楼青年旅舍

（37283500，27881638；深水埗石硖尾邨41座；微信公众号：Yhamhh）由第一代公共房屋大厦活化而成，有129个房间，设有怀旧主题房、怀旧冰室及士多（小卖部）。这间旅舍地理位置优越，住在其中也能体验香港本土文化和当地故事，即便不在这里入住，旅舍内的美荷楼生活馆也值得到此一游。

▌中档

丽豪酒店

（28028888；湾仔港湾道1号）酒店位于香港会议中心旁边，是商旅人士喜欢的地方。地处港岛，到中环、金钟、铜锣湾等地都很便利，无论是办理公务或是购物、寻找美食美酒，都是很好的选择。酒店有泳池、外币兑换服务、行政酒廊等，更吸引人的是屡获殊荣的满福楼，出品粤菜，开业于1989年，一直被当地人戏称为"名人饭堂"，不妨一试。

▌高档

半岛酒店

（400-120-0618；www.peninsula.com.cn/zh-cn/；尖沙咀梳士巴利道；微信公众号：半岛酒店ThePeninsulaHotels）"亦舒女郎"时常出现的半岛酒店，在20世纪90年代风靡一时，众人以能在这里喝下午茶为风尚，正宗的英式茶点、典雅的环境、悠扬的古典音乐成就了一个时代的经典。

半岛酒店处于核心地段，吃喝玩乐都在附近，景观房更是让你获得独一无二的视角，更别提酒店内摆放的文物、优质的服务了。酒店还提供直升机服务。

🍴 就餐

兰芳园茶餐厅（中环老店）

（中环结志街2号地下；周一至周六7:30—18:00，周日全天休息）如今各种连锁奶茶店风靡全国，谁还能记得这位奶茶鼻祖——丝袜奶茶和港式鸳鸯（奶茶加咖啡）正是发源于此。兰芳园的水准几十年如一日，吸引着当地人和游客前来，排队也是常有的。兰芳园有不少分店，但不管是"童年滤镜"还是心理作用，终归是老店更得人心。丝袜奶茶、猪扒包都是必点之物。

L'ATELIER de Joël Robuchon（置地广场店）

（皇后大道中15号置地广场4楼401号

铺;7:30—10:00,12:00—14:30,18:00—22:30)在香港总是能吃到世界各地的美食,在此基础上,米其林餐厅遍地开花,这家餐厅是众多"摘星爱好者"的乐园。提前预约,然后感受纯正的法餐流程,逐一体验精心烹制的菜品:用日本鹿儿岛和牛制作的板烧牛排、鲜美的蟹肉,以及美味而选择多样的餐前面包都是必点。面包爱好者有福了,吃不完是可以打包带走的。

🚏 线路推荐

尖沙咀一日游:香港历史博物馆—香港科学馆—加连威老道—香港文物探知馆—香港艺术馆—香港太空馆—星光大道—广东道

中西区体验历史与当下的交融:茶具文物馆—香港视觉艺术中心—中环半山扶手电梯—兰桂坊—孙中山纪念馆

探访香港另一面——新界:香港文化博物馆—沙田市中心购物、美食—万佛寺—香港铁路博物馆

📍 景点

香港地质公园

标签: 联合国教科文组织世界地质公园 中国国家地质公园

　　香港地质公园于2009年正式成为中国国家地质公园,2015年更名为香港联合国教科文组织世界地质公园。世界地质公园共有8个景区,新界东北沉积岩区包括印洲塘、赤门、赤洲-黄竹角咀和东平洲等4个景区,西贡东部火山岩区则包括粮船湾、瓮缸群岛、果洲群岛和桥咀洲4个景区。西贡火山岩园区的六角形岩柱分布广泛,从地质学的角度来看意义重大;新界东北沉积岩园区拥有不同地质时期形成的沉积岩,展示香港的地质史。园区内有多条步道可去探险,还能乘船探索。公园范围内居住着客家人和渔民,他们的独特生活方式、习俗和传统也作为非物质文化遗产得以保护。

门票信息 | 免费

营业时间 | 9:30—16:30,周二(公众假期除外)、农历新年初一及初二闭馆

交通信息 | 一些偏远的岛屿和海岸线,如黄竹角咀、赤洲、粮船湾花山海岸、瓮缸群岛和果洲群岛等,因为地理条件所限,在保存自然景观的大前提下不设任何游客设施(例如公共码头和路径)。为免发生意外,游客应避免登岸,只适宜在风平浪静的夏季从船上远观。

电话 | 27922234

网址 | www.geopark.gov.hk

⭐ 亮点

六角形岩柱、海岸景观、客家文化与渔民文化

大馆(中区警署建筑群)

标签: 文化保育项目 历史古迹活化 香港法定古迹

　　大馆是昔日公众对前警察总部以至整个建筑群的简称,它矗立在港岛最金贵的中环核心地段,是香港最重要的历史古迹活化计划之一。大馆内的三大法定古迹,包括前中区警署、中央裁判司署及域多利监狱,已按照最高规格修复,保留古迹原真性。

门票信息 | 免费

营业时间 | 8:00—23:00

交通信息 | 荷李活道10号;港铁中环站D2出口、香港站E出口。

电话 | 35592600(10:00—22:30)

网址 | www.taikwun.hk/zh/

⭐ 亮点

古迹建筑、取景地打卡、场馆内的艺文活动

孙中山纪念馆

标签: 香港法定古迹

　　这座博物馆原为"甘棠第"(甘棠是一位富商),豪宅本身就值得一看,整体建筑是英

皇爱德华时期的古典风格，内部装修富丽堂皇，弧形阳台有希腊式巨柱承托，色彩斑斓的玻璃窗、阳台墙身的瓷砖及柚木楼梯均保存良好，是香港最早以钢筋构建并铺设了供电线路的私人住宅之一。

纪念馆楼高四层，馆内设有两个常设展厅，展出多件珍贵的历史文物，搭配多元视听节目，讲述孙中山先生的生平事迹和革命事迹。

营业时间｜工作日10:00—18:00，周末及节假日10:00—19:00，圣诞前夕及农历新年除夕10:00—17:00；每周四（公众假期、孙中山先生11月12日诞辰及3月12日忌辰除外）、农历年初一及初二关闭

门票信息｜免费

交通信息｜中环半山卫城道7号；搭港铁至中环站D1或D2出口往中环至半山扶手电梯至坚道，再步行约5分钟即达。

电话｜23676373

网址｜hk.drsunyatsen.museum

香港文物探知馆

标签：　古迹建筑

文物探知馆位于九龙公园内，前身是威菲路军营S61及S62座，约于1910年建成，西式色彩浓厚，但是由于香港的气候环境和文化背景，建筑中又容纳了瓦片屋顶、扁拱柱廊等中式元素，可谓融贯中西。

除了历史悠久的建筑，室内的模型、多媒体节目和互动式展品，也让香港的古迹、文物建筑及考古成果更容易接近。

门票信息｜免费

营业时间｜工作日10:00—18:00，周末及节假日10:00—19:00，圣诞前夕及农历新年前夕10:00—17:00，每周四（公众假期除外）、农历年初一、圣诞节休息

交通信息｜尖沙咀海防道九龙公园；港铁尖

沙咀站、尖东站。

电话｜22084488

网址｜www.amo.gov.hk/b5/hdc.php

香港铁路博物馆

标签：　主题博物馆

博物馆的前身是旧大埔墟火车站大楼，建于1913年，能从金字顶屋顶和门楼屋脊上寓意吉祥的泥塑上看到浓郁的中国特色。火车站于1984年被列为法定古迹。

馆内主要介绍香港铁路交通的历史和发展，除保留旧火车站古迹和其他铁路设备外，还展出窄轨蒸汽火车头、51号柴油电动机车和六辆历史卡车，还有不少影视资料和多媒体项目带领火车爱好者穿越古今。

门票信息｜免费

营业时间｜10:00—18:00，周二关闭

交通信息｜大埔墟崇德街13号；从大埔墟站A2出口、太和站B出口步行约10分钟即可到达铁路博物馆。乘搭九巴72、72X、73X、74X、75X或271号，在大埔广福道下车后步行15分钟即到。

电话｜26533455

网址｜www.heritagemuseum.gov.hk/zh_TW/web/hm/museums/railway.html

香港迪士尼乐园

标签：　主题公园

在全世界的迪士尼乐园中，香港迪士尼相对老旧，园区也更小，但是在上海迪士尼诞生之前，它着实是离我们最近也最实惠的迪士尼乐园。园区由美国小镇大街、探险世界、灰熊山谷和迷离庄园等部分组成，热门项目永远需要排大队，如果遇到炎热天气不想排队，可

以购买速通卡,在官网可查询到相关的费用。如果购买了二日票,可以考虑住在园区的酒店,甚至可以选择景观房,夜晚隔开密密麻麻的人群,独享公主城堡与烟花秀的合影。

门票信息 | 普通一日票639港币,二日票865港币,儿童票和其他优惠票详见官网

营业时间 | 10:30—19:30

交通信息 | 港铁欣澳站转乘迪士尼线。

电话 | 35503388

微信公众号 | 香港迪士尼乐园度假区

网址 | www.hongkongdisneyland.com/zh-cn/

⭐ **亮点**

巴斯光年、太空山、城堡烟花秀

香港海洋公园

标签: 主题公园　自然动物

　　香港海洋公园绝对是香港老牌热门主题公园,看过TVB电视剧的人应该都对剧中小朋友心心念念去海洋公园的画面印象深刻。这个公园分为"高峰乐园""海滨乐园"两大景区,饲养了多种世界罕见的昆虫、鱼类、鸟类和海洋哺乳类动物,成功繁殖了鲨鱼、海狮、海马及不同品种的水母,甚至成功孵化和孕育出濒危的鸟类和蝴蝶。喜欢刺激的也可以在海天之间俯冲、高飞——香港海洋公园机动项目的刺激程度一定让你满意。

　　公园内有多家餐厅,在水下与海洋生物做伴进餐不是梦。购票时可选择香港海洋公园正门、香港全线7-11便利店、香港海洋公园网上订票系统。

门票信息 | 成年人498港币,儿童249港币,可考虑购买无限FUN入场证和海洋快证

营业时间 | 园区10:00—18:00,高峰乐园至17:30

交通信息 | 香港仔黄竹坑道180号;港铁南港岛线至海洋公园。

电话 | 852-39232323

网址 | http://www.oceanpark.com.hk/(官方App "Ocean Park Hong Kong")

⭐ **亮点**

香港赛马会四川奇珍馆、海龙王餐厅

星光大道

标签: 地标

　　星光大道绝对是内地游客最早熟悉的香港地标景点之一,近些年香港政府对其进行了改造,使其在2019年再次回到公众面前。从此,星光大道从一条单纯的滨江观景步道转变为休闲、购物、餐饮综合体,行人路上的双色图案能在阳光灿烂的日子下减少太阳反射的眩光——这个设计在炎热的香港可谓贴心。

　　上百名巨星掌印依然是这里的核心景观,它们以全新面貌出现——从地面移到了木制扶手上,用手机扫描二维码,还可以看到巨星简介、电影短片。通过AR技术,你也可以在维港与李小龙、梅艳芳合影。到了晚上,这里依然是欣赏"幻彩咏香江"灯光秀的好地方。

门票信息 | 免费

营业时间 | 全天

交通信息 | 港铁尖沙咀站

微信公众号 | 香港星光大道

网址 | www.avenueofstars.com.hk

⭐ **亮点**

AR互动合影、夜景

金紫荆广场

标签: 地标

　　来到湾仔,没人会错过香港会展中心旁的金紫荆广场,巨大的紫荆花雕塑为纪念香港回归而竖立,这可是香港的重要地标之一。这朵花的形象被用于各种代表香港的纪念品上,哪怕你从未到过香港,也可能不止一次见过。这座广场三面被维港包围,对面就是尖沙咀,视野开阔、景色优美,平日里不少人在海滨散步、休闲。每天7:50—8:03(每月1日除外),身穿礼服的警务人员会在广场上主持升旗仪式,神圣庄严。降旗时间为18:00。湾仔附

近酒店选择很多，不妨住在附近，第二天一早来这里感受一次维港边的升旗仪式。

门票信息｜免费

交通信息｜湾仔博览道1号香港会议展览中心；港铁湾仔站。

⭐ 亮点

维港边的升旗仪式

太平山顶

标签：　香港全景纪念照

站在太平山顶可俯瞰整座城市的全貌，夜间来此欣赏万家灯火是一件极其浪漫的事——这也是港剧中经常出现的画面。山顶也是几处经典景点的集合处，包括凌霄阁、摩天台428、杜莎夫人蜡像馆等。

凌霄阁经过3次重建，现在的观景台由英国建筑师特里·法瑞尔（Terry Farrell）融合"碗"与"拱手"的设计思维修建而成，这里汇集了便利的餐饮、购物设施。

摩天台海拔428米，放眼望去，维港、港岛南区、香港仔以及海上的南丫岛等尽在眼前，也是与香港"最美全景"合影留念的好地方（打印照片148港币，电子版照片按人头收费，每人200港币）。

门票信息｜免费

营业时间｜凌霄阁10:00—22:00（周一至周五），8:00—22:00（周末及公众假期）；摩天台428 10:00—21:00（周一至周五），8:00—22:00（周末及公众假期）

交通信息｜山顶道128号；山顶缆车7:00—22:00每15—20分钟一班，也可选择新巴第X15号、新巴第15号、港岛专线小巴1号线，从中环前往山顶。

电话｜28490668

网址｜https://www.thepeak.com.hk/zh-hans

微信公众号｜山顶缆车及山顶凌霄阁

⭐ 亮点

城市全景

香港杜莎夫人蜡像馆

标签：　蜡像馆

这家蜡像馆算得上是太平山顶之行的又一个亮点。里面除了来自世界各地的当红明星蜡像，比如香港巨星刘德华、韩国明星裴秀智，也有不少政要人士的形象，比如站在飞机云梯向你招手的胡锦涛，此外还有已经离世的名人的蜡像供游客缅怀和纪念，比如爱因斯坦、奥黛丽·赫本。还有一些蜡像复原了世界名画的场景，你可以想办法搭配特别的服装、姿势，和它们互动拍照，留下逼真的合影。

门票信息｜单人票290港币，双人套票720港币，在官网订票分别为230港币、420港币，夜场（17:00后入场）188港币

营业时间｜11:00—20:00，最后入场时间19:30

交通信息｜山顶道128号凌霄阁P101号铺；公共交通方式见"太平山顶"交通信息。

电话｜28496966

网址｜https://www.madametussauds.com/hong-kong/

⭐ 亮点

名人蜡像

蓝屋建筑群

标签：　老建筑

蓝屋是一项小区主导、集体参与的非物质文化和历史资产保育项目，把老旧但是蕴含着港人共同回忆的唐楼建筑活化、存留下来。建筑群包括蓝屋、黄屋（庆云街）和橙屋（景星街），它们从"二战"前就矗立于此了。

如今蓝屋底楼为香港故事馆，陈列着由街坊捐献的生活文物，例如老自行车、唱片、家具等。转角处的医馆是黄飞鸿的弟子"猪肉荣"的后人开设的。这里更像是一个街坊活动中心，定期举办艺文课程、电影放映会、音乐会等小活动。

每天（周三及公众假期休馆除外）提供两团长达1小时的免费粤语导赏，分别在11:00和15:00，导赏员会介绍蓝屋建筑群历史、湾仔基层生活状况及计划如何修复小区。

营业时间｜11:00—18:00，周三及公众假期休息

交通信息｜石水渠街72A地下；港铁湾仔站A3出口。

电话｜28334608

网址｜vivabluehouse.hk/tc/

> ⭐ **亮点**
>
> 生活文物

中环半山自动扶梯

标签　公共交通设施

经典电影《重庆森林》中，王菲隔着玻璃窗每日目送梁朝伟上下班搭乘的电梯就是这部自动扶梯了，也有人叫它半山电梯。电梯的起点在皇后大道中，最终到达干德道的豪宅区。电梯沿途有各种酒吧、商店，只要有横跨电梯的东西向道路，就有出口可以离开。

门票信息｜免费

营业时间｜下行6:00—10:00，上行10:20—24:00

交通信息｜港铁中环站D2出口；如果路过港铁特惠券八达通卡感应器，记得刷一下卡，当天在中环站、上环站和香港站乘港铁可以优惠2港币。

> ⭐ **亮点**
>
> 梁朝伟同款扶梯

香港大学

标签　著名大学

网友戏称香港大学为薄扶林大学，因为港大主校区就在这里，或者说，几乎薄扶林都属于港大。校园依山势而建，港大东闸（东门）附近有几座老楼，《色戒》《玻璃之城》等电影都曾来此取景。东闸斜对面的英皇书院

则是一栋英式建筑。本部大楼（前文学院）是香港大学最古老的建筑，张爱玲就曾经在这里读书。从荷花池向西是较新的校区。

香港大学美术博物馆（22415500；www.hkumag.hku.hk；免费）中有一些展品值得一看，例如元代景教铜十字，可以在网上预约后前去参观。

交通信息｜薄扶林香港大学；港铁香港大学站A出口。

电话｜28592111

网址｜www.hku.hk

> ⭐ **亮点**
>
> 取景地

铜锣湾

标签　商圈

香港的人口密度在全世界都算得上大，而比香港人口密度更大的地方应该就是铜锣湾。这里聚集了大量的商场，从平价、中档商品到奢侈品，从服装、首饰、药品到书籍，应有尽有，还有来自世界各地的美食，这些商店大多营业到很晚，也就是说一整天都有数不清的人到这里来快乐"血拼"。时代广场、崇光百货等汇聚了世界各地的品牌，骆克道、渣甸坊街区容纳了各种特色街铺，还有数不清的楼上铺等你来扫货。几乎不可能有人在铜锣湾还找不到自己的乐子。

在坚拿道东有一条"断头"的电车道，因为时代广场在20世纪50年代曾是电车厂，如果你正好是电车迷，可以来看看。

交通信息｜港铁铜锣湾站。

> ⭐ **亮点**
>
> 购物

兰桂坊

标签　酒吧街

兰桂坊是由犹太商人发掘改造的老旧街区，是酒吧爱好者的天堂，来自世界各地的人

在这里饮酒作乐，释放一天快节奏工作后的疲惫。这里还是明星可能出没的地方。但最有趣的兰桂坊在万圣节、平安夜和新年，漫长的奇装异服游行队伍缓缓前进，然后分散到不同气质的酒吧里去，入乡随俗地参加这些变装活动吧！

营业时间｜酒吧通常晚间营业，21:00以后渐入佳境

交通信息｜兰桂坊不只是中环兰桂坊街，而是由德己立街、威灵顿街、云咸街、安里、仁寿里及荣华里构成的一个消费区；乘坐港铁至中环站D2出口。

> ★ **亮点**
>
> 节日游行

天际100香港观景台

标签：　香港最高室内观景台

观景台位于全港最高建筑物环球贸易广场（ICC）的100层，海拔高度为393米，在这里可360度鸟瞰维多利亚港以至九龙半岛的景色，甚至能看到澳门。这里还配备了一些多媒体设备，供你了解香港的发展及风土人情。楼内的最快双层升降机让你60秒内上升100米，急速带你带入丽思卡尔顿酒店设置在这里的美食"陷阱"——Cafe 100餐厅。礼品中心里还设有邮筒，除了在这里购买香港特色纪念品，还可以给亲友寄出一份高空祝福。

登上观景台的途中会经过商品琳琅的商场，这部分无需门票，进入观景台需要购票，团购网站往往有更好的价格。

门票信息｜标准票178港币，儿童票及65岁以上人士的优惠票115港币

营业时间｜10:00—20:30

交通信息｜柯士甸道西1号环球贸易广场100楼；港铁西九龙站M出口。

微信公众号｜香港天际100观景台

微博｜天际100香港观景台

网址｜sky100.com.hk/zh-hans/

> ★ **亮点**
>
> 最高纪念品商店、全景香港视角留影

香港摩天轮

标签：　摩天轮

这座滨海的摩天轮高达60米，大约20层楼的高度，是从高处欣赏香港城景和维多利亚港风光的好地方——白天看港湾，晚间看灯光秀"幻彩咏香江"。摩天轮有42个车厢，每个车厢可乘载8名乘客，绕行一圈要15—20分钟。车厢内还有恒温设备，任何时候去都能享受到舒适体验。

营业时间｜11:00—23:00，22:30停止入场

门票信息｜成人20港币，包厢160港币，3—11岁儿童、65岁以上老人、残疾人半票，3岁以下儿童免票

交通信息｜中环民光街33号中环海滨长廊；从尖沙咀坐渡轮至中环7号码头下船，向9号码头方向步行几分钟即到，也可以乘坐港铁到中环站下车。

电话｜23390777

网址｜hkow.hk

> ★ **亮点**
>
> 城市全景

香港公园

标签：　城市公园

公园不大，但在满是冷漠写字楼的中环显得格外可爱。这里原本是英军军营，至今仍然保留了多座1842—1910年兴建的军营文物建筑，包括三军总司令官邸旗杆屋（现为茶具文物馆）、罗连信楼（现为香港公园办事处、红棉路婚姻登记处）、华福楼（现为教育中心）和卡素楼（现为香港视觉艺术中心）。红棉路婚姻登记处时常出现在港剧中。公园中部有依山而建的温室和观鸟园这两座大型现代设施。

门票信息｜免费

营业时间｜6:00—23:00

交通信息｜红棉路19号；港铁金钟站B或C1出口，中环站J2或K出口。

电话｜25215041

网址｜https://www.lcsd.gov.hk/tc/parks/hkp/index.html

★ 亮点

旧时军营建筑、影视取景地

跑马地马场

标签：赛马场

　　"赌马"是广受香港人欢迎的一项娱乐项目，跑马地马场更是历史悠久——1846年就开办了第一场赛马。"没有比在璀璨生辉的霓虹夜晚，欣赏精彩的赛马更令人向往不已！"马场在宣传页中如是说，而一大批港人必会赞叹。哪怕不懂马，也不懂竞赛的规则，进入场内感受当地人的热闹氛围也会是一次独特的体验。

　　公众入口位于跑马地马场的最南端，从地铁站过来的路上会遇到派发免费"马经"的人，可以拿上一张，既可稍作了解，也能更好地和当地人打成一片。

　　如果没能碰上夜场赛马日，可以去赛马博物馆（马场快活看台2楼；29668065；免费；10:00—17:00，赛马日10:00—21:30，周一休息）稍稍弥补一下遗憾。

门票信息｜入场10港币

营业时间｜9月至次年6月周三19:00—22:30

交通信息｜港铁铜锣湾站A出口。

网址｜www.hkjc.com/home/chinese/index.aspx

★ 亮点

赛马

圣约翰大教堂

标签：香港圣公会历史最悠久的教堂

　　圣约翰大教堂俗称大教堂，1849年建成，是香港最早建立的基督教教堂，也是圣公会港澳教区的主堂，在香港有着不容忽视的地位。第二次世界大战期间，日军曾以该教堂为总部。正门前有一座纪念碑，用以悼念第一次世界大战期间的殉难者。

门票信息｜免费

营业时间｜7:00—18:00

交通信息｜花园道4-8号；港铁中环站J2出口。

电话｜25234157

网址｜www.stjohnscathedral.org.hk/

★ 亮点

彩绘玻璃、中国景教十字架

香港科学馆

标签：推广科技教育

　　香港科学馆毗邻香港历史博物馆，成立于1991年，常设展厅面积达6500平方米，特备展览厅占地745平方米。大楼设计独特，由多个不同的立体及平面几何结构组成。主体建筑物是一个长方体，楼顶建有圆锥形及半球形的立体装饰，左右两旁分别为半圆柱形外墙的演讲厅。常设展厅陈列约500件展品，近年举办的展览主题包括爱因斯坦生平、香港各种各样的生物及中国首次太空漫步。馆内的互动展品很有趣，能让你轻松愉快地走进科学。

营业时间｜工作日10:00—19:00，周末及公众假期10:00—21:00，周四休息

门票信息｜常设展览厅标准票20港币，团体票14港币，残疾人及60岁以上人士优惠票10港币，周三免费

交通信息｜尖沙咀东部科学馆道2号；港铁至尖沙咀站B出口、佐敦站D出口、红磡站D出口，专线小巴7号、8号可达。

电话｜27323232

网址｜https://hk.science.museum/zh_CN/web/scm/index.html

★ 亮点

能量穿梭机、香港首架客机DC-3、专题展览

香港和澳门

香港历史博物馆

标签：香港及华南地区历史文物

香港历史博物馆记录了香港多年来的发展变迁，常设的"香港故事"展览通过大型立体场景、图片、多媒体等展示香港的文化历史产物，如动物标本、水上人家的生活、舞狮、电车。

香港历史博物馆辖下还有5间分馆，分别是筲箕湾的香港海防博物馆、深水埗的李郑屋汉墓博物馆、柴湾的罗屋民俗馆、香港鲗鱼涌公园内的葛量洪号灭火轮展览馆，以及中环半山的孙中山纪念馆。

门票信息｜常设展免费，录音导赏10港币
营业时间｜工作日10:00—18:00，周末及公众假期10:00—19:00，圣诞节前夕及农历新年除夕10:00—17:00，周二（公众假期除外）、农历年初一及初二休息
交通信息｜尖沙咀漆咸道南100号（香港科学馆侧）；搭港铁至红磡站、尖沙咀站、尖东站，下车后可步行抵达。
电话｜27249042
网址｜hk.history.museum

⭐ **亮点**

面对维港的玻璃幕墙

香港艺术馆

标签：香港第一所公营美术馆
网红打卡地

香港艺术馆成立于1962年，是香港第一所公营美术馆，坐落于尖沙咀海边，是亚洲著名的视觉艺术馆。经过大刀阔斧的修整后，美术馆如今焕然一新，除了空间大幅增加，设计感也极强，已然成为网红打卡地。这里展出超过17,000件艺术珍品，展品覆盖中国文物、中国书画、外销艺术品等，从各方面体现出香港的多元精神。

门票信息｜10港币
营业时间｜工作日10:00—18:00，周末及公众假期10:00—19:00，圣诞前夕及农历新年

前夕10:00—17:00，周四（公众假期除外），农历新年初一、初二休息
交通信息｜尖沙咀梳士巴利道10号；港铁尖沙咀站E出口、尖东站J出口。
电话｜27210116
网址｜hk.art.museum/zh_TW/web/ma/home.html

⭐ **亮点**

北宋汝窑青釉笔洗、青花螭龙缠枝牡丹纹瓶、张大千的《花开十丈影参差》、吴冠中的《华山旭日图》

香港太空馆

标签：香港地标　全自动天象节目控制系统

香港太空馆是香港的著名地标——半球形的东翼是太空馆的核心，内设天象厅、宇宙展览厅、全天域电影放映室、多个制作工场及办公室；线条流畅的西翼则设有太空探索展览厅、演讲厅、天文书店和办公室。不妨在这里的全天域电影欣赏一出天象节目。同时，太空馆还全年举办各类活动，可以提前查阅官网信息，参与其中。要注意，太空馆不接待3岁以下儿童。

门票信息｜展览厅标准票10港币，天象厅标准票前座24港币，后座32港币，优惠票半价
营业时间｜周一、周三至周五13:00—21:00，周末10:00—21:00，周二休息
交通信息｜尖沙咀梳士巴利道10号。
电话｜27210226
网址｜www.lcsd.gov.hk/CE/Museum/Space/zh_CN/web/spm/whatsnew.html

⭐ **亮点**

在"迷失方向"展体验失重的太空舱、球幕电影

香港文化中心

标签：艺术中心

香港主要的表演场地之一，设有音乐厅、

大剧院、剧场展览馆，许多国际知名乐团、剧团、音乐家都选择在这里表演。如果有时间不妨到此欣赏一出艺术表演，顺便参观各个表演场地及观赏中心内的艺术装置，在官网可以查到节目表。在大厅的艺术精品店DNA STORE可以买到纪念品、文化艺术特色的收藏品等。

门票信息｜参观票成人10港币，儿童5港币

营业时间｜9:00—23:00

交通信息｜九龙尖沙咀梳士巴利道10号；尖东站L6出口（隧道）、尖沙咀站E出口，乘坐1、1A、2、6、7、8、8A、8P、9号巴士前往；或从香港文化中心巴士站乘坐1、1A、5A、5C、6、8A、8P、9、28、234X、234P号巴士前往尖沙咀天星码头巴士总站。

电话｜27342009

网址｜www.lcsd.gov.hk/hkcc

> ★ **亮点**
>
> 艺术装置

志莲净苑

标签： 佛教

　　志莲净苑建于1934年，原址是一座别墅，如今不仅是佛教徒烧香拜佛的场所，还设有学校、图书馆、牙科诊所和养老院。主要对外开放的区域有莲园和天王殿。这里的木构建筑以唐代建筑为参照，殿堂中的柱、斗栱、梁架等以榫卯方式结合，无须使用一根钉子。由位于凤德道的山门进入，可充分体到"三进三重门一院"的布局。志莲净苑2012年被列入《中国世界文化遗产预备名录》。

门票信息｜免费

营业时间｜寺庙9:00—16:30，庭院6:30—19:00

交通信息｜九龙钻石山志莲道5号；港铁钻石山C2出口。

电话｜23278141

网址｜www.chilinhk.cn/

> ★ **亮点**
>
> 仿古建筑

香港湿地公园

标签： 21世纪香港十大杰出工程项目　优秀园林及建筑设计

　　公园所在地原本拟用作生态缓解区，以弥补因天水围的都市发展而失去的湿地。公园拥有占地1万平方米的室内访客中心和60公顷的湿地保护区，包括人造湿地和为水鸟而重建的生境。可在溪畔漫游径、演替之路、红树林浮桥和三间观鸟屋近距离观赏湿地动物，还可以通过主题展览了解湿地动物的发展和保育问题。

门票信息｜标准票30港币，优惠票15港币，3岁以下儿童免费

营业时间｜10:00—17:00，周二休息。

交通信息｜香港天水围湿地公园路；搭乘港铁至天水围站，转乘轻铁705路线到达天秀站（经隧道）或湿地公园站（经天桥）。

电话｜一般查询31522666，票务26175218

网址｜sc.afcd.gov.hk/gb/www.wetlandpark.gov.hk/tc

> ★ **亮点**
>
> 湿地动植物

屏山文物径

标签： 香港首条文物径

　　文物径全长约1.6公里，串联起坑尾村、坑头村和上璋围，你会从中看到许多典型的中国传统建筑。这里的屏山邓族文物馆不仅是博物馆，也是文物径的游客中心，由建于1900年的旧屏山警署改建而成，分为屏山邓族文物馆、屏山文物径展览室和社区文物展览室。可以从中了解更多屏山邓族的民俗风貌。邓族是香港新界五大家族之一，八十六世祖于北宋初由江西迁居广东，先后建立了"三围六村"，随后兴建祠堂、庙宇、书室及古塔

等，用以供奉祖先、团聚族群及教育后人。

门票信息 | 免费，周末及假日15:00，文物馆提供时长1小时的导赏服务

交通信息 | 元朗屏山坑头村。

电话 | 26171959

网址 | https://www.amo.gov.hk/gb/trails_pingshan.php

★ 亮点

传统建筑

香港文化博物馆

标签：香港最大的综合博物馆

香港文化博物馆坐落在一座传统四合院布局的建筑中，将香港的历史演变逐一呈现。这里有5个常设展览馆：金庸馆、粤剧文物馆、徐展堂中国艺术馆、赵少昂艺术馆及儿童探知馆。金庸迷到这里来绝不会失望，这里收藏有金庸的珍贵手稿、初版小说，还有他的私人物品，展品超过300件，介绍他的创作历程及作品对香港流行文化的影响。

此外馆内还收藏各类型有关香港的文物和艺术创作，透过这些藏品可看到香港独有的文化特色。历史藏品涉及当地历史、表演艺术、民间艺术和普及文化，艺术藏品主要分为当代艺术设计及中国古代文物。

门票信息 | 常设展免费

营业时间 | 10:00—18:00，周二休息，周末及公共假日10:00—19:00，圣诞节前夕及农历新年前夕10:00—17:00

交通信息 | 香港新界沙田文林路一号；搭乘港铁至车公庙站（A出口）、沙田站（A出口）或大围站（A出口）后步行可达，车公庙站步行时间最短。

电话 | 26533455

网址 | www.heritagemuseum.gov.hk/zh_TW/web/hm/museums/railway.html

★ 亮点

书画、文物、金庸馆

香港中文大学

标签：著名大学

香港中文大学简称中大，是香港八大高校中名列前茅的高等学府。由于这片地方叫马料水，加上中大学生男女比例严重失调，这所国际名校也被戏称为马料水女子夜校。

对于并不醉心于逛名校的人，这里也是观景的好地方。校园位于沙田西北隅，依山而建，兼揽山海胜景。中大也没有辜负自己的山水，校园中花树小径错落有致，下地铁后不要坐车上山，步行的沿途你能看到荷塘、老树、翠瓦丹柱的亭台、林荫大道、庭院、雕塑、获奖建筑，甚至还有中药园。校园内的文物馆（www.artmuseum.cuhk.edu.hk/zh/）收藏了不少中国文物，赛马会气候变化博物馆（www.mocc.cuhk.edu.hk/zh-tw/）是全球第一座以气候变化为主题的展览馆，如果有计划到中大一游，不妨提前了解一下开放时间和预约机制。

门票信息 | 免费

交通信息 | 港铁大学站A出口。

电话 | 39437000，39436000

网址 | www.cuhk.edu.hk/

★ 亮点

文物馆

宝莲禅寺

标签：佛教

宝莲禅寺最初名为大茅蓬。1906年，大悦、顿修及悦明三位法师由江苏来到大屿山建立道场，发现了昂坪这片人迹罕至、清幽宁静的高山平地，随后出家众僧都来到这里，自搭大茅蓬，专心修道，自给自足，这也是大茅蓬这个名字的来历。鼎鼎大名的天坛大佛就是由宝莲禅寺筹建的。

禅寺规模宏大，包含经藏、轮藏、钟楼、伽兰堂、祖师殿和塔林等。寺内主要的建筑沿着中轴线分布，依次为山门、韦驮殿、大雄宝殿、万佛殿，两侧是对称的钟楼、鼓楼、禅堂、斋堂与僧堂，空间分布有序。

来到禅寺礼佛许愿之余，不要忘了去斋堂体验一下地道的斋菜。

门票信息｜免费

营业时间｜10:00—18:00，斋堂11:30—16:30

交通信息｜大屿山昂坪；搭乘港铁至东涌站，再换乘缆车前往。

电话｜29855248

微信公众号｜香港宝莲禅寺、宝莲禅寺HK

网址｜www.plm.org.hk

> ★ **亮点**
>
> 园林、地藏殿与祖师堂、斋堂

天坛大佛

标签：　香港十大杰出工程项目

天坛大佛是大屿山的著名景点，34米高的青铜像重达250吨，历时3年修建而成，曾是全球第二高的户外青铜坐佛像。大佛面相参照了龙门石窟的佛像，基座的设计参照了北京天坛祈年殿的地基，所以名为天坛大佛。而基座本身也是展览馆，内有佛陀真身顶骨舍利。每隔7分钟就会敲响一次钟声，每天敲108次。

香港多台风，修建大佛时空气动力研究所专门制作了一尊试验模型，用试验卫星、火箭的风洞，对大佛铜像进行了全部、局部以及单方面和多方位的吹风试验，确保大佛能历经大风大浪。

在昂坪广场步行或者乘坐昂坪缆车上山，能从不同角度远观大佛，雄伟壮观的港珠澳大桥也会纳入你的视野。当然，亲自登上268级台阶前去拜谒大佛是更诚心的选择。

门票信息｜免费，进入展览馆内参观需另外购票

营业时间｜10:00—17:30

交通信息｜同宝莲禅寺。

> ★ **亮点**
>
> 每天的钟声

南丫岛

标签：　香港第三大岛

南丫岛是香港一座离岛，古名"博寮洲"，是香港第三大岛（第一大岛是大屿山），三分之一的岛民都是外国人，岛上居民坚守传统之余，又略带嬉皮气质，氛围很是迷人。从中环码头搭渡轮过来，会发现它有两处码头。索罟湾遍布传统渔村捕鱼生活的印记，包括渔人用来横跨海湾的渔场木筏。榕树湾大街是南丫岛的主要居民区，除了有不少异国情调的咖啡馆、手工艺人开的有趣小店值得逛逛，还可以去天后古庙拜一拜。小岛说大也不大，从早上逛到下午，信步走走总能发现一些游客罕至的地方，再在一众海鲜餐厅中选一家饱餐一顿，结束可爱的一日游。

南丫岛的知名岛民要数周润发了，能不能遇到"赌神"发哥，就看你的运气了。

交通信息｜中环码头乘坐渡轮前往。

> ★ **亮点**
>
> 洪圣爷湾、南丫风采发电站

长洲岛

标签：　离岛

也许是因为影视剧中少有提及，长洲岛的名气不如南丫岛大，但这里有香港更传统的一面。岛上有卖鹅蛋大小的鱼丸和台湾风情的红豆饼，广场榕树下的老人晒着太阳聊着天，整个岛上透着一种安静的氛围。海盗头领张保仔藏宝的洞穴大概是岛上最具传奇性的景点了，可以带上手电筒参观一下。5月中旬会举办一年一度的"抢包山"，你甚至可以报名参加选拔，此外在粤西地区仍有存留的飘色巡游也会在这里出现。这就是滑浪风帆奥运冠军李丽珊这位"香港之光"的家乡，也是被卡通人物麦兜视作马尔代夫的长洲岛，出发前看一下这部动画片，会让你的长洲之行更有趣。

交通信息｜中环码头乘坐渡轮前往。

⭐ **亮点**

抢包山、太平清醮、张保仔洞

澳门

　　澳门最广为人知的是那里遍地的赌场，但是这个靠填海"长大"的小地方，还拥有深厚的历史底蕴和中西文化背景。老城区内的22座建筑及8个广场前地于2005年被列入《世界文化遗产名录》，"澳门八景"——灯塔松涛、镜海长虹、妈阁紫烟、普济寻幽、三巴圣迹、卢园探胜、龙环葡韵、黑沙踏浪——也大多在其中。其中镜海长虹是唯一的现代景观，试试在傍晚去看连接澳门半岛和氹仔岛的澳氹大桥，在灯光的加持下，大桥宛若长虹卧波。而且在老城区，景点之间基本均可步行到达，游览方便。

　　澳门也是现代化和时尚的，世界各地的艺术品、国际赛事、建筑设计作品……在澳门，总能找到刻板印象之外的小惊喜。

🚌 交通

▌飞机

澳门国际机场（28861111；www.macau-airport.com；氹仔伟龙马路）现有20多家航空公司在场运营，大多经营中国内地、东南亚及东北亚航线。

▌轮船

　　澳门主要有外港客运码头和氹仔客运码头两个码头。

外港客运码头（半岛海港前地）俗称"港澳码头"。主要由喷射飞航（28555025；www.turbojet.com.hk）经营至香港、广州和深圳的轮船客运，也有少量金光飞航班次。在新马路乘坐3、3A、10A号巴士可到。

氹仔客运码头（氹仔北安大马路）又称北安码头。主要由金光飞航（28850595；www.cotaijet.com.mo）经营至香港的轮船客运，

也有由粤通船务（28939944；www.ytmacau.com）经营至深圳蛇口及深圳机场福永码头的轮船客运。

▌轻轨

　　目前有一条运营中的轻轨线路，也是澳门首个轨道交通项目——澳门轻轨氹仔线（海洋站—氹仔码头站），运营里程为9.3公里，共有11座车站，全程22分钟，均为高架站。

　　目前澳门轻轨有两条在建线路，分别为澳门轻轨（海洋站—妈阁站）和澳门轻轨石排湾线。

▌公交车

　　澳门的公交车可前往绝大多数目的地，可刷卡，也可以投币。刷卡可能有折扣，但是也涉及押金，待的时间较短的话，还是投币比较方便和划算。但是投币不设找零，请准备好零钱。

🛒 土特产和纪念品

　　当地特色有传统点心（红菱酥、白菱酥、皮蛋酥、豆沙蛋糕等），以及葡国街纪念品有限公司的葡国幸运公鸡、澳门路牌、手工艺品、冰箱贴及装饰品。

🏠 住宿

▌经济型

黑沙露营区

　　（28880087；nature.iacm.gov.mo；路环黑沙海滩）澳门最便宜的住宿选择，通过申请入住，非澳门居民只能现场申请入住，需要自备帐篷，对旅行者开放的帐篷位有72个，先到先得。这里也是体验澳门八景的"黑沙踏浪"的地方。

　　营地使用手册可在网上下载。办理入营手续时间为每日12:00—17:00。由于帐篷营地每晚只要5澳门元，这里经常爆满，最好尽早到场申请。这片黑沙海滩也是澳门的景点之一，可以好好感受一番，海鲜烧烤就是老天对你的馈赠了。乘巴士前往半岛市中心车程约45分钟。

▌中档

万事发酒店

（28937572；www.mastershotel-macau.com；火船头街162号和178号，一楼、五楼和六楼）房间不大，但是干净整洁，最重要的是地理位置优越，距离十六浦度假村有3分钟的步行路程，距离议事亭前地和仁慈堂等名胜古迹有不到5分钟步行路程，距离澳门码头和澳门国际机场仅不到15分钟车程。酒店的早餐也是不少住客喜欢的，不妨一试。

▌高档

悦榕庄度假酒店

（88836888；www.galaxymacau.com；路氹城莲花海滨大马路）银河度假城云集了8家奢华酒店，澳门悦榕庄、银河酒店、澳门大仓酒店、澳门JW万豪酒店、澳门丽思卡尔顿酒店、百老汇酒店、澳门银河莱佛士以及澳门安达仕酒店，有5000间豪华客房。而这家最值得推荐，酒店采用泰式休闲设计，随处体现极致奢华，柠檬草香氛令人身心放松，服务和设施都十分贴心，内有澳门唯一有私人花园及游泳池的别墅。

🍴 就餐

安德鲁咖啡店

（28882534；路环挞沙街1号地下；7:00—22:00）没有人会去澳门但不吃葡挞，其中安德鲁的蛋挞就是那个必打卡中的重点项目。已故的居澳英国人安德鲁推出的蛋挞外皮酥脆，中间的蛋奶馅料香滑柔软，9澳门元一个。店内也供应三明治和咖啡，坐下吃饱或者外带都可以。人太多？不要怕，附近有3间分店，甚至在威尼斯人酒店内也有分店。

陈胜记

（28882021；路环计单奴街21号，路环圣方济各圣堂左侧；12:00—14:30，18:00—22:30）追求米其林"摘星"的人不会错过这里，同时《舌尖上的中国》也对其进行过推介。招牌菜陈皮鸭（190澳门元/半只）是必点菜品，鸭肉软而不烂，吃后齿颊留有陈皮甘香。由于制作工序极其繁复，记得要预订。这里的海鲜也很棒，据说是因为老板和渔民有联系，总能拿到最新鲜的海产。

🚩 线路推荐

历史城区世界遗产打卡：妈阁庙—港务局大楼—亚婆井前地—郑家大屋—圣老楞佐教堂—圣若瑟修院及圣堂—岗顶剧院—圣奥斯定教堂—何东图书馆大楼—民政总署大楼—三街会馆—仁慈堂博物馆

大三巴及周边：耶稣会纪念广场—大三巴牌坊—哪吒庙—旧城墙遗址和大炮台—圣安多尼教堂（花王堂）—白鸽巢公园—东方基金会会址

📍 景点

大三巴牌坊

标签：　世界文化遗产　　澳门八景

大三巴牌坊绝对是澳门在绝大多数人心目中的核心印象，澳门八景的"三巴圣迹"说的就是这里。它也确实是澳门旅行目的地的"核心"——以此为原点往四周走，也总能探索到一些有趣的景点。

大三巴牌坊是圣保禄教堂外立面的遗址。圣保禄教堂附属成立于1594年的西式大学圣保禄学院，1835年一场大火后大学和教堂付之一炬，仅剩下教堂的正面、部分地基以及石阶。因教堂前壁形似中国传统牌坊而得名。这座中西合璧的石壁在全世界的天主教教堂中是独一无二的。

大三巴台阶下就是耶稣会纪念广场，是游客聚集和拍照留念的好地方。广场由小碎石铺设而成，气质古雅。大三巴牌坊后方就是圣保禄大教堂的遗址所在地。澳门政府在这里考古、修复的过程中，修建了天主教艺术博物馆与墓室，墓室主人很可能是圣保禄学院创始人范礼安神父，墓室西侧是天主教艺术博物馆，馆内的展品中最引人注目的是油画

《圣弥额尔大天神》——圣保禄学院唯一留存至今的油画艺术品。

门票信息｜免费

营业时间｜耶稣会纪念广场全天开放，天主教艺术博物馆与墓室9:00—18:00（周二9:00—14:00），大三巴遗址9:00—18:00

交通信息｜位于耶稣会纪念广场。

★ 亮点

建筑

妈阁庙和妈阁庙前地

标签： 世界遗产 澳门八景 澳门现存最古老庙宇

　　妈阁庙是澳门三大古刹中最古老的一座，也是澳门现存建筑中历史最长的，澳门八景的"妈阁紫烟"指的也是它。在靠海生存的人群中，妈阁庙的地位是极高的。当年首批葡萄牙人正式在妈阁庙附近登陆，才错以为"Macau"是澳门的名字。每年农历三月二十三是妈祖诞辰，庙前会搭棚上演神功戏。

　　妈阁庙前的一片小空地叫作妈阁庙前地，用小石砖铺成，土红和深灰两种颜色搭配，构成波浪形的纹路，在中式建筑前融入了葡萄牙风格。

门票信息｜免费

营业时间｜9:00—17:00，妈阁庙前地全天开放

交通信息｜位于妈阁庙前地。

★ 亮点

正觉禅林、弘仁殿、观音阁

澳门博物馆

标签： 博物馆

　　澳门博物馆于1998年4月18日落成，高3层，其中两层建于大炮台平台之下，最上一层由原气象台的地面建筑改建而成。这座博物馆展示了澳门的历史和多元的文化，也展示了不同文化在这片弹丸之地的碰撞。

门票信息｜成人15澳门元，其他优惠见网站，周二及每月15日免费

营业时间｜10:00—18:00

交通信息｜位于澳门博物馆前地112号。

电话｜28357911

网址｜www.macaumuseum.gov.mo

★ 亮点

澳门传统文化和民间艺术

旧城墙遗址和大炮台

标签： 世界遗产 澳门八景

　　早在明朝隆庆三年(1569年)，葡萄牙人就开始在澳门四周建城墙，并在要塞处建炮台，现存的旧城墙遗址正是当时所建的一部分。

　　大炮台建于1617—1626年，是耶稣会会士修建，名为圣保禄炮台，当地人称它为"大炮台"。炮台占地约1万平方米，呈不规则四边形，在长达3个多世纪的时间里一直是澳门防御系统的核心。在很长一段时间这里都是军事禁区，1965年军营改建成气象台之后才开放为旅游区。

门票信息｜免费

营业时间｜7:00—19:00

交通信息｜位于大炮台山顶。

★ 亮点

俯瞰澳门全景

亚婆井前地

标签： 世界遗产

　　在葡萄牙语中，亚婆井是山泉的意思，因为这里曾经是澳门的主要水源，靠近内港，葡萄牙人最早便在这里聚居。有一段土生葡人的民谣是这样的："喝了亚婆井水，忘不掉澳门；要么在澳门成家，要么远别重来。"这一带如今保留着许多葡萄牙民居式建筑，建筑低矮，顺山势而建，多为白色外墙、红色瓦坡屋顶。亚婆井前地7号、9号、27号是具有装饰

艺术风格的公寓式住宅，外墙刷为黄色，装饰白色线条，主要为钢筋混凝土结构。

门票信息 | 免费

营业时间 | 全天

交通信息 | 位于亚婆井前地。

> ★ 亮点
>
> 建筑

圣老楞教堂

标签： 世界遗产　澳门三大古教堂之一

　　圣老楞教堂创建于16世纪中叶，是澳门三大古教堂之一。教堂为一层楼建筑，外墙刷成黄色，有瓦坡屋顶，入口部分有夹层，两座对称的钟楼高3层，中厅中间跨度达15米，垂挂着华丽的枝形吊灯。目前的规模形成于1846年。华人称之为"风顺堂"，海民对于风调雨顺的祈求可见一斑。

门票信息 | 免费

营业时间 | 工作日7:00—18:00，周末7:00—21:00

交通信息 | 位于风顺堂街，由官印局街进入。

> ★ 亮点
>
> 建筑

圣若瑟修院大楼及圣堂

标签： 世界遗产

　　圣若瑟修院、前地和石阶都是世界遗产澳门历史城区的一部分，主要由修院大楼和圣堂构成。修院由青砖修筑，装饰线条不多，相对低调；圣堂却采用了华丽的巴洛克风格，形成了强烈对比，因为和大三巴的入口相似，这里又被本地人称为"三巴仔"。修院带有内外花园，创办于1728年，办学两个多世纪，培养了许多教会人才，被老一辈的澳门人戏称为澳门天主教的"少林寺"。圣堂还供有圣方济各·沙勿略——第一位到远东传教的耶稣会士——的手肱骨，供教徒膜拜。

营业时间 | 修院不对外开放，圣堂10:00—

17:00

交通信息 | 位于三巴仔横街。

> ★ 亮点
>
> 教士手肱骨圣物

岗顶剧院

标签： 世界遗产　中国第一所西式剧院

　　岗顶剧院原来叫伯多禄五世剧院，主体建于1860年，1873年才加盖了古典主义风格的正立面。剧院建筑长41.5米、宽22米，中式坡屋顶高12米，屋檐高7.5米，正立面是罗马圆拱式门廊。整个建筑刷成绿色，搭配墨绿色门窗和红色的屋顶，色彩跳脱而和谐——你不会错过它！

门票信息 | 免费

营业时间 | 10:00—18:00，周二休息，公众假期照常开放

交通信息 | 位于岗顶前地。

> ★ 亮点
>
> 建筑

何东图书馆大楼

标签： 世界遗产

　　大楼建于清光绪二十年（1894年），先后为官也夫人（D. Carolina Cunha）和香港富商何东爵士的别墅。何东爵士逝世后，后人将大楼赠予澳门政府，开设公共图书馆，并于1958年正式对外开放。

　　图书馆大楼高3层，外墙刷成黄色，壁柱、檐口等是白色线条，搭配绿色的大窗框和红瓦四坡屋顶。

门票信息 | 免费

营业时间 | 周一14:00—20:00，周二至周日8:00—20:00

交通信息 | 位于岗顶前地3号。

> ★ 亮点
>
> 古籍

圣奥斯定教堂

标签：　世界遗产

教堂修建于1591年，是西班牙奥斯定会修士创建的，也是澳门历史上第一座用英语布道的教堂。最初这里非常简陋，风雨大作时教士们还要用蒲葵叶覆盖屋顶来挡雨，若遇到大风天气，蒲葵叶就会随风飞扬，远远望去就像龙须飘了起来，因此当地华人给教堂起名为"龙须庙"。

1874年重修后教堂成了今天的模样，教堂后面还有一座钟楼，内部结构与玫瑰堂类似，巴洛克风格的祭坛采用钢筋混凝土结构，表面饰水磨石，地板铺设马赛克。

门票信息｜免费

营业时间｜10:00—18:00

交通信息｜位于岗顶前地2号。

 亮点

钟楼

民政总署大楼

标签：　世界遗产

民政总署大楼（现市政署大楼）建于1784年，1874年重修后成为如今的样子。这里曾经是市政厅，2002年1月1日，澳门民政总署取代澳门的市政机构，大楼名称也改为"民政总署大楼"。

这栋大楼具有南欧建筑艺术特色，白墙绿窗的建筑简单大气，庄重平和。往里看，会发现它包括三重进深：第一进深是一楼中间的门厅，两侧为展览或公共空间，内墙贴有蓝白色瓷砖，葡萄牙特色跃然眼前，二楼相应位置则是会议室及图书馆；第二进深主要为行政区，也是两层高，但整体高度稍低于前面建筑；第三进深则是一个后花园，小巧别致。

门票信息｜免费

营业时间｜大楼9:00—21:00，画廊9:00—21:00（仅举办展览时对外开放）

交通信息｜位于新马路163号。

亮点

建筑

仁慈堂大楼和议事亭前地

标签：　世界遗产　　澳门历史最久的慈善机构

1569年主教贾尼路到澳门传教，成立了这所澳门历史最悠久的社会慈善机构——仁慈堂，随后开办了中国第一间西式医院白马行医院，并设育婴堂、麻疯院、老人院、孤儿院等机构。几个世纪来，仁慈堂仍然按照贾尼路主教制定的管理规章运作，至今仍然设有不少社会服务部门，包括安老院、托儿所、盲人重建中心等。

仁慈堂大楼修建于18世纪中叶，至1905年形成今天的面貌，具新古典主义建筑风格。楼内的仁慈堂博物馆内展出代表仁慈堂历史的文物以及天主教教会祭器用品，以及1662年的《澳门仁慈堂章程》手抄原件，它是仁慈堂最早、保存最久的历史文献。

仁慈堂所在的议事亭前地也是澳门的重要景点之一。这里一直是澳门的市中心，两侧建筑建于19世纪末20世纪初，因为有一座大喷水池地标，又被当地民众叫作"喷水池"。前地一带很好识别，地上铺黑白色碎石，葡萄牙风情的波浪形图案和周边的南欧风格建筑交相辉映，你不会错过。

门票信息｜仁慈堂博物馆5澳门元，学生及65岁以上长者免费

营业时间｜仁慈堂博物馆10:00—13:00、14:30—17:30，周一及公众假期休息

交通信息｜位于澳门仁慈堂右巷二号（议事亭前地）。

电话｜28573938

网址｜www.scmm.mo

亮点

《澳门仁慈堂章程》手抄原件、创始人贾尼路主教的头颅遗骨、前白马行医院的铜钟

三街会馆（关帝庙）

标签： 历史遗产

最初会馆只是商人议事的场所，三街指的是营地大街、关前街和草堆街，也是澳门过去的商业中心地段，又叫作"荣宁坊"。你现在都能在它门前的社坛看到"荣宁社"的字样，还有"荣居康乐境，宁享太平年"的对联。

馆中设有关帝神殿、财帛星君殿，前来祭拜的信众很多，慢慢地，庙宇的功能超过了会馆的功能。关帝庙规模很小，是二进三间的中式建筑，由青砖砌成，屋顶为硬山式，两边开间立面上有中式壁画，墀头上有砖雕，正屋脊上有灰雕装饰。庙内供奉关帝，塑像雕刻精巧，多年来见证着澳门的历史变迁。每年的醉龙节、关帝诞这里都会有民俗活动，上演神功戏等，热闹非凡。其他时候，这里就是一座宁静的小庙。

门票信息｜免费
营业时间｜9:00—18:00
交通信息｜位于公局新市南街。

★ 亮点

关帝雕塑、农历四月初八醉龙节、农历五月十三日关帝诞

大堂（主教座堂）

标签： 世界遗产

澳门天主教最重要的教堂之一

大堂是天主教主教座堂，又名"望人寺"或"大庙"，曾经的澳门总督都习惯在这里举行就职礼。大堂建于1622年，主体由三合土建成。建筑外形是新古典主义风格，室内装饰基本保留了1937年重建时的样子。主祭坛设计简单，仅仅以彩色玻璃窗为背景，祭坛下是16世纪和17世纪的主教和圣徒遗骨。教堂正门入口处门楣的石刻拉丁文字"SS. M.V.MARIAE NASCENTI"，意为"本座堂奉献给童贞玛利亚的诞生"。

大堂和大堂前地同为澳门世界遗产的组成部分。

门票信息｜免费
营业时间｜大堂7:30—20:00，大堂前地全天开放
交通信息｜位于大堂前地。

★ 亮点

彩色玻璃窗

玫瑰堂

标签： 世界遗产

圣多明我会在中国的第一座教堂

玫瑰堂修建于1587年，名字极其浪漫，得名于教堂供奉的玫瑰圣母。它还有一个接地气的名字——板樟堂，因为最早是由木板搭建而成的。玫瑰堂位于议事亭前地的尽头，拥有黄色外墙和墨绿的门窗，内部富丽堂皇，巴洛克风格的祭坛典雅精致。在维修期间，工作人员还在教堂内的古旧橱柜中找出许多圣像、礼仪用品和祭衣，现在都陈列在教堂旁的圣物宝库内。

门票信息｜免费
营业时间｜10:00—18:00
交通信息｜位于板樟堂前地。
电话｜28367706

★ 亮点

圣物宝库的藏品、《圣奥斯丁》油画、澳门最古老的钟

哪吒庙

标签： 世界遗产

哪吒庙建于1888年，改建于1901年，庙内供奉哪吒。哪吒从17世纪后期开始受澳门民间供奉，这种庙在内陆地区不多见，是澳门本地富有地方色彩的民间信仰，在东南亚一些华人聚居的地方也会见到。

庙子位于大三巴牌坊后右侧，和牌坊在同一个山坡，来大三巴观光大多会经过它，

但很多人都会错过它，因为与周围建筑相比，它太"娇小"了。庙宇是两进式建筑，纵深8.4米，宽4.51米，但中间没有天井，这种建筑构造在传统中式庙宇中较罕见。

门票信息｜免费

营业时间｜哪吒庙8:00—17:00，哪吒展馆10:00—18:00，17:30停止入场（周三休息，公众假期照常开放）

交通信息｜位于大三巴斜巷6号（大三巴牌坊侧）。

> ★ 亮点
>
> 罕见的中式庙宇建筑构造

圣安多尼教堂（花王堂）

标签：　世界遗产
澳门三大古老教堂之一

圣安多尼教堂建于1558—1560年。由于早期的建筑简陋，加上岁月摧残、烈火洗礼，教堂经历了修复和重建，今天我们看到的教堂外观就是1930年重修后的结果，1951年和1953年还两度装修了教堂内部。

教堂布局因地制宜，由于空间局促，还要迁就周围的道路环境，因此建筑平面不对称，只建造了一座钟楼。堂内祭坛、小祈祷室多为巴洛克风格，教堂后部唱诗席的彩色玻璃窗、入口屏风都选择了几何图案，流露出现代气息。

门票信息｜免费

营业时间｜6:30—18:00

交通信息｜位于花王堂前地。

> ★ 亮点
>
> 建筑

基督教坟场

标签：　澳门第一座新教坟场

坟场修建于1821年，新教传教士马礼逊的妻子因病在澳门去世，东印度公司向当时的葡澳当局申请将这片地设为坟场，因此这里过去也被称为东印度公司坟场，是澳门第一座新教坟场。

坟场分为两部分，前面是马礼逊小教堂，也是澳门第一座基督教传道所，造型仿罗马建筑风格。后面是墓园，有数十座墓冢，埋葬的多是来华的英国商人、鸦片战争中战死的英国将领、基督教传教士等。1857年，市政厅禁止市区内埋入任何死者，坟场因此关闭，并完整地保存至今。

门票信息｜免费

营业时间｜8:30—17:30

交通信息｜位于东方基金会侧。

> ★ 亮点
>
> 英国画家乔治·钱纳利的墓、第一位新教传教士马礼逊的墓

东望洋炮台

标签：　世界遗产　　澳门八景

东望洋炮台位于澳门半岛制高点东望洋山之巅，炮台建于1622年，平面为不规则多边形，墙高约6米，主要由花岗石建成，有哨房、火药库、楼址等。修成后，这里一直被列为军事禁区，每年的8月5日圣母诞及重阳节才对公众开放。1976年，葡萄牙军队撤出澳门，炮台成为旅游点，至今仍完整地保持原貌。

炮台内的圣母雪地殿教堂建于1622年，供奉雪地圣母。在之后的修复工程中，这里发现了壁画遗迹。壁画运用了中国绘画的技法，绘制圣经中的故事，这在澳门宗教艺术作品中是罕见的。

东望洋灯塔于1865年9月24日建成启用，它所在地面位置的坐标值就是澳门在世界地图上的地理定位。灯塔虽历经损毁，但重新修复后仍使用至今。这里也是澳门八景之"灯塔松涛"的所在地。

门票信息｜免费

营业时间｜炮台9:00—18:00，圣母雪地殿教堂10:00—17:00，灯塔不对外开放

交通信息 | 位于澳门半岛东望洋山。

> ★ 亮点
>
> 圣母雪地殿教堂的壁画

澳门旅游塔

标签：世界高塔联盟成员之一

澳门旅游塔始建于1998年，是澳门的著名地标，自2001年12月开幕至今，接待过众多国家元首及重要人物。塔总高度为338米，主观光层离地面223米，集观光、会议、娱乐、购物于一体。只需要60秒，玻璃幕墙电梯就能把你带到223米高处的360°旋转餐厅，去品尝一顿自助餐或下午茶，顺便从制高点欣赏澳门美景，还可以体验一下空中漫步、蹦极等极限活动。

门票信息 | 一般观光成人165澳门元，优惠票见官网，VIP高空套票周一至周五245澳门元，周末255澳门元

营业时间 | 工作日10:00—19:00，周末及公众假期11:00—20:00

交通信息 | 南湾新填海区；公交5、5AX、9A、18、18B、23、26、32和N2路可达。

电话 | 28933339

网址 | www.macautower.com.mo/zh-hans/

> ★ 亮点
>
> 旋转餐厅、极限运动

澳门国父纪念馆

标签：名人纪念馆

纪念馆原是孙中山先生家人的寓所，柱廊窗框带着些许伊斯兰风情，1958年改为国父纪念馆对外开放，横匾上的五个大字是于佑任题写的。在纪念馆内，能看到孙中山先生在澳门行医及在广州出任大元帅时用过的家具和物品、孙中山先生留下的真迹，以及革命烈士的合照。花园里有一尊国父的铜像。

门票信息 | 免费

营业时间 | 10:00—17:00，周二休息

交通信息 | 澳门文第士街1号；公交2、4、9、9A、12、18、19、22、25路直达纪念馆。

电话 | 28574064

> ★ 亮点
>
> 孙中山真迹、革命烈士的合照

澳门科学馆

标签：贝聿铭作品　吉尼斯世界纪录

澳门科学馆由建筑大师贝聿铭及贝氏建筑事务所设计，建筑物的整体建筑面积约为2万平方米，由展览中心、天文馆、会议中心三部分组成。其中展览中心最高，呈斜锥体形，14个展厅螺旋上升分布，长期展厅主题包括太空科学、儿童乐园、儿童科学、航海科学、机械人、声学、物理力学、遗传学、环保、运动健康、运动竞技和电学及电磁学。短期展厅会有一些主题展览。

门票信息 | 展览中心25澳门元，天文馆（2D）60澳门元，天文馆（3D）80澳门元

营业时间 | 10:00—18:00，周四及农历年除夕休息，公众假期照常开放

交通信息 | 孙逸仙大马路；开往观音像方向的公交3A、8、10A、12及17S路到公共汽车站（M266）。

电话 | 28880822

网址 | www.msc.org.mo

> ★ 亮点
>
> 3D球幕、3D天象节目

澳门林则徐纪念馆

标签：澳门三大古刹之一

林则徐纪念馆于1997年11月在莲峰庙内落成，展出关于虎门销烟和澳门昔日风貌的历史图片、吸食鸦片的器具，还有林则徐和朝廷之间的通信资料。在这里还能看到各种船只的模型，包括清代的中国军舰、葡萄牙航船和存放鸦片的船等。这一切都在提醒世人，不要忘记毒品之害。

香港和澳门

门票信息 | 成人5澳门元，8岁以下儿童或65岁以上长者3澳门元

营业时间 | 9:00—17:00，周一及法定节假日休息

交通信息 | 位于澳门罅些喇提督大马路（莲峰庙内）。

电话 | 28550166

> ★ 亮点
>
> 船只模型

龙环葡韵

标签：　澳门八景

　　"龙环"是氹仔旧称，"葡韵"是指葡萄牙风格的建筑，这其中以五座碧翠的高官宅邸最具代表性，被列为澳门八景之一。经彻底修复后，这里被改建成博物馆区，名为"龙环葡韵住宅式博物馆"，对外开放。五座建筑由西向东分别为葡韵生活馆、汇艺廊、创荟馆、风貌馆、迎宾馆。

门票信息 | 免费

营业时间 | 10:00—19:00，周一休息；创荟馆10:00—19:00

交通信息 | 位于澳门氹仔海边马路。

电话 | 28827527

网址 | www.icm.gov.mo/cn/housesmuseum

> ★ 亮点
>
> 文创

澳门teamLab超自然空间

标签：　沉浸式艺术展

　　国际艺术团队teamLab席卷全球之余也没有漏掉澳门，他们于2020年6月进驻澳门，将楼高8米、占地5000平方米的空间改造成了一个精密复杂的三维立体世界。艺术展览与高科技在此结合，人与作品之间的界限逐渐模糊，你是观展人，也是展品——所有人都完全沉浸其中，并创造自己的艺术世界。

门票信息 | 13岁及以上268澳门元，3—12岁儿童188澳门元

营业时间 | 见官网

交通信息 | 位于澳门氹仔望德圣母湾大马路澳门威尼斯人金光会展中心。

电话 | 28828818

网址 | tc.sandsresortsmacao.com/macau-shows/teamlab.html

> ★ 亮点
>
> 沉浸式体验

开封清明上河园

河南

　　河南简称"豫"，地处中国中东部、黄河中下游，地理位置优越，古时即为漕运必经之地，现在也是带动中部崛起的重要地带。

　　河南长达六七千年的悠久文化历史，是华夏文明的根源。在这里，你能够前往国内历史上最早的禅宗寺院白马寺，一览世界文化遗产洛阳龙门石窟和安阳殷墟。除此之外，大象中原之地还荟萃了众多自然景观，你可以攀登嵩山、云台山和云梦山，也能欣赏独特的黄河地上悬河。此外，羊汤烩面、胡辣汤、灌汤包等家常饮食总能满足你的味蕾。

　　河南始终以质朴和诚挚迎接四方来客。

行前参考

💬 实用方言
中: 可以，没问题
得劲: 舒坦
排场: 漂亮
拿(nuà)勒: 干什么，有什么事

☀ 何时去
　　4月至6月: 此时正是洛阳牡丹盛开的季节。河南的春季较为干旱少雨，这个时期温度并不会很高，因此来游玩仍需注意保暖。

　　9月至10月: 河南的秋天晴朗，日照时间长，天气温和，温度适宜，降水量适中。这也是前往开封赏菊的好季节，一般在10月中旬，开封会举办菊花盛会，届时城内的各大景点都会开启赏菊活动。

河南

龙门石窟

⚠️ 注意事项

河南的景区大多历史悠久，当游览年代较为久远的游览区时，游客需要多加留心，注意保护环境，呵护文化遗产。

要尊重不同民族的风俗习惯，例如在开封的回民聚居区，在清真餐馆里不要提猪肉，也不要抽烟喝酒。

📋 当地新讯

连接郑州与许昌的郑许市域铁路，预计于2023年全线开通。这条2017年开工建设的铁路，是河南省内第一条连接两座城市核心区的市域铁路，运营方式更像是地铁，从郑州机场至许昌共设置车站27座，通过5座位于郑州的车站可直接换乘郑州地铁。这条线路开通后，将大大方便往来两地的居民与游客。

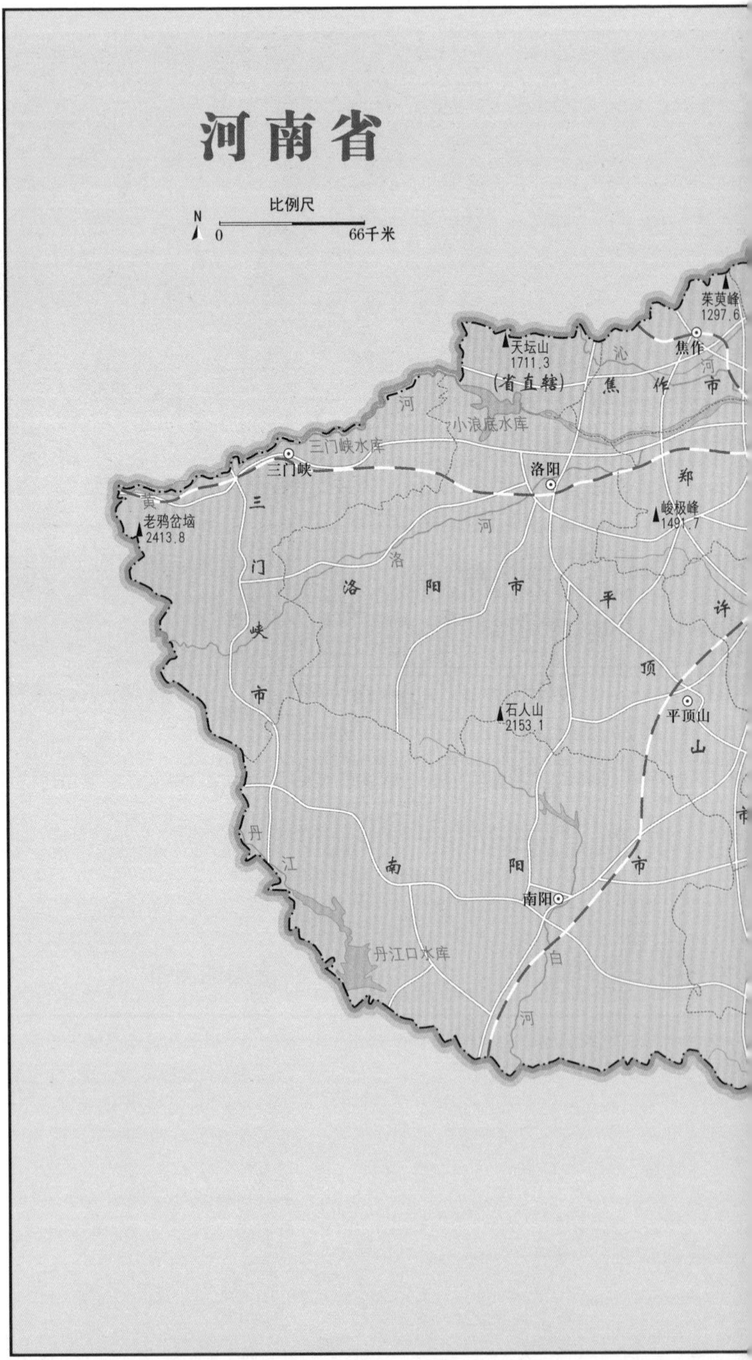

河南

河南省

N
0　　　　　66千米

比例尺

茱萸峰
1297.6

天坛山
1711.3

沁河

焦作市

焦作

(省直辖)

黄河

小浪底水库

三门峡水库

三门峡

洛阳

郑

三门峡市

老鸦岔垴
2413.8

洛阳市

峻极峰
1491.7

洛河

平顶山

石人山
2153.1

平顶山

许

丹江

南阳市

白河

南阳

丹江口水库

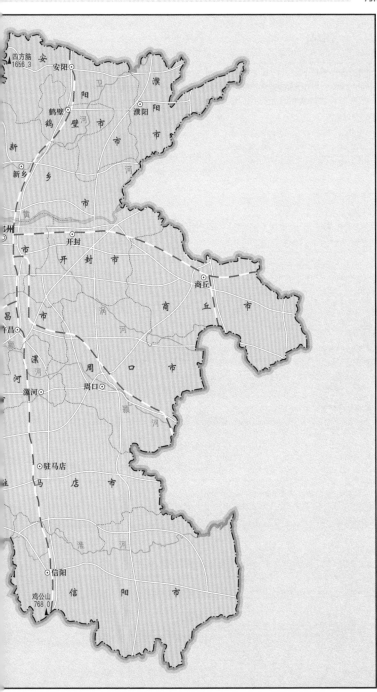

四方脑
1656.3 ▲

安阳 ⊙ 安阳

卫

阳

濮阳

濮阳
市

鹤壁 鹤壁 市

河

新

新乡 乡

市

黄

河

州

市

开封 ⊙ 开封

开 封 市

商丘 ⊙

商

丘 市

昌 许昌 ⊙

市

涡 河

漯

漯河

河

周口 ⊙ 周口

市

漯河 ⊙

颍

河

驻马店 ⊙ 驻马店

马 店 市

淮 河

信阳 ⊙ 信阳

鸡公山
768.0 ▲

信 阳 市

河南

郑州

郑州是河南的省会，也是全省的政治、经济和文化中心。它地处中原腹地，北临黄河，西依嵩山，东西部连接广袤的黄淮平原，有"雄风中枢，空域险要"之称。

郑州历史悠久，中原文化在此绽放出夺目的光彩。来到郑州，除了能够到少林寺欣赏名扬天下的少林神功、领略母亲河的神韵、到轩辕故里寻根祭祖，还能够感受现代文明为城市带来的巨大转变。

在这个被称为"中国铁路心脏"和"中国交通十字路口"的中原名城中，有令人赞叹的遥远文明，有来自未来的科技文明，也有让人目不暇接的自然山水。来到这里，尝一尝街头遍布的胡辣汤，感受最为淳朴的中原民风，在现代科技城市中寻找隐藏的古老文明——这座城市，将带给你全新的体验。

☎ **电话区号 0371**

🚌 交通

▌飞机

郑州新郑国际机场（96666; http://www.zzairport.com/; 微信公众号: 郑州新郑国际机场）

▌火车

郑州东站（68347321; 金水区心怡路199号）京广高速铁路和徐兰高速铁路的中间站，同时也是郑开城际铁路、郑州城际铁路的始发枢纽站，主要沿京广线、徐兰线、郑渝线发车。

郑州西站（67281852; 荥阳市豫龙镇中原西路与荥泽大道交叉口）途经徐兰高速铁路郑西段，车站东段贯通线衔接郑州站和郑州东站，西段接徐兰高速铁路巩义南站。

郑州站（二七区二马路82号）沿陇海铁路、京广铁路、徐兰高速铁路，以及郑开城际铁路、郑焦城际铁路、郑机城际铁路发车，同时向中原城市群发车。

▌长途汽车

郑州长途汽车中心站（66966107; 兴隆街14号）分南区和北区，南区在郑州火车站对面，北区在火车站向北200米的马路边。

▌地铁

郑州地铁从2013年开始投入使用，至2022年底已有8条线路投入使用，其余线路尚在建设并在将来陆续投入使用。郑州地铁运营时间为8:00—22:00或23:00，具体的线路、票价和站点信息，可以从微信公众号"郑州地铁"中查询。

▌公交车

郑州公交线路四通八达，非常便利，能够满足市内通行需求。公交均为无人售票，票价均为1元，可以通过投币、手机扫码、刷公交卡等方式乘车。各线路的运营时间有所不同，可以通过郑州公交服务平台查询各线路的时间和站点。

🛒 土特产和纪念品

当地特色有羊肉烩面、新郑红枣、中牟西瓜、河阴石榴、黄河鲤鱼。

🏠 住宿

▌经济型

锦江之星（郑州火车站二七广场地铁站店）

（66932000; 二马路77号; http://www.jinjianginns.com/）酒店配备有菜品众多的茶餐厅，提供会议场所，无线Wi-Fi全店覆盖。同时，这里的地理位置优越，交通非常便利，距郑州汽车中心站和郑州火车站步行仅需5分钟，繁华的二七广场、德化步行街等商圈近在咫尺。地铁1号线二七广场站F出口是前往这里最近的地铁站。

▌中档

喜鹊愉家旅馆（郑州金水路店）

（55332888; 金水路与未来路交叉口北100米路东曼哈顿商业区; http://www.

myhappyinn.cn/）酒店客房设施完善，干净整洁，设计时尚，具有浪漫气氛，值得一提的是餐厅还会供应low料理。这里交通便利，紧邻地铁1号线燕庄站B口，距离郑州东站高铁站18分钟车程。周围环境良好，清晨可以在金水河边漫步，附近的紫荆山公园和郑州动物园也是休闲娱乐的好去处。

高档

郑州绿地JW万豪酒店

（88828888；郑东新区中央商务区2号千玺广场；www.marriott.com.cn）酒店位于郑州CBD的标志性建筑"大玉米"内，位置非常优越。和其他万豪酒店一样，客房的设计沉稳，整洁干净，设施齐备，在房间内就能将城市全景尽收眼底。酒店员工服务热情，提供免费Wi-Fi，还有健身中心、餐厅和停车场。

🍴 就餐

谷雨春红烧鲤鱼（丰产路店）

（68816999；丰产路与经五路交叉口向东120米路南；9:30—14:30，17:00—22:00）这家餐厅对独自出行的旅客友好，饭点时间基本不用排队，还可以自带酒水。红烧黄河大鲤鱼、谷雨春老汤烩面、黄河鲤鱼和剁椒鱼头都是这里的特色菜。上菜速度快，餐厅面积大，适合带小孩的家庭用餐。不过附近就是商圈，不好停车，建议乘坐地铁等公共交通前往。

解家河南菜（华山路店）

（87512999；中原路与华山路交叉口向南20米路西；9:30—14:30，17:00—22:00）这家连锁餐厅装修精致，交通方便，服务热情，内部空间很大，有较宽敞的大型停车场，用餐停车免费。大烩菜、红焖鱼头、清炖鱼丸、灌汤脆皮鸭、麦片铁棍山药和野生南湾鱼都是招牌，分量充足，适合带小孩旅行的家庭，以及和朋友一起出行的游客。

🎯 线路推荐

游乐园畅玩： 郑州银基动物王国—郑州银基冰雪世界—郑州银基黄帝宫御温泉

古韵禅宗： 少林寺常住院—塔林—嵩阳书院—中岳庙—夜观禅宗少林音乐大典

📍 景点

河南博物院

标签：　博物馆　　历史文化

河南博物院创建于1927年，馆藏文物包括史前文物、青铜器在内约7万件，最近又因为考古盲盒等博物馆周边而受到追捧。现开放常设展馆"泱泱华夏·择中建都"和专题展馆"明清河南""中元古代石刻艺术展"等。博物院结合现代科技展览技术和河南悠久的古代历史文化，向游客展示中原大地悠远的历史进程和深厚的历史积淀，也是展示中国历史发展脉络的文化艺术宝库。

门票信息｜免费，需预约

营业时间｜周二至周日9:00—17:30，周一闭馆

交通信息｜乘坐地铁2号线在关虎屯站C口出站，步行前往。

电话｜63511237

微信公众号｜河南博物院

网址｜http://www.chnmus.net/

> ⭐ **亮点**
>
> 盲盒周边、华夏古乐厅

河南自然博物馆

标签：　博物馆

河南自然博物馆内设有地球厅、恐龙厅、生命演化厅、古象厅、矿产资源厅、生态厅、矿物厅和地震海啸感受剧场，收藏了省内外地质矿物和标本3万余件。馆内还展示有各种矿石，其中不乏国家级精品。另外还有喀斯特地貌、冰川、丹霞地貌等仿真景观，供游客游览和学习。

门票信息｜免费

营业时间｜周二至周日9:00—16:30，16:00停止入场，周一闭馆

河南

交通信息｜乘坐地铁1号线在农业南路站C口出站，步行570米即可到达。

电话｜68108999

微信公众号｜河南自然博物馆

网址｜http://www.hngm.org.cn/

> ★ **亮点**
>
> 古生物化石

二七广场

标签：　城市地标　购物

　　二七广场位于郑州老城区的中心，是郑州最繁华的商业区之一。郑州的标志性建筑之一二七纪念塔就坐落在二七广场上，为纪念1923年2月7日京汉铁路工人大罢工而建。游客登至塔顶后可俯瞰城市景观，晚上可以欣赏城市夜景。广场四周还有华联商厦、商城大厦、百货大楼等大型商场以及特色餐饮，可以填满你的五脏庙。

交通信息｜乘坐地铁1号线或3号线至二七广场站D口出站。

> ★ **亮点**
>
> 城市地标、时代记忆、二七塔

嵩山风景名胜区

标签：　5A级景区　佛教圣地

　　嵩山被称为五岳的"中岳"，景区内有很多著名景点，享誉世界的少林寺就坐落在嵩山的少室山脚下，这里是中国佛教禅宗的发源地，也是少林功夫的源头，文化底蕴深厚，而鼎鼎大名的嵩阳书院则位于嵩山的太室山。来到这里，你可以按照少林寺—塔林—索道—栈道—吊桥—三皇寨的顺序进行登山游览。如果还有兴致，你也可以尝试夜爬嵩山，欣赏日出。

门票信息｜80元

营业时间｜8:30—17:00，16:30停止入场

交通信息｜从郑州长途客车站乘车到登封，下车后转中巴车；或乘坐火车站的旅游直达

车前往。

电话｜62870768

微信公众号｜嵩山景区

网址｜http://www.songshancn.com/

> ★ **亮点**
>
> 少林寺景区、中岳景区、少林寺塔林

嵩阳书院

标签：　4A级景区　历史建筑

　　嵩阳书院位于嵩山南麓，是宋代理学的发源地之一，与河南睢阳书院（又名应天书院）、湖南岳麓书院、江西白麓洞书院并称我国四大书院。书院古朴风雅，大方脱俗，历史上经历了多次修建，才形成了如今的规模。

门票信息｜30元

营业时间｜夏季8:30—17:30，冬季8:00—18:00

交通信息｜从郑州市内乘坐旅游大巴前往。

微信公众号｜嵩阳书院

> ★ **亮点**
>
> 书院建筑、大唐碑、御碑亭

郑州方特欢乐世界

标签：　4A级景区　主题游乐场

　　郑州方特欢乐世界位于郑开大道与人文路交叉口，就在绿博园站对面。这座主题乐园是中原地区规模最大的，科幻和互动体验是这里的特色，游乐项目主题包括神话传说、历史文明、科学幻想等，适合各个年龄段的人游玩，既惊险刺激，又有沉浸式体验感。另外，方特还在不同时段推出特别活动，例如在万圣节期间有方特精怪夜，为游客带来更丰富的体验。

门票信息｜280元

营业时间｜9:30—17:30，16:30停止入场

交通信息｜乘坐地铁到市体育中心站B口出站，或乘坐公交或者出租车到达方特。

电话｜400-166-0006

微信公众号｜郑州方特欢乐世界

网址 | http://zhengzhou.fangte.com/

> ★ **亮点**
>
> 飞跃极限、极地快车、暴风眼

郑州市动物园

标签： 动物园

郑州市动物园已有30余年的历史，自建成以来就广受当地人和外来游客的欢迎。目前共生活着260余种、3300余只动物，阿拉伯狒狒、东方白鹳、东北虎、火烈鸟等都是园内的明星。动物园同时肩负野生动物迁地保护、动物繁育等功能，算是性价比不错的休闲娱乐好去处。

门票信息 | 30元
营业时间 | 7:30—18:00
交通信息 | 在地铁2号线关虎屯站J口出站，步行130米即可到达。
电话 | 65738095
微信公众号 | 郑州市动物园
网址 | http://www.zhengzhouzoo.cn/

> ★ **亮点**
>
> 鸟语林、水族区、草食动物区

郑州建业·华谊兄弟电影小镇

标签： 4A级景区　拍照胜地

郑州建业·华谊兄弟电影小镇是中原地区开发的第一家人文电影小镇，它结合本土文化和电影场景，以电影主题演艺为核心，打造出集互动游乐、文化体验、风俗文化一体的沉浸式娱乐胜地。在这里，你可以换上历史感十足的民国装、旗袍、汉服等，在园区内的电影大道街区和太极街区逛一逛，观看真人实景表演，切身体验刺激的枪战对决，可谓"人在剧中游"。

门票信息 | 100元
营业时间 | 9:00—22:00，21:00停止入场
交通信息 | 乘坐地铁到市体育中心站，从B口出站，也可以选择打车前往电影小镇。

电话 | 400-000-1931
微信公众号 | 建业华谊兄弟电影小镇

> ★ **亮点**
>
> 影视人物秀

银基冰雪世界

标签： 4A级景区　游乐园

银基冰雪世界是以冰雪为主题的大型娱乐场所，位于郑州市银基国际旅游度假区内，非常适合家庭游玩。园区的一楼有一个大型的冰面广场，每到整点有节目演出，例如人偶故事情景剧、舞蹈、灯光秀等。三层有大型娱乐设施，海盗船、碰碰车、过山车都能见到。此外，还有老少咸宜的冰雕画廊和冰滑梯。需要注意的是，园区内的一些场所温度低至零下十几度，需要租借棉服。

门票信息 | 158元
营业时间 | 周一至周五日场10:00—18:00，夜场16:00—21:00；周六至周日日场10:00—19:00，夜场16:00—21:00
交通信息 | 可乘坐地铁5号线至京广南站，乘坐563公交至银基国际旅游度假区。
电话 | 400-017-8178
微信公众号 | 郑州银基冰雪世界
网址 | http://www.enjoyland.cn/

> ★ **亮点**
>
> 冰雪海盗船、猫城冒险

银基动物王国

标签： 动物园

银基动物王国在银基国际旅游度假区内，园区面积较大，动物种类多样，适合带儿童的家庭游玩。游客可以投喂老虎，去草原探险基地乘坐水陆两栖车，观看各种食草类动物的生活，到酋长之家看猛兽，同时可以体验过山车、激流勇进等游乐设施，晚上还能观看森林灯光秀。园区内有餐厅，可以满足饮食需求。

门票信息 | 280元

营业时间 | 10:00—20:00

交通信息 | 可乘坐地铁5号线至京广南路站，乘坐563路公交至银基国际旅游度假区。

电话 | 400-017-8178

微信公众号 | 银基动物王国

网址 | http://www.enjoyland.cn/home/index

> ★亮点
> 与动物互动、体验游乐设施

郑州绿化博览园

标签 4A级景区　春游胜地

郑州绿博园面积较大，"一湖，二轴，三环，八区，十六景"的构造使其成为春日赏花、郊游和野炊的必选之地。园区内不止有历史人文景观、湖畔景观、郁金香花园，还有动物园和植物种类的科普知识，非常适合带儿童前来。

门票信息 | 20元

营业时间 | 周一至周五8:30—19:00，周六至周日8:30—21:00

交通信息 | 可以从郑州东站坐轻轨至绿博园站。

电话 | 69682111

微信公众号 | 绿博园

网址 | http://www.zzzglby.com/

> ★亮点
> 海棠展、音乐喷泉、郁金香园

郑州美术馆（新馆）

标签 艺术馆

郑州美术馆新馆外观设计新颖，馆内设有7个展厅，藏品1000余件，涵盖书法、篆刻、油画、国画，堪称郑州文化新地标。除了文物展览和收藏，这座美术馆也致力于传播艺术文化教育，可以花一两个小时来此感受艺术熏陶。

门票信息 | 免费，需预约

营业时间 | 周二至周日9:00—17:00，周一闭馆

交通信息 | 乘地铁14号线在奥体中心站F口出站，步行370米即可到达。

电话 | 67917391

微信公众号 | 郑州美术馆

网址 | http://www.zzmsg.cn/

> ★亮点
> 《唐宫夜宴》特色画展

只有河南·戏剧幻城

标签 实景演出　戏剧

只有河南·戏剧幻城是由王潮歌导演参与打造的一座戏剧城，内部共有21个剧场，运用沉浸式的表现手法，以独特的幻城建筑为核心，讲述了河南人民与土地，粮食的故事。这里运用戏剧的形式展现了河南的文化传承，整个场馆处处都上演着戏剧，你大可以根据自己的兴趣选择，跟随演员一同走进故事中。

门票信息 | 290元

营业时间 | 9:00—22:00

交通信息 | 郑州市中牟县平安大道与广信街交叉口西北角，可打车前往。

微信公众号 | 只有河南戏剧幻城

> ★亮点
> 幻城剧场、前生来世、红庙学校

"大玉米"58楼城市观光厅

标签 城市地标　夜景

位于郑东新区CBD如意湖畔的"大玉米"学名为绿地中心·千玺广场，由于主体建筑外形酷似玉米棒，因而得了这个连官方都在使用的昵称。其实，这座建筑的创意来源于嵩岳寺塔，颇具历史渊源，如今也吸引了很多摄影师前来拍摄。每当夜晚降临，华灯初上，58楼的城市观光厅，就成为俯瞰郑州全貌、摄影拍照的最佳体验地。

门票信息 | 98元

营业时间｜9:30—20:00

交通信息｜乘地铁1号或4号线在会展中心站E2口出站，步行340米即可到达。

> ★ **亮点**
>
> 城市夜景

黄河文化公园

标签：　**4A级景区**　　**黄河文化**

　　郑州黄河文化公园，坐落于黄河中下游分界线，是黄土高原的终端、华北平原的起点，黄河自此地势变缓，流速变慢，由于泥沙不断地堆积而形成地上"悬河"。

　　黄河文化公园经过了40年左右的修建，目前建成"炎黄二帝"塑像、百位中华历史名人、黄河国家地质公园地质博物馆，还有黄河碑林、大禹治水等40多处景点，绿化了大部分荒山，森林覆盖率达85%以上，来到这里，既能游览，观赏园林绿化，也能深刻了解到悠久的黄河文化。

门票信息｜48元

营业时间｜6:00—18:00

交通信息｜从市内乘坐出租车、网约车或自驾前往。

微信公众号｜郑州黄河文化公园旅游服务

> ★ **亮点**
>
> 炎黄二帝、玻璃栈道、岳山寺

伏羲大峡谷

标签：　**4A级景区**　　**自然景观**

　　伏羲大峡谷位于郑州新密市西北部伏羲山旅游区内，主要以典型红岩地貌景观为主。这里山峦相叠，峡谷幽深，最高峰五指岭达到了1000余米，空气清新，四季凉爽，实为养生和避暑的最佳目的地。若有时间，你也可以来此暂避城市的喧嚣，享受片刻宁静。

门票信息｜60元

营业时间｜夏季8:30—18:30，冬季8:00—17:00

交通信息｜建议自驾或包车前往。

微信公众号｜伏羲山旅游区

> ★ **亮点**
>
> 龟背石、飞龙渡、亢龙瀑

浮戏山雪花洞风景名胜区

标签：　**3A级景区**　　**自然景观**

　　有"中原洞穴之乡"之称的浮戏山雪花洞位于嵩山北麓巩义市境内，属于典型的喀斯特地貌。园区内森林覆盖率高，峡谷、潭泉和庙宇遍布。这里还有多处革命遗址，是抗日战争时期建立的豫西抗日根据地所遗留下来的。在贯穿景区的玉仙河两岸，也能观察到远古时期的地貌景观。

门票信息｜60元

营业时间｜夏季8:30—18:30，冬季8:00—17:00

交通信息｜建议自驾或包车前往。

微信公众号｜巩义市浮戏山雪花洞景区

> ★ **亮点**
>
> 雪花洞、紫龙峡、小龙池

康百万庄园

标签：　**4A级景区**　　**历史建筑**

　　康百万庄园是一座明清时期的大型封建地主庄园，是全国三大庄园（另外两个是刘文彩庄园和牟二黑庄园）之一。这座保存完好的家宅被称为豫商的精神家园，既保留了黄土高原民居和北方四合院的形式，又同时吸收了官府、园林和军事堡垒建筑的特点，是中原民居中的建筑典范。目前庄园对外开放的区域有栈房区、主宅区、南区等，你可以在2小时内游完已开放景点。

门票信息｜50元

营业时间｜8:00—17:30

交通信息｜建议自驾或包车前往。

微信公众号｜康百万庄园

★ **亮点**

栈房区、主宅区、南大院

杜甫故里

标签： 名人故居　历史建筑

在巩义市站街镇南瑶湾村，中国著名诗人杜甫据说就诞生于此处笔架山下的一孔砖砌窑洞里，他也在这里度过了少年时期。如今，他的故里已成为河南省重点文物保护单位，在1962年进行了修补，恢复了原貌，目前呈现出一个坐东向西、大门朝南的长方形院落。你可以步入院中，在眼前的一草一木中，怀念这位忧国忧民的诗圣。

门票信息 | 30元

营业时间 | 夏季8:30—17:30，冬季8:00—17:00

交通信息 | 建议包车或自驾前往。

★ **亮点**

杜甫纪念馆、杜甫诞生窑、诗圣堂

宋陵公园

标签： 历史遗迹　全国重点文物保护单位

黄河之畔，邙山脚下，北宋帝王在巩义沉睡千年。目前有300多座北宋陵墓，埋葬着北宋除了宋徽宗与宋钦宗之外的其余七位帝王，赵匡胤之父赵弘殷也葬于此，因此又有"七帝八陵"之称。如今的宋陵公园以永昭陵扩展，是宋仁宗赵祯的长眠之地，也是八座宋陵中保存最好的一座，鹊台、乳台、四神门、四角阙楼和陵台也都按照原样修复，大宋形制可见一斑。永安陵、永昌陵、永熙陵、永定陵、永厚陵、永裕陵和永泰陵则散落在巩义的多个角落，部分陵寝仍保留着石刻雕像，可以自行前往游览。

门票信息 | 免费

交通信息 | 建议自驾或包车前往。

★ **亮点**

北宋王陵、石刻雕像

巩义石窟寺

标签： 3A级景区　历史遗迹

除了龙门石窟，北魏还在巩义留下了石窟寺这一瑰宝。石窟寺曾经是北魏皇室礼佛的场所，唐太宗李世民和北宋皇室也曾在这里举行过佛事活动。如今，石窟寺仍留有5座石窟、1个千佛龛和250余个小型佛龛，窟中的"帝后礼佛图"构图严谨，落笔技法娴熟，堪称镇寺之宝。

门票信息 | 25元

营业时间 | 夏季8:00—18:00，冬季8:00—17:00

交通信息 | 建议自驾或包车前往。

★ **亮点**

石窟造像、"帝后礼佛图"

开封

开封简称汴，地处中华民族历史文化摇篮的黄河之滨，是一座建城历史长达2700多年的古城，也是国务院首批公布的24座历史文化名城之一。开封素有七朝古都之称，历史上先后有战国时期的魏、五代时期的后梁、后晋、后汉、后周以及北宋和金定都于此。北宋时期的东京更是当时全国的政治、经济、文化的中心，盛极一时。今日的开封交通运输便利、名胜古迹众多，除了深厚的历史文化，传统饮食也在此绽放出璀璨夺目的光彩，开封美食是传统豫菜的代表，许多传统小吃在这里流传下来，无论是在黄家包子店吃上几笼热腾腾的小笼包，还是在西司夜市品尝各种小吃，都一定能让你心满意足，念念不忘。

☎ **电话区号 0371**

🚗 交通

火车

开封北站（龙亭区四大街1号）始发列车主要发往华北、华东地区，也是从其他地区始发高铁的途经站。

宋城路站（龙亭区宋城路）主要运营往返于郑州的城际列车。

开封火车站（禹王台区中山路1号）主要运营陇海线列车。

▌长途汽车

开封市汽车站（中山路南端，火车站对面）

开封市汽车西站（3931487；禹王台区迎宾路7号）

▌公交车

市内公交多条线路能够直达旅游景区，无人售票，上车1元；其中20路公交车为旅游专线，能直接到达各个旅游景区。

🛒 土特产和纪念品

当地特色有花生糕、灌汤包、桶子鸡、杏仁茶。

🏠 住宿

▌经济型

锦江之星（开封府鼓楼广场店）

（23996666；中山路88号；http://www.jinjianginns.com/；微信公众号：锦江之星连锁酒店）这家经济型连锁酒店客房简约舒适，地理位置优越，东邻鼓楼夜市，西依大宋御河，南边则是开封府和大相国寺，不失为出行的好选择。

▌中档

仟那·美宿酒店（清明上河园店）

（27891313；宋都御街39号；http://www.qiannahotel.com/）酒店地处宋都皇城旅游度假区内，正对龙亭公园，距离清明上河园、翰园碑林、天波杨府也比较近。整座酒店现代化气息浓郁，可以办理自助入住，还有一个可以眺望龙亭湖景的观光露台。

▌高档

开封建业铂尔曼酒店

（23589999；龙亭北路16号；http://

pullman-kaifeng-jianye.31td.com/）酒店采用园林设计，传统建筑理念和现代设计风格相结合。客房内各种设施齐备，整洁干净，有独立卫浴。值得一提的是，酒店内的健身房还配有室内恒温游泳池。

🍴 就餐

黄家老店（晋安路店）

（23858988；晋安路中段宏泰怡园1号楼底商；10:30—21:30）开封市内的老字号，主打灌汤包、锅贴、鲤鱼焙面等传统小吃和河南名菜，店内空间较大，适合带孩子的家庭用餐。但需要注意的是周边停车位较少，而且节假日的用餐高峰期很可能需要排半小时到1小时的长队。

🎫 线路推荐

访古大宋：大相国寺—开封府—清明上河园—大宋御河—西司夜市

📍 景点

清明上河园

标签　　**5A级景区**　　**仿宋建筑群**

清明上河园是以北宋著名画家张择端的代表作《清明上河图》为原型，按照1:1的比例建造而成的大型宋代历史文化主题公园。整座园区气势磅礴，建筑规模达到了3万多平方米，高度还原了中国宋代都城的建筑格局和市井风情，是中原地区最为完整的复原宋代的建筑群。园区内的工作人员多着古装，更有"包公迎宾""大宋科举""王员外招婚"等20多场真人演出，丰富生动，沉浸感十足，一秒将你拉回千年前的大宋市井，让"人在画中游"成为现实。

门票信息｜120元

营业时间｜9:00—22:00，17:30停止入场

交通信息｜乘坐39、49、L601路等公交车到清明上河园站。

电话｜25663819

河南

微信公众号｜开封清明上河园景区
网址｜http://www.qingmings.com/

★ 亮点

《清明上河图》中各经典场景还原、《东京梦华》实景演出

开封府

标签：4A级景区　历史建筑

北宋时期的天下首府开封府，位于开封包公湖东湖北岸，壮观宏伟，与西边的包公祠相互映衬。如今的开封府按照北宋建筑特色修复，以府门、仪门、正厅（大堂）、议事厅、梅花堂为中轴，天庆观、明礼院、潜龙宫、清心楼等多座殿堂建筑分列其中。这里除了能够看到大批珍贵史料和展览外，还有"开衙仪式""包公断案""演武场迎宾表演""喷火变脸"等丰富多彩的表演活动，真切地领略到大宋风采。

门票信息｜65元
营业时间｜7:30—19:00
交通信息｜鼓楼区包公湖北岸，可乘1路、L601路等公交在延庆观站下车，步行前往。
微信公众号｜开封府

★ 亮点

文城墙、府衙文化景区、天庆观景区

开封市博物馆

标签：博物馆　文物展览

开封市博物馆始建于1962年，最初是在河南博物院迁至郑州后的原址三胜街上筹建起来的，前身是开封市展览馆，后迁至迎宾路。如今的开封市博物馆新馆于2018年建成开放，位于第五大街和第六大街之间，占地面积76亩，建筑面积5.42万平方米，在河南省地级市博物馆之中，建成规模最大。馆内陈列着丰富的展品，一层的朱仙镇木版年画、石刻精品、明清佛像、宋代科技等专题展览，以及二层的古代历史文明、近现代开封史和大晟乐舞演出厅等展厅，让你在游览的同时，深入了

解古都开封的悠久文化。

门票信息｜免费
营业时间｜周二至周日9:00—17:00，周一闭馆（法定节假日除外）
交通信息｜乘坐公交车或出租车前往。
电话｜23269186
微信公众号｜开封市博物馆
网址｜http://www.kfsbwg.com/

★ 亮点

朱仙镇木版年画、宋代科技、建都历史

龙亭公园

标签：4A级景区　历史建筑

龙亭是古城开封的标志性景区，它东临潘家湖，西临杨家湖。"龙亭"其实并非一座亭，而是一座坐落在青砖台上的巨大宫殿。这里是五代时期的后梁、后晋、后汉和后周，以及北宋、金朝的皇家宫殿遗址。龙亭坐南朝北，从殿前到殿门隔着72级台阶，台阶上雕刻着云龙花纹，方显尊贵。迈上台阶，进入宫殿，游览陈列的古老文物，眺望远处的古城之景，一时仿若梦回七朝古都波澜壮阔的年代。

门票信息｜35元
营业时间｜夏季8:30—18:00，冬季8:00—17:00
交通信息｜龙亭区宋都御街与龙亭西路交叉口北侧。
电话｜25660808
微信公众号｜龙亭公园
网址｜http://longting.kf.cn/

★ 亮点

龙亭大殿、潘杨二湖、玉带桥

包公祠

标签：4A级景区　历史建筑

包公祠位于开封市包公湖的西岸，是为了纪念中国大名鼎鼎的政治家、改革家包拯而建造的，如今也是国家开发建设的中原旅游

区重点景点之一。古朴庄重的包公祠内有大殿、二殿，也有东西配殿和碑亭，还有不少石雕建筑，陈列着包公铜像、包公断案蜡像等。在这里读一读包公家训，看看包大人的书法手迹，近距离了解这位传奇官员的生平事迹。

门票信息 | 30元

营业时间 | 夏季7:30—18:00，冬季7:30—18:30

交通信息 | 位于鼓楼区向阳路1号，乘坐公交车或出租车到达。

微信公众号 | 开封包公祠

★ 亮点

大殿、东西配殿、廉泉

开封城墙

标签： 4A级景区　全国重点文物保护单位

一层叠一层的开封城墙全长14.4公里，是中国现存的第二大城垣建筑，目前已陆续修复西门（大梁门）、北门（安远门）、小南门（新门）3座城门。如今城墙全天开放游览，时段上分为日游和夜游，每个时段均有多个不同的登城口，可认准大梁门，它是目前唯一日游、夜游均可登城的入口。如果想让体验更多元，在古马道和大梁门有两场短时间的实景演出，可以根据自己的时间选择观看。

门票信息 | 40元

营业时间 | 9:00—22:00

交通信息 | 位于龙亭区大梁门里北10米路西古马道遗址博物馆，可乘坐公交车前往。

微信公众号 | 开封古城墙景区

★ 亮点

古城墙、登高远眺开封城

大宋御河

标签： 复古景点

开封大宋御河景区贯通龙亭湖和包公湖两大景区，是开封著名的景点之一。你可以在包公祠码头购买船票，夜晚乘游船在大宋御河上欣赏开封城的独特夜景，周边灯光熠熠，河水清澈，清风徐徐，沉浸式感受开封古韵。但是整个游船行程较短，购买单程票反而不够实惠，可以考虑购买往返票。

门票信息 | 往返80元，单程60元

营业时间 | 9:00—21:30

交通信息 | 鼓楼区向阳路御河包公祠码头，可乘坐公交车前往。

电话 | 23322688

微信公众号 | 大宋御河

★ 亮点

湖上泛舟

书店街

标签： 夜市

开封书店街与日本东京神田书街齐名，书店街全长620米、宽19米，走在街上，就像步入千年前的书院，又像踏进古色缤纷的画廊，街道两旁多为两层阁楼式仿古建筑，古朴脱俗，每个店铺门口都悬挂着招牌旗帜，平添一丝烟火气，来这里逛逛，仿佛穿越回繁盛的宋朝街头。

门票信息 | 免费

营业时间 | 全天

交通信息 | 临近鼓楼广场，可步行前往。

★ 亮点

书店街夜市、书店

开封鼓楼广场

标签： 历史建筑　夜市小吃

鼓楼是在中国的许多地方都能见到的古代建筑，不过开封这座鼓楼，却被称为中国最早的鼓楼。开封鼓楼始建于明朝，台基高约三丈，在此之上建筑两层，宏伟气派，建造技艺精湛，只有后建的西安钟楼才可与之媲美，甚至有"中国的钟楼在西安、鼓楼在开封"的说法。可惜的是，战争年代，开封鼓楼的两层建筑毁于炮火，台基又在20世纪70年代被拆除，故迹难寻。如今壮阔的鼓楼是在原址上恢复重建的，四面八方交通川流不息，称得上是开封最具标志性的建筑。每天夜幕降临时，这里便会化身热闹的夜市，以丰富可口的传统小吃喜迎八方来客。

门票信息 | 广场免费

营业时间 | 全天

交通信息 | 可乘坐公交车或出租车前往。

⭐ **亮点**
> 鼓楼夜市、马道街

繁塔

标签：　历史建筑

　　距今已有1000多年历史的繁塔是开封城现存的宋代建筑之一，始建于北宋开宝七年（974）。繁塔为六角形九层塔，是北宋时期六角型佛塔的典型代表之一，上面几层被毁后，重新建造了缩小版的六层塔。走近会发现，塔身内外镶嵌着700余块佛砖，壮丽非凡，令人叹为观止。

门票信息 | 15元

营业时间 | 夏季8:00—18:00，冬季8:30—17:30

交通信息 | 禹王台区繁塔西街30号，可乘坐公交车、出租车或自驾前往。

⭐ **亮点**
> 六角形佛塔、塔身佛砖

铁塔公园

标签：　4A级景区　历史建筑

　　铁塔公园内有现存的开封铁塔，即开宝寺塔，因此而得名铁塔公园。建于1049年的铁塔素有"天下第一塔"的美称，塔高50余米，塔身由28种赭色琉璃砖砌成，展现了精湛的古老塔建技术，虽非铁筑，但远观塔身颜色如铁，故得名"铁塔"。铁塔能够闻名世界，不仅因其气派的外观和精湛的建筑工艺，还因为它历经战火、黄河水患甚至地震灾害后

仍然屹立不倒，堪称传奇。

门票信息 | 30元

营业时间 | 8:00—18:30

电话 | 22826629

微信公众号 | 开封市铁塔公园

⭐ **亮点**
> 开宝寺塔、琉璃外观

河南大学明伦校区

标签：　历史建筑

　　始建于1912年的河南大学不同于现代大学的新式建造风格，原称"河南留学欧美预备学校"，曾是河南贡院的所在地，1903年、1904年全国会试曾在这里举行，至1905年，延续了1300余年的科举制度在这里画上句号。走进河南大学，一座座掩映于苍劲绿树中的近代建筑群呈现在眼前，青砖红墙，飞檐红瓦，无不阐释着历史的厚重与艺术的美感。河南大学众多保护文物中最具有代表性的当属位于正中心的大礼堂，这座青砖灰瓦、飞檐斗拱的宫殿式建筑历史悠久，也是中原地区高等教育发展的一个重要标志。

交通信息 | 可乘坐公交车、出租车或自驾前往。

微信公众号 | 河南大学

⭐ **亮点**
> 河南留学欧美预备学校旧址、大礼堂

天波杨府

标签：　历史建筑

　　北宋名将杨业的府邸原位于开封城内天波门的金水河旁，故得名"天波杨府"，传说由于杨家世世代代忠心报国，宋太宗赏赐一座"清风无佞天波滴水楼"，并亲笔御书"天波杨府"的匾额。如今的天波杨府，是20世纪90年代依据《宋东京考》《如梦录》等记载重建的大型仿宋建筑群，包括杨家府衙、杨家花园和演兵场三部分。每年秋季，天波杨府还会举

办菊花花会,那时也是游览的好时机。

门票信息 | 40元

营业时间 | 8:00—18:00

交通信息 | 可乘坐公交、出租或自驾前往。

微信公众号 | 开封天波杨府

★ 亮点

杨家湖、宋朝建筑风格、菊花花会

包公湖

标签: 自然风景　历史传说

包公湖是开封市城内湖,位于宋朝古城墙内,坐落在古城的西南角,整体呈现西北至东南的走向,仿佛一个斜躺着的葫芦。传说,包拯曾有一面可鉴忠奸的宝镜,后沉入湖底,因此湖水清澄如镜,做了亏心事的人从不敢经过湖边,生怕宝镜照出自己的恶事。包公湖如今被包公祠、延庆观等古迹围绕,临近西司夜市等著名小吃街,夜晚周边尤其热闹,古建筑灯光熠熠,渲染出开封古城的千年韵味。

门票信息 | 免费

营业时间 | 全天

交通信息 | 可乘坐公交、出租或自驾前往。

★ 亮点

湖畔夜景、休闲胜地

西司夜市

标签: 夜市小吃

包公祠对面的西司夜市算得上是开封的第二大夜市,这里的当地名吃屡次登上媒体报道,当然,坐在包公湖边边观赏夜景边品尝小吃,是一种难得的享受。相比于鼓楼夜市,西司夜市价格更实惠,味道也更加传统。每天17:00左右,西司夜市就开始热闹起来,直至半夜一两点,这里的喧闹才渐渐归于平静。

门票信息 | 免费

交通信息 | 可乘坐公交、出租或自驾前往。

微信公众号 | 开封西司夜市

★ 亮点

炒凉粉、童子鸡、花生糕

万岁山大宋武侠城

标签: 4A级景区　主题公园

万岁山大宋武侠城以宋文化、城墙文化和七朝文化为核心,辅以森林等自然景观,算得上是一座兼具休闲功能的多主题大型游览区。万岁山原是一座北宋著名的皇家园林,如今复原的建筑也展现了自然山水与人工之美相结合的园林之景,是开封城内最大、最美的园林。

门票信息 | 55元

营业时间 | 夏季9:00—22:30,冬季8:00—18:00

交通信息 | 武侠城位于龙亭区东京大道中段市委党校对面,可乘坐33路、58路公交到王口舌新村站下车,步行前往。

微信公众号 | 万岁山大宋武侠城

★ 亮点

九龙瀑、水浒街、大宋武馆

汴梁小宋城

标签: 3A级景区

小宋城位于河南省开封市大梁路西段,由原东京艺术中心改造而成,现代建筑内部为木质仿古风格,亭台楼阁林立,特色餐饮商铺一个挨一个,中间还修出了一条人造河,你可以在古色古香的氛围中品尝开封特色小吃,也能享用全国各地风味。

门票信息 | 免费

营业时间 | 10:00—23:00

交通信息 | 可以乘坐11、30、37、58路等公交车在市财政局站下车,步行到达。

微信公众号 | 汴梁小宋城壹期

★ 亮点

特色小吃、仿古街道

河南

朱仙镇启封故园景区

标签：**4A级景区**

现在的朱仙镇已开发为成熟的古镇游玩景区，来到这里，可以感受中国古代的商业文化。启封故园位于开封市朱仙镇北部，是集文化、旅游、生态农业观光于一体的文化旅游景区。

朱仙镇中主要的建筑为复古的明清时期建筑，目前园区8个功能区，分别为：古镇风情区、环湖风景游览区、休闲度假区、古战场文化体验区、生态农家体验区、文化创意养生区、生态湿地体验区、生态林地观光区，可以根据自己的时间和兴趣选择游览。

门票信息 | 55元
营业时间 | 8:00—19:00
交通信息 | 可自驾或打车前往。
微信公众号 | 朱仙镇启封故园

> ★ **亮点**
>
> 启封楼、四面牌坊、状元桥

洛阳

洛阳市位于河南省西部，东邻郑州，西接三门峡，北跨黄河与焦作接壤，南与平顶山、南阳相连，地理条件优越，"居天下之中"，素有"九州腹地"之称。由于分布在气候过渡地带，洛阳一般四季分明，气候宜人。洛阳地势复杂，山川交错，境内河渠密布，因此坐落着不少自然风景名胜区。独特的地势造就了洛阳悠久的自然和人文历史，使其成为中原大地上一颗璀璨的明珠。

☎ **电话区号 0379**

🚇 交通

▌飞机

洛阳北郊机场（62328666；老城区机场路）

▌火车

洛阳东站（瀍河回族区东新安街81号）

洛阳火车站（西工区道南路60号）
洛阳龙门站（洛龙区长兴街）
洛阳关林站（洛龙区古城东路）

▌长途汽车

洛阳汽车站（西工区道南路71号，火车站斜对面）
洛阳长途中心站（西工区机场路与道南路交叉口）

▌地铁

洛阳目前已开通东西向的1号线和南北向的2号线两条地铁线路，将火车站与市内的主要景点串了起来，方便游客出行。洛阳地铁起步价2元，按里程计价，可使用手机"洛易行"App刷码乘车。

▌公交车

洛阳市内公共汽车非常方便，基本能够满足游客的出行需求。公交票价1元，刷卡0.9元，可以使用手机扫码支付。不同线路运营时间有所差异，建议出行前注意首末班车时间。

🛒 土特产和纪念品

当地特色有金麻枣、核桃酥、五香扭酥、甜咸饼、横水卤肉、孟津梨。

🏠 住宿

▌经济型

非凡酒店（宝龙广场店）

（18800792852；开元大道宝龙广场三期C4栋）酒店价位经济实惠，现代型客房设施齐全。这里紧邻高铁龙门站和龙门石窟，距离开元音乐喷泉600米，出行便捷，交通便利。

▌中档

美豪丽致酒店（洛阳牡丹广场万达店）

（80891111；九都西路中弘中央广场B座；http://mehoodhotels.com/）这家连锁酒店地理位置优越，附近有洛阳特色小吃

河南

街、万达广场等大型商圈，方便购置生活用品。酒店停车位充足，周边交通便利，方便游客出行。

▌高档

华阳广场国际大饭店

（65588888；辽宁路1号；http://www.huayanghotel.com/）这家豪华酒店地理位置优越，紧邻西苑公园，周围环境优雅。客房舒适整洁，配套设施齐全，还设有装修精致的中西餐厅、亲子娱乐设施、儿童乐园和健身房等休闲娱乐场所，是全家人慢下来的好地方。

🍴 就餐

管记水席老店

（13937951844；仙果市街12号老记菜市场向南200米；11:00—14:00，17:30—21:30）这家老字号餐馆专营大名鼎鼎的洛阳水席和河南传统菜肴，连汤肉片、牡丹燕菜、山楂捞、小酥肉都是这里的特色，不妨坐下来感受一下汤汤水水的洛阳饮食文化。需要注意的是，这家店排队时间可能较长，而且门口停车较困难，建议避开饭点。

🚍 线路推荐

畅游山水： 老君山—龙潭大峡谷—重渡沟—白云山—西泰山

探秘洛阳文化： 龙门石窟—丽景门—隋唐洛阳城—关林

📍 景点

龙门石窟

标签：　世界遗产　5A级景区

坐落在洛阳南郊伊河两岸的龙门石窟是中国四大石窟之一。龙门石窟开凿于北魏太和十七年（公元493年），营造时间长达400多年，目前由西山石窟、东山石窟、香山寺和白园四个景点组成。东西两山现存2345个窟龛，另有碑刻2800余块、佛塔70多座，共计造像多达11万尊。其中，规模最大的摩崖群雕当属大卢舍那像龛群雕，而最"出圈"的大概就是宾阳北洞的"剪刀手"佛像了。龙门石窟分为日游和夜游，可根据个人时间安排游览。

门票信息｜90元

营业时间｜8:00—18:00

交通信息｜可乘坐53、60、71、81、99、167路等公交，在龙门石窟站下车，也可乘出租车或自驾前往。

微信公众号｜龙门石窟

网址｜http://www.lmsk.gov.cn/

> ⭐ **亮点**
>
> 白园、香山寺、卢舍那大佛

白马寺

标签：　4A级景区　佛教圣地

历史可以追溯到东汉时期的白马寺有不少光环：中国第一古刹、中国佛教发源地，以及越南、日本等国家佛教的释源和祖庭，目前也是全世界唯一拥有中、印、缅、泰四国风格佛殿的国际化寺院。如今的白马寺位于洛阳市区以东，山门为一门三洞式，天王殿、大佛殿、大雄宝殿等建筑分布于南北向的中轴线上，汉朝时期的台、井遗迹依稀可见。白马寺先后接受了来自泰国、印度、缅甸、日本等国际友人和居士赠送的佛像和雕像，游览时，你也可以寻觅它们的身影。

门票信息｜35元

营业时间｜夏季7:40—18:40，冬季8:00—17:30

交通信息｜可乘坐56路、87路、801路等公交在白马寺站下车，也可乘出租车或自驾前往。

电话｜63789090

微信公众号｜洛阳白马寺

> ⭐ **亮点**
>
> 山门建筑、四国风格佛殿

河南

关林

标签： 4A级景区

位于洛阳市南郊的关林，为了纪念蜀汉名将关羽而建，传说是埋葬三国名将关羽首级的地方，也是国内唯一的"家、庙、林"三祀合一的古代经典建筑群。整个景区前有祠庙，后为墓冢，主要建筑大门、仪门、甬道、拜殿、大殿、二殿、三殿、石坊、八角亭等皆位于中轴线上，风格独特，值得一览。

门票信息 | 40元

营业时间 | 夏季8:30—18:00，冬季8:30—17:30

交通信息 | 可乘15、39、55、69、71、112路等公交车在关林庙公交枢纽站下车，也可乘出租车或自驾前往。

微信公众号 | 洛阳关林

★ 亮点

石狮御道、仪门

隋唐洛阳城国家遗址公园

标签： 4A级景区　历史建筑

隋唐洛阳城国家遗址公园曾是隋、唐、北宋洛阳城宫城的核心区域，也是当时政治、经济、文化活动的发生地。整座公园主要有隋代大业殿、唐代明堂天堂和宋代太极殿遗址，能够让人感受到不同朝代的建筑风格。

隋唐洛阳城中，应天门是正南门，始建于隋大业元年（605年），是当时朝廷举行重大国事庆典与外交活动的重要场所，唐高宗俘获百济国王、武则天称帝、唐玄宗接见日本第八次遣唐使等仪式均在应天门城楼上举行，功能类似故宫的午门。明堂天堂是女皇武则天勤政礼佛和生活之处，九洲池则是隋炀帝所建的皇家园林，曾为未成年的皇子、公主居住之地，也是帝后休息享乐之所。

门票信息 | 应天门30元，九州池30元，明堂天堂120元，通票（含三个景点）210元

营业时间 | 8:00—21:30，20:30停止检票

交通信息 | 老城区定鼎北路，可乘地铁2号线至应天门站，步行前往。

电话 | 65063201

微信公众号 | 隋唐洛阳城

网址 | http://www.stlycpark.com/

★ 亮点

应天门、九州池、明堂天堂

王城公园

标签： 历史建筑

建于1955年的王城公园，因修于东周王城遗址上而得名。王城公园也是观赏国花牡丹的最佳目的地，每年的牡丹花会期间，这里都是洛阳城内人气最高的赏花处，不少游客都会慕名而来，一睹国色天香之姿。具体的花会安排，建议关注微信公众号和网址信息。

门票信息 | 免费

营业时间 | 6:00—22:00

交通信息 | 涧西区中州中路312号，可乘地铁1号线在王城公园站下车。

电话 | 63938545

微信公众号 | 洛阳市王城公园

网址 | http://www.lywch.cn/

★ 亮点

牡丹花会、东周王城遗址

老君山风景名胜区

标签： 5A级景区　自然风光

老君山位于洛阳栾川县城东南3公里处，海拔2297米，相传是老子的归隐传道之处，得到众多北方道教信众拜谒。金顶庙宇道观群历史悠久，山中的老子铜像也因海拔之高被吉尼斯收录。景区内主要景点还包括龙吟听泉、中鼎云涌、枫林醉秋、舍身崖，以及多处庙宇。冬季的老君山银装素裹，琼枝玉树，甚至流传出"远赴人间惊鸿宴"的说法，不妨前来一探究竟。

门票信息｜100元，索道需另行购票

营业时间｜8:00—18:00

交通信息｜位于栾川县七里坪村21组，距离市区较远，建议自驾或包车前往。

电话｜66838888

微信公众号｜老君山风景名胜区

网址｜http://www.laojunshan.cn/

★ 亮点

玻璃观景台、金顶道观群、老子文化苑、冬季雪景

洛阳白云山风景区

标签：　5A级景区　　自然景观

白云山位于嵩县南部伏牛山腹地，主要包括白云峰、玉皇顶、九龙瀑布、原始森林等观光区，以及白云湖、高山森林氧吧、高山牡丹园、留侯祠和芦花谷等五大休闲区。来到这里，你可以在原始森林的天然氧吧中，感受最原始的自然风貌。

门票信息｜全价票（包乘车卡）145元，玉皇顶索道往返100元

营业时间｜淡季8:00—17:30，旺季7:00—18:00

交通信息｜位于嵩县天铜路车村镇下庙村，建议包车或自驾前往。

电话｜66586666

微信公众号｜洛阳白云山

网址｜http://www.chinabym.com/

★ 亮点

小黄山索道、玉皇顶、九龙瀑布

龙潭大峡谷

标签：　5A级景区　　自然景观

龙潭大峡谷位于新安县石井乡龙潭沟村，峡谷内溪流密布，奇峰怪石、清潭飞瀑随处可见，郁郁葱葱，空气格外清新。这里还有着广为人知的"六大谜团"：水往高处流、佛光罗汉崖、巨人指纹、石上天书、蝴蝶泉、仙

人足迹。除此之外，还可以观赏到绝世天碑、石上春秋、五代波纹石、通灵巷谷等奇观。

门票信息｜80元

营业时间｜夏季7:00—17:30，冬季9:00—16:00

交通信息｜位于新安县石井镇龙潭沟村，建议包车或自驾前往。

微信公众号｜洛阳龙潭大峡谷景区

★ 亮点

绝世天碑、石上春秋、波纹巨石

重渡沟风景区

标签：　4A级景区　　自然景观

重渡沟风景区位于栾川县境内，整个景区分南沟和西沟两大区，南沟坐拥飞瀑流泉，西沟可见秀竹茂林。竹海、水帘仙宫、菩提神树都是重渡沟的知名小景点，来到这里，你还可以观赏到高峡平湖、蘑菇崖等自然奇景。

门票信息｜120元

营业时间｜全天

交通信息｜位于栾川县潭头镇重渡沟村，建议包车或自驾前往。

电话｜66685666、66685989

微信公众号｜重渡沟风景区

网址｜http://www.chongdugou.net/

★ 亮点

五彩莲池、飞虹瀑布、千年菩提树

鸡冠洞风景区

标签：　4A级景区　　溶洞景观

鸡冠洞在洛阳栾川县城西，位于伏牛山支脉鸡冠山上。鸡冠洞属天然石灰岩溶洞，是典型的喀斯特岩溶地貌，整座洞长5000余米，有上下5层，上下落差有100余米，素有"北国第一洞"之称。洞内钟乳石、石笋、石柱、石花、石盾等景观形态奇特，可以发挥想象力，看看你面前的这尊古老石笋到底像什么。

门票信息｜80元

营业时间 | 8:00—17:30
交通信息 | 位于洛阳市栾川县城西3公里处，建议包车或自驾前往。
电话 | 66890998
微信公众号 | 鸡冠洞景区
网址 | http://www.jiguandong.com/

★亮点

喀斯特地貌、天河漂流、月季园、高山牡丹园

安阳、濮阳、鹤壁、焦作、新乡

九曲黄河东西贯穿豫州大地，在黄河以北，太行余脉横亘，千年古都屹立，安阳、濮阳、鹤壁、焦作和新乡，这豫北五城各有千秋。

安阳位于河南省最北部，地处晋、冀、豫三省交会处，以殷商文化为傲，以人工天河红旗渠自豪。濮阳位于安阳以东，历史上的许多名人，如军事家吴起、政治家商鞅等都出身于此，此处民风淳朴，人杰地灵。而太行山东边的鹤壁，《诗经》中描绘的淇水便是如今穿城而过的淇河，所辖淇县古称朝歌，更是殷商文化发源地和《封神演义》神话故事的发生地。黄河之滨的焦作是众多历史名人的故乡，司马懿、李商隐、韩愈等人都出身于此，云台山、青龙峡、峰林峡、神农山、青天河五大园区组成的云台山世界地质公园让它跻身旅游名城之列。而作为豫北政治、经济、文化和交通中心城市，新乡旅游资源丰富，人文景观与自然景观相辉映。

☎电话区号 安阳0372、濮阳0393、鹤壁0392、焦作0391、新乡0373

🚗 交通

▌火车

安阳火车站（安阳市北关区迎宾路30号）

濮阳火车站（濮阳市龙华区开州南路与站前路交会处）
鹤壁火车站（鹤壁市淇滨区黎阳路西段）
焦作火车站（焦作市解放区站前路）
新乡火车站（新乡市卫滨区平原路1号）

▌长途汽车

安阳汽车站（安阳市北关区和平路与一马路交会处附近）
濮阳市汽车站（濮阳市华龙区京开大道中段324号）
鹤壁汽车客运总站（鹤壁市淇滨区淇滨大道107号）
焦作汽车客运总站（焦作市解放区迎宾路259号）
新乡汽车东站（新乡市新飞大道南2号）

▌公交车

安阳、濮阳、鹤壁、焦作和新乡的市内公共交通都非常便利，有多条公交车线路可直接通往旅游景点，同时均可使用手机扫码乘车。

🛒 土特产和纪念品

安阳当地特色有道口烧鸡、老庙牛肉、血糕，濮阳当地特色有筒子麻花、牛肉耗辣椒、双麻火烧，鹤壁当地特色有浚县子馍、淇河鲫鱼、浚县八大碗，焦作当地特色有铁棍山药、怀府闹驴肉汤、马记烧鸡，新乡当地特色有牛忠喜烧饼、延津火烧、罗锅酱肉。

🏠 住宿

▌经济型

新乡元润（中房）温泉大酒店

（0373-397111；新乡市和平路与平原路交叉口邮政大厦对面，维多利亚城110号）酒店位于卫河之畔，紧邻居然之家、体育中心、人民公园、七世同居坊，距离新乡火车站2公里，多趟公交车直达，交通便利。酒店集休闲、足疗、绿色餐饮、商务、会议为一体，客房温馨别致，设施齐全，服务周到。

中档

安阳迎宾馆

（0372-2199999；安阳市文峰大道东段609号；http://www.ayybg.com/）安阳迎宾馆交通便利，距离京珠高速约2公里，拥有一栋综合性酒店大楼及6栋园林式别墅。酒店设计结合本土风土人情，客房面积宽敞，配套设施完善。

高档

焦作云台天阶国际饭店

（0391-7705609；焦作市云台山景区岸上服务区斗武路123号；微信公众号：云台天阶国际饭店）焦作云台天阶国际饭店地理位置靠近云台山景区，对前往云台山的游客而言非常便捷。酒店内设施齐全，配有豪华客房及套房，房间温馨舒适，有网络电视等设施。另外，酒店有中西餐厅和烧烤广场，提供各类菜系的美味佳肴，还有棋牌室、健身房和游泳池等娱乐设施。

🍴 就餐

大长垣（焦东店）

（0391-3972333；焦作市解放东路117号解放路与东二环路交叉口西行80米；10:00—14:00，17:00—21:30；微信公众号：焦作大长垣酒店）这家主打豫菜的餐厅排队时间短，上菜速度快，而且菜量很大，适合以家庭为单位出游的游客就餐。店里的特色长垣炒面、泰式茄龙、三味蒸鲥鱼，都可以一试。

新乡葛记红焖羊肉

（0373-3716666；新乡市和平路南段与纺织路交叉口西南角；10:00—21:30）这家专营红焖羊肉的店就餐空间很大，适合结伴出行的游客和带孩子的家庭，门口有停车场，停车很方便。来上一份特色红焖羊肉，犒劳一下辛苦奔波的自己。

🚩 线路推荐

探秘甲骨： 殷墟宫殿宗庙遗址—妇好墓—仓巷街

畅游太行： 太行山大峡谷—云台山—万仙山

📍 安阳景点

殷墟

标签： 世界遗产 5A级景区

在安阳市西北郊，坐落着中国历史上第一个有文献可考的古城遗址——殷墟。这座商朝晚期的都城在甲骨文卜辞中称为"大邑商""邑商"，如今也是中国考古学诞生之地、甲骨文的发祥地。如今的殷墟宫殿宗庙遗址形制壮阔，布局严整，建筑遵照"前朝后寝、左祖右社"的典型中国古代宫殿建筑格局依次排列。殷墟出土文物众多，除了甲骨外，最出名的当属如今被中国国家博物馆收藏的后母戊鼎了，时至今日，重达833公斤的它是世界上发现的最大青铜器，代表着中国古代青铜文化的最高水平。来到这里，你可以了解到中华民族文字的起源与开端，感受古老而灿烂的商朝文明。

门票信息｜70元

营业时间｜8:00—18:00

交通信息｜可乘坐1、41、106、X39路在殷墟博物苑下车，步行前往。

微信公众号｜安阳殷墟

网址｜http://www.ayyx.com/

⭐ **亮点**

殷商文化、商都遗址、甲骨文

中国文字博物馆

标签： 博物馆

这座以文字为主题的博物馆位于甲骨文的故乡，以汉字为主干、少数民族文字为重要组成部分、世界文字为背景，展览旨在讲解中国文字的构型特征和演化历程，能让你在此深刻体会到中华文化的灿烂与辉煌。

门票信息｜免费

营业时间｜9:00—17:00

河南

交通信息 | 可乘坐3、41、Y4路等公交车，在中国文字博物馆站下车。

电话 | 2266059

微信公众号 | 中国文字博物馆

网址 | http://www.wzbwg.com/Cn

⭐ **亮点**
甲骨文、汉字的发展

太行山大峡谷

标签：5A级景区　自然景观

安阳林州境内的太行山大峡谷位于南太行东麓，相对高差超过1000米，群峰竞立，飞瀑四挂，一派雄浑之象。景区分为桃花谷、太行天路、王相岩、仙霞谷等部分，其中桃花谷内郁郁葱葱，溪流遍布，而王相岩内设有悬崖间的栈道和桶梯，极为惊险刺激，是登山者的必达之地。峡谷中的山洞内，隐藏着千年不化的寒冰。苍劲雄奇的典型北方自然山水特色在此可见一斑。

门票信息 | 140元

营业时间 | 8:00—18:00

交通信息 | 位于安阳市林州市林石线，建议乘坐旅游大巴、包车或自驾前往。

微信公众号 | 太行大峡谷

网址 | http://www.thdxg.net/

⭐ **亮点**
桃花谷、太行天路、王相岩

仓巷街

标签：步行街

仓巷街是一条东西走向的古街，全长500余米，共有近60个院落，至今还是众多居民的安身之所。明清时期，这里是商贾云集的繁华地带，热闹非凡。如今在经过修复的仓巷街，依然能看到建于明朝的宅院，还有一棵树龄百年有余的国槐。

门票信息 | 免费

营业时间 | 全天

交通信息 | 可乘18、21、32、63路等公交到三道街下车，步行前往。

⭐ **亮点**
明清民居建筑、老国槐

袁林

标签：历史建筑

袁林即袁世凯的墓地，这位项城出身的北洋军阀卒于北京，葬于安阳。中西合璧风格的墓园内，主建筑群为清朝风格，而墓冢则是西洋建筑风格，在国内的陵墓建筑中算是个特例。园内有中国传统建筑风格的琉璃瓦照壁，仔细观察，就能看出上面雕刻着的各式图案。

门票信息 | 35元

营业时间 | 夏季8:30—18:00，冬季8:30—17:30

交通信息 | 可乘坐8、23、56、X82路等公交车，在袁林站下车。

⭐ **亮点**
历史建筑、袁公林

道口古镇

标签：4A级景区　历史建筑

道口古镇隶属于安阳滑县，地处县城西北角，古黄河金堤之上。道口镇已有上千年的悠久历史，隋朝时京杭大运河的永济渠卫河段流经这里，近代道清铁路的修通让这里成为"水旱码头"，甚至拥有"豫北小天津"的名号。道口烧鸡更是闻名全国，享有"中华第一鸡"的称号。来道口镇，在古街里走走，顺便尝尝正宗的道口烧鸡，让你的旅途慢下来。

门票信息 | 免费

营业时间 | 全天

交通信息 | 建议自驾或包车前往。

⭐ **亮点**
道口烧鸡、老街巷

濮阳景点

戚城遗址

标签： 4A级景区 历史建筑

戚城是春秋时期卫国的重要城邑，如今在濮阳市内还保留着周长约1500米的古城残垣。位于城东的一处夯土台，是春秋时期诸侯会盟台的台基，据记载，曾有七次会盟发生于此。如今的遗址经过建造修复，辟为公园，包括城墙、阙门、历史陈列室等区域。

门票信息｜免费
营业时间｜8:00—18:00
交通信息｜可乘2、3、26、35路等公交车，在戚城公园站下车。

★ 亮点
古城遗址、会盟台

鹤壁景点

淇河国家湿地公园

标签： 自然景观

淇河湿地公园位于鹤壁市淇滨区许沟，属于"一河五园"的上游景区。淇河属于卫河的支流，河水清澈见底，从湿地中穿过，水质常年保持在国家二类水质以上，属于豫北地区最好，也孕育了沿岸具有淇河特色的人文文化。

门票信息｜免费
营业时间｜全天
交通信息｜建议自驾或包车前往。

★ 亮点
淇河风光、湿地景观

浚县大伾山风景区

标签： 4A级景区 自然景观

大伾山风景区位于鹤壁浚县东南方，属于太行山余脉。如今山上有道观佛寺等建筑7座、石窟6处、唐代至明清时期的摩崖碑刻460多处，其中以北方最大的摩崖大佛造像著

称于世。这尊大佛始建于北魏时期，为镇大伾山脚下之黄河而塑。而在诸多摩崖石刻中，以明代王铎书法最为出名。

门票信息｜50元
营业时间｜8:00—18:00
交通信息｜建议包车或自驾前往。
微信公众号｜大伾山风景区
电话｜6873556

★ 亮点
摩崖大佛造像、石刻、山间风光

云梦山

标签： 4A级景区 自然景观

云梦山位于鹤壁淇县城西15公里的太行山东部，主峰海拔577米，重峦叠嶂，雾气环山。奇山、清泉、幽谷，还有辽阔的山地草原之景，共同打造出云梦山独一无二的景观。这里自古以来便受青睐，历代文人在此留下了众多诗词篇章，相传还是鬼谷子隐居之地，苏秦、孙膑、庞涓均在此求学，云梦山因此有中华第一古军校之称，如今也是中国鬼谷子文化研究会的所在地。

门票信息｜60元
营业时间｜7:30—17:00
交通信息｜建议自驾或包车前往。
微信公众号｜河南淇县云梦山景区

★ 亮点
映瑞池、水帘洞、倒坐观音殿

焦作景点

云台山

标签： 5A级景区 世界地质公园

云台山位于焦作市修武县境内，属于太行山脉的最南端，整个景区总面积50平方公里，主要有红石峡、潭瀑峡、猕猴谷、茱萸峰、叠彩洞、万善寺、泉瀑峡、子房湖等八大景点。其中，红石峡属于丹霞地貌，峡谷内遍

河南

布红岩，潭瀑峡泉溪密布，泉瀑峡内的云台天瀑落差高达314米。云台山以其多样奇绝的地貌，在2004年就被联合国教科文组织评选为全球首批世界地质公园。

门票信息 | 全价票（包括门票和往返交通）180元，索道（往返）100元

营业时间 | 夏季6:30—18:30，冬季7:30—17:00

交通信息 | 建议包车或自驾前往。

电话 | 7709300

微信公众号 | 云台山风景名胜区

网址 | www.yuntaishan.net

⭐ 亮点

丹霞地貌、飞瀑流泉、玻璃栈道、茱萸峰

武陟县嘉应观

标签: 4A级景区　全国重点文物保护单位

　　始建于清朝雍正元年的嘉应观是一座集宫、庙、衙署为一体的龙王庙，位列江河淮济之首，也是黄河流域现存规模最大、规格最高、保存最完整的河神庙。嘉应观祭祀河神、封赏治河功臣等最初的功能已不复存在，如今已成为展示黄河文化，以及从古至今的治水智慧的古建筑。

门票信息 | 50元

营业时间 | 8:00—18:00

交通信息 | 建议自驾或包车前往。

微信公众号 | 武陟县嘉应观景区管理局

⭐ 亮点

钟鼓楼、中大殿、禹王阁

焦作影视城

标签: 4A级景区　影视基地

　　焦作影视城是中原地区较为出名的影视基地之一，依山傍水而建，以春秋战国、秦汉、三国时期的文化为背景修建了大批仿古建筑，新版《水浒传》、新版《三国演义》，以及《大秦帝国》等影视作品均在此拍摄。影视城主要分为城门广场区、周王宫区、楚王宫区和市井区域等四个部分，宫殿城门气势磅礴，市井街区烟火浓郁，展现了中原地区大气厚重的文化底蕴。

门票信息 | 35元

营业时间 | 夏季8:00—18:00，冬季8:00—17:30

交通信息 | 建议自驾或包车前往。

电话 | 2903168

微信公众号 | 焦作影视城

⭐ 亮点

周王宫区、灵台、楚王宫区

陈家沟

标签: 4A级景区　民俗文化村

　　焦作陈家沟景区是太极拳的发源地，总面积30平方公里，已经成为国内外太极拳爱好者及游客心中的"太极圣地"。主要包括拳祖祠、拳谱堂、祖师堂、太极祖林、东大沟造拳处、皂角树练拳处、太极园、中国太极拳博物馆、陈家沟遗址等景点，每个角落都与太极拳息息相关，吸引众多游客前来参观、写生，甚至拜师学艺。

门票信息 | 30元

营业时间 | 夏季8:00—18:00，冬季8:00—17:30

交通信息 | 位于河南省焦作市温县赵堡镇，建议包车或自驾前往。

电话 | 6418677

微信公众号 | 陈家沟文化旅游区

⭐ 亮点

太极拳祖祠、中国太极拳博物馆、中华太极馆

📍 新乡景点

八里沟景区

标签: 5A级景区　国家地质公园

　　位于新乡市西北部辉县市境内的八里沟景

区，属于太行山南麓，总面积109平方公里。景区分为八里沟、天界山、九莲山三大游览区，沿途有山体观音、玉皇宫、马五神像、钟山九佛、石人迎客、老子布道、一线雄关、黑龙潭、天河瀑布等百余个著名景点。其中，八里沟大瀑布最为壮观，上下落差200米，气势磅礴，从瀑布下的水帘洞穿过，能够清楚地感受瀑布因极大的落差而产生的重重水汽，非常壮观，令人震撼，因此它也被誉为"太行天瀑"。来到这里，你不得不感慨大自然的鬼斧神工。

门票信息｜100元（包括往返交通车）

营业时间｜7:30—18:00

交通信息｜建议自驾或包车前往。

电话｜6699201

网址｜http://www.xxbaligou.com/

微信公众号｜新乡八里沟景区

> ★ 亮点
>
> 八里沟大瀑布

潞王陵

标签： 4A级景区　全国重点文物保护单位

潞王陵堪称中国陵墓文化的遗珠，这座国内现存规模最大，保存最完整的明代藩王陵墓的主人，是明朝万历皇帝的胞弟潞王朱翊镠及其妃子。陵墓位于凤凰山南麓，俯瞰卫河，仿照万历皇帝的定陵修建，布局工整，庄重威严。

门票信息｜40元

营业时间｜8:30—17:00

交通信息｜建议包车或自驾前往。

微信公众号｜新乡潞王陵景区

> ★ 亮点
>
> 神道、石像

万仙山景区

标签： 4A级景区　国家地质公园

新乡万仙山由多个景区组成，内部景观上百处，是著名的影视基地、避暑圣地。山中奇石遍布，村落庄园零星点缀，许多房屋甚至建

在悬崖边上。核心景点是郭亮村，若想前往太行深处的郭亮村，必须要经过一条险峻奇绝的挂壁公路，这条由村民们自己凿出的天路，一度吸引各地游客前来一探究竟。而独特的位置使郭亮村的古朴犹存，近些年来一直备受影视作品导演青睐，成为闻名中国的影视取景地，也一直是美术爱好者的写生胜地。

门票信息｜107元（包含往返交通车）

营业时间｜8:00—18:00

交通信息｜建议包车或自驾前往。

微信公众号｜新乡万仙山景区

> ★ 亮点
>
> 万仙山、郭亮洞、郭亮村

三门峡、济源

在豫西，黄河经三门峡流入中原，流经之处也兴建起了水利枢纽——三门峡大坝和小浪底工程。三门峡大坝位于三门峡市，这座城市堪称黄河岸边的明珠，新石器时代的仰韶文化遗址、荆山轩辕黄帝陵、战国时期的秦赵会盟台和中国古代四大回音建筑之一的宝轮寺塔都坐落于此。小浪底水利枢纽则地跨洛阳与济源，其中济源由河南省直辖，小浪底风景区与王屋山景区都让这座低调的滨河城市难掩锋芒。来到这里，你定能切身体会到独具风格的民间艺术，同时感受灿烂悠久的黄河文化。

☎ 电话区号 三门峡0398、济源0391

🚗 交通

▌火车

三门峡火车站（三门峡市湖滨区黄河东路5号）

济源火车站（济源市荆梁北街886号）

▌长途汽车

三门峡汽车站（三门峡市湖滨区崤山东路与黄河东路交叉口向西200米路北）

济源汽车客运总站（济源市赵礼庄）

▌公交车

在三门峡与济源市内，乘坐公交方便，能够满足基本出行旅游需求，均可通过手机刷码乘车。

🛒 土特产和纪念品

三门峡当地特色有灵宝苹果、卢氏核桃，济源当地特色有冬凌茶、盘砚、济源山楂。

🏠 住宿

▌经济型

7天优品酒店（天坛路信尧城市广场店）

（0391-8325777；济源市天坛路839号）这家老牌连锁快捷酒店的位置非常棒，距离济源火车站不到3公里，闲暇时，向南或向北走一走，均可走到河边。酒店内的客房空间较大，干净明亮，独立卫浴、空调等基本设施齐备，若小住一两日，这里是个不错的选择。

▌中档

上美百合酒店

（0398-3060606；三门峡市崤山路与六峰路交叉口向东50米路南）上美百合酒店坐落于崤山路与六峰路交叉口，位于市区繁华地段，毗邻万达及丹尼斯等商贸圈，距火车站、高铁站和高速路口仅15分钟车程。酒店内设施齐全，环境优雅，客房设施完善，硬件设施一流，房间内配置国际大品牌家具电器，全网覆盖。另外，酒店还提供停车场。

▌高档

天鹅城国际酒店

（0398-5199999；三门峡市五园西路与青南路交叉口东100米）酒店地理位置优越，距离三门峡南站直线距离4公里，毗邻天鹅湖公园，紧邻中心商务区和三门峡主城区。酒店是三门峡第一高的建筑，内有楼顶自助餐厅，透过落地窗可以俯瞰整个天鹅湖公园。

🍴 就餐

厨老怪（陕州区店）

（0398-3810007；三门峡陕州区仁和新居西南100米；11:30—14:00，17:30—21:00）这家餐厅的菜色大多以"老怪"命名：老怪脆皮茄子，老怪捞莜面丝，老怪酥皮鸡蛋灌饼，老怪酸汤豆花鱼……菜品分量大，适合全家出游的旅行者前来就餐。但周边饭店较多，不方便停车。

⚠️ 线路推荐

临坝观光线：三门峡大坝风景区—陕州地坑院—天鹅湖国家城市湿地公园

📍 三门峡景点

函谷关

标签： `4A级景区` `历史遗迹`

函谷关位于三门峡灵宝市，地处豫陕晋交界处，集军事文化与老子文化为一体。历史上，函谷关始建于西周，因"关在谷中，深险如函"而得名。据说春秋末年，老子途经函谷关，在此挥笔著就《道德经》，因此此处又有"千古雄关，道家之源"的说法。如今景区内修建了老子像，还能看到箭库、城墙等历史遗址。

门票信息 | 75元

营业时间 | 夏季8:00—18:30，冬季8:00—17:30

交通信息 | 建议包车或自驾前往。

微信公众号 | 函谷关旅游区

> ⭐ **亮点**
>
> 箭库、城墙、关城、道家文化

陕州地坑院

标签： `4A级景区` `历史建筑`

地坑院这种独特的民居建筑，是全国乃至世界唯一的地下古民居建筑，也是我国特有的四大古民居建筑之一。地坑院坚固实用、冬暖夏凉、防震抗震，还蕴藏着丰富的文化，其营造技艺甚至已被列入国家级非物质文化遗产保护名录。陕州地坑院内展示有捶草印花、陕州剪纸、锣鼓书、澄泥砚、木偶戏、皮影戏、糖画，还有红歌表演、陕州特色婚俗表演等，可以购买到具有当地民俗特色的工艺品等。

门票信息｜60元

营业时间｜夏季:30—18:30，冬季8:30—18:00

交通信息｜建议包车或自驾前往。

电话｜3266666

微信公众号｜陕州地坑院

★ **亮点**

婚俗表演、捶草印花、陕州剪纸

天鹅湖国家城市湿地公园

标签：　4A级景区　　自然观光

　　三门峡市天鹅湖国家城市湿地公园坐落在三门峡市东西城区生态区，核心景区包括双龙湖白天鹅观赏区、陕州古城和沿黄生态林带三个区域，是一处融生态、文化和人文地理于一体的自然山水景区。每年11月至次年3月，湿地公园都会吸引上万只白天鹅前来越冬，三门峡也因此得名"天鹅之城"。

门票信息｜免费

营业时间｜7:00—21:30

交通信息｜建议打车前往。

电话｜2821788

微信公众号｜三门峡市天鹅湖城市湿地公园

★ **亮点**

长河落日、牡丹花园、天鹅湖湿地

虢国博物馆

标签：　4A级景区　　全国重点文物保护单位

　　虢国博物馆是以西周虢国墓地遗址为基础开辟的一座博物馆，这里集文物陈列、遗址展示、园林景观为一体，展览分为虢旗猎猎、吉金灿灿、美玉灼灼、奇珍熠熠、车马辚辚、古墓秩秩六大部分。虢国墓是中国迄今为止发现的唯一一个规模宏大并且保存完好的西周、春秋时期大型邦国公墓，发掘出数量众多的古代文物，被评为"中国20世纪百项考古大发现"之一。

门票信息｜40元

营业时间｜9:00—17:00

交通信息｜建议自驾或包车前往。

电话｜2955760

微信公众号｜三门峡市虢国博物馆

网址｜http://www.guostate.com/index.asp

★ **亮点**

车马坑、玉鹅

三门峡大坝风景区

标签：　水利工程

　　黄河在三门峡市境内全长120公里，形成了水势澎湃的雄浑景象，其中以黄河大坝景致最为壮观。三门峡大坝是中国在大江大河上建起的第一座大型水利枢纽，也是黄河干流上的头一座，又有"万里黄河第一坝"之称。大坝主坝为混凝土重力坝，在大坝的蓄水期，这里会形成一个湖泊，秋冬季节还是白天鹅等鸟类的栖息之地。

门票信息｜30元

营业时间｜夏季8:00—18:30，冬季8:00—17:30

交通信息｜建议自驾或包车前往。

★ **亮点**

黄河大坝、观赏白天鹅

📍 济源景点

王屋山

标签：　4A级景区　　道教名山

　　也许你说不出王屋山到底位于何处，但一定对"愚公移山"的故事毫不陌生，这个传说正是发生在济源的王屋山。它是中国古代九大名山之一，汉魏时期位列道教十大洞天之首，

河南

号称"天下第一洞天"。如今,总面积超过2.7万平方公里的王屋山风景区,分为阳台宫、天坛山、天坛湖、五斗峰、清虚宫、玉阳山、九里沟等7大景区。主峰天坛山海拔1715米,是华夏祖先轩辕黄帝设坛祭天之所,世称"太行之脊""擎天地柱"。北边的王母洞周围分布着原始森林,林间偶现珍稀动物的身影。

门票信息│80元

营业时间│8:00—18:00

交通信息│从济源市内可换乘公交邵原线,到王屋山景区下车;建议包车或自驾前往。

电话│6733358

微信公众号│王屋山

⭐ 亮点

"愚公移山"发生地、天坛山、山间森林

小浪底

标签: 4A级景区 水利枢纽

以小浪底水利枢纽为依托的小浪底风景区,西起八里胡同,东至黄河西滩,包括小浪底大坝景区、张岭半岛生态旅游度假区、黄河三峡景区和西滩黄河风情等4个景区,多角度展现黄河历史文化和人类的治黄工程。站在岸边,看黄河自坝上奔腾而下,雄浑壮阔之景让人觉得不虚此行。

门票信息│40元

交通信息│可在济源市内搭乘小浪底专用线前往。

电话│6035136

微信公众号│小浪底

⭐ 亮点

近距离接触黄河、轰鸣奔腾之景、黄河文化

许昌、平顶山、周口、漯河、商丘

当你把视线转向豫东与豫中地区时,

一定会被这些地方悠久的文化与商业历史吸引。

平坦的地势,意味着便利的交通,同时促进商业贸易的交流。位于中原地区中心的许昌,自古便是兵家逐鹿之地,如今京广铁路纵贯南北,让这里成为商业投资的热土,"胖东来"超市的走红,更是让许昌一度成为焦点。而豫东的商丘则是我国商人、商品和商业的发源地之一。平顶山的煤矿、漯河的副食品加工都在全国名列前茅,而近年来逐渐走红的逍遥镇胡辣汤,正是源于周口。规划好你的行程和时间,探索这片地区,不仅让你饱眼福,更能饱口福。

☎ **电话区号** 许昌0374、平顶山0375、周口0394、漯河0395、商丘0370

🚗 交通

▌火车

许昌火车站(许昌市魏都区车站路2号)

平顶山火车站(平顶山市湛河区南环中路1号)

周口火车站(周口市经济技术开发区开元大道和工农路交叉口南200米)

漯河火车站(漯河市源汇区马路街东段)

商丘火车站(商丘市梁园区站前路)

▌长途汽车

许昌中心汽车站(许昌市魏都区七一路1240号)

平顶山汽车站(平顶山市湛河区鹰翔路87号)

周口汽车站(周口市川汇区交通大道与中州大道交叉口向东200米)

漯河汽车站(漯河市源汇区人民路附近)

商丘汽车总站(商丘市梁园区凯旋路与团结路交叉口西北角)

▌公交车

许昌、平顶山、周口、漯河和商丘市内的公交线路密集,出行便利,市内的主要火车站、汽车站和景点均可乘公交车到达,同时可使用手机扫码乘车。

🛒 土特产和纪念品

许昌当地特色有钧瓷、许昌腐竹、长葛蜂胶，平顶山当地特色有湛河鸭蛋、宝丰酒、汝瓷，周口当地特色有逍遥镇胡辣汤、高集烧饼，漯河当地特色有漯河麻鸡、繁城牛肉，商丘当地特色有哨子汤、商丘剪纸。

🏠 住宿

▌经济型

IU酒店（商丘凯旋路中环广场店）

（0370-8886699；商丘市凯旋路与团结路交会处西北角）酒店装修现代，客房基础设施齐备，地理位置优越，距离商丘步行街和小吃街600米，周边有沃尔玛等超市。酒店内设大型停车场，停车方便。

▌中档

晨曦酒店

（0374-2169888；许昌市颍昌大道与七一路交会处东南角，胖东来生活广场）酒店内部设计温馨，同时让每个细节都融入了人性化和智能化的服务。更棒的是，酒店毗邻火车站、汽车站，胖东来生活广场等购物中心也在旁边，同时距曹魏古城、曹丞相府、西湖公园、春秋广场等地仅几分钟车程。

▌高档

漯河建业福朋喜来登酒店

（0395-2566999；漯河市嵩山路西支6号）酒店坐落于市区金融中心，与市科教文化中心隔路相望。酒店拥有200余间设施现代的宽敞客房，有多个装修豪华的餐厅，提供粤菜、淮扬菜、川菜及本地特色的经典豫菜，满足各种口味需求。另外，这里还有设施齐全的健身俱乐部，可供你餐后消食。

🍴 就餐

许巷里老房子（古槐街店）

（0374-2660000；许昌市古槐街豫园美食城；10:00—14:30，17:00—21:30）这家餐厅菜品分量大，适合家庭出行的游客前来用餐。特色菜也偏家常，主要有关公绿豆粥、疙瘩汤、泉水自制豆腐，若想来点硬菜，也可以试试黄焖大鲤鱼。

领头羊炝锅烩面

（0395-3178889；漯河市泰山路46号；11:30—14:00）这家家常面馆对独自旅游者很友好，排队时间短，性价比高，干净卫生，门口还有停车位，停车便利，适合带小孩的家庭。不妨来试试这里的烩面、经典脆皮茄子、芝麻叶、炸河虾等特色菜肴。

👣 线路推荐

穿越三国线: 曹丞相府—灞陵桥景区—春秋楼

📍 许昌景点

神垕古镇

标签:　4A级景区　历史建筑

神垕古镇位于许昌禹州市西南30公里处，以老街为核心，由东、西、南、北四座古寨构成，古镇中保存比较完整的建筑包括伯灵翁庙、古寨墙、白家大院、温家大院、霍家大院、辛家大院、邓禹楼、转角楼等。同时，神垕古镇也是闻名世界的钧瓷文化的发祥地，这里曾是钧瓷业发展的繁华核心地带，也是中国北方陶瓷的主要产地和集散地。

门票信息｜免费
营业时间｜全天
交通信息｜建议自驾或包车前往。
微信公众号｜神垕古镇景区官微

> ⭐ **亮点**
>
> 神垕老街、钧瓷文化、伯灵仙翁庙

曹丞相府

标签:　历史建筑

曹丞相府位于许昌市中心魏武帝广场，相传是曹操处理军政和生活之地。景区以三国时期为背景,用现代视角对曹操进行全方位解读,展示了曹魏文化的博大精深,同时也是国内少见的三国文化旅游主题景区,对三国文化感兴趣的游客值得前来。

门票信息 | 40元

营业时间 | 夏季8:00—18:00,冬季8:00—17:30

交通信息 | 位于许昌市魏都区府前街,可乘坐公交到达附近的公交站后步行前往。

微信公众号 | 许昌曹丞相府景区

> ★ **亮点**
> 金色照壁、迎贤堂、议事厅

灞陵桥景区

标签:　4A级景区　历史建筑

灞陵桥原名八里桥,坐落于许昌市城西4公里处的清泥河上,相传为三国名将关羽辞曹挑袍处。景区由灞陵桥、关帝庙、古典园林建筑这三部分组成,还有一座红石雕,描绘着曹丞相拜送关羽之图。

门票信息 | 30元

营业时间 | 夏季8:00—18:00,冬季8:00—17:30

交通信息 | 位于建安区许继大道西段7号,可乘坐5、33、69路等公交车,在灞陵公园下车。

电话 | 3261111

网址 | http://www.blqjq.com/

> ★ **亮点**
> 灞陵桥、三国文化场景

春秋楼(关宅)

标签:　历史建筑

建造历史悠久的春秋楼古建筑群位于许昌市文庙前街,面向春秋广场。春秋楼又名大节亭,相传是关羽读《春秋》之处,是关宅的主体建筑之一,在1995年进行修复后,仍保持着"文武"二圣并祀这种"两院英风"的格

局,目前与文庙属同一景区,景区内建筑之精致属全国罕见少有。

门票信息 | 25元

营业时间 | 7:30—17:30

交通信息 | 位于魏都区文庙前街中段,可乘坐33路公交车,在春秋楼春秋广场站下车。

电话 | 2188284

微信公众号 | 许昌春秋楼文物管理处

> ★ **亮点**
> 春秋楼、"两院英风"、关羽像

◉ 平顶山

平顶山博物馆

标签:　4A级景区　博物馆

平顶山博物馆是一座综合性博物馆,现有馆藏文物5万余件,并在2020年被评为第四批国家一级博物馆。馆内主要分布有四个展厅,第一个展厅"山下故愿"展示了100万年前的人类祖先的生活遗迹,第二个展厅介绍了平顶山别称"鹰城"的由来,另外两个展厅分别展示了唐宋时期的各类瓷器,以及楚汉文明和珍贵的明清文物。除此之外,还有供儿童娱乐和学习的科技展厅,堪称一座博物乐园。

门票信息 | 免费

营业时间 | 周二至周日9:00—17:00,周一闭馆

交通信息 | 位于平顶山市新城区长安大道与怀仁路交叉口平安广场西侧,可乘坐29、901、903路等公交车,在大香山路口下车。

电话 | 2660517

微信公众号 | 平顶山博物馆

网址 | https://www.pdsm.org.cn/

> ★ **亮点**
> 唐宋遗韵展厅、楚汉文明展厅

尧山

标签:　5A级景区　自然景观

尧山风景名胜区位于平顶山市鲁山县,

地处伏牛山东部，因尧子孙刘累修建尧祠祭祖而得名。这里既有奇特壮丽的自然风光，也有丰富的人文景观，山峦遍布，瀑布相间，树木茂密，有冬凌潭、三岔口、白龙潭等奇特的景观，以及温泉，是集休闲娱乐、避暑疗养、旅游观赏于一体的秀丽之地。

门票信息｜65元

营业时间｜夏季7:00—19:00，冬季8:00—18:00

交通信息｜位于平顶山市鲁山县尧山镇西竹园村，建议自驾或包车前往。

电话｜5791135，5791123

微信公众号｜天下尧山

> ★ **亮点**
>
> 九曲瀑布、银线瀑、红枫谷

叶县县衙博物馆

标签：　重点文物保护单位

　　叶县县衙博物馆是明代县衙，也是我国现存三座古县衙之一。叶县县衙由150余间房屋构成，占地面积较大，布局规模宏大，整体建筑风格体现了我国古代县级衙署的典型特点，具有重要的研究价值。在这里，你不仅能了解我国古代建筑的特色布局，还能观赏到古代传统宫廷音乐和珍贵文物。

门票信息｜50元

营业时间｜8:30—17:30

交通信息｜位于平顶山市叶县昆阳街道东大街9号，建议自驾或包车前往。

电话｜3436888

微信公众号｜叶县明代县衙

> ★ **亮点**
>
> 土地庙、萧曹庙

📍 周口景点

太昊陵

标签：　4A级景区　　全国重点文物保护单位

　　太昊陵位于周口市淮阳县城北，始建于

春秋时期，是为纪念太昊伏羲氏而修建的，属于陵庙合一的大型古建筑群，因伏羲位居三皇之首，其陵庙又有"天下第一陵"之称。现存陵制和建筑是明太祖朱元璋时期修建的，历史上经过数次重建和修复，格局均未改变。目前全陵有内城和外城，还有午朝门、先天门、统天殿、显人殿等建筑，保留了古树等景观，是了解伏羲文化的好去处。

门票信息｜40元

营业时间｜8:00—18:00

交通信息｜位于淮阳区县城北关太昊陵景区，可乘坐10、11路内线等公交车，在太昊陵下车。

电话｜2693610

微信公众号｜太昊伏羲陵

网址｜http://www.taihaoling.net/

> ★ **亮点**
>
> 午朝门、统天殿、伏羲文化

南顿故城

标签：　人文古迹　　历史遗迹

　　南顿故城位于周口项城南顿镇司东北隅，是一处大型的历史文化遗址群，含有夏商时代遗址、南顿故城城址、蟆寨古墓群、田园古墓群、光武台遗址及光武庙建筑等重要历史遗迹和文物。南顿故城又有"鬼修城"的说法，传说中是一夜之间被鬼建起来的，如今城内还有些鬼怪的模型。

门票信息｜免费

营业时间｜8:00—17:30

交通信息｜建议自驾或包车前往。

微信公众号｜南顿故城

> ★ **亮点**
>
> 故城遗址、光武台遗址

周口市博物馆

标签：　博物馆

　　周口市博物馆位于东新区文昌大道的周

口市文化艺术中心内,是一座功能完善的市级综合性博物馆。馆藏文物丰富,共有5个展厅开放,分别展示人文肇始、大道幽微、三代华章、葬原鸿爪、逐波兴埠等主题的藏品和相关信息。

门票信息 | 免费

营业时间 | 周二至周日9:00—17:00,周一闭馆

交通信息 | 位于周口市东新区文昌大道东段,可乘6路公交车在文化馆下车。

电话 | 8530768

微信公众号 | 周口市博物馆

网址 | http://www.zksbwg.com/

★ 亮点

青铜器、民间书画

📍 漯河景点

许慎文化园

标签: 4A级景区

这是围绕东汉时期著名的经学家、文学家、《说文解字》的著者许慎的陵墓修建的文化园,属于中轴对称布局,内部建筑及景观分布在三区一轴,由南向北分布在三级台地之上。中心展示区有汉字大道、字圣殿、叔重堂、说文馆、魁星亭、字形牌坊等主要建筑,特色景观还包括六书广场、翰林阁、状元堂、西碑廊、东碑廊、汉白玉影壁等,是了解许慎生平事迹的最佳去处。

门票信息 | 免费

营业时间 | 周二至周日8:30—17:30,周一闭馆

交通信息 | 位于召陵区龙江路与钟山路交叉口,可乘坐111路公交车在许慎文化园下车。

微信公众号 | 许慎文化园景区

网址 | http://www.xswhy.com/index.html

★ 亮点

六书广场、许慎墓、字圣殿

小商桥

标签: 4A级景区　全国重点文物保护单位

单拱敞肩的小商桥坐落在漯河市临颍县与郾城区交界的小商河上,始建于隋朝,现存主体结构为北宋建筑风格,桥基、栏杆、栏板等部位都留下了历代精美石刻。如今景区内还有很多历史价值很高的建筑及景观,例如小商桥牌坊、杨再兴陵园、忠烈祠、英烈堂、杨再兴纪念馆、三连碑、壮怀殿、将军坊、凤凰台等,还有供游人休息娱乐的场所,如桥文化馆、驿站等。

门票信息 | 免费

营业时间 | 8:30—17:30

交通信息 | 建议自驾或包车前往。

微信公众号 | 小商桥景区旅游服务

★ 亮点

小商桥、杨再兴纪念馆、壮怀殿

📍 商丘景点

芒砀山旅游区

标签: 5A级景区　自然景观　历史遗迹

芒砀山位于豫、鲁、苏、皖四省结合部的商丘永城,除了山清水秀的自然景观,这里还有西汉梁王陵墓群——梁梁王陵,由汉梁孝王刘武陵、王后陵、汉梁共王刘买陵构成,规模庞大,气势雄壮,其中刘买陵内遗存的《四神云气图》是目前考古发现的西汉早期面积最大、保存最完整、墓主人级别最高的彩色壁画。此外,整座旅游区还包括刘邦斩蛇处、大汉雄风景区、芒砀山地质公园、陈胜园景区、大子山景区等经典景区。

门票信息 | 90元

营业时间 | 夏季8:30—17:30,冬季8:30—16:30

交通信息 | 位于商丘市永城市芒山镇,建议自驾或包车前往。

电话 | 5970777

微信公众号 | 芒砀山旅游官方预订
网址 | https://www.mangshan.net/

★ 亮点

汉梁王陵、大汉雄风景区、刘邦斩蛇处

商丘古文化旅游区（商丘古城）

标签： 4A级景区 全国重点文物保护单位

以商丘古城为核心的商丘古文化旅游区坐落在商丘市睢阳区，古城中最著名的就是明代"归德府城墙"和"宋国故城遗址"。作为现在中国保存完好古城之一，商丘古城由城池、城湖、城郭组成，还具有八卦城、水上城、城摞城三大特点。城内的景点包括张巡祠、应天书院等。

门票信息 | 景区有多种联票，可以根据自己的需求购买

营业时间 | 全天

交通信息 | 建议包车或自驾前往。

微信公众号 | 商丘古城旅游公司

★ 亮点

南城门楼、张巡祠、壮悔堂

南阳、驻马店、信阳

地处伏牛山以南、汉水之北的南阳，三面环山，山川秀丽，历史悠久，与河南省内的其他省市相比，相对低调，但深入其中，便会发现丰富的人文和自然景观。南阳东边的驻马店自古以来便是交通要道，因来往信使在此休息而得名，悠久的历史在蔡县伏羲画卦亭、秦丞相李斯墓、孔子晒书台、西平县战国冶炼遗址等古迹上，可见一斑。继续向南，驻守河南南大门的信阳，地处江淮，沟通南北经济与文化，河南以平原为主的地势在此也生出丘壑。

在河南南部，你能体会到中原大地南北方习俗的交融，更能探索不同于北国的风光与风情。

 电话区号 南阳0377、驻马店0396、信阳0376

🚌 交通

▌飞机

南阳姜营机场（南阳市宛城区姜营村）
信阳明港机场（信阳市平桥区明港镇006乡道东侧）

▌火车

南阳火车站（南阳市卧龙区车站南路）
驻马店火车站（驻马店市驿城区自由街）
信阳火车站（信阳市浉河区车站路18号）

▌长途汽车

南阳汽车站（南阳市车站路189号）
驻马店汽车客运中心站（驻马店市驿城区雪松大道与风光路交叉口东南角）
信阳汽车站（信阳市浉河区人民路青龙街11小学对面）

▌公交车

南阳、驻马店和信阳市内公交便利，能够满足游客日常需求，市内有多条公交线路，方便出行。公交车一般为无人售票，均可以手机扫码乘车。

🛒 土特产和纪念品

南阳当地特色有烙画筷子、南阳独山玉、镇平烧鸡，驻马店当地特色有正阳三黄鸡、王勿桥醋、确山凉粉，信阳当地特色有信阳毛尖、潢川空心贡面。

🏠 住宿

▌经济型

城市便捷酒店（爱家购物广场店）

（0396-3395999；驻马店市正阳路与雪松大道交叉口北150米路东）酒店地理位置优越，距离高铁站、火车站约15分钟车程，周边有雪松路爱家购物广场等商场。酒店内部设施配备齐全，有停车场、会议室等，还有自

河南

助洗衣房，能够满足游客的基本需求。总体而言，性价比不错。

▌中档

芒果1号华悦酒店

（0377-60897777；南阳市两相路与明山路交叉口西北角）酒店地处新市政府和高新区政府商圈中心，毗邻独山自然森林公园和白河湿地公园，周边商业配套完善。内部装修风格多样，客房宽敞舒适，有大落地窗，采光不错，房间内还有智能设备。酒店设有健身房和洗衣房、影院，并且提供各类菜品。另外，酒店还提供高铁站和机场的专车接送服务。

▌高档

中乐百花酒店

（0376-3099999；信阳市新七大道与新十二街交叉口东南角）酒店位于信阳市平桥区，地理位置优越，紧邻百花会展中心，距信阳火车站驾车约6分钟。酒店内拥有各类豪华客房300余间，早餐种类丰富，融合南北特色，能满足各种口味。

🍴 就餐

茶香鱼村

（0376-8160333；信阳市南湖街南湾湖风景区广场；9:00—14:30，17:00—21:00）这家吃鱼的馆子有停车场，停车方便，菜色和环境都适合带小孩的家庭。南湾鱼两吃、地锅馍、干炸河虾都是这里的特色菜，值得一试。不过需要注意的是，高峰期可能要排很久的队。

👣 线路推荐

南阳人文之旅：花洲书院—南阳卧龙岗武侯祠—山陕会馆

信阳奇山之旅：鸡公山景点—信阳灵山风景区—黄柏山旅游区—西河景区华佗谷

📍 南阳景点

老界岭

标签： 5A级景区　自然风光

　　老界岭坐落于南阳市西峡县，是伏牛山世界地质公园的核心，也是中国南北气候与长江、黄河流域的分界。景区内的主要景观包括伏牛山主峰犄角尖，以及老子山神、锯齿峰和骆驼峰等，还能看到原始森林。同时，你也能够在此了解有关地质地貌形成的相关原理。由于地处南北方分界，老界岭兼具北方的雄浑与南方的俊秀，一定会让你觉得不虚此行。

门票信息｜90元（包括往返小交通），索道单程70元

营业时间｜8:00—18:00

交通信息｜距离市区较远，建议包车或自驾前往。

电话｜69915766

微信公众号｜河南老界岭

网址｜http://www.laojieling.net/

> ⭐ **亮点**
>
> 犄角尖、情人峰、锯齿峰

花洲书院

标签： 4A级景区　历史建筑

　　北宋时期，著名政治家、教育家、思想家范仲淹在出任邓州知州期间创建了书院内讲学堂——春风堂、藏书楼、斋舍，并在书院东侧创建百花洲，花洲书院由此建成。2005年，花洲书院历经三年修复，辟园林百余亩，如今拥有古建筑与仿古建筑66座，还设有中国书院博物馆和范仲淹纪念馆等。

门票信息｜30元

营业时间｜夏季8:30—18:30，冬季8:30—17:30

交通信息｜位于南阳邓州人民路东段110号，建议打车前往。

电话｜62637772

微信公众号｜邓州花洲书院
网址｜http://www.dzhzsy.com/index.html

★ **亮点**

春风阁、春风堂、百花洲

南阳卧龙岗武侯祠

标签：4A级景区　遗址

　　南阳武侯祠又名"诸葛庐"，位于南阳市西部卧龙岗上，读过《出师表》的人一定不会感到陌生，这里正是三国时期著名政治家、军事家诸葛亮"躬耕南阳"的旧址。这座武侯祠始建于魏晋，历经唐、元、清等朝代修复扩建，又在新中国成立后多次修缮维护，如今这里有重修的诸葛庐，还有古柏亭、躬耕亭、老龙洞等。

门票信息｜50元

营业时间｜8:00—17:30

交通信息｜位于卧龙区卧龙路776号卧龙岗，可乘坐K18路公交车在医院孔明校区站下车，步行前往。

★ **亮点**

诸葛草庐、古柏亭、宁远楼

社旗山陕会馆

标签：4A级旅游区　历史建筑

　　社旗山陕会馆清代古建筑群位于社旗县赊店镇中心，区内包括有"天下第一会馆"之称的山陕会馆，还有"华中第一镖局"广盛镖局、福建会馆、清代税务衙署厘金局、蔚盛长票号，以及中原地区规模最大、保存最完整的火神庙。其中山陕会馆的中轴线上分布着琉璃照壁、悬鉴楼、石牌坊、大拜殿和春秋楼，两边分别是木旗杆、铁旗杆等独具特色的点缀，还有石狮、辕门、马厩、钟楼等基础院落，整体布局结构严整。景区内还有一座古镇博物馆，展示了赊店的历史。

门票信息｜联票90元

营业时间｜9:00—17:30

交通信息｜位于南阳市社旗县赊店镇永庆街9号，建议自驾或包车前往。

微信公众号｜社旗山陕会馆景区

★ **亮点**

山陕会馆、火神庙、古建筑

七十二潭景区

标签：4A级景区

　　在七十二潭，常年川流不息的飞瀑流水将七十二个水潭串联起来，潭潭相接，状若盘龙。在景区内还能走瀑溯溪，游客可以脚穿一双防滑草鞋攀行于瀑潭之间，与潭水亲密接触，可以在亲水步道上穿行丛林幽谷，惊险刺激又能消暑，是炎热夏季旅行的必选项目。

门票信息｜55元

营业时间｜8:00—18:30

交通信息｜位于方城县杨集乡大河口，距离市区较远，建议包车或自驾前往。

电话｜67359777

微信公众号｜方城县七十二潭景区开发有限公司

★ **亮点**

中华第一石川、走瀑溯溪、五连潭

桐柏山淮源风景名胜区

标签：4A级景区　自然景观

　　桐柏山淮源风景名胜区位于桐柏山脉，地跨豫鄂交界，是江淮两大水系的分界线，也是淮河的源头。桐柏山主峰太白顶海拔1140米，是豫南的第一高峰，景区内有四个独具特色的壮观奇景：淮源、桃花洞、太白顶和水帘洞。有"河南四大名寺之一"称号的水帘寺临近水帘洞而建，建造技术精妙。整个景区多角度展现了豫南地区的山水之色。

门票信息｜70元

营业时间｜8:00—18:00

交通信息｜位于桐柏县城关镇淮源大道，建议包车或自驾前往。

电话 | 68186688

微信公众号 | 桐柏山淮源风景名胜区

网址 | http://www.henantbs.com/

> ★ **亮点**
>
> 水帘洞、水帘寺、淮祠

📍 驻马店景点

嵖岈山风景区

标签： 5A级景区　自然景观

　　嵖岈山风景区位于驻马店市遂平县境内，这里是中国名著《西游记》作者吴承恩隐居写作和获取灵感的宝地，也是电视剧《西游记》续集的主要外景地之一。除了欣赏奇特秀丽的自然风光，不少游客都是冲着重温《西游记》小说和影视剧中的经典场景而来。景区内有五大景区——南山、北山、六峰山、天磨湖、琵琶湖，随处可见奇峰怪石，甚至相传"别有洞天"这四个字是颜真卿亲笔书写的。

门票信息 | 65元

营业时间 | 8:00—17:00

交通信息 | 建议自驾或包车前往。

电话 | 4779318

微信公众号 | 嵖岈山风景区

网址 | http://www.chayashan.com/

> ★ **亮点**
>
> 西游文化广场、嵖岈山国家地质博物馆

📍 信阳景点

鸡公山

标签： 4A级景区　自然景观

　　鸡公山风景区位于信阳市南部，恰好处在豫鄂两省交界处，因山势走向如展翅啼鸣的雄鸡而得名。这里是我国南方和北方的天然分界线，有"青分楚豫"之称。由于拥有特殊的地理气候，鸡公山虽然海拔不高，但拥有高山气候，盛夏无暑，气候凉爽，夏季平均气温24℃，也被誉为"中国避暑胜地"。由于地质运动产生的奇岩怪石也是这里的特点之一。对游客来说，这里是一个集登山徒步和消暑度假于一体的绝佳场所。

门票信息 | 60元

营业时间 | 8:30—17:30

交通信息 | 位于信阳市浉河区107国道旁鸡公山景区，建议自驾或包车前往。

电话 | 6912058

微信公众号 | 鸡公山景区

网址 | http://www.kikungshan.com/

> ★ **亮点**
>
> 姊妹楼、报晓峰、星湖

南湾湖

标签： 4A级景区　自然景观

　　南湾湖景区位于信阳市西南5公里外，内有南湾湖和南湾国家森林公园，山清水秀，61个岛屿密布，动植物资源丰富。鸟岛、猴岛、茶岛各具特色，长816.5米、高38.3米的南湾湖大坝更是气势恢宏。由于水质不错，南湾鱼也成为信阳餐桌上的特色之一。

门票信息 | 60元

营业时间 | 8:00—18:00

交通信息 | 位于信阳市浉河区南胡大街188号，建议自驾或包车前往。

电话 | 6373610

微信公众号 | 信阳市南湾湖风景旅游区

网址 | http://www.nwhtour.com/

> ★ **亮点**
>
> 茶岛、南湾湖大坝、鸟岛

西九华山旅游风景区

标签： 4A级景区　自然景观

　　西九华山位于大别山北麓，隶属于固始县陈淋子镇，景区内森林覆盖率超过95%，有多处原始森林。目前开放游览的景区包括禅文化景区、茶文化景区、竹文化景区、民俗体验区、山水游览区。其中，茶文化景区中有万亩茶园，将信阳毛尖作为核心，设置了体验茶艺的场所，向游客展现信阳茶文化。另外，西九华山的竹海也是豫南地区的一大奇观，非常值得游客前去观赏。

门票信息 | 50元

营业时间 | 8:00—18:00

交通信息 | 位于信阳市固始县，距离市区较远，建议自驾或包车前往。

微信公众号 | 西九华山游玩指南

> ★ 亮点
>
> 茶文化、竹文化、民俗体验

郝堂村

标签： 村落

　　信阳市平桥区的郝堂村是探索新农村建设的试点，在村内各建筑原址上进行了特点鲜明的修复，体现出自然生态的和谐村落景观。2013年郝堂村被列入全国第一批"美丽宜居村庄示范"名单，也有全国最美乡村之一的称号。在这里，你可以感受到自然景色与新农家建设的有机结合，在山水村落间休闲娱乐，平添一份乡土情结。

门票信息 | 免费

营业时间 | 全天

交通信息 | 位于河南省信阳市平桥区郝家湾以西500米处，建议包车或自驾前往。

微信公众号 | 郝堂村

网址 | http://www.haotangvillage.com/

> ★ 亮点
>
> 生态旅游、村落民居

信阳灵山风景区

标签： 4A级景区

　　灵山位于豫、鄂交界，由于有八座主要山峰，最早被称为八山，又因"八"与"霸"发音相近，后被混称为霸山，如今"霸山"一名则属于灵山的最高峰。景区包括六大部分：龙凤祥林、龙牙寺、九里落雁湖、灵山寺、逍遥洞和金顶。灵山自然景观丰富，随处可见怪石奇崖、密林深谷，夜晚降临后，更是满天星辰。这里也是著名的佛教圣地，其中最主要的灵山寺已有上千年的历史。奇特的自然风貌加上丰富的文化内涵，灵山吸引了全球各地的游客前来观赏。

门票信息 | 52元

营业时间 | 7:00—17:00

交通信息 | 位于信阳市罗山县灵山镇灵山村，建议自驾或包车前往。

电话 | 2255299

微信公众号 | 河南灵山风景旅游开发有限公司

> ★ 亮点
>
> 灵山寺、龙牙寺、金顶

黄鹤桥峰林

湖北

洞庭之北，九省通衢，位于中国中部地区的湖北，自古以来便是交通、贸易的十字路口，沟通南北，连接东西。在这里，西部的武当山里隐藏着神农架，东部的长江与汉江交汇，丹江口水库日夜行使其南水北调的职责；三峡之下，河网纵横的鱼米之乡造福了江汉百万人口；群山万壑之间，更是川金丝猴的避难所……其优越的地理位置、资源与气候，使得百万年前便有猿人活动于此，而后荆楚文化应运而生，成为如今这片繁华大地的文化基石。

行前参考

💬 实用方言

过早：吃早饭
真招、门招、后噶：今天、明天、后天
业裸：完了

☀ 何时去

1月至3月：冬去春来，可在东湖梅园赏梅。

3月至5月：春暖花开，气候宜人，可来武汉大学和磨山樱花园踏青赏花。

9月至10月：武当山国际旅游节拉开序幕，秋日登山正凉爽，但也要注意山上与山下的温差。

黄鹤楼

ⓘ 注意事项

湖北为"三大火炉"之一，夏季出行将面临高温天气，请注意防晒与补水。而冬季气温将达零下，防寒不可忽视。前往西部武当、神农架等山区游览时，请穿好长袖长裤，注意防蚊虫，同时关注天气预报，雷暴雨天气切勿登山。

ⓕ 当地新讯

2023年版长江中游三省旅游一卡通（鄂、赣、湘）已发行，将有300家以上的景区纳入年卡范畴（各省不少于100家景区，包含三省50%以上的5A级景区）。在2022年北京冬奥会的带动下，湖北省出台了一系列支持冰雪运动发展的政策，未来几年计划建成以武汉城市圈为重点的都市冰雪休闲圈和以鄂西生态文化旅游圈为重点的冰雪旅游圈。

湖北

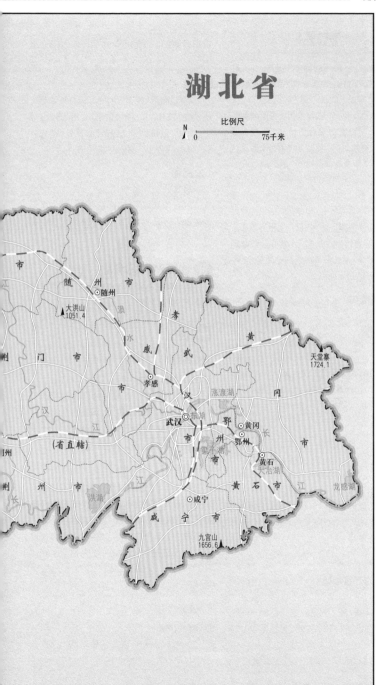

湖北省

比例尺

N

0   75千米

随 州 市

⊙随州

▲大洪山
1051.4

江

荆 门 市

黄

州

市

孝

感 市

⊙孝感

天堂寨
1724.1

武

汉

涨渡湖

汉

冈

(省直辖)

武汉
◎

州市

鄂

黄冈

州市

市

东湖

⊙

鄂州

江

梁子湖

长

黄石

荆 州 市

江

黄 石 市

大冶湖

龙感湖

洪湖

⊙咸宁

咸 宁 市

江

九宫山
1656.6

武汉

湖北省省会武汉别称"江城",自古有"九省通衢"之称。由于长江和汉江在城中交汇,这里形成了武汉三镇(武昌、汉口、汉阳)隔江鼎立的格局。武汉的历史可追溯到新石器时代,境内有放鹰台遗址、张西湾古城遗址、盘龙城遗址等,其地方建制始于西汉。1911年,辛亥革命在武昌爆发,这里随之成为中国革命中心。而到1949年解放后,三镇正式合并为武汉市。

这里有厚重的历史,却也充满烟火气息。你既可以登黄鹤楼远眺,在汉口老租界漫步,在湖北省博物馆追寻楚文化,也可以钻进烟火缭绕的巷子,品味新鲜热辣的湖北美食,再来一碗正宗的热干面。

☎ 电话区号 027

🚗 交通

▌飞机

武汉天河国际机场(96577; www.whairport.com/jc/ch/index.jhtml; 微信公众号: 武汉天河国际机场)

▌火车

武汉站(洪山区白云路)武广高铁的起始站和终点站,主要承担动车、高铁业务。
武昌站(88068888; 武昌区中山路642号)主要办理普快列车业务。
汉口站(50536555; 江汉区发展大道185号)部分高铁动车开往北京与上海虹桥,其余为普快业务。

▌长途汽车

武汉汉阳汽车客运站(84842395; 汉阳区汉阳大道)
傅家坡客运站(87276993; 武珞路358号)
宏基汽车客运站(88074968; 武昌区中山路519号)
新荣客运站(85777988; 江岸区汉黄路新

荣村特1号)
古田客运站(63604599; 硚口区古田一路8号)

▌地铁

武汉市地铁截至目前共开通11条线路,地铁支持刷IC卡、现场购票,也可通过支付宝、微信、银联云闪付App获取乘车码,或下载"Metro新时代"App直接刷码乘车。

▌公交车

武汉公交支持刷IC卡、投币或在支付宝、微信、银联云闪付App获取乘车码乘车,通过手机地图App或智能公交App可获得实时站点信息。

🛒 土特产和纪念品

当地特色有武昌鱼、热干面、周黑鸭、洛神花茶、蔡甸莲藕。

🏠 住宿

▌经济型

武汉印象青年旅舍

(88128698; 武昌区临江大道万达公馆)旅舍离东湖公园很近,虽然青旅本身并不起眼,但胜在环境优美,10分钟内就能来到湖岸,适合晚上漫步。

▌中档

水云岚酒店(武汉江汉路步行街店)

(59335777; 江汉区江汉二路银海商务大厦A栋1-16层)水云岚酒店为今枕酒店集团旗下全新中高端酒店品牌,为旅客提供舒适的住宿服务。下楼走一会儿便能来到江汉路步行街,步行前往地铁口需3-5分钟,交通便利。

▌高档

武汉会议中心

(82300888; 江岸区惠济路38号)武汉会议中心前身是始建于20世纪30年代的中

南局招待所旧址，距今有近百年的历史。这里共有70多间客房，在市中心闹中取静，也符合了近年来出行游客的需求。

🍴 就餐

王师傅豆皮

（85773256；高雄路47附3号；6:30—12:30）想要来这家汉口最有名气的豆皮店，一定要趁早。这家店不到7:00就开始排队，节假日11:30之前多半会卖光。三鲜和牛肉口味的豆皮都不错，蛋皮扎实，配料足，特别适合那些喜欢豆皮有很多"丁"的旅行者。

ddc（吴家花园店）

（82752230；南京路124号；11:00—19:00）南京路124号曾是吴佩孚的私邸，现在被ddc租下一楼，开了间中西结合的咖啡店。可以来到院子里对着铺满墙的爬山虎喝一杯蓝鲸美式消暑，也可以坐在店里捧着热拿铁放松。院子里还能住宿，可以体验住在帅府的感觉。

🧭 线路推荐

历史文化之旅： 黄鹤楼—辛亥革命武昌起义纪念馆—武汉大学—湖北省博物馆—江汉物馆—晴川阁

走近老汉口： 江汉关大楼旧址—江汉路步行街—黎黄陂路—古德寺—知音号—汉口江滩

📍 景点

黄鹤楼

标签： 5A级景区

"昔人已乘黄鹤去，此地空余黄鹤楼"，一首千古绝唱《黄鹤楼》，让这座矗立于长江之滨的楼名扬天下。自三国以来，黄鹤楼几经毁坏又重建，后其故址又被武汉长江大桥占据。如今我们所见的，是1985年仿清代"同治楼"建造的黄鹤楼。新楼高50多米，下宽上窄，有5层飞檐，攒尖楼顶的琉璃瓦面呈金色。各层均有文物展厅，在登楼时还可以了解相关历史。

门票信息｜70元

营业时间｜8:30—17:00

交通信息｜可乘坐公交411、413、542、554、561、571、609、706、905路至阅马场站。

电话｜8875096

微信公众号｜黄鹤楼

网址｜http://www.cnhhl.com/

⭐ **亮点**

黄鹤楼公园、黄鹤楼

湖北省博物馆

标签： 5A级景区   荆楚文化

绚烂的荆楚文化流传千年，成为中华文明的重要发源地之一，从巫神传说开始，先人们便为这片土地留下大量的文化财富。这座省级的历史博物馆有20万余件藏品，其中一级文物超过1000件，都是不同时代的文化体现。其中四大"镇馆之宝"——越王勾践剑、曾侯乙编钟、郧县人头骨化石和元青花四爱图梅瓶，更是文化、手工艺的巅峰代表。

门票信息｜免费

营业时间｜周二至周日9:00—17:00，周一（国家法定节假日除外）、除夕闭馆

交通信息｜可从汉口乘坐公交402、411、552、701路，从汉阳乘坐地铁4号线，从武昌乘坐公交14、402、411、578、701、810路，均可到达省博。

电话｜86794127

微信公众号｜湖北省博物馆

网址｜http://www.hbww.org/home/Index.aspx

⭐ **亮点**

越王勾践剑、曾侯乙编钟

东湖公园

标签： 5A级景区   公园

东湖风景区非常大，初来乍到的人经常

湖北

会迷惑,该从哪儿"下手"会更好。除了东湖磨山的春日樱花林外,我们推荐你去当地人经常说的沿湖公园——由此东望,湖光山色,景色最佳。公园沿着湖岸铺展,一南一北分别是听涛和梨园两个大门,还有因传说中屈原曾行吟泽畔而建的行吟阁。此外,在先月亭望向对岸的珞珈山,秋日独自踱步于法国梧桐林,都能很好地享受私人时光。

门票信息 | 免费

营业时间 | 全天

交通信息 | 可乘坐公交14、701路至环湖路东湖站(听涛大门),乘坐公交411、573、601路至梨园广场站(梨园大门)。

电话 | 88713008

微信公众号 | 武汉东湖

> ★ **亮点**
>
> 行吟阁、屈原纪念馆

东湖磨山公园

标签: 5A级景区 樱花

　　常与武大樱花大道并称的便是东湖磨山樱花园了。这个东湖门票最贵、开发程度最高的景区,最值得去的季节是春天的樱花和杜鹃花盛开之期。樱花季期间,樱花园里近万株樱花灿若白雪,而每到4月的杜鹃园里更是姹紫嫣红、争奇斗艳。此外,荷花园、郁金香园和盆景园也是磨山的宝藏花园。前往山顶的路上,还有许多雕塑展示楚国的历史、文化、社会制度等,上到山顶就能看到标志性建筑楚天台,但千帆亭观景视野会比这儿更好。

门票信息 | 60元

营业时间 | 9:00—17:00

交通信息 | 可乘坐公交401、402、413、515、643路至鲁磨路梅园站。

电话 | 87510399

微信公众号 | 东湖磨山景区

> ★ **亮点**
>
> 东湖樱花园、楚天台

辛亥革命武昌起义纪念馆

标签: 4A级景区

　　在清政府为"预备立宪"而建的红楼里,革命军组建了中华民国军政府鄂军都督府。一个月内,由武昌打ж,十三省纷纷响应,中华民国就此建立。如今,红楼内重现了当年湖北军政府各种机构的场景,如军令部、军务部、外交部、教育部等,在西配楼还可看到有近400件展品的史迹陈列展。

门票信息 | 免费

营业时间 | 周二至周日9:00—17:00,周一闭馆(国家法定节假日除外)

交通信息 | 可乘坐公交10、61、503、522、596、701、728、797、804、806路至阅马场站。

电话 | 88877172

微信公众号 | 辛亥革命武昌起义纪念馆

网址 | http://wlt.hubei.gov.cn/1911museum/

> ★ **亮点**
>
> 孙中山先生铜像、中华民国军政府鄂军都督府

红巷

标签: 4A级景区 革命街区

　　红巷,如名所示,就是发生红色革命的巷子。武昌毛泽东旧居、中共五大会址纪念馆、陈潭秋早期革命活动旧址、武昌起义门旧址,还有武昌农讲所旧址纪念馆,一起组成了武汉革命博物馆。实为武汉的"共产党革命圣地"。

门票信息 | 免费

营业时间 | 周二至周日8:30—17:00,周一闭馆(国家法定节假日除外)

交通信息 | 可乘坐公交到中华路、解放路司门口、粮道街司门口站,从户部巷步行需5分钟。

电话 | 88850322

微信公众号 | 武汉革命博物馆宣教部

网址｜http://www.whgmbwg.com/

> ★ **亮点**
>
> 武昌毛泽东旧居、中共五大会址纪念馆

中科院武汉植物园

标签： 4A级景区 植物园

　　中科院武汉植物园现有两个园区，光谷园区与磨山园区。看到名字里的中科院就能知道植物园的科研价值很高，沉水植物区和猕猴桃园等区域里都能看到很详细的科普介绍，别说孩子，许多成年人都不一定知道这些知识。此外，园区内每个月都有应季的花展，其间点缀着栈道亭台，景色很棒。

门票信息｜40元

营业时间｜旺季8:10—17:10，淡季8:10—16:40

交通信息｜可乘坐公交401、402、413、625路至武汉植物园站。

电话｜87510783

微信公众号｜中国科学院武汉植物园

网址｜www.wbgcas.cn

> ★ **亮点**
>
> 沉水植物区、标本馆、应季花展

归元禅寺

标签： 4A级景区 佛教

　　始建于清初的归元禅寺，因有皇家敕封之名，从而成为武汉"四大佛教丛林"之首，但在晚清却成为革命军的粮站，从而遭受清军的猛烈炮击。现在还能在寺内找到黎元洪手书的匾额。归元寺的香火一直十分旺盛，新建的圆通阁和双面观音像也十分恢宏。最值得看的还是罗汉堂，500余尊罗汉造像于20世纪初塑造，与北京碧云寺、苏州西园寺、成都宝光寺的罗汉堂并称为中国四大罗汉堂。

门票信息｜全票10元，节假日20元

营业时间｜夏秋季7:30—18:30，冬春季

8:00—17:00

交通信息｜可乘坐公交401路至翠微路归元寺站，乘坐地铁4号线至钟家村站。

电话｜84844756

微信公众号｜武汉归元禅寺

网址｜www.guiyuanchansi.com.cn

> ★ **亮点**
>
> 罗汉堂

武汉长江大桥

标签： 国内第一座公铁两用长江大桥

　　"一桥飞架南北，天堑变通途"，说的便是这座"万里长江第一桥"。上行汽车，下行京广线的武汉长江大桥，让京汉、粤汉铁路连成一体，火车轮渡成为历史。由于武昌桥头紧邻黄鹤楼，来这里的游人最多。登上桥头远眺汉口、汉阳和奔腾的长江，视野极佳。

门票信息｜免费，桥头堡电梯5元

营业时间｜全天

交通信息｜武汉多路公交设有汉阳桥头站，还可从黄鹤楼步行前往武昌桥头。

> ★ **亮点**
>
> 武昌桥头、汉阳桥头

辛亥革命博物馆

标签： 博物馆

　　为了纪念辛亥革命100周年，2008年辛亥革命武昌起义纪念馆建成并对公众开放，其中红楼、辛亥革命博物馆、孙中山铜像、黄兴拜将台等建筑同处于一条中轴线之上，形成了中国大陆最大的一片辛亥革命文化街区。博物馆内则回顾了从晚清到颁布《临时约法》的历史，灰色沉重，而汉阳新政、庚子起义、拒俄运动等历史事件更让我们感受到今日胜利之不易。我们建议边听讲解边了解历史，纪念馆周二至周日，每天将有四场免费讲解（9:30、10:30、14:30、15:30）。

门票信息｜免费

营业时间｜周二至周日9:00—16:30，周一闭馆（国家法定节假日除外）

交通信息｜多条公交线路至武珞路或武昌路阅马场站，也可乘坐地铁4号线到复兴路站、首义路站。

电话｜88051911

微信公众号｜辛亥革命博物馆

网址｜http://www.1911museum.cn/

★ 亮点

共和之基——辛亥革命历史陈列

昙华林

标签： 历史街区

作为九省通衢之地，汉口的商人、武昌的学士，共同造就了武汉的繁华。昙华林附近的楚材街一带曾是武昌贡院所在地，因此秀才们在昙华林这片区域租房、备考。在那个新式学院如雨后春笋般萌生的年代，古老的科举与西式的教育制度混杂，新旧交替、碰撞。与老汉口呈现的洋商范儿不同，昙华林的街区直到现在都流露出一股文艺范儿。现在也还能在昙华林的咖啡厅里悠闲一下，听听历史的回音。

门票信息｜免费

营业时间｜全天

交通信息｜可乘坐公交34、511、543、606、715、811路至中山路螃蟹岬站，或乘坐公交14、15、514、521、542、576路至中山路解放路站。

微信公众号｜武昌昙华林

★ 亮点

文华书院、昙华林历史文化陈列馆

武汉大学

标签： "中国最美大学"上榜校园

到了春天，武大的那抹樱色总会出现在脑海里。倒不是说全国只有武大有樱花，但武大和樱花结合起来，总有点文人的味道。珞

珈山、樱花大道和后面的那片东湖，景致自然是好的，但好风光不足以成就武汉大学（文理学部）的盛名。老斋舍、老图书馆、法学院和文学院，这些用钢筋水泥的西式建筑工艺表现出来的地道中国传统建筑，从珞珈山、东湖完美地"借景"，成为中国近代高校建筑群的典范佳作。游人在赏花的同时，也会情不自禁为建筑感叹一阵。

门票信息｜免费

营业时间｜学校各大门开放时间不同

交通信息｜可乘坐地铁2号线至街道口站、广埠屯站。

微信公众号｜武汉大学、智慧珞珈

网址｜https://www.whu.edu.cn/

★ 亮点

老图书馆、樱花大道、凌波门

珞珈山

标签： 武汉大学

位于武汉大学校内的珞珈山，原名逻迦山，时任文学院院长闻一多先生将其改名为珞珈。山上树木葱茏，可远眺东湖景色，春来时还有漫山遍野的野花，但珞珈山的迷人之处不止在景，更在于历史在它身上留下的痕迹。珞珈山东南麓有"十八栋"，在这些英式田园风格的小别墅中，周恩来故居、郭沫若故居都还留存，而从郁达夫的别墅走去蒋介石的半山庐也不过几步路，实属每一步都走在中国的近代史上。

门票信息｜免费

营业时间｜全天

交通信息｜可乘坐公交513、519、552、564、572路至八一路珞珈山站，乘坐地铁2号线到街道口站、广埠屯站。

微信公众号｜武汉大学

网址｜www.whu.edu.cn

★ 亮点

十八栋

江汉关博物馆

标签：博物馆 近代史

伴随武汉人长大的声音里，一定有江汉关钟塔的报时钟声。自1924年1月28日开始报时起，钟塔就从未停止过服务，江汉关大楼也随之见证了汉口的开埠与整个武汉的近代风云。这座武汉的标志性大楼自1924年建成后，2015年才首次向公众打开大门，游客才可以一窥它的内部。三层的博物馆里，你可以看到江汉关大楼的发展历史，累了便到二楼的露台小憩一会儿，近距离欣赏钟楼。

门票信息｜免费

营业时间｜9:00—17:00，16:00停止入场，周一闭馆（国家法定节假日除外）

交通信息｜可乘坐公交7、9、30、119、248路至沿江大道武关站，或乘坐地铁2号线到江汉路站。

电话｜82880866

微信公众号｜江汉关博物馆

网址｜http://www.jhgmuseum.com/

★ 亮点
江汉关钟楼、江汉关大楼历史陈列馆

江汉路

标签：历史文化街区

洋商是百年前汉口英租界的掌舵者，如今，江汉路上繁华依旧，却早已插上红旗。1.6公里的江汉路步行街上，道路两旁的店铺与普通的商业步行街并无两样，但是它们所在的老建筑，依旧能让你感受到当年那段激荡岁月。所以我们也更推荐你把它当作一座地上建筑的博物馆来逛，一路欣赏欧陆、罗马、拜占庭等风格的建筑。逛累了可以找个小吃店坐下歇脚，武汉小吃绝不会亏待你的胃口。

门票信息｜免费

营业时间｜全天

交通信息｜可乘坐公交1、24、408路至中山大道地铁江汉路站，乘坐公交38、402、801路等到江汉四路站，乘坐地铁2号线、6号线到江汉路站。

微信公众号｜武汉江汉路步行街

★ 亮点
江汉路步行街路标、江汉关大楼、日清洋行

汉口江滩

标签：公园

从武昌一岸看向汉口江滩，便如从浦东看外滩，而前者更比后者长许多。武汉与长江相生相伴，所有生活也从江滩而起。花上一两个小时漫步，也看不完这座亚洲最大的临水公园。12幢风格各异的西式建筑排列开来，江边码头一眼望不尽，稍一弯腰就能掬一捧长江水。先前的节假日，还能在江滩边欣赏到漫天火树银花，现在换了种方式，能欣赏到具有高科技水平的灯光秀。国庆期间还能看见长江二桥下飘扬的芦苇荡，也是游客打卡的最佳场所。

门票信息｜免费

营业时间｜全天

交通信息｜可乘坐公交1、30、212、502路至沿江大道三阳路站，乘坐公交30、68、212、248路至沿江大道粤汉码头站，乘坐公交9、30、56、68、207路至沿江大道武汉港站。

微信公众号｜武汉江滩

★ 亮点
市政府办公楼（前德国领事馆）

汉口老租界

标签：历史街区

英、俄、法、德、日、比，昔日六国列强的租界地组成了如今我们看到的汉口老租界区。半殖民地的历史充满了列强的侵略与资本主义的掠夺，但百年之后凝视这些租界遗产，无论是冷峻孤傲的英式洋行，还是甜美精致的"日系"红砖矮楼，都能品味出一些别样的艺术风采。我们建议你随心所欲一点，看到有眼缘的建筑就上前瞧瞧，毕竟风格各异，各人口味也不同，需要根据实际情况"对症下药"，才能感受到这片被称为"东方芝加哥"地区的过往风华。

门票信息｜免费

营业时间｜全天

交通信息｜可乘坐公交1、24、408路至中山大道地铁江汉路站，乘坐公交38、402、801路等到江汉四路站，乘坐地铁2号线、6号线到江汉路站。

> ★ 亮点
>
> 大智门火车站、俄东正教堂

古德寺

标签：佛寺

若问你，有无这样一座寺庙——集大乘、小乘和藏密三大佛教流派于一身，外观却是印缅阿难陀寺与西方教堂的结合？那答案非古德寺莫属了。古希腊神殿样式的走廊，雕有东南亚纹饰或部件，有哥特式的琉璃窗花的窗户，融汇了中式亭阁的圆顶却让人误以为是清真寺，不得不感叹古德寺集世界之大成。许多年轻人相中它作为婚纱摄影地，同时古德寺在布教礼法上仍然有重要作用。

门票信息｜免费

营业时间｜7:00—17:30

交通信息｜可乘公交电3、30路至工农兵路国宾馆站，乘坐地铁1号线到二七路站。

电话｜82907553

微信公众号｜汉口古德寺

> ★ 亮点
>
> 寺庙外观、圆通宝殿

武汉国民政府旧址纪念馆

标签：近代史

这里曾是大名鼎鼎的"南洋兄弟烟草公司"的办公楼，汉口南阳大楼曾是它的名字。建成5年后的1926年，北伐军占领武汉，国民政府正式将重心从珠江流域迁至长江流域。三层的展厅里还原了部分当年的办公室和国民党二届三中全会会场，你还能看到孙中山像和他的遗嘱。

门票信息｜免费

营业时间｜9:00—16:30

交通信息｜可乘坐地铁6号线至六渡桥站。

电话｜85663790

> ★ 亮点
>
> 武汉国民政府办事厅

武汉美术馆

标签：美术馆

武汉美术馆不说展品，其本身就是一件极致的艺术品。坐落于汉口南京路、黄石路、中山大道交会处，西洋古典廊柱加圆形拱窗无需修饰便一身贵气，是金城银行旧址。美术馆的2—3层为主要展厅，还有一间阅览室，提供各种美术期刊和书籍。顶楼天台还有用阳伞和木椅打造出的休息空间，适合逛累了的游客在此小憩。

门票信息｜免费

营业时间｜周二至周日9:00—17:00，周一闭馆（国家法定节假日除外）

交通信息｜可乘坐公交1、24、408、581、711、727路至保华街南京路或保华街黄石路车站，乘坐地铁2号线或6号线到江汉路，乘坐轻轨1号线到循礼门站。

电话｜82602713

微信公众号｜武汉美术馆

网址｜www.wuhanam.com

> ★ 亮点
>
> 湖北美术作品展

湖北

宝通禅寺与洪山

标签：佛教

传说一条龙脉突起，贯穿武汉，而洪山正位于龙腰处，为它蒙上了一层神秘面纱。现在洪山西南麓开辟有洪山公园，内有无影塔、施洋烈士陵园等景点，但还是数公园东边丛林深处的宝通禅寺最为著名。宝通禅寺是武昌最大、历史最悠久的佛教丛林，建造于南朝刘宋年间。后又在寺庙深处的半山腰处，建起了时至今日都是洪山象征的洪山宝塔。宝通禅寺的万寿殿被多次毁坏，如今佛殿多为晚清所建。挑个日子爬爬山，逛逛公园，感受一下古树葱茏，檀香阵阵。

门票信息｜宝通禅寺10元，洪山免费

营业时间｜宝通禅寺8:00—17:00

交通信息｜可乘坐地铁2号线到宝通禅寺站、中南路站，乘坐公交59、66、401、510、521、715、811路至宝通禅寺站。

电话｜87884539

微信公众号｜武汉宝通禅寺

网址｜http://baotongsi.com/

★ 亮点
施洋烈士陵园

武汉二七纪念馆

标签：近代史

发生于1923年2月的京汉铁路工人大罢工，将中国工人运动的第一次高潮推向顶峰。但在2月7日，罢工遭遇镇压，江岸分工会委员长林祥谦、总工会法律顾问施洋等52人，先后遭遇杀害，史称"二七"惨案，纪念馆也是为了纪念此次运动中牺牲的革命先驱而建立。纪念馆用3个展厅全方位地展示了大罢工与"二七"惨案的发生过程。馆内还有一方京汉铁路落成纪念铁碑。纪念馆方圆5公里内，还分布着一批"二七"遗迹，如京汉铁路总工会旧址。

门票信息｜免费

营业时间｜8:30—11:30，14:00—17:00

交通信息｜可乘坐公交211、212、508路至二七纪念馆，乘坐轻轨1号线至二七路站。

电话｜82934390

微信公众号｜武汉二七纪念馆

★ 亮点
京汉铁路落成纪念铁碑

龟山

标签：山岳

汉阳龟山隔长江与武昌的蛇山遥遥相望。初来乍到的朋友或许会疑惑，武汉人这么喜爱动物吗？其实这还是源于传说中武当山真武大帝手下的龟蛇二将，被派来治理长江水患的龟蛇二将最终幻化成了武汉的龟蛇二山，屹立于长江两岸。这段神话为龟山蒙上了一层面纱，而历史上的龟山最早的筑城是依山建起的军事堡垒，正是镇守汉阳的关口。如今山上还有向警予烈士陵园、三国人物雕塑、高山仰止牌坊、鲁肃衣冠冢等景点，市民也时常前来休闲锻炼。

门票信息｜免费

营业时间｜7:00—19:00

交通信息｜龟山有多处入口，多路公交均能到达。

电话｜84723530

微信公众号｜龟山旅游风景区

网址｜http://www.wuhangs.com.cn/

★ 亮点
向警予烈士陵园、禹王宫

南岸嘴

标签：汉水和长江交汇处

晴川阁的旁边便是汉水与长江的交汇处，南岸嘴便是由这江水冲击而成的。与德国摩泽尔河和莱茵河交汇处的"德国角"类似，这里被称作"中国角"。但缺少开发的南岸嘴仍旧是垂钓者、江泳者和饭饱散步者的乐园。这里能看到绿色的汉水注入浑浊的长江之中，两江颜色可是"泾渭分明"。在这里远眺两江，还能看到渡轮、货船穿梭航行于江面，远处却是高楼林立的城区，在此取景拍照也能拍出城市一角。

门票信息 | 免费

营业时间 | 全天

交通信息 | 可乘坐公交30、108、535、553、648、711、803路至滨江大道晴川阁站。

> ⭐ **亮点**
> 两江交汇

中山舰博物馆

标签：| 博物馆 |

回望中山舰的经历，宛如一部清末民初的大事件记录簿。护国运动、护法运动、东征平叛、帮助孙中山避难……我们透过中山舰，很快便能捕捉到历史的一些浮光掠影。1938年10月，武汉会战，中山舰于武昌遭遇日机袭击，最终被击沉在长江的金口江面。后来中山舰被打捞出水，在对它进行修复时，被特地要求保留炮弹的痕迹，现在我们看到的中山舰，日机袭击造成的创伤仍清晰可见。展馆里不但有历史的陈述，还有许多一同被打捞出的舰内物品，作为文物展现在游客面前。

门票信息 | 免费

营业时间 | 9:00—17:00，周一闭馆（国家法定节假日除外）

交通信息 | 可乘坐公交910路至江夏金口街。

电话 | 81561913

微信公众号 | 武汉市中山舰博物馆

网址 | http://www.zhongshanwarship.org.cn/

> ⭐ **亮点**
> 中山舰史迹陈列、出水文物展览

木兰山

标签：| 5A级景区 | | 木兰故里 |

木兰山是大别山南麓的主峰之一，取自花木兰的名字，为木兰故里。山内的木兰天池、木兰湖、道教建筑群都是值得游人一去的美景。作为道教、佛教荟萃之地，一路上也会遇见许多来此烧香拜佛的当地人。每年有两个香客时节，分别是春节到农历三月三、七月初到重阳节，可能与你同行的人中60%都会是香客。木兰山上也有金顶，春秋两季气温合适之时，登高远眺也是不错的选择。

门票信息 | 80元

营业时间 | 全天

交通信息 | 木兰山旅游直通车可直达景区。

电话 | 61501019

> ⭐ **亮点**
> 木兰山古建筑群

云雾山

标签：| 5A级景区 | | 杜鹃 |

作为一处以自然风光闻名的景区，云雾山的景致自然不会令你失望。从木兰天池到云雾山的一段大约20公里的山路，在春季十分美丽。有青山有绿水，或抽枝或吐艳，山脚下还有茶园，配合着大片的油菜花海，令人心旷神怡，来此自驾不可错过。暮春时节的云雾山上，野生杜鹃花争相盛放，这个时节便会游人如织，只怕错过了这一片花海，因此4月、5月的云雾山是最值得一去的时间。

门票信息 | 65元

营业时间 | 8:00—17:00

交通信息 | 可从武汉市新荣客运站、竹叶山站乘坐专线巴士直达。

电话 | 61661366

微信公众号 | 木兰云雾山

网址 | http://www.yunwushan.cn/

九真山

标签：`4A级景区` `森林公园`

从知音谷开始，一路上都是抚琴石、子期草庐等一些关于钟子期的人工造景，据说是钟子期的隐居地，但真假尚未可知。近年来山中开发了许多游乐设施，我们推荐亲子自驾游的家庭周末来这里小玩一会儿。这里的自然风光也不会让你失望，丹霞湖上水波潋滟，连理湖边鸟语花香，是名副其实的天然氧吧。

门票信息｜60元

营业时间｜9:00—17:00

交通信息｜汉阳客运站有专线巴士往返景区。

电话｜69303030

微信公众号｜九真山旅游度假区

★ **亮点**

钟子期相关造景

问津书院

标签：`孔子`

新洲古为邾城，有着2000年的历史，而问津书院则得名于"子路问津"这一典故。西汉时，当地人在耕作时挖掘出一块石碑，上面刻着"孔子使子路问津处"，淮南王得知后下令在掘碑处修亭护碑，筑孔庙、设学堂，问津书院由此而来。光从名字上看，就能知道它是一所传播儒家文化的学堂了。历史上问津书院还曾与东林、白鹿洞等书院齐名，出过387名进士，是实至名归的中国较古老的"大学"之一。

门票信息｜免费

营业时间｜9:00—19:00

交通信息｜乘坐从新洲汽车站去往旧街方向的小巴，跟司机说问津书院下。

电话｜86937339

微信公众号｜新洲区问津书院

★ **亮点**

大成殿、讲堂

咸宁、黄冈、黄石、鄂州、孝感

咸宁地处湖北省东南部，这里既有九宫山、大竹海等自然景观，又有以赤壁之战为代表的三国文化，汀泗桥北伐战役更使咸宁在中国革命史上写下了光辉的一页。

黄冈古称黄州，位于湖北省东部的大别山南麓。这里同样拥有悠久的革命历史，是中共早期建党活动的重要驻地和鄂豫皖革命根据地的中心。

黄石位于湖北省东南部，矿产资源丰富，矿冶文化被誉为黄石的根基和灵魂，这座城市也因此成为华夏青铜文化的发祥地之一，以及近代中国民族工业的摇篮。

鄂州旧称古武昌，古为三苗之地，春秋时期作为楚国别都，历史悠久。目前拥有梁子湖、西山、莲花山等景点。

孝感以"孝"文化著称，《二十四孝》中卖身葬父、扇枕温衾、哭竹生笋的故事均发生在此。这里也是楚文化的发祥地之一，拥有门板湾、禹王城、楚王城等古遗址460多处。

☎ **电话区号** 咸宁0715、黄冈0713、黄石0714、鄂州0711、孝感0712

🚌 交通

▋火车

咸宁北站（咸宁市咸安区迎宾路）途经主要线路为京广高铁。

黄冈站（黄冈市黄州区路口大道）途经主要线路为武冈城际铁路。

黄石站（黄石市大冶市金桥大道）途经主要线路为武黄城际铁路。

鄂州站（鄂州市鄂城区江碧路）途经主要线路为武黄城际铁路和武九铁路。

孝感站（孝感市孝南区胜利街特1号）途经主要线路为汉孝城际铁路。

▌长途汽车

咸宁中心客运站（0715-8137708；咸宁市贺胜路附近）

黄冈东华客运站（0713-8391592；黄冈市明珠大道98号）

黄石市综合客运枢纽站（0714-6520222；黄石市下陆区大泉路145号）

鄂州西山客运站（0711-3223781；鄂州市鄂城区寒溪路15号）

孝感汽车站（0712-2466191；孝感市孝南区槐荫大道108号）

▌公交车

咸宁、黄冈、黄石、鄂州、孝感公交便捷，标识清晰，支持投币、刷公交卡、手机扫码支付等方式。

🛒 土特产和纪念品

咸宁当地特色有赤壁肉糕、通山包砣、青砖茶，黄冈当地特色有罗田板栗、麻城福白菊、巴河莲藕等，黄石当地特色有河口螃蟹、黄石松花皮蛋，鄂州当地特色有沼山胡柚、梁湖碧玉茶，孝感当地特色有孝感米酒。

🏠 住宿

▌经济型

7天优品酒店（咸宁温泉购物公园店）

（0715-8267777；咸宁市咸安区温泉路41号购物公园数码港4楼）在咸宁市内，7天、城市便捷等连锁品牌随处可见，大可挑选位置好的、装修新的入住。该7天优品酒店便是在2019年重新装修的，入住后很舒适。

▌中档

黄冈觅怡国际酒店

（0713-8811777；黄冈市黄州区新港大道140号）2020年新开业的酒店，整洁卫生，符合三星级标准，还提供30元一人的自助早餐。不足之处是楼下的学校，若非假期出游，早晨有很大可能会被吵醒。

▌高档

孝感宇济大酒店

（0712-2288888；孝感市孝南区东城开发区董永路88号）酒店地处孝感市东城开发新区，离商业中心较近，交通便利。酒店定位是商务高星级豪华酒店，客房设计高贵典雅，配备完善的现代化设备，也配有行政楼层专供商务客人使用。酒店提供丰盛的自助早餐与下午茶，你也可以在楼下商圈附近寻觅好店。

🍴 就餐

雅惠茶餐厅（武昌大道店）

（0711-3253866；鄂州市南浦路65号；10:00至次日3:00）老字号雅惠的总店，共四层楼，一楼有窗口外卖鸭脖、鸭掌、烧烤等，其余楼层均可吃正餐。在这里你能吃到各样烧法的武昌鱼，有炒虾球、梁湖大钵烧土鸡等菜品，还有精致特色的竹筒蒸蛋，饭前也可以再来点卤鸭掌、卤藕、鄂州煎饼、鸭架子等小食做伴。

鱼耕记（天仙路店）

（0712-2681777；孝感市天仙南路福星城2期4号门旁；9:00—14:00，16:00—21:00）是当地湖北菜口碑较好的店铺，与其他商场的饭店一样，环境好，服务周到。菜单上虽有饭怕蟹鱼、白花菜炕粉蒸肉、酸辣马齿苋等一道道或没听过或没见过的菜，但点上一桌，"踩雷"的可能性还是很小的。

⊕ 线路推荐

咸宁九宫山一日游： 隐水洞—瑞庆宫—石龙峡—云海观—银河谷漂流

鄂州文化之旅： 武昌楼（西山）—鄂州博物馆—北伐军二十军军部旧址

📍 咸宁景点

三国赤壁古战场

标签： 5A级景区　三国

　　现代人打造的三国旅游景区其实有很多，三国赤壁古战场则是建立在七大战役中唯一尚存原貌的赤壁古战场遗址上的，但景色与千年前的定是不一样了。这里适合三国历史迷来一次圣地巡礼，但对普通游客来说未免会有点儿无聊之味。除了唐朝人留下的赤壁摩崖石刻，景区内还能称得上古迹的是晚清所建的凤雏庵和庙前的一棵千年古银杏树。

门票信息｜135元

营业时间｜夏季8:00—18:00，冬季8:30至下午

交通信息｜推荐自驾或包车前往。

电话｜400-111-8168

微信公众号｜三国赤壁古战场

网址｜http://www.chinachibi.com/home.html

★ 亮点

三国赤壁战场遗址

九宫山

标签： 4A级景区　道教

　　九宫山自然风光秀美，"三季如春一季冬"更使其成为避暑胜地。此外，儒释道三教均在九宫山留下了足迹，其中道教更有名道张道清上山开辟瑞庆宫，使九宫山成为南宋宫廷御制派道教圣地。而如今，前来的游客更多是天文爱好者，天气晴好时，在高海拔的九宫山，肉眼便可见漫天星河。自星光公园建成以来，铜鼓包露营地吸引了更多游客，未来还将与南京紫金山天文台合作，建立天文科普站、天文科研站和天文馆，并打造出世界上最大的光学类科普望远镜。

门票信息｜景区大门票60元

营业时间｜8:00—19:00

交通信息｜从通山客运站东站乘1、2路公交车即到。

电话｜2422001

微信公众号｜湖北九宫山风景区

网址｜http://jgj.xianning.gov.cn/

★ 亮点

闯王陵、云中湖、瑞庆宫

隐水洞

标签： 4A级景区　喀斯特溶洞

　　你有没有试想过自己也能成为探险队的一员呢？隐水洞地下世界探险记等着你开启。想看钟乳石、石笋、石幔、石幕、石瀑、石田等溶洞景观不用特地跑去贵州，都能在隐水洞看到。溶洞全长约5公里，听起来很长，其实1/3的路程坐船，1/3坐小火车，需要走的路只有不到2公里，全程下来还是比较轻松的。

门票信息｜112元

营业时间｜8:30—16:30

交通信息｜建议自驾或包车前往。

电话｜2750888

微信公众号｜湖北通山隐水洞

网址｜http://www.hbysd.net/

★ 亮点

喀斯特溶洞探索

📍 黄冈景点

遗爱湖（东坡文化主题公园）

标签： 4A级景区　苏轼

　　遗爱湖位于黄冈市区内，由西湖、菱角湖、东湖三湖组成，因有北宋大文豪苏东坡所作的《遗爱亭记》，在20世纪90年代，三湖被并称为遗爱湖，以此弘扬东坡文化。建成的生态公园内有"十二景"，分别是遗爱清风、临皋春晓、东坡问稼、一蓑烟雨、琴岛望月、红梅傲雪、幽兰芳径、江柳摇村、水韵荷香、大洲竹影、霜叶松风、平湖归雁。各景皆包含中国文化元素，且与东坡先生其作品、经

历等密切关联。

门票信息 | 免费（环湖观光车、自行车费用另计）

营业时间 | 全天

交通信息 | 可乘坐公交6、9、102路到达。

电话 | 8829729

微信公众号 | 遗爱湖公园

网址 | http://www.yahgy.com/

★ 亮点
遗爱十二景、苏东坡纪念馆

东坡赤壁公园

标签： 4A级景区 苏轼

　　湖北有文、武赤壁之说。"武赤壁"就是咸宁的三国赤壁古战场，而"文赤壁"则指因苏东坡留下的赤壁二赋和《念奴娇·赤壁怀古》而闻名黄州的赭赤岩石山，于清代更名为东坡赤壁。景区内建有楼阁，有宋代黄州四大名楼之一的栖霞楼，以及取自《念奴娇·赤壁怀古》"一樽还酹江月"的酹江亭，还能在碑阁静赏石刻书法。

门票信息 | 35元

营业时间 | 7:30—17:30

交通信息 | 可乘坐公交8路至东坡赤壁站。

电话 | 8366568

微信公众号 | 东坡赤壁

★ 亮点
文赤壁、栖霞楼

龟峰山

标签： 4A级景区 杜鹃

　　"人间四月天，麻城看杜鹃"，这朗朗上口的口号在湖北及周边省市都喊得响亮。所以来龟峰山赏花的最佳时期就是4月中下旬，正值野生杜鹃花的盛开期，花2个小时步行上山还是物有所值的。除此之外，秋天山里的银杏也能满足你的眼睛，但是为此专程来一趟还是不如看杜鹃花来得值。近年来龟峰山

还打造了高空游乐项目，适合亲子、爱探险的朋友前往尝试。

门票信息 | 4月至5月110元，1月至3月、6月至12月70元

营业时间 | 7:00—17:00

交通信息 | 可从麻城商场斜对面的老汽车站乘坐景区专车前往。

电话 | 2880001

微信公众号 | 龟峰山景区

网址 | http://www.mcgfsly.com/

★ 亮点
杜鹃花期

红安天台山国家森林公园

标签： 4A级景区 森林公园

　　全国各地有许多座天台山，位于红安的天台山并不是我们熟知的佛教八大宗之一"天台宗"的发源地，但是来山上天台寺敬香祈福的人还不少。寺内有一座佛教禅乐寺院，方丈悟灵法师毕业于武汉音乐学院，僧尼们组成的禅乐艺术团在佛教界颇有影响，来这里聆听悠悠禅乐也能洗涤身心。东北部的九焰山是一片人迹罕至的原始林区，东面绝壁上的止止洞传说是高僧闭关石洞。夏天时，天河漂流也会吸引很多人，购买漂流票可免去景区门票。

门票信息 | 55元

营业时间 | 8:00—18:00

交通信息 | 建议自驾或包车前往。

电话 | 8320868

微信公众号 | 红安天台山

★ 亮点
天台寺、天河漂流

天堂寨

标签： 4A级景区 地质公园

　　大别山自古以来就是易守难攻之地，刘邓大军挺进大别山后，天堂寨亦是他们的主

要活动之地。天堂寨就位于罗田县与安徽省金寨县的交界处，南边归湖北，北边是安徽。罗田境内的山岳风光以雄、奇、险、秀为特色，茂竹修林，雄山峻岭。天堂寨景区非常大，若是想要将两省的天堂寨一起游览，我们推荐最少安排2天时间，还需要买齐两省的门票。若时间还有剩余，也可以前往天堂寨南部的吴家山国家森林公园（门票100元）游玩。

门票信息｜80元（2天有效，含景区交通车）

营业时间｜7:00—18:00

交通信息｜武昌傅家坡长途汽车站每天14:10有旅游专线车直达天堂寨。

电话｜5826088

微信公众号｜湖北天堂寨

★ **亮点**

自然风光

📍 黄石景点

黄石国家矿山公园

标签：　4A级景区　工业遗产

　　黄石国家矿山公园是全国工业旅游示范点，再现了黄石的千年采矿史。这里的核心景点是"亚洲第一采坑"，像一个倒置的大葫芦。此外，这里还有毛泽东生平视察过的唯一一座铁矿山。园区内有国内第一家铁矿山博物馆，设有矿业陈列、古代开采、近代开采等专题展览。不要以为这里只有冷冰冰的矿石，公园的一侧有一片硬岩复垦森林，人们在此种植了大批槐树，每年4月至5月的槐花旅游节吸引了大量赏花人士。

门票信息｜35元

营业时间｜8:30—17:30

交通信息｜建议打车前往。

电话｜3813816

微信公众号｜黄石国家矿山公园

★ **亮点**

亚洲第一采坑

黄石市博物馆

标签：　博物馆

　　黄石市博物馆始建于1958年，后改为黄石市工农兵文化馆，1988年恢复为综合性博物馆，新馆于2008年落成，包含市博物馆和汉冶萍煤铁厂矿旧址（小红楼）。博物馆的基本陈列为天地一洪炉——黄石矿冶文化展，以黄石地区矿冶发展史为主要脉络，从石龙头文化开始，展现了经新石器时代、商周、春秋战国、秦汉、唐、宋、元、明、清一直到现代的矿冶发展史。此外，博物馆还有主题展览——中国乒乓球成就展，全面展现了中国乒乓球的发展历史。

门票信息｜免费

营业时间｜9:00—17:00，周一及农历除夕闭馆

交通信息｜可乘坐公交5、8、11、12、18路至人民广场站。

电话｜3066371

微信公众号｜文博黄石

网址｜https://www.hssbwg.com/

★ **亮点**

黄石矿冶文化展

📍 鄂州景点

鄂州博物馆

标签：　博物馆　三国

　　鄂州博物馆在2014年迁至新馆，位于西山东麓的新馆又名三国吴都博物馆，可见三国文化对于鄂州历史的分量之重。门口的大型浮雕展现的也是鄂州作为吴都时的风采。馆内藏品中尤以六朝青铜镜、青瓷器、东吴古兵器最具特色，还设有鄂楚历史文化、三国吴都历史文化、铜镜文化等展厅。

门票信息｜免费

营业时间｜周二至周日9:00—17:00，周一闭馆（国家法定节假日除外）

交通信息｜可乘坐公交3、13、21路到达。

电话 | 53018900
微信公众号 | 鄂州市博物馆
网址 | http://ezbwg.com/

★ 亮点

六朝青铜镜、青瓷器、东吴古兵器

北伐军二十军军部旧址

标签: 红色旅游

　　1927年，国民革命军第九军第一师师长贺龙率部参加北伐战争时，曾驻扎在此处。如今这栋位于大北门正街跃进旅社的小楼里，还有关于鄂州近代革命的一些展览。而行至滨江公园孙权广场对面，能看到"贺龙军部旧址"的指示牌。喜爱探索革命时期历史的游客可以散步至此，花20分钟游览一下。

门票信息 | 免费
营业时间 | 全天
交通信息 | 可乘坐公交5、10、12路到达。
电话 | 3381979

★ 亮点

贺龙军部旧址

孝感景点

白兆山

标签: 4A级景区　李白

　　提起白兆山便想到诗仙李白，太白"酒隐安陆"十年，以白兆山为居留地，留下了大量诗篇和诸多遗址遗迹。彼时的李白自此出游四方、以诗酒会友，著名的《黄鹤楼送孟浩然之广陵》就是他听闻孟浩然要东去扬州，赶赴武昌送别所作。后人如韩愈、杜牧等凭吊李白，先后来到古城安陆，留下大量文化遗迹。

门票信息 | 75元
营业时间 | 8:00—17:00
交通信息 | 建议自驾或包车前往。

电话 | 5815555
微信公众号 | 白兆山李白文化旅游景区
网址 | www.bzs-qc.com

★ 亮点

李白纪念馆、桃花岩

钱冲古银杏国家森林公园

标签: 古银杏树林

　　安陆市王义贞镇的钱冲村，面向江汉平原，背靠鄂北山区，拥有一处大型的古银杏群落，和随州的洛阳镇千年银杏谷只隔几道小山峦，同属大洪山余脉。这里共有59株千年古树，其中最年长的银杏树王已经超过3000岁了。深秋时节，59株千年银杏之下，银杏古宅旁，黄盖遮天、金叶满地，湖水中的倒影仿佛一个对称的世界，景色奇幻。白兆山的主峰太白峰的海拔只有383米，若是去登个山也是很悠闲的。也可以徒步走上一圈，慢慢游完所有景点。

门票信息 | 10月至12月80元，1月至9月60元
营业时间 | 全天
交通信息 | 建议自驾或包车前往。
电话 | 5315555
网址 | http://www.bzs-qc.com/

★ 亮点

秋日银杏

双峰山风景区

标签: 4A级景区

　　距孝感市区约30公里处，传说是七仙子下凡而形成的山——双峰山，坐落于大别山的南麓。仙子的传说固然美好，但是来此观光游览的，当然还是更在意能看到的风景。双峰山奇峰竞秀、异石林立，被评为4A级旅游景区，景色自然不会差。山上更是有唐代农民起义领袖黄巢屯兵打过仗的白云古寨遗址以及洞中套洞的青龙洞，甚至有人说洞中地下河

湖
北

与大海相连。景区与市区相距较远，建议在附近的民宿住上一晚。

门票信息｜45元

营业时间｜8:00—17:00

交通信息｜建议自驾或包车前往。

电话｜4928005

★ 亮点

白云古寨遗址、青龙洞

观音湖风景区

标签：4A级景区

远离市区的地方还有另一个4A级景区——观音湖。春风吹拂，碧波万顷，人群喧嚣之外的地方仍有许多未发现之美。游于观音湖上，山中绕水，水中映山，山上的禅寺更显得这片宝地风光旖旎。但是从景区单日往返孝感或武汉都会比较吃力，附近的农家乐、民宿都开发得比较好，也可以住一晚再返回。

门票信息｜免费

营业时间｜全天

交通信息｜建议自驾或包车前往。

电话｜13871374200

网址｜http://guanyinhu.com/

★ 亮点

观音湖

随州、襄阳、十堰

乍一听，我们对随州似乎很陌生，但一说起曾侯乙编钟便又生出几分亲切了。随州是湖北最年轻的地级市，却是文物出土最丰富的地区。自从擂鼓墩上的曾侯乙墓出土了大量国宝之后，随州的考古惊喜就一发不可收拾，近些年来更有叶家山西周曾侯墓、文峰塔东周曾侯墓、羊子山西周鄂侯墓等重大发现。

"铁打的襄阳"历来是军事要塞，诸葛亮一纸《隆中对》使襄阳成为三国鼎立格局形成的源头，三国各路英雄为其争得头破血流。而离开《三国志》，金庸又为襄阳加入了郭靖、黄蓉等人的故事，汉水之上的江湖武侠气找到了最好的舞台。襄阳还是荆楚文化的发祥地，孕育了编撰《楚辞》的王逸与宋玉；而《诗经》中走出来的汉水女神成了千万汉水儿女对美好的希冀。

十堰位于秦巴山区汉水谷地，重重山峦使得这一区域人居疏散，高山之巅云雾缭绕，又使得道法自然的先人们在人迹罕至之处寻觅自然与天地间的真理，汉水之滨的武当山也被冠上"亘古无双胜境，天下第一仙山"之名。

☎ **电话区号** 随州0722、襄阳0710、十堰0719

🚌 交通

▮飞机

襄阳刘集机场（0710-3236737；http://www.hbxyairport.com/；微信公众号：襄阳机场公司）

十堰武当山机场（0719-8683215；http://sywdsjc.com/；微信公众号：十堰武当山机场）

▮火车

随州站（0722-7081722；随州市曾都区迎宾大道）途经主要线路为汉丹铁路。

襄阳站（襄阳市樊城区前进路）襄阳发往武昌、汉口的动车始发站，也是焦柳铁路的沿途站点。

十堰东站（十堰市张湾区十堰大道东）途经线路为武西高速铁路，有动车发往武汉、襄阳和随州。

▮长途汽车

随州客运中心（0722-3224950；随州市曾都区解放路近舜井大道）

襄阳汽车客运中心站（0710-3223768；襄阳市中原路8号）

十堰客运中心站（0719-8890276；十堰市

茅箭区人民南路1号）

公交车

　　随州、襄阳、十堰市内公交车普及，支持投币、刷公交卡、手机扫码支付等方式。此外襄阳开通了4条前往高铁站的"G"字头公交线路，旅客常用到的线路为G01路（襄阳火车站—襄阳东站）和G02路（白马广场—襄阳东站）。

土特产和纪念品

　　随州当地特色有随州古银杏、随县葛粉等，襄阳当地特色有襄阳大头菜、襄麦冬等，十堰当地特色有黄龙鳜鱼、郧西马头山羊肉等。

住宿

经济型

随州文峰国际商务酒店

　　（0722-3588666；随州市曾都区文峰国际商务广场）中规中矩的商务酒店，位置较好。同样档次的酒店在市区还有许多。

中档

襄阳王府盛和精品酒店

　　（0710-3542777；襄阳市襄城区南街陈侯巷4号）毗邻襄城核心的鼓楼商圈，襄王府古遗址、襄阳古城墙、仲宣楼、护城河等打卡地近在咫尺，驾车10分钟即可到达唐城景区和习家池景区，25分钟可到达古隆中景区。标准的商务酒店风，设施齐全，服务尚好。建议挑选较高的楼层，以免噪声打扰。

高档

武当山紫云阁宾馆

　　（0719-5689339；十堰市丹江口市紫霄宫景区）武当山景区内唯一具备五星级设施的小型精品酒店，环境静幽，山景丰美，处处体现武当山的地域特色和太极文化。共26间客房，3种房型，房间面积不大，但是小巧典雅。服务周到，餐厅只有中式早餐，出品用心。步行到紫霄宫要5分钟左右。

🍴 就餐

红瓦房

　　（0710-3551119；襄阳市南街军分区对面；10:00—21:00）这家老牌餐厅位于襄城南街，距离城内鼓楼仅有几步路，适合在城里游玩时顺道过来吃顿饭。菜的分量很足，若是两三个人出行，一煲青菜肉丸汤，一条红烧鱼，加上小炒猪肝和韭菜盒子，足够吃饱。

老味道1992

　　（15897849238；十堰市丹江口市武当山特区太和大道70号70-1号；9:00—21:00）武当山入口处不远就开着一家人气极高的湖北菜餐厅。实在想不到毛草根炒菜丝会是餐馆的推荐菜之一，名字奇怪味道却出奇得好，野菜三鲜汤、竹笋炒腊肉这样的农家小菜也极其可口。

线路推荐

襄阳三国之旅：古隆中—襄阳古城—黄家湾
十堰武当论道：太子坡—逍遥谷—紫霄宫—琼台—金顶—朝天宫—黄龙洞—武当博物馆

🔘 随州景点

随州博物馆

标签：博物馆

　　毗邻全国重点文物保护单位擂鼓墩古墓群的随州博物馆，自然离不开古墓出土的珍品。曾侯乙编钟已被收藏于湖北省博物馆，不过在这座市级博物馆，仍然展示了曾国墓葬的一些精品。其中二号墓编钟共36件，音色、间律均与曾侯乙编钟相通，因此被称为"姊妹钟"。另一件"镇馆之宝"是菱形勾连云纹铜敦，被称为中国最精美的铜敦之一。博物馆设有编钟演奏厅，每天有10:30和15:30两场演出（满10人开演，40元/人）。

门票信息 | 免费
营业时间 | 周二至周日9:00—16:00
交通信息 | 可乘坐公交206、310路到达。
微信公众号 | 随州博物馆
网址 | https://www.szbwg.net/

> ★ 亮点
>
> 二号墓编钟、菱形勾连云纹铜敦

大洪山风景区

标签: `4A级景区`

　　横跨了多个县市的大洪山，东南西北的景区景色各有不同，大洪山风景区则是指北麓的大片山区。主峰宝珠峰海拔有1055米，上有金顶铜殿，还可以试着登上"楚北天空第一峰"俯瞰楚中大地。大洪山素有"武汉后花园"的美称，洪山禅寺下院有一株千年古银杏，还有茂林中的千佛古道，都是登山道上的美景。网上订票会有较大优惠，也可以关注官网的惠民活动。

门票信息 | 50元
营业时间 | 4月1日至11月15日8:00—17:00，11月16日至次年3月31日8:30—17:00
交通信息 | 乘坐发往长岗的班车会路过大洪山景区的大门口。
电话 | 4833333
微信公众号 | 大洪山旅游
网址 | http://www.dhs.gov.cn/

> ★ 亮点
>
> 黄仙洞、"楚北天空第一峰"

洛阳镇千年银杏谷

标签: `4A级景区` `银杏`

　　相比起湖北境内其他几个秋日赏银杏场所，千年银杏谷开发得相对来说好很多。洛阳镇的银杏谷是世界上四大最古老的银杏群落之一，其中这里有定植银杏树超过520万株，百年以上古银杏树6万多株，千年以上古银杏树308株，3000年以上的1株，以至于几乎每一个村落都有属于本村的银杏树把守村头。每到深秋，都会有全国各地慕名而来的游客。来这里可以一日游，也可住在银杏谷中，许多村民的农家院都会提供食宿。

门票信息 | 50元
营业时间 | 8:00—18:00
交通信息 | 随州汽车站每天7:30有发往银杏谷的班车，返程班车于14:30发车。
电话 | 4828888
微信公众号 | A千年银杏谷
网址 | http://www.qnyxg.com/

> ★ 亮点
>
> 千年古银杏树群

炎帝神农故里

标签: `4A级景区`

　　炎帝神农氏似乎在全国都有故里，不愧是中华民族的始祖。当然，随州的景区也不落俗套地建起了炎帝神农纪念馆、神农碑、神农洞、神农尝百草塑像等人造景观。其实比起探究炎帝神农的真正故里，文化宣传教育更值得重视，除了炎帝神农故事的讲解，里面还有各种文化科普、面向少儿的手工活动。

门票信息 | 60元
营业时间 | 8:00—17:00
交通信息 | 可乘坐公交503路（发往厉山）到达景区附近。
电话 | 3339333
微信公众号 | 炎帝故里

> ★ 亮点
>
> 炎帝神农纪念馆、神农碑

📍 襄阳景点

古隆中

标签: `5A级景区` `三国`

　　当年诸葛亮在隆中抱膝高吟、躬耕陇亩长达十余年，这一史实也让后人争相来此一探，以满足自己的好奇之心。刘备三顾茅庐、兴汉蓝图隆中对策皆发生于此，地因人而闻名，早在古时候，隆中便被写入了古人的旅行白皮书。武侯祠、六角井、腾龙阁、卧龙岗，当这些写在史书上的名字一一呈现在眼前时，你总会触碰到那段历史的面纱。

门票信息｜旺季80元，淡季60元

营业时间｜8:00—17:30

交通信息｜从襄阳火车站、古城十字街乘坐512路公交可到隆中景区大门。

电话｜3773333

网址｜www.lzfjq.com

★ 亮点

腾龙阁、卧龙岗

襄阳古城墙

标签： 古城墙

襄阳古城墙东、西、南三面被护城河围绕，北面是汉水，可谓固若金汤。更令人惊奇的是，这条人工挖凿的河道，最宽处竟有250米，"铁打的襄阳城"就是如此而来。城墙最热闹的地方就是小北门了，因为门前就是汉江，所以又称"临汉门"。附近的小北门广场一到傍晚就很热闹，有散步的、跳舞的，甚至还有打台球的，小城生活真的故事多。

门票信息｜免费

营业时间｜8:00—17:30

交通信息｜可乘坐公交1、13、512路至十字街，或乘坐公交1、512路至襄阳公园，再步行前往。

★ 亮点

小北门、夫人门

襄阳博物馆

标签： 博物馆

博物馆旧馆所在的昭明台是古城最高的仿古建筑，为纪念南梁昭明太子萧统而建，共两层展厅，顶楼可俯瞰北街街景。襄阳博物

馆近两年都在建立新馆，新馆馆址位于襄阳城南凤凰山冲胜利街，与旧馆相同，外观都是仿唐风格。截至2021年10月，新馆主体已经完成。

门票信息｜免费

营业时间｜周二至周日9:00—17:00，周一闭馆（法定节假日除外）

交通信息｜可乘坐公交1、13、512路至十字街站。

电话｜3513330

网址｜http://www.xymuseum.cn/home/index.html

微信公众号｜襄阳市博物馆

★ 亮点

春秋早期"曾侯作季汤芈"铜鼎、隋盘龙六瑞兽铭带纹铜镜

绿影壁

标签： 雕刻

这块原先位于明代襄阳王府门前的影壁，因大量使用了绿色砂岩而得名。明末，闯王李自成在此起义登基，他烧掉了这座明王府，只留下了这块宝贵的影壁。影壁分为三面，主画面为"二龙戏珠"，左右两面各镌刻巨龙舞于"海水流云"之间，四周有汉白玉镶边，共有54条姿态各异的小龙绘制其上。现在还在影壁的后面新建起王府大殿等仿古建筑。

门票信息｜20元

营业时间｜8:00—17:30

交通信息｜可乘坐公交1、13路至清真寺站。

★ 亮点

绿影壁雕刻

📍 十堰景点

武当山风景区

标签： 5A级景区 道教

茫茫八百里武当，横亘在鄂西北之上，

其间庙宇道观香火鼎盛，千百年前求仙问道之人络绎不绝，后世真武信仰者纷纷而至。孙思邈、吕洞宾等人先后在武当留下修行足迹，开创武当道教圣地，传承至今。又有武当派开山鼻祖张三丰创立太极拳，"北少林、南武当"的名号闻名于世，以太极、形意、八卦见长的武当武术至今仍有一众修习者。是谓自然之武当、历史之武当、文化之武当。

门票信息｜140元，套票243元

营业时间｜工作日7:30—17:30，周末7:00—17:30

交通信息｜武汉四大汽车客运站均有直达巴士到武当山汽车站。

电话｜5668567

微信公众号｜武当山官方旅游服务

> ★ **亮点**
>
> 武当山博物馆、紫霄宫、金顶、玉虚宫

金顶

标签： 世界文化遗产　古建筑

位于武当之巅的金顶也称金殿，是武当山的标志性建筑，与天柱峰山顶周围的建筑群一起被称为大岳太和宫。自古便有"不登天柱峰、不进太和宫就不曾来过武当"的说法。观景台石壁上嵌刻有4个刚劲有力的大字"一柱擎天"，为1926年宗彝先生所书，现在也用"一柱擎天"指代天柱峰。从太和宫门口进入，依次是铜碑、南天门、灵官殿，最后是通体鎏金的金殿。正中供奉真武大帝的金殿正是全国香客、道教信徒前来瞻仰的圣地。想要体验一次金顶日出的话，可以在金顶的酒店住上一夜。

门票信息｜27元

营业时间｜8:00—18:00

交通信息｜武当山最高峰，登山可达。

电话｜5668567

微信公众号｜武当山官方旅游服务

> ★ **亮点**
>
> 金殿、太和宫建筑群

玉虚宫

标签： 道教

始建于明朝永乐年间的玉虚宫，曾有五道宫墙围护，现还残存二道宫墙与碑亭、建筑等遗址。清朝时毁于大火的玉虚宫，2012年经过5年整修重新开放，如今这里庄严宏伟，隐约可见当年的风光。但明朝人可能想象不到，玉虚宫在今天成了人们休闲的地方，每天下午和傍晚，你都能看到当地人在此休息，来自全世界各地的习武者则在这里勤奋地练习。

门票信息｜包含在武当山门票内

营业时间｜全天开放，玄帝殿8:00—17:30

交通信息｜武当山北麓，沿老营路走便可看到宫墙。

电话｜5668567

微信公众号｜武当山官方旅游服务

> ★ **亮点**
>
> 玄帝殿

净乐宫

标签： 武当九宫之首

史书上曾有"北修故宫，南修净乐"的说法，但这座在武当山麓的宫殿，怎么能和故宫相提并论呢？实际上，明成祖朱棣除了在北京大修紫禁城外，还在当时均州的丹江口，修建了另一座气势宏伟的行宫净乐宫，此处有宫殿、廊庑、亭阁、道房等大小房屋520间，全宫占地面积12万多平方米。但因为修建丹江口水库，市内200余处文物保护点都沉入水底，包括净乐宫。宫殿的一些构件被提前保存下来，从1956年到2006年，终于复建成功，现在看到的皆是按照旧制重建起来的宫殿，但也不妨进去看看展出的古文物。

门票信息 | 30元

营业时间 | 夏季8:00—18:00，冬季8:30—17:30

交通信息 | 可乘坐公交103路至终点站。

电话 | 5668567

微信公众号 | 武当山官方旅游服务

> ★ 亮点
>
> 净乐宫宫殿群

十堰博物馆（湖北南水北调博物馆）

标签： 4A级景区　南水北调

　　点进十堰博物馆网站的首页，首先出现的就是一行字：用眼睛去解读十堰历史。十堰博物馆通过3万余件馆藏文物，向游客讲述了十堰的历史，以及在湖北启动的涉及全国的一大工程——南水北调工程，因此这座庞大摩登的博物馆还有另一个名字"南水北调博物馆"。石器、玉器、青铜器、陶瓷器、书画从远古的恐龙时代开始，依次展示了十堰丰富的历史，还讲解了南水北调工程的前因后果和细节，包括永沉水底的古郧州和古均州。

门票信息 | 免费

营业时间 | 周二至周日9:00—17:00，周一闭馆

交通信息 | 可乘坐公交15、16、18、28、31、33路至市博物馆站。

电话 | 8489398

微信公众号 | 十堰市博物馆

网址 | http://www.10ybwg.org.cn/

> ★ 亮点
>
> 南水北调湖北库区出土文物展

赛武当风景区

标签： 4A级景区

　　赛武当原名伏龙山，因为海拔高过了武当山的主峰，所以这个改名多少也蹭了下热度，不过自然保护区的确是一个爬山胜地。

如果你是个登山友的话，不妨去试一试海拔1730米的主峰，一路上原始森林和祖师庙、玉皇殿等道场颇为可观，还可以来一次亲近自然的洗肺之旅。而且主峰上还能看见武当山的金顶，是否赛过武当不知道，但是真的能看见武当了。

门票信息 | 30元

营业时间 | 全天

交通信息 | 可从十堰火车站广场乘坐62路公交至终点站赛武当停车场。

电话 | 6921177

> ★ 亮点
>
> 主峰看金顶

宜昌

　　宜昌因三峡而闻名，却又不止三峡。2400年的历史使得宜昌古老而又厚重，"上控巴蜀，下引荆襄"，宜昌的"川鄂咽喉"地理位置使得其成为兵家必争之地。同时，古代文人显然也中意这片风光绝美之地。李杜等人望三峡风光而长叹，郦道元所看到的"巴东三峡巫峡长"是否与今日的迥然不同呢？

　　屈原故里，昭君家乡，三国故地，还有唐诗宋词里那些隽永的句子，都为宜昌添上浓墨重彩的一笔。现如今雄伟的三峡大坝使得宜昌焕然一新，新旧交织之中，宜昌的魅力迸发出别样的光芒。

☎ 电话区号 0717

🚌 交通

▌飞机

宜昌三峡机场（6532114；http://www.sanxiaairport.com；微信公众号：宜昌三峡机场）

▌火车

宜昌东站（宜昌市伍家岗区东站路1号）途

经主要线路为宜万铁路、汉宜高速铁路、鸦宜铁路。

长途汽车

宜昌长途汽车客运站（6445314；城东大道花艳路）

宜昌客运中心站（6910888；东山大道126号）

公交车

公交车线路基本覆盖城区，同时宜昌正在全面建设BRT公交线路，目前开通了B9路公交线路（宜昌东站—葛洲坝）。此外，宜昌开通了数条旅游专线，如10-1路三峡人家专线、10-3三峡大瀑布专线。

🛒 土特产和纪念品

当地特色有宜昌长江肥鱼、百里洲砂梨、宜都蜜柑等。

🏠 住宿

经济型

宜昌三毛青年旅舍

（6278543；夷陵大道南北天城天街2号11楼）旅舍以三峡为主题、宜昌本土文化为背景，有宜昌彩陶珍品、关于三峡的多张黑白老照片、大量书籍及三峡移民口述历史影像资料，可以让你沉浸式体验三峡历史。内设自助厨房、图书馆、黑白胶片电影放映等场所、露台可眺望长江。旅舍位于万达商圈，距离三峡游客集散中心、宜昌交运中心及客运码头较近。

中档

维也纳3好酒店（万达店）

（6098666；宜昌伍家岗区沿江大道142号）酒店位于伍家岗万达广场正对面，距三峡游客中心非常近，乘坐景区直通车出游非常方便。这里与长江零距离，舒适的房间内可以看到无敌江景，傍晚还可欣赏游轮归港及对岸磨基山的夜景。旺季需要

预订。

高档

宜昌悦江悬崖酒店

（7531777；西陵区南津关路8号三游洞4栋）来这里可以入住悬崖江景房，体验江水从脚下流过的惬意感，领略西陵峡口之美。24间大小不一的特色餐厅提供多样选择，免去了在镇子上找不到饭店的烦恼。酒店位于长江三峡之西陵峡出入口南津关路，毗邻三游洞、三峡大坝、三峡人家风景区，距离市中心约15分钟车程。

🍴 就餐

屈妈腌菜馆（福绥路店）

（18972586800；福绥路37号）这家位于福绥路上的本地菜馆人气很旺，以鄂西风味为主，推荐土鸡火锅、榨广椒炒肥肠、风干鸡炖藕、干煸鲜藕等菜品，也可以尝试泡菜牛肉丝、干锅花椒鸡等特色菜。

夷陵小吃（西陵后路店）

（18672660877；西陵后路12号；7:00—9:00，11:30—14:00，17:30—21:00）一碗牛肉胡萝卜丁的红油小面加上一个塞满肉的牛肉包子，就是宜昌人寻常的早点套餐了。在从重庆传过来的红油小面基础上，宜昌人加上黄豆、牛肉、肥肠等当地的浇头，十几元一碗的小面显得内容十分丰富。除此之外，热干面、黑米面和蔬菜面也是其招牌。

放翁酒家（三游洞店）

（8862179；三游洞对面；9:30—21:00）这是难得一见的自然洞穴餐厅，大厅设在岩洞之中，餐厅范围一直延伸到外侧的观景阳台。这里主打长江肥鱼汤，198元一斤的长江鱼虽然味道有点淡，但是汤非常鲜美，此外还有糖蒜东坡肉、三游神仙鸡、野菜饼等菜品。价格对景区餐厅来说也不贵，点上三两个菜也就饱腹了。

🚩 线路推荐

两坝一峡游轮：葛洲坝—西陵峡—三峡大坝

📍 景点

三峡人家

标签：`5A级景区`

西起重庆市奉节县白帝城，东至湖北宜昌市南津关的三峡，全长193公里，自上游向下依次为瞿塘峡、巫峡、西陵峡，其中瞿塘峡与巫峡均位于重庆市内，位于宜昌的西陵峡风景依旧独好。

随着三峡工程的推进，越来越多的风景被封存于诗词文赋之中，但在三峡人家风景区，你所见到的风景与古人所描绘的并无不同。2003年6月三峡大坝下闸蓄水，这一段水位却不受影响，让我们可以感受到三峡原本的风貌。最为梦幻壮丽的西陵峡境内，三峡人家的石令牌、明月湾、蛤蟆泉，足够让你流连上一天。

门票信息｜150元

营业时间｜8:00—18:00

交通信息｜可乘坐景区直通车前往。

电话｜8850588

微信公众号｜三峡人家风景区

网址｜http://www.sanxiarenjia.com/

⭐ 亮点

石令牌、明月湾、蛤蟆泉

三峡大坝景区

标签：`5A级景区`　`水利工程`

1993年动工，1997年正式向游客开放的三峡大坝景区，以三峡大坝为核心，至今仍吸引着来自世界各地的游客，大家都想要亲眼看看这座雄伟的水利工程建筑。三峡大坝景区由坛子岭、185观景平台和截流纪念园组成。坛子岭公园因其顶端观景台形似一个倒扣的坛子而得名，在观景台上不仅可以看到大坝全貌，还可以远眺全球规模最大的双线五级船闸。185观景平台则位于大坝东侧，与三峡坝顶齐高，在这里可以与大坝合影，欣赏高峡平湖的壮美景色。

门票信息｜免费

营业时间｜8:00—17:00

交通信息｜可乘坐旅游专线大巴直达三峡大坝游客换乘中心。

电话｜6763498

微信公众号｜三峡大坝旅游

网址｜http://www.sxdaba.com/

⭐ 亮点

185观景平台、截流纪念园、坛子岭

屈原故里

标签：`5A级景区`　`屈原`

"路漫漫其修远兮，吾将上下而求索"，求而不得的屈原转身跳入汨罗江，但他求之无尽的精神却刻在了一代又一代中国人的心里。每年端午节，屈原祠都会举行盛大的祭祀活动，包粽子、划龙舟、挂艾草，以纪念这位伟大的爱国诗人。经过库区搬迁，屈原祠已在三峡工程蓄水之后由原址搬至秭归新城凤凰山。新祠面向三峡大坝，祠内正殿有屈原塑像，两旁厢房设有屈原生平展、作品展。三峡库区水位线以下淹没区的地面文物也被搬至青滩仁村古民居进行保护。此外，此处也是三峡大坝上游的最佳观景处，登上观景台，可以近距离欣赏高峡平湖与三峡大坝。

门票信息｜80元，联票（含屈原故里、三峡大坝）100元

营业时间｜8:00—17:00

交通信息｜乘坐公交1路可达，三峡游客中心也有直达景区大巴。

电话｜2886198

微信公众号｜九畹溪—屈原故里

网址｜http://sxph.jiuwanxi.com.cn/jiuwanxi/jwx/front/index

★ 亮点

屈原祠、三峡大坝观景平台

巴东神农溪

标签：　5A级景区

　　神农溪不在神农架，而在巴东县内。原名沿渡河的神农溪是一条典型的峡谷河流，穿越巴东境内，于巫峡西壤口破壁注入长江。因其发源于神农架南坡，后更名为神农溪，也许是因为沾上神农架的光更能吸引人前往。我们更推荐坐船游览神农溪，一路上，龙昌峡两岸的巴人岩棺、鹦鹉峡中四季都盛开的鲜花、棉竹峡峭壁上凌空倒悬的石钟乳，都能一览无遗。溪谷当然少不了漂流，喜欢探险刺激的游客还可以来一段神农溪漂流。

门票信息｜140元

营业时间｜8:00—15:00

交通信息｜可从信陵镇沿江路神农溪旅游码头乘船前往神农溪，需要至少提前一天在码头买票或电话预订。

电话｜4331438

微信公众号｜神农溪旅游

★ 亮点

龙昌洞峡、鹦鹉峡、棉竹峡

清江画廊

标签：　5A级景区　　游船

　　就如游漓江的十里画廊，游览清江画廊，是必须要乘船的。一路上不必担心无聊，沿江的景点会让你目不暇接。中华巴土圣山——武落钟离山，是800万土家族人共同的祖先诞生地，岛上除了每年来寻根的土家族人，还有许多来此用餐的旅客。看过清江大佛之后，便是通过长约5公里的倒影峡，绿水映青山，此时才能感受到《水经注》中"水色清照，十丈分沙石"的景色。此外还有天然的洞穴仙人寨，就算乘船也可以上岸游览洞穴。

门票信息｜145元（包含90元门票和55元

船票）

营业时间｜3月至10月8:00—15:00，11月至次年2月8:30—15:00

交通信息｜可从三峡游客中心和宜昌东站乘坐景区直通车到达。

电话｜5335806

微信公众号｜湖北清江画廊旅游度假区

网址｜https://www.qjhlw.com/

★ 亮点

武落钟离山、仙人寨、倒影峡

葛洲坝公园

标签：　水利工程

　　在三峡大坝下游的38公里处，1988年竣工的葛洲坝水利枢纽是长江上的第一座大型水电站，三号船闸旁便是葛洲坝公园。与三峡大坝景区相比，这里更像一个市民公园，环境静谧，鸟语花香。不远处就是葛洲坝船闸、冲沙闸，可以沿着台阶往下走到长江边，欣赏轮船排队过闸的场景。虽然可以看到三号船闸，但葛洲坝不允许游人进入，要更近距离地欣赏这一壮观的水利工程，建议乘坐两坝一峡游船，将三峡与葛洲坝一起尽收眼底。

门票信息｜免费

营业时间｜5:00—21:30

交通信息｜可乘坐公交B9路至终点站。

电话｜6713360

★ 亮点

葛洲坝三号船闸

三峡大瀑布风景区

标签：　瀑布

　　从三峡游客中心坐车前往三峡大瀑布是最简单的方式。落差近102米、瀑宽近80米的三峡大瀑布，就算与黄果树大瀑布相比也毫不逊色。从景区入口乘坐观光车，5公里的路程很快便能通过，迎面而来的便是响声震天的大瀑布。人们可以零距离接触瀑布，体验

湖北

极速湿身的效果，所以请提前买好并穿好雨衣。更刺激的是可以亲自穿过瀑布水帘，世界的一切声音此时都会被切断，完全就是沉浸式体验。气喘吁吁地跑过这几十米长的小道，再登上对面稍高处的观瀑台，回望大瀑布，眼前的景色会让你觉得刚才的狼狈不堪也不算什么了。

门票信息 | 127元

营业时间 | 8:00—17:00

交通信息 | 可从三峡游客中心乘坐景区直通车到达。

电话 | 6452417

微信公众号 | 三峡大瀑布

> ⭐ **亮点**
>
> 瀑布水帘穿行

三游洞风景区

标签：`4A级景区` `碑文石刻`

千里迢迢特地来看一个洞吗？位于西陵峡口峭壁之上的三游洞风景秀丽，但比起自身原本的观赏性，洞内留下的文化遗迹才是吸引人们前来的主要原因。据说来过三游洞的名人共有六位，前有唐代诗人白居易、白行简、元稹，后有宋代的苏洵、苏轼、苏辙父子三人，因此人们称其为三游洞。洞内洞外石壁上有数十幅诗词碑文石刻，其中包括宋代文学家欧阳修题记的《(后)三游洞序》等珍贵文物。三游洞外的至喜亭，后山的津亭、大悲洞、古军垒等古迹，都可在出洞后沿江游览。

门票信息 | 西陵峡景区门票148元（包含三游洞），三游洞全票78元

营业时间 | 8:30—17:00

交通信息 | 可在夷陵广场乘坐公交B34路至港虹路（三峡茶城），站内转乘公交B10路，到终点下即可。

电话 | 8862161

> ⭐ **亮点**
>
> 诗词碑文石刻、津亭、大悲洞

西陵峡风景名胜区

标签：`4A级景区` `三峡`

巴东三峡之中属西陵峡最险。西起秭归县香溪河口，东至宜昌市南津关，全长76公里的西陵峡，曾经是三峡之中最险的水域，古来便有"西陵峡中行节稠，滩滩都是鬼见愁"之说。在三峡水库蓄水之后，古险滩已经消失，我们看到的是一片"高峡出平湖"的别样景观。幸运的是三峡大坝到葛洲坝之间长约38公里的景色依旧，游客还可以到三峡人家景区体验过去三峡人家的生活。我们更推荐乘坐"两坝一峡"游轮来欣赏这一段峡江风光，沿途还可以看到白马洞和嫘祖庙等景点。

门票信息 | 148元（含三游洞、三峡猴溪、世外桃源、快乐谷、野浪谷，2日内有效）

营业时间 | 11月至次年2月8:30—17:00，3月至10月7:30—17:30

交通信息 | 可乘坐公交10路到景区门口。

电话 | 8862161

微信公众号 | 西陵峡风景区

> ⭐ **亮点**
>
> 白马洞、嫘祖庙

九畹溪漂流风景区

标签：`4A级景区` `漂流`

九畹溪位于三峡的西陵峡南段，是长江重要的支流之一。景区被国家体育总局水上运动管理中心确定为中国漂流训练基地，足以证明九畹溪漂流是名副其实的"三峡第一漂"。从九畹溪大桥走向漂流点，开启全长13.2公里的漂流，3个多小时下来，你会经过上段6.4公里的既惊险又刺激的急流闯滩区，再过渡到下段6.8公里的休闲观光区。虽然前一个多小时你无暇顾及身边的美景，但剩下一半的时间，你都可以欣赏到两岸怪石林立、绿水青山的风光。

门票信息 | 170元

营业时间 | 5月至9月周一至周五13:00—16:00,

周末11:00—16:00（漂流具体时间以景区当日为准）

交通信息｜三峡游客中心有景区直通车可达。

电话｜2886198

微信公众号｜九畹溪一屈原故里

网址｜http://sxph.jiuwanxi.com.cn/jiuwanxi/jwx/front/index

> ★ **亮点**
>
> "三峡第一漂"

巫峡

标签：三峡　游船

"巴东三峡巫峡长，猿鸣三声泪沾裳"，郦道元道出了巫峡最显著的特征——长。巫峡全长45公里，一路上最有名的便是巫山县城了，但如今它也成了一座移民城市。如要细细追究的话，其实巫峡是在重庆境内的，但三峡水库蓄水之后，川鄂边界的"楚蜀鸿沟"题刻和江边岩石上的累累纤痕便都已没入水中。巫山十二峰迷人依旧，水位的升高成就了小三峡和小小三峡，经常有游船来往于此。深秋时节还可以来神女峰拍一张"满山红叶映三峡"的大片。

门票信息｜推荐乘船游览巫峡，三峡游轮型号和价格可以在游轮官网（https://www.sanxia-china.com/）查看

营业时间｜全天

交通信息｜可从宜昌东站乘坐豪华游轮专用巴士接驳前往码头，或从三峡游客中心按照"旅游出发"指引前往转运乘车点乘车前往码头。

> ★ **亮点**
>
> 巫山十二峰、小三峡

柴埠溪大峡谷

标签：4A级景区　喀斯特地貌

与张家界共属武陵山脉、同为喀斯特地貌的柴埠，事实上景观并不逊色于张家界。被柴埠溪河自东向西穿过的峡谷，于震旦纪形成

雏形，经亿万年风雨侵蚀以及地壳运动，形成了两岸众多奇峰异石。游玩柴埠溪则以大湾口景区为主，现辟有三条步道游览线，右侧是最短的"情人线"，还有最险的"得乐线"，游客可根据时间和体力选择线路。山上有姊妹峰、情人桥、情人谷，以及陡峭的铁梯青云梯、对嘴石等景致。当然上下山也设有索道，对于体力不好的游客也非常友好。

门票信息｜94元

营业时间｜8:30—17:30（冬季或许会封山）

交通信息｜从三峡游客中心乘坐去往柴埠溪大峡谷的直通车即可到达。

电话｜5829888

微信公众号｜柴埠溪大峡谷

网址｜http://www.cbxdxg.com/

> ★ **亮点**
>
> 情人谷、青云梯、对嘴石

恩施

恩施全称为恩施土家族苗族自治州，被誉为世界硒都、土家族之乡，位于湖北省西南部的三省交界处，是一处大融合之地。山水交融，清江穿梭于巫山武陵与齐跃山之间；地貌纷呈，丹霞与喀斯特相互争锋；民族汇聚，苗、侗、回、彝、壮、土等29个民族，共同在这片土地上繁衍生息。在土司城的历史中，在摆手舞的跃动里，占据荆楚大地西南一隅的恩施，风景这边独好。

☎ **电话区号 0718**

🚌 交通

▍飞机

恩施许家坪机场（8410753；微信公众号：恩施机场）

▍火车

恩施站（金桂大道）承担恩施境内大部分列车停靠任务。

湖北

▌长途汽车

恩施客运站（8224595；航空大道161-11号）

恩施舞阳长途客运站（8226164；舞阳大道32号）

▌公交车

恩施公交支持刷公交卡，也可通过支付宝的"恩施电子公交卡"或微信的"恩施交通码"刷码乘坐。

🛒 土特产和纪念品

当地特色有恩施玉露、利川工夫红茶、腊肉、小土豆、酱香饼等。

🏠 住宿

▌经济型

恩施柏恩精品酒店式公寓

（15272228698；航空路航空大厦701）这家酒店于2018年开业，楼道、房间、床上用品干净整洁，整体感觉温馨舒适，是一家性价比很高的小酒店。

▌中档

恩施瑞锦精品酒店

（8897777；学院路199号）酒店位于学院路商圈，地理位置优越，楼下就可以吃上张关合渣，拐个弯便是施南古城。但是隔音较差，浅睡的旅客需慎重选择。

▌高档

恩施瑞享国际酒店

（8313333；金桂大道6号）隶属雅高酒店集团，是目前整个恩施硬件条件最好的商务酒店之一。外观呈阶梯形，内部装修格调充满土家族元素，大部分设施条件都符合五星级的配置。

🍴 就餐

正宗张关合渣

（8213777；航空大道62号；11:00—21:00）所谓合渣便是豆腐渣，豆制品在湖北

境内随处可见。店内按人头计算费用，提供每人55元的套餐。暖暖的牛肚锅、土鸡锅令人垂涎欲滴，各式小吃也让人胃口大开。若想体验恩施的网红餐厅，可以来张关合渣打个卡。

土家大院

（8268666；金华大道土家女儿城；11:00—21:00）女儿城的餐厅琳琅满目，有"选择困难症"的游客简直无从下手。我们向你推荐这家土家大院，环境装修得比较舒适，多人来还可以坐上大桌，是家庭出行的好去处。菜品里的手撕排骨、腊肉烧野鳝、苞谷醪糟都很不错，再来上一碗土豆饭，就是完美的一餐。

⚠️ 线路推荐

大峡谷之旅：云龙地缝景区—七星寨景区—绝壁长廊——炷香

民俗风情之旅：恩施土司城—恩施土家女儿城

📍 景点

恩施大峡谷

标签：　5A级景区

位于恩施市屯堡乡和板桥镇交界处的恩施大峡谷是这里最著名的景点，全长108公里，山峦逶迤，急流飞下，山岭中突然陷下的云龙地缝旁连接数条飞瀑，宛如进入另一个世界。景区内拥有五大地质奇观——清江升白云、绝壁环峰丛、天桥连洞群、暗河接飞瀑、天坑配地缝，溶洞、暗河、石林、峰丛、岩柱等喀斯特地貌一应俱全。景区目前开放了七星寨景区全线及云龙地缝部分景区，标志性景观"一炷香"石柱高150米，柱体底部径仅有6米，最小直径甚至只有4米。

门票信息｜云龙地缝50元，七星寨旺季105元、淡季80元

营业时间｜旺季8:00—16:00，淡季8:30—15:00

交通信息｜可从红庙车站乘坐恩施—大峡谷快捷专线车，或从恩施汽车客运中心乘坐恩施—大峡谷的专线车。

电话｜8542333

微信公众号｜恩施大峡谷景区

网址｜https://www.esdaxiagu.com

> ★ **亮点**
>
> 云龙地缝、"一炷香"

恩施土家族苗族自治州博物馆

标签： `博物馆` `巴文化`

恩施土家族苗族自治州博物馆应该是恩施全州最气派的现代建筑了，主要展示巴文化、崖葬文化、土司文化以及少数民族文化，以7万余件藏品，诉说这片土地的历史。这里也是最能纵览恩施历史、地理和人文风俗的地方。想全面了解恩施，这里无疑会给你上最好的第一堂课。馆中有以"恩施足音""恩施记忆"和"生态恩施"为主题的展览，其中以复原的唐崖土司城的牌坊和石马最为磅礴大气，最后以一座完全尺寸的土家吊脚楼为结尾。

门票信息｜免费

营业时间｜周二至周日9:00—17:00，周一闭馆（国家法定节假日除外）

交通信息｜可乘坐公交11、22路至金桂大道硒都茶城站。

电话｜8253696

微信公众号｜恩施州博物馆

网址｜http://www.bwg.org.cn/

> ★ **亮点**
>
> 明金凤冠、明大日如来铜像

恩施土司城

标签： `4A级景区` `土司文化`

即使土司城只是一处复古建筑群，也是来恩施旅游时的必到之地。依着山势修建的土司城，走进大门，依次经过风雨桥、廪君殿、校场、土家民居、九进堂、城墙、钟鼓楼、铁索桥等景点。其中廪君殿是供奉巴人始祖廪君的庙宇，九进九出的九进堂戏台定时有土家族歌舞表演，最后可以登上白虎堂，一览景区全貌。在清朝改土归流后，土司文化几乎不再留下痕迹，但是在这一座重建的土司城里，逢年过节便有市民来此散步，热闹无比。

门票信息｜40元

营业时间｜4月至11月7:30—18:00，12月至次年3月8:00—17:30

交通信息｜可乘坐公交1、5、17、30路至土司城站。

电话｜8458166

微信公众号｜恩施土司城

> ★ **亮点**
>
> 廪君殿、九进堂

鹿院坪

标签： `户外徒步` `农家乐`

鹿院坪原本是一处隐秘于大山深处的传统村落，被徒步旅行者发现后，才逐渐揭开其神秘的面纱。因特殊地形环境的影响，鹿院坪大多景致依旧保持原生状态，而这里气候宜人，四季分明，村里仍有裴、李、朱、侯姓的20多户人家在这远离尘世喧嚣的净土生活。鹿院坪的四面被悬崖峭壁围合，山林之间的深涧从崖壁的溶洞中涌出，形成玉带飘摇的大小瀑布，直落千米，在山下形成幽深的女儿潭、鹿饮潭等水潭。近年来许多户外爱好者慕名前来，但是还请注意，不要雨天前往，注意自我防护。

门票信息｜64元

营业时间｜8:30—17:30

交通信息｜推荐自驾或包车前往。

电话｜8988555

微信公众号｜恩施鹿院坪生态旅游景区

网址｜http://www.esluyuanping.com/

> ★ **亮点**
>
> 五级瀑布、女儿潭、鹿饮潭

湖北

梭布垭石林

标签：4A级景区　喀斯特地貌

　　形成于4.6亿年前奥陶纪时期的石林，是一大片喀斯特沉积岩，乍一看宛如一部地球历史展现在我们的眼前。景区内有青龙寺、六步关、莲花寨、宝塔岩、磨子沟、锦绣谷、梨子坪七大景区，其中岩层中的"溶纹""戴冠"现象最为奇特，让人感叹大自然的鬼斧神工。

门票信息｜78元

营业时间｜5月至10月8:00—18:00，11月至次年4月8:30—17:00

交通信息｜可从恩施客运中心和恩施红庙车站乘坐专车直达景区游客中心，或从清江桥头的挂榜岩客运站乘坐景区专线车。

电话｜8788066

微信公众号｜恩施梭布垭石林景区

> ⭐ 亮点
> "溶纹""戴冠"岩石形态

腾龙洞

标签：5A级景区　喀斯特地貌

　　利川最著名的景点非腾龙洞莫属。腾龙洞在世界已探明最长洞穴中排名第七，曾被《中国国家地理》杂志评为中国最美洞穴之一。试想一下，能在里面飞行直升机的洞会有多壮观。清江水流在洞内跌落而下形成瀑布，冲击在巨大的岩石上，转而钻进深邃暗黑的落水洞，这便是"卧龙吞江"。洞口有20层楼高，前洞平坦，有激光秀与歌舞表演，后洞有更多的景观——钟乳石、钙化池、硝坑、灶孔等，游人也相对少至。

门票信息｜150元

营业时间｜8:30—16:00

交通信息｜可从利川火车站乘坐去往腾龙洞的班车。

电话｜7262455

微信公众号｜恩施腾龙洞景区

网址｜http://www.tenglongdong.net.cn/

> ⭐ 亮点
> 《腾龙飞天》激光秀、《夷水丽川》歌舞

大水井

标签：4A级景区　古建筑

　　一口"大水井"怎么能评上4A级景区呢？其实"大水井"是利川市柏杨坝镇水井村，村里的整个大水井建筑群由李亮清庄园、李盖五庄园和李氏宗祠三部分组成，共同演绎着一个家族的荣辱兴衰。沿着宽敞的青石板路，拾级而上便能来到李氏庄园，大门口上写着"青莲美荫"的匾额，是最能让你回想当年殷实大家的物件。李氏宗祠里除了写在门柱楹联上的家训，尽头的一口方桌大小的水井，能让你真正了解"大水井"这个名字的由来。建筑爱好者可以来一次明清民居巡礼。

门票信息｜50元

营业时间｜8:00—17:00

交通信息｜乘坐从恩施发往奉节的车，至柏杨坝镇大水井村。

电话｜6347888

> ⭐ 亮点
> 李亮清庄园、李盖五庄园、李氏宗祠

鱼木寨

标签：土家族村寨

　　位于鄂渝交界处的土家族山寨，据说易守难攻，犹如缘木求鱼，于是得名鱼木寨。通过一条极为狭窄的通道后，豁然开朗，能见到一个寨子建立在悬崖顶平地上。散落在寨子里的老房子保存得都不是很好，"六吉堂"算得上是现存比较完整的百年老房子了。鱼木寨的另一绝就是墓葬，寨内现有清代精雕石碑墓10座，碑高一般都在5米以上，规模最大的是一座夫妇合墓"双寿居"，上面的石雕也都充分体现了古时民间艺术的精美。

门票信息｜40元

营业时间｜全天

交通信息｜建议自驾或包车前往。

电话｜8222770

> ★ **亮点**
>
> 土家村寨建筑、土家族墓葬

唐崖土司城

标签：　世界文化遗产　　土司城遗址

　　与恩施重建的土司城不同，唐崖河边的这座土司城始建于明洪武年间，可惜只存下大致轮廓以及残损城址。至改土归流结束，前后历经381位土司的唐崖土司城，与湖南永顺老司城、贵州遵义海龙屯土司遗址被一并列入《世界遗产名录》。但因为是城址，景点并不多，最著名的是"荆南雄镇"牌坊和张飞庙，山顶还有土司覃鼎墓和土司夫人田氏墓，其余各处景点配有文字解说。景点并没有另人惊叹的古建，但旅行者能从遗留下的古物中，窥到土司城的昔日繁华。

门票信息｜套票80元（含景区观光车票）

营业时间｜8:30—17:00

交通信息｜建议自驾或包车前往。

电话｜8458166

微信公众号｜唐崖土司城址

> ★ **亮点**
>
> "荆南雄镇"牌坊、张飞庙、山顶土司墓

坪坝营

标签：　4A级景区　　原始森林

　　想去看原始森林，湖北境内不只有神农架一处，坪坝营景区里也能看到茫茫林海、云雾缭绕的景色。大山顶上的丝丝凉爽，森林富含的氧离子，还未经过过度开发的原始森林，让坪坝营成了游客的避暑度假地。景区之前并没有很多基础设施，近年来越发完善，游玩线路也丰富起来。现在主要有两条线路，一是沿鸡公山上山顶，俯瞰整个林区；

另一条是穿越四洞峡，全程走完一条2公里长的峡谷，体验穿洞的乐趣。可以结合自己的喜好选择线路，获得最好的体验。

门票信息｜门票85元（含索道）

营业时间｜8:30—17:00

交通信息｜建议自驾或包车前往。

电话｜6831922

微信公众号｜恩施坪坝营景区

> ★ **亮点**
>
> 登鸡公山、四洞峡穿行

石门河景区

标签：　4A级景区　　喀斯特地貌

　　石门河地心谷属于比较稀有的高山喀斯特岩溶嶂谷地貌，形成于2.5亿年前的三叠纪，躲过了冰川侵袭，使得鬼斧神工的地质奇观保存至今。深邃且绵长的岩溶嶂谷中，石门河奔流而过，如果你是一个峡谷爱好者，欢迎前来游玩。入景区时站在横亘峡谷的大桥上，就能纵览整个峡谷；顺着修建在崖壁上的游道，可以经过问心谷、洗心谷和舒心谷，与奔腾的水流仅咫尺的距离。考虑到还会有瀑布水帘从头上飞过，雨具是要提前准备好的。

门票信息｜120元，换乘车票30元，套票（门票+车票）90元

营业时间｜5月至9月8:00—15:00，1月至4月、10月至12月8:30—14:00

交通信息｜在航空大道客运站乘坐班车到达高坪镇，步行前往游客中心。

电话｜3415666

微信公众号｜恩施地心谷景区石门河

网址｜http://www.smhdxg.cn/

> ★ **亮点**
>
> 问心谷、洗心谷、舒心谷

支罗船头寨

标签：　穴居岩屋村落

　　在鱼木寨往河对岸的峭壁上望过去，其

湖北

实还存在这一座村寨。地势险要并被三重山崖包围的支罗船头寨，保存着最原始的居住形式——穴居岩屋，还有数量众多的关卡和墓葬。就像北京人洞穴那样，人们利用天然的洞穴作为栖身之处，安全、节约，还省事。看一条条在悬崖峭壁上开凿的山路从山脚一直通往穴居洞口，真叫人佩服开凿道路之人的勇气。据住在里面的老人说，这岩屋冬暖夏凉，作为口粮的红苕久放不烂，屋旁的泉水也常年不干。

门票信息｜免费
营业时间｜全天
交通信息｜乘坐利川到长坪的城乡公交车，到达长坪后包车前往。

⭐ **亮点**

穴居岩屋、峭壁山路

神农架林区

神农架是全国唯一一个以"林区"命名的县级行政区，这里的亚热带原始森林还在2016年被评为世界自然遗产。"野人"的传说为神农架打响了名头，但这里有的可不只是传说。神农架山脉是长江与汉江的分水岭，神农顶是华中地区的最高点，这里动植物资源丰富，是箭竹、珙桐、金丝猴等生物的家园。旅客前往神农架时可多预留几天时间游玩，体验原始森林之美。

☎ **电话区号 0719**

🚗 交通

▌飞机

神农架红坪机场（3312315; http://snjairport.com/; 微信公众号: 神农架机场服务平台）

▌长途汽车

神农架松柏镇客运站（3335925; 神农大道208-1号）
木鱼客运站（3337215; 木鱼镇摇篮湖路

18号）

▌公交车

神农架林区公交便捷，标识清晰，支持投币、刷公交卡乘坐。

🛒 土特产和纪念品

当地特色有神农架野板栗、神农百花蜜等。

🏠 住宿

▌经济型

神农架聚友客栈

（18772984898; 迎宾大道64号）典型经济型宾馆，房间简洁卫生，条件过得去，员工热情，能够帮助你安排从拼车到购买门票的所有事宜。

▌中档

神农架荣逸精致酒店

（3454666; 迎宾大道18号）2020年新开业，设施齐全、早餐可口，工作人员态度好，位于国道旁，却因在山区中而非常幽静。

▌高档

神农架康帝君兰酒店

（3388888; 偏桥湾路段）镇上唯一的五星级标准酒店，配备有SPA房，可以让疲惫的身心得到放松，坐在咖啡厅靠窗的座位可以一览小镇风光和远方山景，宽敞精致的房间和绿荫溪水环绕的格局让它在周围设施老化的竞争对手中获胜。

🍴 就餐

天湖山庄（大九湖店）

（3314698; 坪阡街99号; 9:00—22:30）这家菜馆在坪阡镇上的人气很高，旺季的饭点可能需要等位。野竹笋腊肉、腊蹄子这些神农架腊味当然是要点上一盘的，有一道香椿炒鸡蛋味道十分奇特，不妨来一盘挑战一下自己的味觉。

吊锅印象（木鱼镇店）

（15342955688，13687178031；木鱼迎宾大道104号；9:00—23:00）在一众的乡野菜馆间，这家以吊锅鱼汤为主打菜品的饭店特别让人胃口。主菜当然得来一份吊锅鱼汤、吊锅石板鱼或吊锅冷水鱼。吊锅鱼越煮越香，在饭前和饭后各来一碗鱼汤，就能品出鲜度的差别。至于别的小菜，可以点竹笋炒土猪肉、干锅土豆等。注意按需点菜，毕竟那锅鱼还是挺耐吃的。

👣 线路推荐

神农生态之旅： 神农顶—神农谷—金猴溪—小龙潭—天燕风景区

📍 景点

神农架景区

标签：　`5A级景区`　`世界自然遗产`

　　四省交会、分汉水与长江之处，山野里的神农架有两个"标志"——神农氏与野人。在旅游业尚未发达的年代，神话与传说为神农架赚足了噱头，成为人们津津乐道的话题。但抛开这些虚虚实实不谈，神农架给人呈现出的是一个未被触碰到、深入千岩万壑的秘密之境。静谧的亚热带森林旁还有着云蒸霞蔚的高山湿地，金丝猴在林间跳跃，脚步轻盈。

门票信息｜旺季269元，淡季130元，交通车120元
营业时间｜6:30—17:30
交通信息｜武汉、宜昌、十堰等地均有长途汽车发往神农架景区，但旅途漫长且不便，建议搭乘团队旅行车、包车或自驾游。
电话｜400-994-2333
微信公众号｜神农架景区
网址｜http://snjly.com/

> ⭐ **亮点**
>
> 神农顶、神农谷、大九湖

大九湖景区

标签：　`神农架核心景区`　`湿地`

　　怪石林立、山岭深邃的神农架里，留存着一片极其罕见的平地，这也是华中规模最大的高山湿地——九湖坪。四周被高山围绕的湿地区就像一滴露珠窝在叶子里，晶莹剔透，九条溪水从高山上蜿蜒而下注入湖中，再通过地下暗河流入远处的汉江。面积最大的五号湖游人最多，游览设施建设得也最好。栈道从水岸边延伸到森林深处，一路走进去，颇有电影《刺客聂隐娘》里唐人侠客归隐的桃花源的感觉。

门票信息｜100元，换乘票60元
营业时间｜3月26日至11月25日7:00—16:30，11月26日至次年3月25日8:30—15:30
交通信息｜游客需要换乘景区班车进入景区，可在坪阡游客换乘中心和景区入口服务区换乘。
电话｜400-994-2333
微信公众号｜神农架景区
网址｜http://snjly.com/

> ⭐ **亮点**
>
> 五号湖、梅花鹿场

官门山景区

标签：　`神农架核心景区`　`生态旅游`

　　官门山景区内山林郁郁葱葱，山壑间潺潺溪流，在这里打造的自然生态博物馆，可以非常直观地向游客展示神农架地区的生物多样性。山间还建成了几个展馆——科普了神农架世界地质公园价值的地质博物馆；将珙桐、红豆杉、叉叶蓝、巴东木莲等珍稀植物都精心保存在透明玻璃器皿中的生物馆；还有制作了仿真森林、保存有传说中的娃娃鱼（大鲵）标本的动物馆。当然馆外的野人洞、野生动物乐园也是这一路上的好去处。

门票信息｜95元，换乘车票20元
营业时间｜8:00—17:30

交通信息 | 官门山景区于2021年5月6日起对9座（含）以下车辆实行景区内禁行，下车后可在官门山验票口换乘。

电话 | 400-994-2333

微信公众号 | 神农架景区

网址 | http://snjly.com/

⭐ 亮点

神农架自然展览馆、野生动物乐园

神农顶景区

标签： 华中屋脊 华中第一峰

神农顶景区内有6座3000米以上的山峰，被称为"华中屋脊"。其中海拔超过3100米的神农顶还是整个华中地区的最高峰，也就是所谓的"华中第一峰"。虽然景区内有金猴岭，但是一般人很难在原始森林中遇见金丝猴，我们建议你在登顶之前前往小龙潭，跟住在那儿的金丝猴打一声招呼。登山途中固然艰辛，但是只要准备充足且有毅力，大部分人都能够走到山顶。到时候一览山下的景色，把烟雾云海踩在脚下的感觉不要太美妙。回程路上往九大湖方向行走，还能看到神农谷、瞭望塔、板壁岩等景点。

门票信息 | 130元

营业时间 | 8:00—17:30

交通信息 | 神农架景区门口有旅游大巴可达神农顶景区，或自驾前往。

电话 | 400-994-2333

微信公众号 | 神农架景区

网址 | http://snjly.com/

⭐ 亮点

金猴岭、小龙潭、神农顶

天燕景区

标签： "野人" 滑雪场

得名于燕子垭山口与天门垭山口的天燕景区，就是神秘的"野人"出没处。对神农架

野人有较大兴趣的游客，大可前去"人形动物陈列馆"，详细了解一下神农架30年野人科考历程。若前往海拔2200米的燕子垭山口，会看到一座连接两个山头的"彩虹桥"，还有真的住着燕子的燕子洞，而且运气好的时候还能看到佛光。近年来天燕景区在冬天开辟了天燕滑雪场，想体验一下雪上运动的游客也可以来小试身手。

门票信息 | 60元

营业时间 | 8:00—17:30

交通信息 | 神农架景区门口有旅游大巴可达天燕景区，或自驾前往。

电话 | 400-994-2333

微信公众号 | 神农架景区

网址 | http://snjly.com/

⭐ 亮点

"彩虹桥"、燕子洞、天燕滑雪场

天生桥景区

标签： 奇观探险 避暑胜地

天生桥位于神农架香溪源景区内。所谓的天生桥，并不仅仅能看到一座天然石桥，望向蜿蜒曲折的峡谷峭壁，可见山崖栈道交错横行。行至此地，你可以下摸溪水，上触山林，眼前便是飞瀑自峭壁倾盆而下，吸一口负氧离子，还混杂着兰花山上飘下的花香。溪边的树上还挂着一些装有鸟食的竹筒，说不定你还能遇见神农架多彩斑斓的200多种鸟类。

门票信息 | 60元

营业时间 | 8:00—17:30

交通信息 | 神农架景区门口有旅游大巴可达天生桥景区，或自驾前往。

电话 | 400-994-2333

微信公众号 | 神农架景区

网址 | http://snjly.com/

⭐ 亮点

山崖栈道、天然石桥

荆门、荆州

"地接江汉，门锁荆楚"所说的便是荆门。荆门市地处湖北省腹地中心，位于富饶的江汉平原北部，汉江、漳河和富水河穿流而过，世界文化遗产明显陵默默矗立其间，这里还有楚汉古墓群、屈家岭文化遗址等文化古迹。

"禹划九州，始有荆州"，荆州古称江陵，其建城历史长达3000多年。这里最为人熟知的当属三国时期刘备借荆州、关羽大意失荆州的故事，赤壁、夷陵之战也都是因争夺荆州而起。如今的荆州城内仍可寻得历史的痕迹，这里保留有中国南方最完整的古城墙，传统的农耕经济也仍在这片"鱼米之乡"占据着重要的地位。

☎ **电话区号** 荆门0724、荆州0716

🚗 交通

荆州沙市机场（http://www.hbjzairport.com/）

▌火车

钟祥站（荆门市钟祥市石城大道东路1号）是长荆铁路上的停靠站，列车发往湖北省内城市与全国重点城市。

荆州站（荆州市荆州区荆楚大道）沪汉蓉客专汉宜段的一个大站，主要停靠动车。

▌长途汽车

钟祥汽车客运站（荆门市钟祥市王府大道42-7号）

荆州客运枢纽站（荆州市荆州区荆州火车站东侧）

▌公交车

荆门、荆州公交便捷，标识清晰，支持投币、刷公交卡、手机扫码支付等方式。

🛒 土特产和纪念品

荆门当地特色有钟祥葛粉，荆州当地特色有洪湖莲子、荆州鱼糕。

🏠 住宿

▌经济型

新中京快捷酒店（钟祥镜月湖大道店）

（0724-4228575；荆门市钟祥镜月湖大道1号）钟祥的四家中京连锁之一，坐落于镜月湖大道，在核心商圈内，去周边觅食十分方便。房间面积较大，尤其是卫生间十分宽敞，干净卫生。桌子上有钟祥旅游的宣传册，前台也能解答一些旅游相关的问题。

▌中档

荆州城中城酒店

（0716-8455999；荆州市荆州区荆中路36号）位于繁华的城区中心，地理位置优越，交通便捷，景点及购物中心仅一步之遥，可俯瞰整个荆州城的优美景致。

▌高档

荆州盟达酒店

（0716-8279999；荆州市沙市区江津中路263号）酒店外观平平无奇，内部装修却处处有惊喜，智能家居更加方便疲惫了一天的旅客，广式早茶也是加分项之一。酒店紧邻荆州市人民政府，距离宜昌三峡机场30分钟车程。

🍴 就餐

三品聚蟠龙菜商务礼品基地

（0724-4222947；荆门市阳春大街72号）钟祥最有名的特色美食是蟠龙菜。位于城南市场站附近的三品酒楼，被许多当地人认为是出品做得最好的蟠龙菜。如今老板不再经营饭店，这里的店面被改造成礼品基地，但仍然有蟠龙菜（25元）出售。

西园面馆

（0716-8228204；荆州市沙市区工农路近碧波路；6:00—13:00）早堂面是荆州人"过早"的主角，要起个大早去吃头锅鲜汤下的面条的人也不在少数。西园是老字号面馆，过了饭点去很可能也要等位。门外垫个高凳、拉张小椅就开吃的食客排成一列。可以来一两早堂面，味道鲜美，面条筋道；也可以来份"大餐"大连面，是早堂面的升级版，有肉片、鸡丝、炸鳝鱼丝等配料。

🚻 线路推荐

荆门钟祥避暑出行： 明显陵—莫愁湖—元祐宫—黄仙洞

荆州古城一日游： 大东门—宾阳楼—南门—小北门—荆州城墙博物馆

📍 荆门景点

明显陵

标签：　4A级景区　世界文化遗产

　　明显陵为明世宗嘉靖皇帝的父亲恭睿献皇帝朱祐杬、母亲章圣皇太后的合葬墓，这也是大多数游客选择前往荆门的理由，其"一陵两冢"的陵寝结构在历代帝王陵墓中绝无仅有，棱恩门两侧精美的琉璃影壁也在明代帝王陵中独树一帜。景区内还有华中民俗第一村莫愁村、国家级湿地公园莫愁湖和明代帝王文化展示馆可以参观游览。

门票信息｜65元

营业时间｜8:30—18:00

交通信息｜可乘坐钟祥6路公交车到终点站明显陵。

电话｜4335599

微信公众号｜明显陵

网址｜www.zgmxl.com

> ⭐ **亮点**
>
> 双龙琉璃影壁、龙形神道

黄仙洞

标签：　4A级景区　喀斯特地貌

　　"黄仙山在山之南麓，其下有黄仙洞，豁然明旷，有龙潭，深不可测。"这是史书上对黄仙洞的描述。我们现在知道，位于大洪山南麓的黄仙洞是典型的喀斯特地貌，洞中有石钟乳堆砌的山，地下流有暗河，洞外盖满绿植。不同的是，在黄仙洞的溶洞末端还有一条高高的铁梯"天梯"。登顶出洞后就能来到群山怀抱的水磨坪村。若有时间，还可在水磨坪村住上一晚，体验农家的生活。

门票信息｜78元

营业时间｜3月至10月7:30—17:00，11月至次年2月9:00—16:30

交通信息｜有班车直达黄仙洞。

电话｜4382222

微信公众号｜黄仙洞景区

> ⭐ **亮点**
>
> "天梯"、水磨坪村

绿林山风景区

标签：　4A级景区　森林

　　说起绿林，很难不想到绿林好汉与那场始于西汉末年的绿林起义，起义军历时5年屯兵绿林寨，使得绿林现在仍留存许多遗址，也使得绿林寨与河南瓦岗寨、山东梁山泊并称为中国三大历史文化名寨。除去人文景观外，绿林的自然风光也并不差。位于大洪山南麓的绿林主要有4个游览区，除了绿林寨，游客还可以乘竹排游美人谷、在鸳鸯溪感受漂流，而空山洞与太子山王莽洞的探险则更具野趣，建议你穿一身耐脏的衣服进入。

门票信息｜空山洞60元，绿林寨80元

营业时间｜8:00—17:30

交通信息｜推荐自驾前往。

电话｜7488888

微信公众号｜绿林山风景区

网址｜http://www.lulinshan.com/

> ⭐ **亮点**
>
> 绿林寨、美人谷、鸳鸯溪

荆州景点

荆州博物馆

标签：`4A级景区` `博物馆`

    荆州博物馆的馆藏文物超过13万件，其中国家一级文物492件套。现馆内展出的精品有江汉平原楚汉青铜文化展中的四代越王青铜剑，其中能在越王州勾剑的剑身上看到两行错金鸟虫书铭文"越王州勾自作用剑"。二楼的传世文物展展出的《算数书》堪称中国乃至世界上最早的数学专著之一。西汉古尸馆里躺着一具男尸"遂先生"，是迄今为止中国保存最完好、年代也最久远的一具湿尸。精美的漆器、楚汉织绣亦不可错过。

门票信息｜免费

营业时间｜周二至周日9:00—16:30

交通信息｜可乘坐公交19、101路至西门站，或乘坐公交15、21路至五医院站。

电话｜8494187

微信公众号｜荆州博物馆

网址｜http://www.jzmsm.org/yk/

> ★ 亮点
>
> 《算数书》、四代越王青铜剑、古代漆木器精品展

荆州古城墙

标签：`4A级景区`

    荆州古城墙是中国保存最完好的四座古城墙之一。现存城墙为明清荆州府的治所——江陵县的城墙。大东门、南门、西门、大北门与小北门，都还留有城楼。但是去参观古城墙，最重要的并不是欣赏上面的建筑有多么美，毕竟城墙只是一个防御系统。我们推荐你在城墙上面好好走一走、绕一绕，感受古人所看到的世界。

门票信息｜27元

营业时间｜8:30—17:30

交通信息｜有多路公交可达各个城门。

电话｜8450389

微信公众号｜荆州古城

> ★ 亮点
>
> 大东门城楼、古城墙

洪湖风景区

标签：`4A级景区` `红色旅游`

    有"千湖之省"美称的湖北，虽然省内最大面积的湖泊在国内只排在第七，但洪湖的水质是全球最优质的水源之一，这也使得歌词是"人人都说天堂美，怎比我洪湖鱼米乡……"的《洪湖水浪打浪》传唱千里。曾经是重要革命根据地之一的洪湖，那些革命旧址现在被荷花、藕塘、廊桥所围绕，其中数蓝田生态旅游区开发得最为成熟。我们建议你在夏天时前往洪湖，可以观赏到"接天莲叶无穷碧，映日荷花别样红"的景色。

门票信息｜门票70元，套票（门票+船票）110元

营业时间｜6:00—20:00

交通信息｜荆州市旅游集散中心有直达洪湖风景区（金湾花海、旅游港）的班车。

电话｜2742799

微信公众号｜洪湖湿地生态旅游风景区

网址｜http://xn--t7tv60azzas7p.com/

> ★ 亮点
>
> 夏日荷塘

张家界

湖南

湖南因位于洞庭湖以南而得名，境内山川秀丽，人杰地灵。在这里，中华民族的先祖炎帝和舜帝留下足迹，屈原、贾谊、朱熹等历代文人墨客写出经世之作，曾国藩、左宗棠、黄兴等众多中国近代史上叱咤风云的人物从这里走出，更不必说，这里还是毛泽东、刘少奇等一批新中国开创者、领袖人物的故乡。

游橘子洲头，观两岸层林尽染；登岳阳楼，叹洞庭之水浩浩汤汤；览张家界，赏大自然的鬼斧神工……此地美食更是让人垂涎三尺，口味虾、臭豆腐、剁椒鱼头，无不挑逗你的味蕾。山川、人文与美食共同谱写出热情奔放的湘地乐章，相信你也会情不自禁地沉浸其中。

行前参考

💬 实用方言

娭毑：婆婆
嗲嗲：爷爷
妹陀：女孩子
伢子、满哥：小伙子
哦该：为什么，怎么了
丢嘎子：闲逛

☀ 何时去

3月至6月：天气温暖，气候宜人，端午节许多地方都会举行盛大的龙舟赛。

7月至9月：城市进入火炉模式酷热难当，但山间气温较低，正适合游山玩水。

10月、11月：秋季到来，衡山上的古银杏已转黄，爱晚亭的枫叶在11月下旬最红。

12月至次年2月：有机会欣赏到银装素裹的山间晶莹的雾凇，也适合漫步潇水、湘江畔，感受诗词中所写的江天暮雪。

湖南

凤凰古城

❗ 注意事项

湖南是一个少数民族丰富的省份，在各少数民族聚居区游览时，也要注意尊重当地的风俗习惯。在苗族村寨游览时，不要打伞进门或踩踏门槛，也不要随便吹口哨，在当地人家做客时若餐桌上有鸡，注意不要吃鸡头。在瑶族聚居区域，注意避免穿白鞋、戴白帽，因"伞"和"散"谐音，要把"雨伞"说成"雨遮"。若计划前往侗族村寨，可提前咨询当地旅行社村寨内是否有祭祀活动，如遇祭祀，侗族村寨通常不许外人进入。

⬆ 当地新讯

2022年3月，马王堆复原动态展"一念·辛追梦"开始在湖南省博物馆试运营，计划每周六向公众开放2场，票价50元。动态展全长35分钟，以马王堆汉墓出土文物为基础，与京剧表演相结合，通过多媒体视觉影像，讲述了西汉初年辛追的故事，为你带来无与伦比的沉浸式体验。

湖南

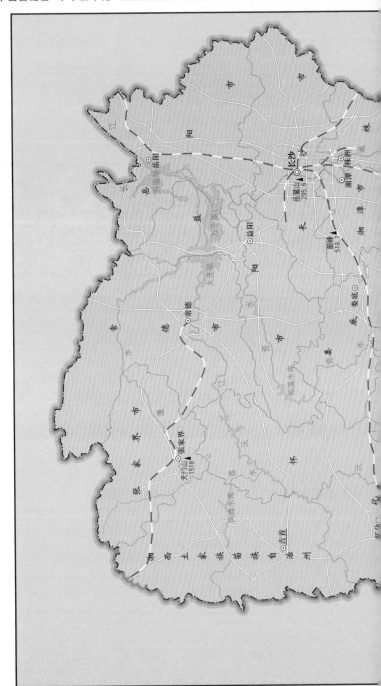

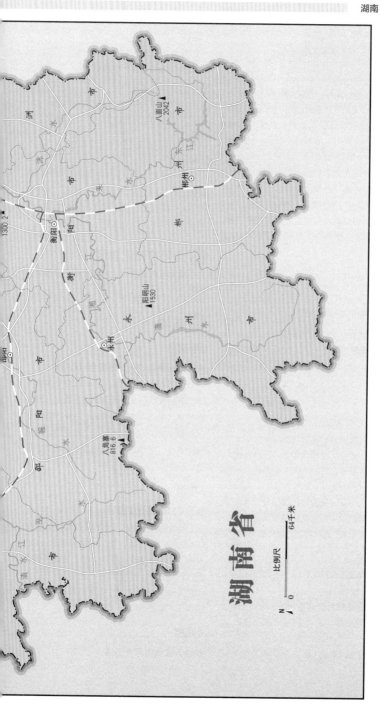

八面山
2042 ▲

东江

郴州 ⊙

1300.2 ▲

衡阳 ⊙

阳明山
▲ 1530

永州 ⊙

八角寨
816.6 ▲

湖 南 省

N

比例尺

0 ————— 64千米

湖南

长沙

长沙作为湖南的省会，拥有2000多年的悠久历史。湘江水畔，橘子洲头烟火绚丽；山景清秀，岳麓书院书香悠远，马王堆、四羊方尊、三国竹简，无不彰显着深厚的底蕴。这里人才辈出，清末的左宗棠、曾国藩赫赫有名，浏阳人谭嗣同为国流下热血，毛泽东、蔡和森在此求学点燃了革命的火种。除了往昔峥嵘岁月，如今的长沙还是一个富有时尚魅力的休闲之都，来街头走一走，电视里的明星也许就在你身边。多姿多彩，人杰地灵，如此长沙，令络绎不绝的游客流连忘返。

电话区号 0731

🚗 交通

▌飞机

长沙黄花国际机场（96777；长沙县黄花镇机场大道；hnjcjt.com；微信公众号：湖南机场）

▌火车

长沙站（芙蓉区车站中路406号）京广铁路、石长铁路、长株潭城际铁路等铁路干线上的一站，有动车组列车停靠。还有几趟火车直达张家界和吉首，坐火车去湘西地区是相对节省时间的选择。

长沙南站（雨花区花侯路；微信公众号：长沙南站）连接京广高速铁路与沪昆高速铁路的重要枢纽车站，距市区约10公里。

▌长途汽车

长株潭汽车站（82280212；芙蓉区车站中路339号）

长沙汽车南站综合交通枢纽（82805051；雨花区中意一路与时代阳光大道交叉口东南角）

长沙汽车东站（84611431；芙蓉区远大一路1021号）

▌地铁

开通运营的线路包括1号线、2号线、3号线、4号线、5号线、6号线、长沙磁浮快线。地铁采用分段计价方式，基础票价2元。你可选择下载"长沙地铁"App或"湘行一卡通"App扫码乘车，同时支持全国交通联合卡。

▌公交车

市内公交发达，近年来整体升级智能网联化，游客可通过"长沙公交出行"App查询公交线路、站点、车辆实时到站等信息。游客可选择"湘行一卡通"App扫码乘车。

🛒 土特产和纪念品

当地特色有湘绣、菊花石雕、棕编、酱板鸭。

🏠 住宿

▌经济型

米漾米居酒店（长沙IFS国金中心店）

（82880066；蔡锷路48号永华大厦16楼；微信公众号：米漾米居官方服务）酒店地处市中心五一广场商圈，与长沙新地标IFS国金中心仅数步之遥，交通便利。酒店设施齐全，装修风格简约温馨，还设有亲子房，方便全家出行的游客。

▌中档

长沙CSS斯维登玺酒店

（84889999；潇湘北路3段2号圆泰长沙印1楼；微信公众号：长沙玺酒店）酒店设施齐全，拥有140间江景房，在此可俯瞰湘江两岸景致，橘子洲头也能尽收眼底，足不出户就能看到橘子洲烟花表演。酒店有免费停车场和健身房。

▌高档

长沙万家丽国际大酒店

（89998888；万家丽中路99号）大楼

由知名设计师设计，以中国国学文化为核心，结合了欧陆古典风情，整体装饰富丽豪华，设有儿童游乐房和麻将房。楼下就是商场，购物、吃饭都很方便。

🍴 就餐

长沙文和友（海信广场）

（400-878-3322；湘江中路36号海信广场；11:00至次日3:00）进店就会带给你一种穿越感，使你一下体会到长沙20世纪八九十年代的模样。巷子、楼层交杂的场景，各种各样的老式店铺、霓虹彩灯、老招牌，加上络绎不绝的顾客，极具烟火气息，热闹非凡。口味虾、猪油拌饭、臭豆腐都是值得一试的菜品，不过建议你至少提早一两个小时来排队。

炊烟小炒黄牛肉（步行街黄兴铜像店）

（85581977；解放西路黄兴步行街司门口八角亭二楼；11:00—14:00，17:00—22:30）这里常年座无虚席，最招牌的当属经典湘菜小炒黄牛肉，鲜嫩的牛肉急火快炒30秒出锅，及时锁住肉质中水分，吃起来香嫩弹牙，味道鲜美，十分诱人。

🎫 线路推荐

长沙市区游： 岳麓山—橘子洲—湖南省博物馆

📍 景点

岳麓山

标签： 5A级景区   自然景观

"麓"为山脚下，"岳麓"即为地处南岳衡山山脚下之意。橘子洲前，湘水环绕，山城相望，目之所及，天、江、山、洲、城浑然一体。岳麓书院、麓山寺和云麓宫分别为儒、释、道的代表，共处此地。而这座底蕴深厚的名山海拔其实不过300米，山上多古树名木，四季风景宜人，别具特色。

门票信息 | 免费

营业时间 | 7:00—22:00

交通信息 | 可乘坐地铁2号线至溁湾镇站或4号线至湖南大学站，也可乘坐6、12、63、303、325、902路等公交车至溁湾镇站下车。

电话 | 88825011

微信公众号 | 岳麓山 橘子洲旅游区

网址 | hnyls.com

> ⭐ **亮点**
>
> 爱晚亭、岳麓书院、麓山寺

岳麓书院

标签： 四大书院   历史建筑

岳麓山脚下的岳麓书院是中国历史上四大书院之一，古代传统的书院建筑被完整保存下来，一砖一瓦都透出浓厚的历史人文底蕴。书院如今不仅是旅游胜地，更继承了其原本的功能，成为湖南大学的实体办学机构和科研基地。门两旁悬挂有对联"惟楚有材，于斯为盛"，道出了岳麓书院英材辈出的历史。

门票信息 | 免费

营业时间 | 5月至10月7:30—18:00，11月至次年4月7:50—17:40

交通信息 | 可乘坐地铁2号线至溁湾镇站或4号线至湖南大学站，也可乘坐6、12、63、303、325、902路等公交车至溁湾镇站下车。

电话 | 88823764

微信公众号 | 岳麓书院

网址 | hnu.edu.cn

> ⭐ **亮点**
>
> 讲堂、中国书院博物馆

橘子洲

标签： 5A级景区

橘子洲位于岳麓区的湘江中心，是湘江

下游面积最大的沙洲，甚至有"中国第一洲"之称，32岁时的毛泽东正是在这里写下的那首壮阔的《沁园春·长沙》，如今意气风发、眼神坚定的毛泽东青年艺术雕塑也成为橘子洲的标志。景区内植物茂密，许多名贵植物与珍稀动物在此生活。每年元旦、春节、除夕、元宵等重大节假日，这里还会燃放20分钟左右的烟火，这场盛大的烟火表演已经成为长沙重要的旅游名片。

门票信息 | 免费

营业时间 | 全天

交通信息 | 可乘坐地铁2号线到橘子洲站，或乘坐1、11、171、222、406、707、804路等公交车在橘子洲大桥东站下车。

电话 | 88614640

微信公众号 | 岳麓山 橘子洲旅游区

网址 | hnyls.com

> ★ **亮点**
>
> 毛泽东青年艺术雕塑、问天台、橘子洲烟火

湖南省博物馆

标签： 国家一级博物馆

　　历经5年重建，湖南省博物馆于2017年重新开放，馆藏文物超过18万件，历史文化和马王堆汉墓是最核心的两大展馆。长沙马王堆汉墓陈列馆位于3楼，展馆内展出了辛追墓出土的大量随葬品。经过之前的翻新，展览充分结合高科技手段，让漆器上的彩绘狸猫动起来，将T形帛画中的天界与人间生动而详细地分解介绍。辛追夫人被安置于地下一层，四壁播放着3D影像，呈现出四层棺椁上描绘的景象。

门票信息 | 免费

营业时间 | 周二至周日9:00—17:00，周一闭馆

交通信息 | 可乘坐112、113、131、136、146、150、358、901、203路等公交车到达。

电话 | 84415833

微信公众号 | 湖南省博物馆

网址 | hnmuseum.com

> ★ **亮点**
>
> 长沙马王堆汉墓陈列馆、湖南人——三湘历史文化陈列馆

新民学会旧址

标签： 省级文物保护单位

　　新民学会旧址在岳麓山脚下，这座拥有5间青瓦白屋的农舍前，还有一片绿油油的菜地。1918年4月14日，毛泽东、蔡和森等13人在这间古朴的农舍开会，成立了"五四运动"时期湖南影响最大的进步社团——新民学会。湖南共产主义小组也于1920年在此诞生，为中国革命史谱写出光辉的一页。可惜旧址已毁于战火，如今看到的建筑是1972年按原貌复建的。

门票信息 | 免费

营业时间 | 周二至周日9:00—17:00，周一闭馆

交通信息 | 可乘坐308路公交至新民学会旧址站下车。

电话 | 88883401

> ★ **亮点**
>
> 新民学会史料、毛泽东等会员浮雕像

天心阁

标签： 4A级景区　历史建筑

　　如今屹立于长沙城中的天心阁命途多舛，它始建于明末，重修于清乾隆年间，抗战期间因"文夕大火"被烧毁，后于1983年重建。如今的阁楼具有明清两朝建筑风格，阁中供奉着文昌帝君和奎星两尊神像，寄托着对长沙文运昌盛的美好祝愿。坐落于30多米高的城墙之上的天心阁，占据着城区的最高地势，与岳麓山遥遥相望，登临阁楼，全城之景可尽收眼底。

门票信息 | 公园免费，阁楼区门票30元

营业时间 | 公园6:00—22:00，阁楼区7:30—17:30

交通信息 | 可乘130路公交至天心阁站或901路公交至天心阁西门站下车。

电话 | 85155379

微信公众号 | 长沙市天心阁4A级景区

网址 | http://www.hntxg.cn/

★ 亮点

天心阁建筑、俯瞰长沙城

长沙简牍博物馆

标签： 博物馆

　　这里是国内首座以简牍为主题的博物馆。竹简与木牍合称"简牍"，是纸张发明前广泛使用的文字载体，而1996年和2003年于长沙出土的两汉三国时期简牍，就是博物馆的特色展品。馆内依托多样的文物介绍了简牍的发展与制作流程，你能在此进一步了解这种独特的历史载体。

门票信息 | 免费

营业时间 | 9:00—17:00，周二闭馆

交通信息 | 可乘坐122、130、167、171、311、402、406、803、908路等公交至长沙简牍博物馆站下车。

电话 | 85425680

微信公众号 | 长沙简牍博物馆

网址 | chinajiandu.cn

★ 亮点

文明之路——长沙简牍博物馆基本陈列

贾谊故居

标签： 省级重点文物保护单位　历史建筑

　　贾谊是西汉著名政论家、思想家和文学家，其任长沙王太傅时曾居住于此。贾谊故居始建于西汉文帝年间，而后历经多次重建。这里被誉为"湖湘文化源头"，是长沙作为"屈贾之乡"的标志性文化遗产，也是

中国最早的名人故居。门口的一口古井连续使用至今，太傅殿内布置成贾谊生平陈列展，读完历代文人留下的诸多感叹，不妨重温一下《过秦论》吧。

门票信息 | 免费

营业时间 | 9:00—12:00，12:30—17:00

交通信息 | 可乘地铁1号线、2号线至五一广场站，或乘坐145、11、308、258、901、18路等公交车前往。

微信公众号 | 长沙市贾谊故居管理处

★ 亮点

古井、贾谊生平

湖南省立第一师范学院旧址

标签： 全国重点文物保护单位

　　湖南省立第一师范学校的历史可追溯至清光绪二十九年（1903年）搬迁至此的湖南师范馆。而校园所在地的前身，则为南宋理学家张浚、张栻父子建造的城南书院。中国近代史上的著名人曾国藩、左宗棠、黄兴等，以及老一辈无产阶级革命家毛泽东、蔡和森、何叔衡等人都曾在此求学。旧址建筑独特，中西风格结合，青白相间，素洁雅致，值得一览。

门票信息 | 免费

营业时间 | 9:00—17:00，周一闭馆

交通信息 | 可乘1、122、139、160、901、908路等公交车在第一师范站下车。

电话 | 85157430

网址 | hnfnu.edu.cn

★ 亮点

中西结合建筑、历史故事

国货陈列馆旧址

标签： 历史建筑

　　长沙现存最大的民国时期建筑国货陈列馆于1931年创建，在1938年的"文夕大火"中，钢筋水泥结构的国货陈列馆属于少数未

遭破坏的建筑。新中国成立后，国货陈列馆更名为中山路百货大楼，一度成为长沙市商业的标志。如今，在长沙本地企业家对于历史文化建筑的保护下，国货陈列馆完成复原工程并重新营业，主营黄金饰品。

营业时间 | 10:00—21:00

交通信息 | 可乘地铁2号线至芙蓉广场站，或乘坐3、69、402路等公交前往。

电话 | 88923495

> ★ **亮点**
>
> 建筑、购物

太平街

标签： 古城老街

这条不足500米长的老街，是长沙古城保留原有街巷格局最完整的一条街，是古长沙的缩影。这里的民居和店铺都统一为白瓦脊、木门窗、青砖墙，天井四合院等传统格局也能在老式公馆内看到。这条街上还坐落着贾谊故居、太平粮仓、长怀井、明吉藩王府西牌楼等古迹。闲逛老街，尝尝地道的长沙臭豆腐、糖油粑粑等当地小吃，走入老长沙的生活。

门票信息 | 免费

交通信息 | 可乘2、11、18、112、138、143、145、202、301、901、908西线、旅2路等公交至贾谊故居站。

电话 | 84394488

> ★ **亮点**
>
> 贾谊故居、太平粮仓

火宫殿

标签： 历史建筑 小吃街

火宫殿是到长沙旅游的人都会来打卡的一个景点，它既是一座庙宇，也是中华老字号，更是长沙小吃一条街。长沙自古属荆楚之地，所以祭拜火神祝融，火宫殿建于明万历五年（1577年），又称乾元宫。要想将长沙的众多美食在短时间内一网打尽，也只有去坡子街的火宫殿总店才行，糖油粑粑、臭豆腐、姊妹团子、毛氏红烧肉、肉丝撒子、口味虾……无论是辣的、咸的、甜的、酸的、臭的，在这里都可以吃到。

门票信息 | 免费

营业时间 | 7:00—21:00

交通信息 | 可乘6路公交车至太平街口站。

电话 | 85814228

> ★ **亮点**
>
> 祭拜祝融文化、老建筑、各种长沙小吃

船山学社

标签： 省级重点文物保护单位

这栋小院原是曾国藩的祠堂，民国初年，社会进步人士为纪念王船山（王夫之），在此创办船山学社，宣扬其思想。1921年，毛泽东、何叔衡在此建立湖南自修大学，李达也曾担任过校长。1938年船山学社建筑于"文夕大火"中被烧毁，1954年又在原址复建。如今旧址门首的"船山学社"四个字为毛泽东所题。

门票信息 | 免费

营业时间 | 8:00—17:00

交通信息 | 可乘坐1、106、142、501、901、旅3路等公交至小吴门站下车。

电话 | 82222126

> ★ **亮点**
>
> 历史故事、复原建筑

开福寺

标签： 省级重点文物保护单位 佛教寺庙

始建于五代十国时期的开福寺，后历经宋、元、明、清各朝重建，现存建筑主要为清光绪年间重建的。北宋末年，开福寺因风景优美，郊游、祈福者众多，成为当时赫赫有名的胜地。如今寺内留有三进佛殿，香火仍旧旺盛，湖南省佛教协会和长沙市佛教协会也都设于寺中。

门票信息 | 10元

营业时间 | 9:00—18:00

交通信息 | 可乘坐地铁1号线、长株潭城际铁路至开福寺站，也可乘111、143、149、167、368、406、501、707路等公交至开福寺站。

电话 | 84485300

> ★ 亮点
>
> 弥勒殿、大雄宝殿、毗卢殿、清朝石碑

石燕湖

标签：`4A级景区`

石燕湖位于长株潭交界处，群山环抱，碧水如玉，峰峦秀削，古干虬枝，绿荫匝地，堪称天然大氧吧。石燕湖湖面广阔，湖水清幽纯净，甚至有"人间瑶池，湖南九寨"之称，还有一大特色项目——赛龙舟，要知道，这里可是国际龙舟赛基地。天空玻璃桥、悬崖秋千等游乐项目也是休闲的好方式。

门票信息 | 188元

营业时间 | 8:00—17:30

交通信息 | 可乘229路公交至石燕湖景区公交首末站。

电话 | 400-077-3608

微信公众号 | 长沙石燕湖景区

> ★ 亮点
>
> 天空玻璃桥、悬崖秋千

谭嗣同故居

标签：`全国重点文物保护单位`　`名人故居`

这栋现存的庭院式民宅始建于明末，"戊戌六君子"之一的谭嗣同青年时期就曾生活在这里。这座宅子是其父谭继洵买下的，后经几番修建，成为现在的模样，谭继洵曾任湖北巡抚，因此此处也被敕封为"大夫第官邸"。故居内各处工艺精美，细节无

不体现"大夫第"的气派。正厅的谭嗣同像目光坚毅，次厅悬挂"巾帼完人"的横匾是康有为和梁启超合送给谭妻李闰的，她在谭嗣同过世后，创立了浏阳第一所女子学校和育婴堂。

门票信息 | 免费

营业时间 | 9:00—17:00

交通信息 | 在浏阳市内可乘浏阳27、浏阳13路等公交至谭嗣同故居站。

微信公众号 | 浏阳文博

> ★ 亮点
>
> 民居建筑、"巾帼完人"牌匾

中国花炮文化博物馆

标签：`全国首家村办博物馆`

说起花炮，不得不提以花炮产业名扬世界的浏阳。这座博物馆就位于浏阳原李畋阁遗址，唐代人李畋发明了爆竹，旁边就是花炮始祖李畋的陵园和道教风格祠庙。它开创了村办博物馆的先河，享有"中国花炮第一馆"的美誉。展览内容相当丰富，共9个展厅，分别介绍了花炮的制作流程、起源、兴盛与发展创新等几个方面。来此一睹灿烂的花炮世界，也不虚此行。

门票信息 | 30元

营业时间 | 8:00—17:00

交通信息 | 在浏阳市内可乘浏阳南8路公交至李畋阁站。

> ★ 亮点
>
> 花炮文化

胡耀邦故里

标签：`4A级景区`　`纪念馆`

此地作为20世纪80年代中国重要领导人胡耀邦的出生地，山清水美，风景秀丽。这座故居始建于清朝咸丰年间，是典型的湖南农家建筑，青瓦砖木结构。附近还有胡耀邦纪念馆，陈列着约200件胡耀邦工作、生活

物品，结合大量文字照片，展现这位领导人的一生。

门票信息 | 免费

营业时间 | 夏季8:00—12:00、14:30—17:30；冬季8:00—12:00、14:00—17:00

交通信息 | 在浏阳市乘浏阳南10路公交至中和集镇站。

电话 | 83165999

微信公众号 | 苍坊旅游区

网址 | huyaobangguli.com

⭐ 亮点

故居建筑、历史故事

花明楼（刘少奇故里）

标签：5A级景区

曾任国家主席的刘少奇，就在花明楼生活过。这座风光秀丽的小镇，以故居和纪念馆为核心，形成了一个园林式景区，相传，宋代诗人陆游的"山重水复疑无路，柳暗花明又一村"正是在这里写下的。故居为砖木结构的普通农舍，故居外修建了花明园，园内有刘少奇曾坐过的飞机。

门票信息 | 免费

营业时间 | 9:00—17:00（室内场馆16:30停止进入）

交通信息 | 从长沙出发建议自驾前往。

电话 | 87094027

微信公众号 | 花明楼景区

网址 | www.shaoqiguli.com

⭐ 亮点

刘少奇故居、纪念馆

炭河里国家考古遗址公园

标签：全国重点文物保护单位　历史遗址

炭河里是湘江流域罕见的商周遗址，距今约3000年，被誉为中国南方青铜文化中心，这里曾经出土了上千件重要文物，中国现存商代最大的青铜方尊之一、大名鼎鼎的

四羊方尊，便是出土于此。如今的考古遗址公园由宫殿遗址、城墙遗址、城壕遗址、平民区遗址和西周贵族墓葬组成。这里还有一座青铜文化博物馆，也值得一看。

门票信息 | 免费

营业时间 | 9:00—16:00，周一闭馆

交通信息 | 在宁乡县，可乘宁乡118路公交至黄材站。

电话 | 87573881

微信公众号 | 湖南炭河里国家考古遗址公园

⭐ 亮点

青铜文化博物馆、宫殿和城墙遗址

铜官古镇

标签：人文景点

湘江东岸的铜官古镇保存着相对完整的长沙铜官窑，如今已开辟为游览景区铜官窑古镇。小镇以唐风建筑为主，再现千年前的长沙盛景，镇内有八大博物馆，展示了长沙窑、刺绣、矿物标本、酒文化、货币等，你还能近距离欣赏长沙弹词、花鼓戏等非遗表演，在古香古色中感受原汁原味的湖湘风情。

门票信息 | 100元

营业时间 | 9:00—22:00

交通信息 | 可乘W113、W127、W191路等公交至铜官窑国际度假区北站。

电话 | 88106666

微信公众号 | 新华联铜官窑古镇旅游

⭐ 亮点

八大博物馆、打铁花表演、欧阳询书院

岳阳、常德

提起岳阳这座湘北城市，便要提洞庭湖，三湘四水，最终于此汇入长江之中。这片水资源充足的平原湿地，造就了富庶的鱼米之乡。自古岳阳就是旅游胜地，岳阳楼上，可观巴陵胜状，古村落中，可寻人文民

俗，历千百年，如今亦然。

常德城名源自《老子》中的"为天下溪，常德不离"，也属于洞庭湖水系，山依武陵，可谓鱼米之乡，陶渊明笔下的《桃花源记》使这里又添一份神秘之感。近年来，常德打造了许多新的旅游景点，来这里纪念缅怀英雄先烈，于诗墙陶冶情操，去河街看一看新常德，嗦一口米粉，感受常德特有的"善德文化"。

☎ **电话区号** 岳阳0730、常德0736

🚌 交通

▌飞机

岳阳三荷机场（0730-2966666；岳阳市岳阳县空港大道；hnjcjt.com；微信公众号：岳阳三荷机场）

常德桃花源机场（0736-2922999；常德市鼎城区斗姆湖镇桃花源路；hnjcjt.com；微信公众号：常德桃花源机场）

▌火车

岳阳东站（0730-3324444；岳阳市岳阳楼区巴陵东路）京广高速铁路途经站，主要停靠高铁列车。

岳阳站（0730-3241122；岳阳市岳阳楼区站前路）京广铁路途经站，主要停靠普快列车。

常德站（0736-2568222；常德市武陵区武陵大道）是通往全国各大城市和湖南各个区域的普快、动车等线路的途经站。

▌长途汽车

岳阳汽车站（0730-8227458；岳阳市巴陵中路359号）

常德汽车总站（0736-7088388；常德市武陵区朝阳路2229号）

▌公交车

岳阳和常德市内公交系统完备。岳阳现有公交线路50多条，游客可选择支付宝开通"岳阳交通电子卡"扫码乘车。常德共有近60条公交线路，游客可选择支付宝开通"常德交通电子卡"扫码乘车。

🛒 当地特色和纪念品

岳阳当地特色有五香酱干、岳州扇、洞庭湖银鱼，常德当地特色有常德米粉、桃源黑猪、常德酱板鸭。

🏠 住宿

▌经济型

7天连锁酒店（常德步行街）

（0736-2950777；常德市武陵大道133号）7天连锁酒店位于常德核心商业区，紧邻步行街，交通便利。酒店内干净、舒适，具有很高的性价比。

▌中档

美宿欢致酒店（岳阳步行街）

（0730-8801666；岳阳市商业步行街北辅道94号）酒店坐落于岳阳楼附近，智能化的服务满足年轻人的需求。酒店设施全，客房配置超大影院投屏，环境温馨，服务周到，是不错的选择。

▌高档

岳阳希尔顿欢朋酒店

（0730-8179999；金鹗东路219号）属于希尔顿旗下的一家酒店，继承了希尔顿酒店的高品质，酒店布置典雅，地处南湖支流的王家河公园旁，风景秀丽，交通便利。

🍴 就餐

岳阳壹号大锅灶（军分区店）

（0730-8985777；岳阳市德胜南路美食街101栋；10:30—14:00，16:30—21:00）来到鱼米之乡岳阳南湖畔，一定要尝尝这里的鱼，烧柴的大灶，现杀的活鱼，配上高汤、豆腐炖煮，汤鲜鱼美，原汁原味，营养丰富。巴陵煎豆腐、君山鲜脆笋、三色回头鱼都是特色菜，看看门口排队的人就知道味道绝对没得挑了。

常德杨永胜

　　（13342569057；常德市穿紫河街建设西路1533号；5:30—14:30）来到常德怎么能不嗦一碗常德米粉呢？这家店位于老西门附近，精华在汤底拌料，充满胶质的肉、香浓的肉汤配上米粉，这是常德人熟知的快乐。米粉价格实惠，分量大，绝对能填饱你的肚子。注意，这家店仅营业到14:30。

线路推荐

湖光旖旅：君山岛—岳阳楼—圣安寺

岳阳景点

岳阳楼

标签：`5A级景区` `全国重点文物保护单位`

　　"洞庭天下水，岳阳天下楼"，岳阳楼位于岳阳古城西门城墙之上，在洞庭湖畔，源于东汉建安所修建的阅兵楼，历代屡加重修，现存建筑沿袭清光绪年间重建时的形制与格局。北宋滕宗谅谪守巴陵郡后下令重修岳阳楼，邀从未来过此地的好友范仲淹作《岳阳楼记》一篇，使得岳阳楼闻名于世，被称为"江南三大名楼"之一。

门票信息｜70元
营业时间｜7:00—18:30
交通信息｜乘6、7、10、15等公交至岳阳楼景区。
电话｜8315588
网址｜www.yueyanglou.com

> ★ **亮点**
> 远眺美景

君山岛

标签：`5A级景区`

　　君山岛是洞庭湖上的一座小岛，东边与岳阳楼遥遥相望，岛上风景秀丽，空气新鲜，峰峦盘结，怪石嶙峋，竹木苍翠。有"江南第一祠"之誉的湘妃祠、汉武帝的射

蛟台、在中国发现的历史上最早的摩崖石刻，以及张之洞写下的天下第一长联，无不彰显深厚的人文底蕴。

门票信息｜80元
营业时间｜7:30—18:00
交通信息｜从南岳坡旅游码头乘坐游船抵达君山岛景区，往返票价60元。
电话｜8315588
微信公众号｜岳阳楼君山岛
网址｜yyljsd.com

> ★ **亮点**
> 湘妃祠、射蛟台、摩崖石刻

南湖

标签：`自然景观`

　　作为省自然风景保护区和国际龙舟赛场的南湖，终年碧波荡漾，湖岸曲折。北港湾口有一座始建于宋朝的古桥——三眼桥，因三孔缀级，故称三眼。在南湖上，还有"一龙九龟"的地貌，龙山前有九个独立小岛(龟山)，好似一条龙在追赶九只乌龟。此地风光秀雅如斯，吸引了众多文人墨客来此泛舟品鱼饮酒作诗，面对此情此景，你可能也会诗兴大发。

门票信息｜免费
营业时间｜全天
交通信息｜可乘29、3、31、39路等公交至尚书山公园站。
电话｜8875071

> ★ **亮点**
> 三眼桥、南湖十景

岳阳博物馆

标签：`博物馆`

　　坐落于南湖湖畔的岳阳博物馆的展览规模不大，馆藏文物有5万余件，尤以春秋时期的青铜器最具特色。馆内常设岳阳古代文明展、岳阳民俗文化展等3个展览。博物馆主体建筑的花岗岩外立面显得厚重，大门旁

高9余米的石柱雕刻着象征中华文化的图案和纹饰，整体汇传统与现代建筑的特色于一体，值得一览。

门票信息｜免费

营业时间｜9:00—17:00，周一闭馆

交通信息｜可乘24路公交至南湖社区。

电话｜2989258

微信公众号｜岳阳市博物馆

网址｜www.yysbwg.com

> ★ 亮点
>
> 岳阳古代文明展

圣安寺

标签：4A级景区

位于南湖西南楞伽峰的圣安寺，由无姓和尚始建于唐代，柳宗元为圣安寺刻写碑铭《碑阴记》。圣安寺金碧辉煌，气势宏伟，万佛宝塔建在大龟山山顶，亦为镇山之塔。登临寺院，远眺洞庭，可将整座岳阳城景尽收眼底。

门票信息｜20元

营业时间｜夏季7:00—17:30，冬季8:00—16:40

交通信息｜可乘11、17、21路等公交到南湖一号茶博城站。

电话｜8386456

> ★ 亮点
>
> 湖光山色、万佛宝塔

团湖荷花公园

标签：4A级景区

5000多亩野生荷花在团湖尽情绽放。这里号称是东亚最大的自然荷花区，也是湘北最大的垂钓基地，赏荷与垂钓爱好者不容错过。当荷花绽放时，泛舟其间，"接天莲叶无穷碧，映日荷花别样红"的景色跃然眼前。门票包含赏荷游船和采莲的费用。

门票信息｜50元

营业时间｜8:00—17:30

交通信息｜可乘45路公交至团湖荷花公园站。

电话｜8192108

> ★ 亮点
>
> 游船赏荷、采莲

张谷英村

标签：全国重点文物保护单位　古民居

这是一个有500多年历史的古村，目前村内保留有1700多座明清建筑，基本上保留了原状，堪称"天下第一村"。张谷英本是明朝的一位官吏，此村曾为他所有。村庄建筑规模大而奇，"家家相连，户户相通"，巷道纵横交错，却坐落有序，渭溪河迂回曲折穿村而过，通向千家万户。

门票信息｜45元

营业时间｜8:00—17:30

交通信息｜建议包车或自驾前往。

电话｜7281098

微信公众号｜张谷英旅游景区

> ★ 亮点
>
> 溪畔长廊、民俗展览馆

左宗棠故居

标签：名人故居

左宗棠是中国晚清政治家、军事家、民族英雄，为捍卫祖国领土、主权完整立下了巨大功绩。他曾在此躬耕陇亩，遍读群书，自号"湘上农人"，36岁闻达前，柳庄是他厚积薄发之地。如今这位晚清重臣的故居门可罗雀，家具上厚厚的灰尘倒营造出几分"古物"的感觉。

门票信息｜30元

营业时间｜8:00—17:30

交通信息｜可乘湘阴208路公交至柳庄站。

湖南

> ★ **亮点**
>
> 故居建筑、左宗棠事迹

📍 常德景点

桃花源

标签：　5A级景区

　　桃花源是1600多年前中国东晋诗人陶渊明《桃花源记》中描述的世外桃源，在现实世界中的真迹始建于晋代。千百年来，不少文人墨客都在这里留下了珍贵的诗文墨迹。桃花源所吸引人的不仅是自然风景，更是桃花源中闲静祥和、怡然自乐的美好生活。不妨来此一游，偷得浮生半日闲。

门票信息｜59元

营业时间｜夏季8:30—18:00，冬季9:00—15:30

电话｜400-985-6677

微信公众号｜中国桃花源

> ★ **亮点**
>
> 秦谷、万亩桃园

常德会战阵亡将士纪念公墓

标签：　纪念地

　　1943年11月，抗日战争中发生了震惊中外的"常德会战"，国民党陆军第七十四军五十七师8000余名官兵在常德，与入侵日军浴血奋战，坚守了16个昼夜，最后阵亡将士达5000余人。公墓始建于1945年，后经修复。公墓正门为一座三门纪念坊，园内树木葱郁，纪念碑于正中。清明节前后，这里会举办祭祀活动来缅怀英烈，号召当代人珍惜和平。

门票信息｜免费

交通信息｜可乘13、30、31路等公交至文化宫站。

> ★ **亮点**
>
> 历史事件、缅怀先烈

常德诗墙

标签：　吉尼斯纪录

　　常德诗墙依托沅江防洪大堤修建，荟萃了1530首自先秦以来与常德相关的诗句，以及名家诗词的书法碑刻，共8个篇章，彰显当地的风土文化，且一度走出世界，作为"世界最长的诗书画刻艺术墙"被列入吉尼斯世界纪录。

门票信息｜免费

营业时间｜全天

交通信息｜可乘1、6、14、H11路等公交在步行街站或排云阁站下车。

电话｜7221300

微信公众号｜中国常德诗墙

> ★ **亮点**
>
> 壮观诗墙

常德河街

标签：　特色街道

　　常德特色古街是一条全新模式的仿古商业街，以沅江边上曾经繁华的商业街为原型，从西往东布置着麻阳街、小河街、大河街。吊脚楼临河而建，还能看到重建的古城墙，商铺内售卖特色小吃与手工艺品。街的西边还有一条德国风情街，建筑与餐厅都力求展现正宗的德国文化，与河街交相辉映。

门票信息｜免费

营业时间｜全天

> ★ **亮点**
>
> 吊脚楼、各种小吃

夷望溪

标签：　自然景观

　　夷望溪又有"小桂林"之称，恰好这里也有个象山，形似一头悠然自在的大象。两岸青山环绕，石壁陡峭，溪水清澈翠绿，如同碧玉。夷望溪与沅水交汇之处有一座孤山，崖壁间辟有340级石阶，唯有依靠铁链，才能登上山顶，极目远眺。

门票信息 | 65元（包含门票、乘船）

营业时间 | 8:00—18:00

交通信息 | 建议自驾或包车前往。

微信公众号 | 夷望溪

★ 亮点

水心岩、象鼻山

湘潭、株洲、娄底

位于韶山脚下的湘潭山清水美，因湘江弯曲且多潭而得名。千年以来的文化积淀使湘潭人才辈出，这里是毛泽东、彭德怀等老一辈无产阶级革命家的故乡，也是全国知名的红色旅游之地，除此之外，还是著名画家齐白石的家乡。

株洲历史悠久，中华民族的始祖、农耕文化的创始人炎帝神农氏，就长眠于株洲炎陵县。去神农谷感受山林葱郁，到醴陵瓷谷体会陶瓷艺术，到茶陵县的工农兵政府旧址、全国唯一一个红军标语博物馆见证中国人民的革命进程——来株洲，感受这座历史名城的独特魅力。

娄底山清水秀，人杰地灵，是被后世之人称为战神的中华民族三大始祖之一——蚩尤的故里，也是湖湘文化的重要发源地之一。这里有清代名臣曾国藩故居等人文景观，也有好山好水，风光无限。

☎ 电话区号 湘潭0731、株洲0731、娄底0738

🚗 交通

🚆 火车

湘潭站（湘潭市雨湖区车站路556号）武广客专、沪昆铁路上的站点，长株潭城际铁路上的起始站。

湘潭北站（湘潭市九华经济技术开发区银盖北路）具备始发站功能的长株潭中心站，为沪昆高速铁路途经站。

株洲西站（株洲市天元区群丰镇湘芸中路）主要为武广高铁的途经站。

娄底站（娄底市娄星区氏星路）途经普快列车，也是沪昆铁路途经站。

娄底南站（娄底市娄星区娄星南路）主要经停高铁列车。

🚌 长途汽车

湘潭汽车站（湘潭市雨湖区韶山中路99号）

株洲汽车中心站（0731-28413191；株洲市荷塘区新华西路1号）

娄底汽车站（0738-8311000；娄底市娄星区长青街西73号）

🚍 公交车

湘潭市内公交发达，游客可通过"湘潭公交"App查询公交线路、站点等信息，选择现金、支付宝乘车码乘车，同时支持全国交通联合卡。株洲是全国首个"电动公交城"，支持现金、株洲公交卡、全国交通联合卡、支付宝乘车码。娄底市内运营40余条公交线路，支持微信扫码乘车。

🛒 土特产和纪念品

湘潭当地特色有槟榔、灯芯糕、烘糕，株洲当地特色有醴陵酱板鸭、攸县米粉、炎陵黄桃，娄底当地特色有溪砚、永丰辣酱。

🏠 住宿

经济型

今天连锁酒店（株洲建设路神农公园店）

（0731-22513333；株洲市建设路598号）酒店装修风格简约时尚，性价比高。楼下紧邻商场，购物、吃饭方便，靠近市中心，附近的神农公园空气清新，景色怡人。

中档

恒丰丽呈睿轩娄底娄星广场酒店

（0738-8316188；娄底市乐坪东街22

号）酒店地理位置优越，交通便利，距离汽车站、火车站都很近，客房内的设施齐全，干净卫生。酒店还提供智能服务。

█ 高档

湘潭君逸美高梅国际大酒店

（0732-55966666; 湘潭市建设中路3号）这里地处湘潭繁华商业区，是湘潭市引进的国际酒店管理品牌著名华星级酒店。房间内布置着高档设计的美式家具，能够带给你舒适的入住体验。

🍴 就餐

晴川空间庭院私厨

（0732-55553399; 湘潭市建设南路; 9:00—14:00，16:00—21:00）庭院式的用餐坏境，典雅且舒适，室外绿植环绕，室内清新素净，包间的环境更好。可以试试特色菜姬松茸鸽子汤、砂锅红烧生态水鱼、芥末罗氏虾和口味鸭，记得一定要预订位置。

白沙汀精致湘菜（文化路店）

（0731-22830877; 株洲市荷塘区文化路777号）该店在市中心可谓闹中取静，整体装潢清新淡雅，与火辣的湘菜形成反差。菜式精致，新派肥肠鸡、白沙一品鹅、年份有机鱼都是特色，算是改良式的湘菜，价格还算实惠。

大最侠

（0738-8516888; 娄底市娄底新体育馆北门; 17:00至次日2:00）这是一家主要以虾为主的湘菜馆，提供各式麻辣海鲜，食材新鲜味道浓郁，是娄底夜宵的不二选择。来份功夫罗氏虾、麻辣大闸蟹，开启你的夜生活。

👣 线路推荐

红色经典: 毛泽东故居—毛泽东纪念园—韶山毛泽东同志纪念馆

乐游山水: 紫鹊界梯田—梅山龙宫—大熊山国家森林公园

📍 湘潭景点

韶山毛泽东同志纪念馆

标签: `5A级景区` `全国重点文物保护单位`

　　1893年，毛泽东诞生于一栋并不起眼的农舍之中，他在这里度过了人生的早年时光，如今，这座泥砖黛瓦、依山傍水、简约朴素的故居成为韶山毛泽东同志纪念馆的一部分。故居内的用品都是毛泽东或其家人使用过的原物。在附近，毛泽东就读私塾的旧址、开展过农民运动的旧址、毛氏宗祠等都归为纪念馆。其中专题展区还开放风范长存——毛泽东遗物展、大笔钱坤——毛主席诗文书法、永远的缅怀等展览。

门票信息 | 免费

营业时间 | 毛泽东同志故居8:00—16:00，生平展区和专题展区周二至周日9:00—16:00

交通信息 | 在韶山市可乘坐韶山公交2、3路于新凤仪站下车。

电话 | 55685157

微信公众号 | 天下韶山

网址 | www.ssmzd.com

> **⭐ 景点**
>
> 毛泽东故居、专题展区

滴水洞

标签: `5A级景区` `自然景观`

　　滴水洞位于一座三面环山的苍翠峡谷，因洞内滴水回声悠扬而得名。《毛氏族谱》赞之曰："一钩流水一拳山，虎踞龙盘在此间；灵秀聚钟人莫识，石桥如锁几重关。"毛泽东曾回到此地短居，因此留下一座主席别墅——滴水洞1号别墅，如今已辟为展室。你还可以花1个小时登上楼后山顶的虎歇坪，在那里饱览滴水洞美景。

门票信息｜40元

营业时间｜8:00—17:30

交通信息｜在韶山市内可乘韶山1、2路公交至湘邵村站

电话｜55651009

★ 亮点

滴水洞1号别墅、山野美景

韶峰

标签：　自然景观

　　韶峰是韶山第一高峰，属于衡山山脉。山上植被茂盛，松柏成林，山顶坐落着一座寺庙，名为韶峰寺，在寺庙前，可将整座韶山景色收入眼底。不过景区只能乘索道上下山，半山腰处有一座毛泽东诗词碑林。

门票信息｜80元，含往返索道

营业时间｜8:00—17:00

交通信息｜在韶山市内可乘韶山2路公交至油麻塘站。

电话｜55685343

★ 亮点

韶峰寺、诗词碑林

乌石景区

标签：　4A级景区

　　乌石景区位于湘潭市乌石镇，是彭德怀的故乡。"谁敢横刀立马，唯我彭大将军"是毛泽东对同乡彭德怀元帅的高度评价，景区内坐落着彭德怀故居、纪念馆、德怀墓、铜像广场等。这里紧挨楠木冲水库，乌石峰矗立，山清水美。

门票信息｜免费

营业时间｜夏季 8:00—17:30，冬季 8:30—17:00

交通信息｜建议包车或自驾前往。

电话｜57838100

微信公众号｜彭总故里

★ 亮点

彭德怀故居、纪念馆、乌石峰

齐白石纪念馆

标签：　名人故居

　　这座纪念馆暨美术馆是为了纪念一代中国画巨匠齐白石先生而建的。齐白石是湘潭人，纪念馆两层仿木砖瓦建筑采用了典型的湖湘风格，馆内以齐白石先生的绘画、木雕、印章、诗文手札等作品（复制品）及其使用过的绘画工具、生活用品等实物进行展览，还复制了他曾居住过的星塘老屋。整座纪念馆通过实物和文献资料，多角度回顾了这位名家的艺术人生。

门票信息｜免费

营业时间｜9:00—17:00，周一闭馆

交通信息｜在湘潭市可乘公交3、23、25路公交到达。

电话｜58222741

微信公众号｜齐白石纪念馆齐白石美术馆

网址｜www.qibaishi.org.cn

★ 亮点

齐白石绘画原作、湖湘建筑风格

盘龙大观园

标签：　4A级景区

　　盘龙大观园称得上湘潭的后花园，景区内景色优美，空气清新。园内分为两个区域：一为赏花胜境，包括樱花园、荷花园、杜鹃园、玫瑰园等10大花类主题园；二为花海乐园，主要由天然氧吧、亲子乐园等娱乐项目组成。时间充裕的话，还可入住木屋别墅，体会田野乐趣。

门票信息｜108元

营业时间｜9:00—17:00

交通信息｜在湘潭市可乘公交30路至盘龙大观园站。

电话｜52777777

微信公众号｜盘龙大观园

网址｜www.paragon-garden.com

> ★ **亮点**
>
> 天鹅湖、儿童乐园、应季花卉

📍 株洲景点

炎帝陵

标签：　5A级景区　　全国重点文物保护单位

　　炎帝陵是中华民族始祖炎帝神农氏的安息地，享有"神州第一陵"之誉。自宋朝建庙之后，至今已有千余年历史，随着历代王朝的兴衰更替，炎帝庙也历尽沧桑，屡毁屡建。如今，这里古木参天，风景秀丽，人们依然会来此祭拜祖先，终年不绝。

门票信息｜62元

营业时间｜8:00—17:00

交通信息｜建议包车或自驾前往。

电话｜26321666

网址｜ydling.com

> ★ **亮点**
>
> 炎帝文化

醴陵瓷谷

标签：　人文景点

　　这片位于醴陵市郊的建筑群外形堪称标新立异，由意大利设计师设计的11座单体建筑，造型犹如碗、罐、瓶、盘等陶瓷制品，生动又前卫。位于瓷谷中的博物馆，梳理了从史前至今的醴陵地区制瓷业的发展历程。这里还设有世界陶瓷科普馆、中国陶瓷历史文化名城展览馆和醴陵瓷谷国际展览中心等。

门票信息｜免费，博物馆、美术馆另行收费

营业时间｜9:00—21:00

交通信息｜建议包车或自驾前往。

电话｜23276668

网址｜cncigu.com

> ★ **亮点**
>
> 远眺建筑、陶瓷文化

神农谷国家森林公园

标签：　自然景观

　　这座国家森林公园位于炎陵县东北部，公园内森林覆盖率非常高，满目苍翠，空气非常清新，是一个天然的大氧吧。整座公园由桃花溪、横泥山、九曲水等景区组成，珠帘瀑布和黑龙潭算得上是明星景点。公园内还栖息着20多种国家重点保护野生动物，金钱豹、金猫、大鲵、穿山甲等都是这里的居民。

门票信息｜95元

营业时间｜7:00—17:00

交通信息｜可从株洲汽车站乘坐直接到神农谷的旅游巴士。

电话｜26525224

微信公众号｜神农谷国家森林公园

> ★ **亮点**
>
> 森林景色、亲近自然

酒埠江旅游区

标签：　4A级景区　　自然景观

　　整个旅游区集丽水、青山、奇洞、地下河、天生桥、古刹于一体。酒埠江地质公园博物馆是湖南第一的地质博物馆；宝宁寺创建于唐代，是湖南早期的佛教禅院之一，现存的寺院殿宇是清光绪年间修复而建的；酒仙湖串des民俗体验和水上运动，是休闲赏景的好去处。

门票信息｜86元（包含地质博物馆、观光车、游船）

营业时间｜9:00—16:30

交通信息｜建议包车或自驾前往。

电话｜24466007

微信公众号｜酒埠江旅游区

> ★ 亮点
>
> 酒仙湖、宝宁寺、酒埠江地质公园博物馆

红军标语博物馆

标签: 博物馆

　　红军标语是井冈山根据地和湘赣根据地革命斗争历史的缩影，也是半个多世纪前最为常见的，却也是最难保存下来的。在炎陵县的这座博物馆中，揭取下来的真实标语，辅以科技手段，一同还原了那段历史，展现了工农群众内心的渴望，以及一种质朴的艺术美。

门票信息 | 免费

营业时间 | 夏季8:00—18:00，冬季8:00—17:30

交通信息 | 建议包车或自驾前往。

电话 | 26222522

网址 | hjbybwg.com

> ★ 亮点
>
> 红军标语

茶陵县工农兵政府旧址

标签: 4A级景区

　　茶陵县工农兵政府是在毛泽东指导下成立的湘赣边界第一个红色政权，也是中国革命和井冈山革命根据地建立的第一个县级工农兵政权。旧址从南宋至清代一直是当地衙门，而茶陵县工农兵政府的建立，为这里增添了一抹艳丽的红色。整座建筑属徽派风格，工农兵政府旧址修复以后，丰富了展馆陈列内容。

门票信息 | 免费

营业时间 | 8:30—17:30

交通信息 | 建议包车或自驾前往。

电话 | 25218429

网址 | www.clxgnbzfjz.com

> ★ 亮点
>
> 徽派建筑院落、工农兵政府的历史

📍 娄底景点

梅山龙宫

标签: 4A级景区

　　梅山龙宫位于湖南最大的山脉雪峰山的腹地，雪峰山古称梅山，这个景区也因此得名。这个大型溶洞群集溶洞、峡谷、峰林、暗河等多种喀斯特地质地貌景观于一体，共有9层洞穴，其中有一条长460余米的地下河，举世罕见。景区内分为龙宫迎宾、碧水莲宫、玉皇天宫、龙宫仙苑、龙宫风情、龙凤呈祥六大景区，用上你的想象力，再加上现场灯光效果，应该能看出龙在何处了吧。

门票信息 | 93元

营业时间 | 8:30—17:00

交通信息 | 建议包车或自驾前往。

电话 | 3931888

微信公众号 | 梅山龙宫景区

> ★ 亮点
>
> 溶洞景观

紫鹊界梯田

标签: 4A级景区

　　层层叠叠的梯田以紫鹊界为中心向四周绵延。这里的梯田是南方稻作文化和苗瑶山地渔猎文化交融的历史遗存，天然的自流灌溉系统堪称世界之最，甚至有"梯田王国"的美誉。来到这里，可尽情感受梯田的原生美、形态美和文化美。

门票信息 | 免费

营业时间 | 7:00—22:00

交通信息 | 建议包车或自驾前往。

电话 | 3616998

⭐ **亮点**

壮观梯田

⭐ **亮点**

古朴建筑、清幽环境、曾国藩事迹

大熊山国家森林公园

标签: 4A级景区 自然景观

　　这里峰峦起伏，有多座落差近100米的瀑布，还有2万余亩原始次生林，森林覆盖率达93%。被誉为"物种活化石"的中华银杏王、集中连片的南方红豆杉群和千年侏儒树群都扎根于此。森林溪谷中还栖息着云豹、穿山甲、花面狸、娃娃鱼等珍稀动物。因此，大熊山享有"南方动植物博物园"的美誉。森林公园内四季山花烂漫，空气清新，水质优良，环境秀美，是人们避暑疗养、旅游度假的理想场所。

门票信息 | 65元

营业时间 | 8:30—17:00

交通信息 | 建议自驾或包车前往。

电话 | 6968386

微信公众号 | 大熊山景区

⭐ **亮点**

森林氧吧、开阔景致

曾国藩故里

标签: 4A级景区 全国重点文物保护单位

　　富厚堂又名毅勇侯第，是清朝名臣曾国藩的侯府。故居建筑主要为土石砖木结构，回廊式风格。八本堂、求阙斋、旧朴斋、艺芳馆、思云馆坐落其中，八宝台、辑园、凫藻轩、棋亭、藏书楼围绕四周，后山林木茂密，古树参天。府邸门前有一片开阔的平地，小河流经平地，向东淌去，平地四周峰峦叠嶂，群山环抱，堪称清幽。

门票信息 | 55元

营业时间 | 8:00—18:00

交通信息 | 建议包车或自驾前往。

电话 | 6011912

微信公众号 | 曾国藩的故园

湄江国家地质公园

标签: 4A级景区 自然景观

　　湄江盘延于崇山峻岭之间，其中有一段两岸高崖百丈，中间江水流经，泛舟而过令人惊叹。整个风景区跨越了周边的5个乡镇，景区内山清水秀，有众多溶洞，仙人府尤其值得一提，洞内薄层状灰岩类硅质岩，属国内罕见。

门票信息 | 88元（含景区观光车票）

营业时间 | 8:00—17:00

交通信息 | 建议包车或自驾前往。

电话 | 4720366

微信公众号 | 湄江风景区运营平台

⭐ **亮点**

仙人府、香炉山

张家界、湘西、怀化

　　因旅游而建、因旅游而兴的张家界市，拥有令世人惊叹的风光。俗话说"九寨沟看水，张家界看山"，三千石峰拔地而起，八百溪流蜿蜒曲折，这里拥有世界罕见的石英砂岩峰林峡谷地貌，自然景观独特且绝美。贺龙公园、土家风情园、大庸古城等人文景观也毫不逊色，人杰地灵，不外如此。

　　提起湘西，沈从文笔下的纯美小镇浮现于脑海，乘一叶扁舟驶入宁静淳朴的村寨之中，穿越德夯大峡谷，走进芙蓉古镇，深入这片隔绝喧嚣的净土。无论在州府吉首、边城凤凰，还是古镇王村，无不让人感受到湘西与众不同之美。

　　怀化拥有不少风光名胜和历史文化遗迹，丹霞地貌、侗寨民族风情和被誉为"楚南上游第一胜迹"的芙蓉楼，无不令人流连忘返。此外，到怀化还能体会侗族赶歌节、

湖南

芦笙舞、织锦、蜡染等浓厚的民族特色和风土人情。

☎ **电话区号** 张家界0744、湘西0743、怀化0745

🚗 交通

▌飞机

张家界荷花国际机场（0744-8238417；hnjcjt.com；微信公众号：湖南机场）

怀化芷江机场（0745-6838088；hnjcjt.com；微信公众号：湖南机场）

▌火车

张家界站（张家界市永定区官黎路）途经主要线路为焦柳铁路。

张家界西站（张家界市永定区沙堤街道武陵山大道）连接黔常铁路与张吉怀高速铁路的重要枢纽车站。

吉首东站（湘西土家族苗族自治州吉首市双塘街道联合村）张吉怀高铁沿线新建的高铁站。

怀化站（怀化市鹤城区鹤洲北路1号）有直达北京、上海、广州、昆明、重庆、宁波等城市的快速列车。

怀化南站（怀化市鹤城区高堰路）主要为高铁站，是沪昆高速铁路、张吉怀高速铁路的途经站。

▌长途汽车

张家界中心汽车站（0744-8305599；张家界市永定区官黎路）

湘西凤凰汽车客运站（0743-2151858；湘西土家族苗族自治州凤凰县凤凰北路）

怀化综合枢纽客运站（0745-2362852；怀化市鹤城区怀化高铁站旁边）

▌公交车

张家界、吉首和怀化市内的公交线路覆盖面较广，基本能够满足日常出行需求，且均可使用支付宝扫码乘车，非常便利。

🛒 土特产和纪念品

张家界当地特色有鱼纹石雕、土家茶、竹编，湘西当地特色有古丈毛尖、凤凰血粑鸭、凤凰姜糖，怀化当地特色有黔阳脐橙、靖州杨梅、芷江鸭。

🏠 住宿

▌经济型

怀化怀仁养生酒店

（0745-2268222；怀化市迎丰西路31号）一家以养生为主题的酒店，拥有超大的屋顶空间，设有电竞房和棋牌房，设施齐全，性价比高，早上还可以预订养生汤。

▌中档

醉江月智慧江景酒店（凤凰古城沱江云桥店）

（18874351199；湘西土家族苗族自治州凤凰古城回龙阁202号）酒店是新中式风格的装修设计，全屋智能化。民宿全部房间配有临江全景落地窗、"网红"鸟巢露台，并且贴心地准备了晚安甜点与免费饮品。酒店设施齐全，还配有免费停车位。

▌高档

张家界梓山漫居

（18374405999；张家界市武陵源区协合乡龙尾巴村委会）这家店坐落于武陵源区协合乡龙尾巴村，距张家界国家森林公园仅一步之遥，整座民宿由原生森林包裹，地理位置得天独厚。客房宽敞，装修考究，全落地玻璃窗与开放式阳台设计，躺在床上就能欣赏核心景区的绝美自然奇观。

🍴 就餐

富正毅三下锅（标志门店）

（0744-5515177；张家界市未央路武陵源宾馆后门；10:00—22:00）三下锅是张家界的必点特色菜，以核桃肉、肥肠、猪肚、腊肉、鸡肉、牛肚或排骨等为主料，通常自选三样搭配，可做成干锅或汤锅，非常下饭。

食贰味

（0743-3520746；湘西土家族苗族自治州凤凰县永丰桥13号南边街；10:00—22:00）店面不大，却饱受好评，食客络绎不绝。老板热情好客，菜量实惠，性价比高，这里是能品尝湘西特色菜肴的好地方，血粑鸭、酸菜鱼、苗家石锅鱼都值得一试。

嘎小黄

（0745-6858019；怀化市名城佳园10栋；10:00—21:00）菜肴极具当地特色，从招牌菜到免费的小菜都很可口，传承芷江鸭、招牌牛脚、干锅泉水豆腐都是特色。这家服务热情的餐厅在当地十分有名气，饭点总是很火爆。

线路推荐

张家界揽胜： 张家界国家森林公园—天子山—袁家界—金鞭溪—十里画廊

张家界景点

张家界国家森林公园

标签： 5A级景区   世界地质公园

张家界国家森林公园位于湖南省张家界市武陵源区，属于武陵源的核心景区之一，也是中国第一个国家森林公园。这里地貌独特，石峰林立，植被茂盛，令人过目难忘。公园包括黄石寨、金鞭溪、琵琶溪、袁家界、鹞子寨、畬刀沟6个景区。其中，黄石寨最为知名，其名来源于张良的师傅黄石公，素有"不到黄石寨，枉到张家界"之说。这里四面皆是峭壁，寨顶是张家界最大的凌空观景台——摘星台，这里有俯视砂岩峰林的最佳视角，也是不错的看日出之处。著名电影《阿凡达》中的悬浮山就是取景于此景区的"南天一柱"，峰体造型奇特，鬼斧神工。

门票信息 | 门票包括森林公园、杨家界、天子山和索溪峪，旺季165元，淡季84元
营业时间 | 7:30—18:00
交通信息 | 可从张家界机场、火车站乘坐景区班车，也可自驾前往。
电话 | 5611109
微信公众号 | 张家界国家森林公园
网址 | www.hnzjj.com

> ⭐ **亮点**
>
> 奇山异石、壮阔非凡之景

杨家界

标签： 山岳

杨家界位于张家界国家森林公园西北部，北邻天子山，属于武陵源核心景区。这里山势壮丽，奇峰林立，最高海拔为1130米。动植物资源也十分丰富，悬崖沟谷中栖息着上千只猕猴，白鹤坪中上万只白鹭会聚，崇山峻岭中可见奇异的五色花、绝壁藤王，森林覆盖率高达95%。香芷溪和清风峡是主要的小景区。

门票信息 | 见"张家界国家森林公园"
营业时间 | 见"张家界国家森林公园"
交通信息 | 可从张家界机场、火车站乘坐景区班车，也可自驾前往。
电话 | 5611109
微信公众号 | 张家界国家森林公园
网址 | www.hnzjj.com

> ⭐ **亮点**
>
> 龙泉瀑布、一步登天、绝壁藤王

天子山

标签： 山岳

武陵源另一个核心景区天子山以石林奇观而著称，有"峰林之王"的称号。这里石峰高耸，石壁宽阔，包括鸳鸯溪、黄龙泉、石家檐等6个小景区，其中以石家檐内的景点最为著名，主要有坐落于1200米高的千层岩左侧的贺龙公园、御笔峰等。在贺龙公

内，屹立在"云青岩"上的贺龙铜像与大自然浑然一体，独特而艺术感十足。御笔峰是张家界标志性的一处景点，山谷中数十座错落有致的秀峰突起，靠右的石峰像倒插的御笔，靠左的石峰似搁笔的"江山"。

门票信息｜见"张家界国家森林公园"

营业时间｜见"张家界国家森林公园"

交通信息｜可从张家界机场、火车站乘坐景区班车，也可自驾前往。

电话｜5611109

微信公众号｜张家界国家森林公园

网址｜www.hnzjj.com

> ⭐ **亮点**
>
> 御笔峰、贺龙公园

索溪峪

标签：　山水

　　索溪峪也是武陵源核心景区之一，山水相映，包括水绕四门、黄龙洞、宝峰湖、十里画廊等6个小景区。其中水绕四门处于武陵源中心，因金鞭溪、矿洞溪、鸳鸯溪和龙尾溪交汇而得名。而十里画廊分布在长达十余里的山谷两侧，林木葱葱，野花飘香，奇峰异石，千姿百态，像一幅巨大的山水画卷，悬挂在千韧绝壁之上。

门票信息｜见"张家界国家森林公园"

营业时间｜见"张家界国家森林公园"

交通信息｜可从张家界机场、火车站乘坐景区班车，也可自驾前往。

电话｜5611109

微信公众号｜张家界国家森林公园

网址｜www.hnzjj.com

> ⭐ **亮点**
>
> 转阁楼、寿星迎宾、采药老人

天门山国家森林公园

标签：　5A级景区

　　位于张家界市城区南郊8公里处的天门

山，因山体间自然形成的中空洞穴天门洞而得名，峭壁雄伟壮丽，山间保存着完整的原始次生林，古树参天，藤蔓缠绕。天门洞位于天门山山体中部，高131.5米、宽57米、深60米，是世界罕见的高海拔天然穿山溶洞。山顶的天门山寺自唐朝建成以来香火鼎盛，寺外有七级浮屠，掩映于青枝绿叶中，古雅幽清。

门票信息｜278元（含上下山索道）

营业时间｜8:00—18:00，"十一"期间6:30—18:00

交通信息｜建议包车或自驾前往。

电话｜8366666

微信公众号｜张家界天门山景区

> ⭐ **亮点**
>
> 天门洞、天门山寺

大庸古城

标签：　仿古建筑

　　建在有600多年历史的老府衙旧址上的大庸古城位于张家界市区，是条仿古步行街，由多种具有民族风情的建筑组成，土家吊脚楼古朴大气，苗寨秀美，侗族风雨桥浪漫多姿，瑶族盘王殿神秘威严，白族三坊一照壁清幽绚丽。城内商贩云集，可品美食，赏"非遗"，趁着夜色前来休闲一番，一扫白日里奔波的疲惫。

门票信息｜免费

营业时间｜8:00—22:00

交通信息｜可乘1路A、12路等公交在步行街站下车。

微信公众号｜张家界大庸古城

网址｜dygc.zjjlyjt.com

> ⭐ **亮点**
>
> 风雨桥、盘王殿

土家风情园

标签：　4A级景区　　民族风情

　　土家风情园以湘西的土司城为基础建造

而成，在这里，你可以领略到土家族的山寨风貌和精彩的民俗风情。九重天吊脚楼是园中的一大亮点，这栋楼高约40米，是九重十二层木质阁楼，高大的"吊脚"气势恢宏，飞檐翘角、花窗柱棋等凸显出土家族建筑艺术的独特风格。游玩时，还有机会观看到土家族古老的舞蹈——毛古斯舞。

门票信息｜80元

营业时间｜8:30—17:00（最晚入园17:00）

交通信息｜建议包车或自驾前往。

电话｜8282222

> ★ 亮点
>
> 九重楼、土家族民俗

张家界市博物馆

标签：博物馆

　　2016年正式对公众开放的张家界市博物馆，主体建筑以石英砂岩峰林地貌为原型，展现了这座因自然景观而闻名的城市的特色。博物馆集历史、民俗、地质和城建规划展览于一体，基本陈列由地质馆、历史文化馆和城建规划馆组成，其中，地质馆最为独特，馆内通过各种展品详细讲述了张家界的独特砂岩地貌是如何形成的。

门票信息｜免费

营业时间｜9:00—16:30，周一闭馆

交通信息｜可乘15、101路等公交至市博物馆站。

电话｜2151591

微信公众号｜张家界市博物馆

网址｜www.zjjsmuseum.com

> ★ 亮点
>
> 地质馆、历史文化馆

张家界朝阳地缝景区

标签：自然景观

　　朝阳地缝景区原名为"张家界一线天"，

它经几亿年流水冲刷而形成，整体地貌呈一个倒"V"形，深度近200米，顶部最窄处仅为3米，是世界上较长的"一线天"奇观。地缝景区的气候条件独特，常年恒温19℃，四季差异感小，景区内溪水清澈见底，空气清新，处处充满了大自然的神秘。

门票信息｜108元

营业时间｜8:00—16:30

交通信息｜建议包车或自驾前往。

微信公众号｜张家界地缝景区

> ★ 亮点
>
> 清音瀑、地缝酒吧

五雷山

标签：山岳

　　五雷山原名雷岳，有大小十余座山峰，主峰海拔970多米。这片并不算太高的山中，坐落着大小道教殿宇100多座，是湖南省重点宗教场所。五雷山峰顶终年云雾缭绕，为宗教圣地增添了一丝神秘。

门票信息｜68元

营业时间｜9:00—18:00

交通信息｜建议自驾或包车前往。

电话｜3257988

> ★ 亮点
>
> 玉皇庙、金殿

湘西景点

矮寨奇观旅游区

标签：5A级景区

　　矮寨奇观旅游区包括矮寨大桥、吉斗苗寨、德夯峡谷三个景区。矮寨奇观旅游区内山势起伏、峭壁险峻、溪流密布，景区内的许多断崖、石壁、瀑布、原始森林构造出了六大奇景，也就是"矮寨奇观"名称的由来。

矮寨大桥是一座特大悬索桥，凌空飞架于大峡谷之上。深红色的桥身，常常被薄雾笼罩，它全长414米，笔直地横跨于翠山之间，令人叹为观止。"吉斗"在苗语中寓意为骑在雄鹰背上的苗寨，这里的山岭像一只巨大的雄鹰，苗寨在悬崖之下，寨前梯田层层，寨后悬崖绝壁，巨大的地势差距使这里常常云雾弥漫，置身其中，如梦似幻。德夯大峡谷是国内典型的石灰石岩溶峡谷地貌，大峡谷又由许多小峡谷组成，如大龙峡、小龙峡、高岩峡、大连峡、玉泉峡、夯峡、九龙峡等。其中天问台是俯瞰整个矮寨景区的最好地点。

门票信息 | 280元

营业时间 | 8:30—17:30

交通信息 | 可从吉首火车站乘坐矮寨奇观旅游区专线车前往。

微信公众号 | 矮寨旅游区

网址 | dehang.cn

> ★ 亮点
>
> 矮寨大桥、吉斗苗寨、德夯峡谷

凤凰古城

标签：　4A级景区

这座安安静静的湘西小城因沈从文的《边城》走入世人眼中。凤凰古城始建于明代嘉靖年间，古城依山傍水，沱江穿城而过。城内的青石板街道、沱江边的吊脚楼、众多的古建筑和浓厚的民族风情，构成了独具一格的湘西韵味。夜色下的凤凰也是绝美的，绚丽的灯光下，波光粼粼的沱江缓缓流动，一叶扁舟划破沉静的湖面，街上的游客熙熙攘攘，想着沈从文笔下的小小边城，体会这座古城的独特气息。除了在城中闲逛，还可以去沈从文故居、古城博物馆、崇德堂等主要景点游览一番。

门票信息 | 免费

营业时间 | 全天

交通信息 | 可乘坐区域内大巴，也可以包车或自驾前往。

电话 | 3502059

微信公众号 | 祥源凤凰古城

网址 | xyfhgc.com

> ★ 亮点
>
> 沈从文故居、古城博物馆、崇德堂、沱江景色、湘西民族风情

沈从文故居

标签：　全国重点文物保护单位

或许你对凤凰的最初了解，就是从沈从文笔下开始的。在凤凰古城内，这座湘西特色浓郁的小院，是沈从文先生出生的地方，具有明清建筑风格，距今有百余年历史，如今内部有沈从文先生生平事迹介绍。在故居内可购买沈从文的著作，加盖纪念印章，更具收藏纪念意义。

门票信息 | 45元

营业时间 | 8:00—17:30

交通信息 | 在凤凰古城内步行前往。

电话 | 3502059

> ★ 亮点
>
> 古老民居建筑、沈从文事迹

芙蓉镇

标签：　4A级景区

芙蓉镇原名王村，因电影《芙蓉镇》在此取景而出名，此后更名为"芙蓉镇"。古镇距今已经有2000多年的历史，沿着古镇内铺满青石板的老街向前走，两旁保留着不少当地民居，很多民居的墙壁都是用木板拼接而成的，不少木板已经变色发黑，不知不觉中打上了岁月的印记。在芙蓉镇的微信公众号上，有古镇的VR全景展示，可以一窥古镇全貌。

门票信息 | 108元

营业时间 | 8:00—23:00

交通信息 | 可包车或自驾前往。

电话 | 5854532

微信公众号 | 湘西芙蓉镇旅游

> ★ 亮点
>
> 电影《芙蓉镇》取景地、湘西民居

乾州古城

标签：4A级景区

　　乾州古城位于吉首市区内，紧邻万溶江，具有4200多年的历史。在沈从文的著作《湘西》中，是这样描述乾州古城的："乾州，地方虽不大，小小石头城却整齐干净……"他笔下的乾州古城，是个古老神秘、繁荣昌盛地方。古城内，有"小桥、流水、人家"之称的胡家塘、粉墙黛瓦的明清古建筑，都别具一格。还有不少珍贵的文物建筑，包括建于清嘉庆年间的北城门，以及建于清朝雍正时期、湖南省至今保存完好的文庙之一——乾州文庙。

门票信息 | 55元

营业时间 | 8:00—21:00

交通信息 | 可乘1路公交至乾州古城站。

电话 | 8512997

> ★ 亮点
>
> 胡家塘、乾州文庙

奇梁洞

标签：4A级景区　自然景观

　　奇梁洞位于凤凰古城以北的奇梁桥乡，洞中有山，洞内有楼，甚至还有绝壁、田园、村落等，整个洞长约6公里，洞口宽阔，高约50米，有一条清溪穿洞而去。奇梁洞中还有古战场，相传在南宋末年，不堪重压的当地人在这里密谋造反，并和朝廷军队发生多次激战。后来由于叛徒告密，起义军因寡不敌众，最终覆灭。

门票信息 | 80元

营业时间 | 8:00—17:30（最晚入园17:00）

交通信息 | 可包车或自驾前往。

电话 | 3658888

> ★ 亮点
>
> 古战场、溶洞景观

墨戎苗寨

标签：人文景观

　　"墨戎"在苗语里意为"有龙的地方"，苗寨中民族风情浓郁，有湘西"小千户"之称，对了歌、喝了酒、击完鼓，你便会全身心沉浸于湘西的热情。营房、烽火台流淌着历史的沧桑，在杨占鳌将军的故居，你会感受到苗族人的家国情怀与民族大义；在茶农家里，你能品鉴古丈毛尖。奥运会展演过的"四方花鼓"会让你感受到战鼓的震撼，苗人的巫傩神技更会让你瞠目结舌。

门票信息 | 25元

营业时间 | 7:00—18:00

交通信息 | 可包车或自驾前往。

电话 | 4962008

微信公众号 | 墨戎苗寨

网址 | www.074308.com

> ★ 亮点
>
> 杨占鳌故居、苗族风情

红石林国家地质公园

标签：国家地质公园

　　与芙蓉镇隔酉水相望的红石林国家地质公园，位于湘西自治州古丈县境内，境内的喀斯特地貌非常独特。这片红色碳酸盐石林的历史据说已有4.5亿年左右，红石林在地域上属于4亿多年前的扬子古海，海底沉积了大量混合泥砂的碳酸盐物质，经地壳运动和侵蚀、溶蚀作用，最终形成这个美丽的地质奇观。

门票信息 | 148元

营业时间 | 8:00—18:00（最晚入园18:00）

交通信息 | 可包车或自驾前往。

电话 | 85051230

网址 | redrockss.com

> ★ 亮点
>
> 壮观红石林、土家族风情

老司城遗址

标签: 世界文化遗产

永顺老司城是土司制度的遗存，这里曾作为永顺彭氏土司的政治、经济、军事、文化中心，具有重要的历史价值和深远的现实意义，于2015年与湖北恩施唐崖土司城遗址、贵州遵义海龙屯土司遗址联合入选《世界文化遗产名录》。史书上有对老司城"五溪之巨镇，万里之边城"的记载，城内有八街十巷，交错纵横。如今现存的遗址包括祖师殿、彭氏宗祠、土司地宫、土司古墓群等。

门票信息 | 118元

营业时间 | 9:00—17:00

交通信息 | 可包车或自驾前往。

电话 | 5228259

微信公众号 | 老司城景区

> ★ 亮点
>
> 彭氏宗祠、土司古墓群

坐龙峡风景区

标签: 自然景观

坐龙峡在湖南的若干山水景点中，属于相当低调的一个。多年来，它一直隐藏在武陵山脉中，直至1993年才被一采药者发现，如今仍是鲜为人知的旅游景区。峡谷两侧狭窄，谷底流水淙淙，山谷落差处形成的瀑布奔腾而下。位于绝壁上的险峻之处，需要手扶铁链、脚踩溪水浸泡的岩石攀登，更适合热爱冒险的年轻人。游玩时需注意安全，穿着合适的服装与防滑鞋。

门票信息 | 98元

营业时间 | 8:30—17:30

交通信息 | 建议包车或自驾前往。

电话 | 4912777

微信公众号 | 湘西坐龙峡景区

> ★ 亮点
>
> 田亮溪、活龙潭

苗人谷

标签: 自然景观　人文风情

位于凤凰县山江镇的苗人谷面积仅4平方公里，因大自然的鬼斧神工与保存完好的古老苗寨，而被国内外专家学者称为"苗族活化石"。苗人谷入口为岩洞，谷中藏洞，洞中藏谷，宛若迷宫，堪称柳暗花明的世外桃源。谷内民族风情浓郁，保留着凤凰苗族最原始淳朴的风俗习惯，唱山歌、拦门酒、边边酒都能让你体会到苗族人的热情。

门票信息 | 55元

营业时间 | 8:00—18:00

交通信息 | 建议包车或自驾前往。

电话 | 3505018

> ★ 亮点
>
> 穿山洞、苗寨、苗族风俗

南方长城

标签: 省级文物保护单位

南方长城始筑于明嘉靖三十三年（1554年），是隔离南方少数民族、镇压反抗、以求苗疆稳定的防御工事。它虽在规模上不如北方的长城雄伟壮阔，但功能性丝毫未减，更是具有湘西少数民族风情。如今还留有多座用于屯兵、防御用的哨台，以及炮台、碉卡、关门等。

门票信息 | 45元

营业时间 | 9:00—17:00

交通信息 | 建议包车或自驾前往。

电话 | 3658888

⭐ **亮点**

壮阔景致

里耶古城

标签: 全国重点文物保护单位

　　"里耶"是土家语,意为"开天""拖土"。这座古镇的历史最早可追溯到战国时期,现在的建筑多为清代复建的。2200年前,里耶曾是秦朝洞庭郡的所在地,由于秦王朝只有15年短暂的历史,文献记载甚少,这里出土的秦简也成为研究秦史的关键性资料,弥足珍贵,在里耶秦简博物馆可以看到。

门票信息 | 100元(包含所有景点)

营业时间 | 9:00—16:30

交通信息 | 建议包车或自驾前往。

电话 | 6613887

微信公众号 | 湘西里耶古城

网址 | www.liyegc.com

⭐ **亮点**

里耶秦简博物馆、里耶古城遗址

📍 怀化景点

中国人民抗日战争胜利受降纪念馆

标签: 4A级景区

　　这座纪念馆坐落在侵华日军投降旧址上,1945年8月21日至23日,侵华日军副总参谋长今井武夫奉冈村宁次之命,飞抵芷江请降,标志着中国人民和世界反法西斯阵营的伟大胜利,也宣告了第二次世界大战的结束。中国人民抗日战争胜利受降纪念馆是全国唯一全面反映中国人民抗日战争胜利受降的专题性纪念馆。纪念馆内的主要建筑包括受降纪念坊、受降会场等,意在还原当时景象。

门票信息 | 免费

营业时间 | 9:00—17:00,16:30停止入场,

周一闭馆

交通信息 | 可乘坐芷江旅游公交专线至受降纪念馆。

电话 | 6839343

微信公众号 | 芷江受降旧址旅游服务

⭐ **亮点**

受降纪念坊

洪江古商城

标签: 4A级景区

　　洪江古商城起于春秋,成于盛唐,盛于明清,曾以集散桐油、木材、白腊等而闻名,由于便利的交通,成为湘滇黔桂鄂五省物资集散地,也是湘西南地区经济、文化、宗教中心。如今城内还留有保存完好的明清古建筑,如寺院、镖局、钱庄、商号、作坊、店铺、食府等380多栋,有"中华商业故宫"的美誉。穿梭于城中,当时小镇商户财力之雄厚,建筑之精致宏伟,可见一斑。

门票信息 | 45元

营业时间 | 8:00—17:00

交通信息 | 建议包车或自驾前往。

电话 | 7626500

微信公众号 | 洪江古商城

⭐ **亮点**

明清古建筑、厘金局、绍兴班

龙津风雨桥

标签: 古代桥梁

　　芷江龙津风雨桥又称龙津桥,横跨于湘江支流潕水,始建于明万历十九年(1591年),几百年来都是居住于此的侗族和苗族同胞渡河、躲避风雨之地。抗战时期,龙津桥还是主要的军需供给线,因此成了敌人主要的轰炸目标,甚至在一天内曾遭到27架日机几番轰炸,但这座风雨桥却依然横卧在潕水之上。如今,龙津桥不仅是侗乡建筑文化遗产,

更是抗战时期的见证。

门票信息｜免费

营业时间｜全天

交通信息｜建议包车或自驾前往。

电话｜8486118

> ★ **亮点**
>
> 古桥建筑、流水人家之景

通道芋头古侗寨

标签：全国重点文物保护单位

　　位于通道县双江镇芋头村的芋头古侗寨始建于明洪武年间，至今已有600余年历史，是国内保存得相当完整的民居古建筑群，堪称侗族民居"实物博物馆"。侗寨内的民居以干栏式的吊脚楼为主，依山势而建，寨内还保留着清代中期以前的建筑物，包括著名的廻龙桥、牙上鼓楼，还有1.6公里长的古驿道等。芋头侗寨节庆活动丰富，到那时，这里就是感受侗族民俗的好地方。

门票信息｜35元

营业时间｜8:00—17:30

交通信息｜建议包车或自驾前往。

> ★ **亮点**
>
> 廻龙桥、古驿道

黔阳古城

标签：4A级景区

　　黔阳古城三面环水，曾是湘楚苗地边陲重镇，有"江南古建筑博物馆"的美誉。千古名句"洛阳亲友如相问，一片冰心在玉壶"便诞生于此，唐代诗人王昌龄正是在古城中的芙蓉楼写下此诗的。这座芙蓉楼淡雅清秀，值得驻足一览。

门票信息｜30元

营业时间｜9:00—17:30

交通信息｜建议包车或自驾前往。

电话｜7312000

微信公众号｜黔阳古城

> ★ **亮点**
>
> 芙蓉楼

邵阳、衡阳

　　邵阳旧称宝庆，自古就是交通要道，经济发达，文化昌明。邵阳自然风光绮丽，保留着不少原始森林和古村落，最耀眼的莫过于湘桂交界处的崀山百里丹霞。

　　衡阳因地处南岳衡山之南而得此名。境内衡山壮美，萱州古镇浪漫，人文景观更是值得一游，可去石鼓书院体会最古老的文化，来南岳大庙拜访佛教与道教。衡阳菜更是别具特色，让人欲罢不能。

☎ **电话区号** 邵阳0739、衡阳0734

🚗 **交通**

▍飞机

邵阳武冈机场（0739-4567000；邵阳市武冈市迎春亭街道荷塘村；hnjcjt.com；微信公众号：湖南机场）

衡阳南岳机场（0734-8696117；衡阳市衡南县蒸湘南路辅路；hnjcjt.com；微信公众号：湖南机场）

▍火车

邵阳站（邵阳市大祥区站南路）主要衔接省内及通往南方的高铁及快速列车。

邵阳北站（邵阳市新邵县坪上镇永乐路）沪昆高铁途经站。

衡阳站（衡阳市珠晖区湖南路1号）京广铁路、湘桂铁路、吉衡铁路、怀衡铁路等铁路干线的交会枢纽站。

衡阳东站（衡阳市珠晖区雁城东路）京广高速铁路的中间车站，主要运营高铁列车。

▍长途汽车

邵阳汽车东站（0739-5012077；邵阳市双

清区邵石路1号）

邵阳汽车北站（0739-5020606；邵阳市北塔区魏源路）

邵阳汽车南站（0739-5359525；邵阳市大祥区敏州西路马蹄塘）

衡阳中心汽车站（0734-8856338；衡阳市蒸湘区船山西路88号）

▌公交车

在邵阳，可通过全国交通联合卡、"邵阳公交"App扫码乘车，App还有到站提醒等功能。在衡阳，可以使用交通卡、银联卡、微信、支付宝、云闪付等刷卡或扫码乘车。

🛒 土特产和纪念品

邵阳当地特色有武冈米粉、武冈米花、青钱柳茶，衡阳当地特色有酥脆枣、耒阳烟叶、槟榔芋。

🏠 住宿

▌经济型

邵阳天怡汉都大酒店

（0739-8907999；邵阳市敏州西路）这家酒店距离高铁站近，交通便利，地理位置优越。整座酒店楼有13层，全部房间安装了落地玻璃窗，全实木中式家具淡雅清新，性价比高。

▌中档

莫林风尚酒店（邵阳高铁站）

（0739-5305555；邵阳市火车南站站前区24号）酒店紧邻邵阳高铁站，交通便利，提供体贴的接送机服务。酒店设有亲子房，配有齐全的儿童用品及游乐设施，是家庭出游的好选择。顶楼设有空中花园，可供旅客休闲享受。每天21:00—23:00提供自助夜宵，有精品小吃、水果和粥品可选。

▌高档

衡阳林隐假日酒店

（0734-8888888；衡阳市解放大道43号）这是衡阳市中心的一家园林式酒店，建筑设计独特，极具东南亚风情，现代感十足的厅堂大气敞亮，客房舒适典雅，中式家具搭配浅色墙面，尽显温馨。酒店内花园郁郁葱葱，是个放松的好去处。

🍴 就餐

陈大厨血浆鸭（邵阳友阿店）

（0739-8910556；邵阳市宝庆东路友阿国际广场6楼；11:30—14:00，17:00—20:30）血浆鸭是邵阳的特色美食，口感香辣，鸭肉紧实细腻，十分下饭。餐厅环境简约舒适，菜量实惠，服务态度热情，值得来此。

南岳丽君饭店

（18397777877；衡阳市庙西街27-29号；10:30—20:00）这家衡阳本地菜餐厅是一家30余年的老店。店内环境简约整洁，宽敞明亮，服务热情。菜品精致且极具特色，食材新鲜，衡山豆腐煲、烟笋炒腊肉都是特色，还提供免费自制小菜红薯片与豆腐乳。

🎋 线路推荐

南岳揽胜：衡山风景名胜区—南岳大庙—祝融峰

📍 邵阳景点

崀山风景名胜区

标签： 5A级景区 世界自然遗产

崀山是典型丹霞峰林地貌，以水秀、山美、洞奇著称，景区还打出了"桂林山水甲天下，崀山山水赛桂林"的口号。突起的石林群落、复杂的石灰岩溶洞、神秘的峡谷群和美丽的扶夷江流，构成了碧水丹崖的自然景观。景区内有3座天生桥、10个各具特色的溶洞，还有8条溪流纵贯全境，足以让你感受到大自然的鬼斧神工。

门票信息 | 120元

营业时间 | 8:00—17:00

交通信息｜建议包车或自驾前往。

电话｜4822708

微信公众号｜崀山景区

网址｜www.langshanhong.com

★ 亮点

辣椒峰、八角寨

白水洞

标签：　4A级景区　　自然景观

　　白水洞是湘中新邵县境内的风景名区。景区内峡谷纵深达10公里，风景奇特，山峰秀丽，峭壁之下还有神秘的地下溶洞、一线天等景观。洞内有铸铁亭、片石庵、吸潮岩、寒碧寺、滴水岩、银涛峡、瀑布泉、镜石、落雁池等，号称白水十景。还有寺庙、道观等人文景观，等待你的探访。

门票信息｜100元

营业时间｜8:30—17:30

交通信息｜建议包车或自驾前往。

电话｜3662328

微信公众号｜白水洞旅游区

★ 亮点

溶洞、瀑布、峡谷

云山国家森林公园

标签：　4A级景区　　自然景观

　　云山历史悠久，素有"楚南胜境"之称，这里风景优美，自古便是旅游胜地，许多文人墨客来此留下诗句。云山堂的胜力寺是湘西南地区的佛教名刹。而在伴山景区的玻璃栈道上，如果运气好，可以看见云海。山间古树参天，古刹幽静，怪石嶙峋，流水清澈，置身其中，可远离嘈杂，尽享片刻清闲。

门票信息｜41元

营业时间｜8:00—17:00

交通信息｜建议包车或自驾前往。

电话｜8888688

网址｜www.yunshanly.com

★ 亮点

胜力寺、玻璃栈道

魏源故居

标签：　古代建筑

　　位于邵阳市隆回县司门前镇的这座四合院，规规整整，正是清朝名臣魏源的故居。魏源是当年第一批"开眼看世界"人士中的代表人物，而他就是在这栋始建于清乾隆年间的小院里，度过了童年和少年时期。如今故居中的物件不多，十分简朴，门口厅柱上悬挂着古色古香的牌匾对联，是为数不多的由魏源亲笔撰写的墨宝，处处透露着文化气息。

门票信息｜免费

营业时间｜8:00—18:00

交通信息｜建议包车或自驾前往。

★ 亮点

清朝民居建筑、魏源事迹

蔡锷故里

标签：　全国重点文物保护单位

　　蔡锷故里以其故居为中心，这座蔡家老宅始建于清嘉庆年间，为悬山顶的单层农舍，房前是一片农田，蔡锷在这里度过了童年时光。故里整体分为几个区域，展示蔡锷将军的生平事迹，你还能在此亲近生态农田，感受山林自然之景。

门票信息｜免费

营业时间｜9:00—17:00

交通信息｜建议自驾或包车前往。

电话｜5359113

微信公众号｜蔡锷故里

★ 亮点

蔡锷事迹、民居建筑

📍 衡阳景点

衡山风景名胜区

标签：　5A级景区　　山岳

　　衡山属于中国传统名山"五岳"中的南岳，由于地理位置靠南，山中一年四季都是满目苍翠，树木茂盛，又有"五岳独秀"的美称。在中国脍炙人口的成语"寿比南山"中的南山，指的就是衡山。海拔约1300米的祝融峰为最高峰。相传祝融氏是上古火神，主管南方事务，祝融峰一名也因此而得。祝融峰上有祝融殿，因为山高风大，所以建筑以坚固的花岗岩砌成。每年都有络绎不绝的游客登上祝融峰顶，观看日出、眺望群山、丛林、湘江美景。在衡山脚下，则坐落着始建于唐代的南岳大庙。庙内现存的建筑是清光绪八年（1882年）重修的，主殿供奉着衡山山神——火神祝融，相传火神住在衡山，死后也葬于衡山。在大庙的东西两侧，分别有8间道观和8座佛寺，佛道共存，值得一览。

门票信息｜核心景区80元，大庙景区40元，水帘洞景区30元

营业时间｜7:30—17:30

交通信息｜可乘坐南岳免费公交1、2路至大庙北门站。

电话｜5673377

微信公众号｜南岳衡山风景名胜区

网址｜www.nanyue.net.cn

> ⭐ 亮点
>
> 祝融峰、南岳大庙

石鼓书院

标签：　4A级景区

　　位于衡阳市石鼓山上的石鼓书院，始建于唐元和五年（810年），距今已有约1200年历史，曾毁于战火，后被修复，为中国古代四大书院之一，与嵩阳、白鹿洞、岳麓书院齐名，苏轼、周敦颐、朱熹等人都曾在此执教。如今的书院主要由大观楼、七贤祠、

敬业堂、武侯祠等建筑组成，定期还会举行表演、祭祀等活动。

门票信息｜免费

营业时间｜9:00—17:00

交通信息｜可乘坐128、162、106、446路等公交至石鼓书院站。

电话｜8347663

微信公众号｜石鼓书院

> ⭐ 亮点
>
> 大观楼

岳屏公园

标签：　城市绿地

　　岳屏公园因园内的岳屏山而得名，山顶曾有岳屏书院，但于1944年毁于战火。新中国成立后，为纪念保卫衡阳抗战而牺牲的战士，在此修筑了衡阳抗战纪念馆。岳屏山东侧为博物馆，主要展现了明末清初的著名思想家王船山的生平事迹。西侧建有动物园，园内有猴山、禽湖、鱼池、猛兽馆等。山中还分布着亭台楼阁，供游客休憩。

门票信息｜免费

营业时间｜7:00—23:00

交通信息｜可乘坐公交102路至首峰小区站。

电话｜8156582

> ⭐ 亮点
>
> 衡阳抗战纪念馆、动物园

回雁峰

标签：　山岳

　　回雁峰为南岳衡山七十二峰之一，相传，古人认为北方的大雁南飞至此处便不再继续向南了，故将其命名为回雁峰，潇湘古八景之一的"平沙落雁"也源于此。杜甫曾写下"万里衡阳雁，今年又北归"。回雁峰不算高大，但山上有一座雁峰寺，已有1500多年的历史，值得一探。

门票信息｜免费

湖南

营业时间 | 7:00—19:00

交通信息 | 可乘公交102路至蒸阳南路口站。

电话 | 8225728

★ 亮点

雁峰寺

蔡伦竹海

标签：4A级景区

郁郁竹林，青翠如海，依着山势高低起伏，一阵风刮过，一片沙沙作响——身处蔡伦竹海，仿佛就能化身武林侠者。这里竹类品种多达20种，景区内还有紫霞禅祠、大河滩古街、古鱼化石遗址、蔡伦古法造纸作坊等历史人文景观，还有天然洞穴、石林水库等自然景观。

门票信息 | 45元

营业时间 | 8:00—17:00

交通信息 | 建议包车或自驾前往。

电话 | 2816666

微信公众号 | 蔡伦竹海风景区

★ 亮点

紫霞禅祠、蔡伦古法造纸作坊

印山

标签：4A级景区

印山因其独特的历史文化和秀丽山景而著称，整个景区包括"一山三城"，即印山与中国名人名章城、中国书法城、中国纪念印章城。自先秦以来的4300多枚形态各异的印章图案被刻于这座山石之上，人文与自然在此融为一体。

门票信息 | 55元

营业时间 | 8:00—17:30

交通信息 | 建议包车或自驾前往。

★ 亮点

财神洞、各式印章

萱洲古镇

标签：古建筑

这座千年古镇坐落于湘江畔，依山傍水，风光秀丽。镇内种植着油菜花，花开时节，美轮美奂。萱洲古河街是镇内明清古建筑保存得较为完好的地方，古香古色的建筑与宽阔的湘江遥相呼应，呈现别样的水乡美景。

门票信息 | 免费

营业时间 | 全天

交通信息 | 建议包车或自驾前往。

★ 亮点

金莲禅寺、三圣祠

永州、郴州

永州位于湖南省南部，山水江河交融，活力十足，同时文化底蕴深厚，是中国山水诗、瑶族文化、楚文化的发祥地之一。郴州位于湖南省东南部，"郴"意为林中之邑，城如其名，这里好山好水，同时地热资源丰富，是泡温泉的好地方。

☎ 电话区号 永州0746、郴州0735

🚗 交通

▌飞机

永州零陵机场（0746-8726098；永州市冷水滩区岚角山镇S217；微信公众号：湖南机场）

▌火车

永州站（永州市冷水滩区潇湘大道）有通往各大城市的快速列车。

郴州站（郴州市北湖区解放路1号）京广铁路重要的中间车站。

郴州西站（郴州市北湖区增湖路）京广高速铁路上的车站。

▌长途汽车

永州汽车站（0746-8371758；永州市冷水滩区银江路1号）

郴州汽车总站（郴州市北湖区高壁村同心路）

▌公交车

永州和郴州市内公共交通便利，可通过微信分别开通"永州一卡通乘车码"和"郴州一卡通乘车码"，扫码乘车。

🛒 土特产和纪念品

永州当地特色有九嶷山兔、零陵板鸭、江永香柚，郴州当地特色有东江鱼、临武鸭、桂阳烟叶。

🏠 住宿

▌经济型

永州菲尔曼酒店

（19146725789；永州市长丰大道18号）酒店地理位置优越，出行便利，临近湘江，内部环境清幽，房间干净卫生，各种设施齐全，性价比高。

▌中档

维也纳国际酒店（新田中心店）

（0746-8820999；永州市龙泉镇盛世龙岸商业广场）酒店位于中心区，交通便利，在房间里就可俯瞰全城，整体设计简约，有智能化设施，服务贴心。

▌高档

郴州莽山森林温泉酒店

（0735-3788888；郴州市莽山森林公园附近）酒店位于莽山森林公园旁，森林覆盖率高达99%，空气清新，风景美丽。内部分布着60余个天然高山温泉，可体验瑶族温泉，还有一个位于520米悬崖之上的无边温泉泳池。这里更是出片胜地，随手一拍，宛若仙境。

🍴 就餐

顶家家（宁远店）

（0746-7221799；永州市内环路文庙广场78号；10:00—20:30）这家餐厅环境简约，服务热情，菜量大，食材新鲜，在当地广受好评。店内经营地道湘菜，同时也引进了其他菜系的经典美食，进行了一丝本土改良，别具匠心。

金国鱼粉

（17872156210；郴州市协作路火车站南；全天营业）普通的小店，但这里的鱼粉饱受好评，7元一碗的价格，分量大，味道鲜而不咸，粉劲道，包裹着浓郁的汤汁，一碗吃下去很是满足。

❗ 线路推荐

揽九嶷风采：舜帝陵—宁远文庙—九嶷山摩崖石刻

📍 永州景点

云冰山旅游景区

标签： `4A级景区` `自然景观`

云冰山位于永州市蓝山县南风坳，与广东省连州市交界，主要由都庞岭、西峰岭、东边岭、葫芦岭4座山峰组成。景区内景色壮观秀丽，竹林溪谷掩映，根据天气情况，可以看到云海、冰挂，到了高山杜鹃花期，景色尤为壮美。

门票信息｜60元

营业时间｜9:00—17:00

交通信息｜建议包车或自驾前往。

电话｜2372888

微信公众号｜云冰山

⭐ **景点**

山间景色、云海、高山杜鹃

九嶷山国家森林公园

标签：　4A级景区　　自然景观

　　传说，上古时的舜帝就埋葬在九嶷山下，千百年来，历代文人骚客登临九嶷山，留下大量诗文。秦汉以来，历代帝王在此祭祀舜帝，因而留下大量的古迹。舜帝陵、宁远文庙、九嶷山摩崖石刻等独特的人文景观，不断吸引着海内外的大批游客。

门票信息｜60元

营业时间｜8:30—17:30

交通信息｜可乘坐宁远101路至九嶷山公交站。

电话｜8808999

微信公众号｜九嶷山文旅

★ 亮点

舜帝陵、宁远文庙、九嶷山摩崖石刻

阳明山国家森林公园

标签：　4A级景区　　自然景观

　　阳明山国家森林公园面积广阔，拥有万亩杜鹃花海、十万亩竹海，植被葱郁，环境优美，令人心旷神怡。园内部分山地的海拔在千米以上，主峰望佛台海拔约1600米，你可以攀登到这里，极目远眺，饱览潇湘山水之色。

门票信息｜70元

营业时间｜9:00—17:30

交通信息｜建议包车或自驾前往。

电话｜7950988

微信公众号｜阳明山旅游

★ 亮点

杜鹃花海、望佛台

浯溪碑林

标签：　4A级景区

　　浯溪碑林位于永州祁阳西南部，园中有不少摩崖文字石刻，其中以唐代元结撰写、著名书法家颜真卿书刻于摩崖之上的《大唐中兴颂》最为出名，元之文、颜之字，加上所刻之悬壁，构成了碑林中的"摩崖三绝"。除此之外，镇妖符、吕仙寿屏等石刻也是不容错过的经典之处。景区内还有陶铸纪念馆，可以一览这位无产阶级革命家的生平事迹。

门票信息｜30元

营业时间｜8:00—18:00

交通信息｜可乘坐祁阳1、4、7路公交至浯溪公园站。

电话｜3222362

微信公众号｜祁阳浯溪碑林风景名胜区

★ 亮点

摩崖石刻《大唐中兴颂》、陶铸纪念馆

柳子庙

标签：　4A级景区

　　北宋时期，永州人民为纪念唐宋八大家之一的永州司马柳宗元而建造了这座柳子庙，现存建筑为清光绪年间重建的。柳宗元在任期间，深受永州百姓爱戴，在此留下了诸多诗赋。正殿中有柳宗元塑像供人瞻仰祭祀，正殿后的《荔子碑》文由韩愈撰、苏轼书，内容颂扬了柳宗元的事迹。庙内还有戏台、中殿，游走一番，可以一览这位永州司马的事迹。

门票信息｜25元

营业时间｜8:00—18:00

交通信息｜可乘坐公交13路至柳子街站。

电话｜6385865

微信公众号｜永州柳子庙

★ 亮点

《荔子碑》

永州市博物馆

标签：　博物馆

　　永州市博物馆主楼共5层，建筑古朴，

全馆收藏着上万件文物，展览分为文物古迹馆、青铜陶瓷器馆、金银玉石器馆、江永女书馆等几个展区，介绍了永州古村、庙宇、塔桥、出土文物等，力图让游客更多地了解永州地域与其文化历史。

门票信息 | 免费

营业时间 | 8:00—12:00，15:00—18:00，周一闭馆

交通信息 | 可乘坐公交301路至区政府站。

电话 | 6225808

微信公众号 | 永州市博物馆

网址 | wlgtj.yzcity.gov.cn/wwc/

> ★ 亮点
>
> 青铜陶器、玉石、女书文化

📍 郴州景点

东江湖风景区

标签： 5A级景区

　　东江湖是省内最大的人工湖泊，蓄水量相当于半个洞庭湖，因此被誉为"湘南洞庭"。湖畔烟波浩渺，水天相接，风光旖旎，以"秀、奇、幽、趣"特色享誉湖南。景区内的主要景观包括东江大坝、龙景峡谷、兜率灵岩等，可以在此漂流，或乘仿古画舫移步水墨山水中。

门票信息 | 85元

营业时间 | 8:30—17:30

交通信息 | 建议包车或自驾前往。

电话 | 3356623

微信公众号 | 东江湖旅游区

> ★ 亮点
>
> 浩渺湖景、泛舟水上

万华岩

标签： 溶洞

　　仍在发育中的大型地下河溶洞万华岩，景色别致，洞中三大瀑布神秘莫测，其中水

下钙膜晶锥景观全世界只有两处可见，每百年长1厘米，堪称世界奇观。2000年发现的世界上首个"石蛋生笋"，也是无价之宝。洞内还有不少宋代和清代石刻，可以顺路游览。

门票信息 | 47元

营业时间 | 9:00—17:00

交通信息 | 建议包车或自驾前往。

电话 | 2795057

微信公众号 | 湖南苏仙岭万华岩风景名胜区

> ★ 亮点
>
> 喀斯特地貌

苏仙岭

标签： 自然景观

　　据说，古时有一位叫苏耽的人在这里登仙而去，苏仙岭之名由此而来。这里号称"天下第十八福地"，岭上有白鹿洞、升仙石、望母松等"仙迹"，环境清幽。景区内著名的当属"三绝碑"，是由秦观作词、苏轼作跋、米芾所书刻于岩壁之上的《踏莎行·郴州旅舍》。

门票信息 | 45元

营业时间 | 6:30—21:30

交通信息 | 可乘坐公交15、55路至苏仙福广场站。

电话 | 2888002

微信公众号 | 湖南苏仙岭万华岩风景名胜区

> ★ 亮点
>
> "三绝碑"、白鹿洞、升仙石

板梁古村

标签： 4A级景区

　　板梁古村距今有600多年的历史，全村均为刘姓，据称是汉武帝刘氏后裔。古村规模宏大，依山傍水，斑驳的青石板路通向千家万户，村内留有300多处明清建筑，青瓦白墙，祠亭阁、旧私塾、古商街、古钱庄等

不少老建筑工艺之精湛，令人惊叹。

门票信息 | 35元

营业时间 | 8:00—17:00

交通信息 | 建议包车或自驾前往。

电话 | 5913522

微信公众号 | 板梁古村

> ★ 亮点
>
> 旧私塾、古商街、古钱庄

莽山·五指峰景区

标签：　4A级景区

　　这片湖南省面积最大的国家森林公园原始生态保存完好，景区内有五指峰、金鞭大峡谷、金鞭神柱、摩天岭、天台山、观音古寺和万寿塔等数十个景点，奇峰怪石，高山林木，满目壮阔苍郁。来到海拔1400米的山腰处，你可以选择乘坐观光缆车，或是搭乘悬崖电梯，继续向上。在山上，你还能体验南方最长的云间栈道。目前景区已实现无障碍登山，残障人士也可不费吹灰之力登顶，饱览山林壮阔之景。

门票信息 | 280元（含索道）

营业时间 | 8:00—18:00

交通信息 | 建议包车或自驾前往。

电话 | 7402122

微信公众号 | 莽山五指峰景区

> ★ 亮点
>
> 观光索道、悬崖电梯、云间栈道

湖南

开平赤坎古镇

广东

广东省,简称粤,地处中国大陆的最南端,与福建、江西、湖南、广西相接,珠江口东西两侧分别与香港、澳门相连。作为中国最早进行改革开放的省份之一,广东蓬勃发展的经济也吸引了大量的外来人口,各族人民聚居于此,汉族依然是主要群体,而目前广东的汉族居民主要分为广府、客家、闽海三大民系。

在摩登与现代的印象之外,广东也有着悠久传承的历史。漫步街头,你会看到被称为"中国五大民居特色建筑之一"的客家围屋,也可能看到源头可以追溯至唐宋时代的潮汕民居,耳边听到的是粤剧、潮剧,还可以吃到天下闻名的粤菜。试想在清晨醒来,去地道的广东茶楼里饮早茶,再惬意地点上一盘点心,怪不得苏轼诗云"不辞长作岭南人"。

行前参考

💬 实用方言

内侯:你好

走森:早上好

请问呢度系边度:请问这里是哪里

◎ 何时去

春季:适宜的旅游季节,但4月至6月潮湿多雨。

夏季:气候炎热,常会有台风,不适宜出行。

秋冬季:温度适宜,适合旅行。正月的广东相较于北方成了赏花胜地,过年时热闹非凡。

广州塔

❗ 注意事项

由于临海，广东很容易受到台风影响，通常这种天气出现在八九月，会增大交通难度，也有不少安全隐患。如果无法避开这段时间出行，外出一定要提前查阅天气预报。

广东的蟑螂大得"举世闻名"，还会飞。但是如果偶遇不要惊慌，像广东人一样生猛地踩下去，并把"当事蟑螂"冲进马桶或者扔进垃圾桶。

🔰 当地新讯

深汕西高速改扩建项目预计于2024年完工，届时粤港澳大湾区和深圳先行示范区将拥有更加现代化的交通运输体系。

广东省推出162项旅游惠民措施，大量景点降价或者免费面向大众，可在广东省文化和旅游厅官方网站获取相关资讯。

广东

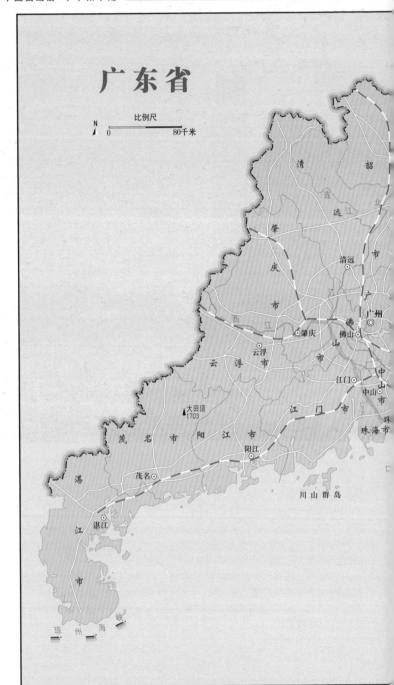

广东省

比例尺

N

0　　　　　　80千米

清远市

韶关市

连江

肇庆市

清远○

远江

广州◎

佛山

肇庆○

佛山市

西江

云浮市

江门○

云浮

中山○

中山市

云浮

江门市

珠海市

大田顶
1703

茂名市　阳江市

阳江○

茂名○

川山群岛

湛江市

湛江○

琼　州　海　峡

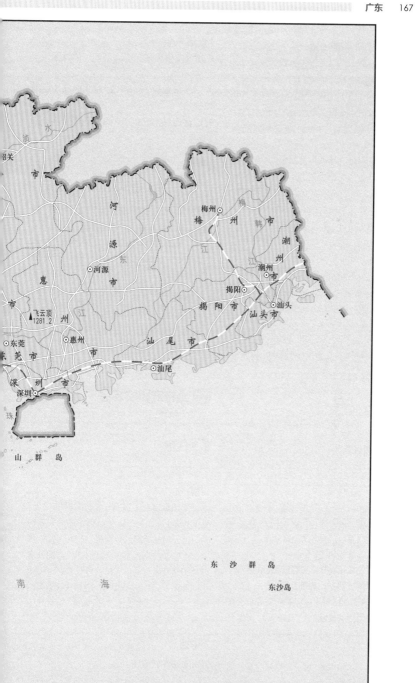

广东

郡关

市

河

源

梅州◎ 梅

梅 州 韩 市

潮

◎河源市 东 源 市 州

惠

市 州 揭阳◎ 潮州◎ 市

▲飞云顶 州 揭 阳 市 ◎汕头
1281.2 江 汕头市

◎东莞 ◎惠州 汕 尾 市

东莞市 深 圳 市 ◎汕尾

深圳◎

珠

山 群 岛

东 沙 群 岛

南 海 东沙岛

广州

广州别称羊城、花城,是广东省省会。它有着2200年以上的建城史,1982年成为中国首批国家历史文化名城,岭南文化在此发源、兴盛,并且随着广州人的迁移辐射到全世界。

广州是一座一体两面的城市,珠江新城坐落着现代化的高楼大厦,展现出一线城市的摩登感觉,而老城区则有着极富人情味的小巷:蕴藏着岭南风情的骑楼、象征着繁华历史的广州十三行、漂亮优雅的老洋房……穿梭在广州的大街小巷之中,仿佛看到了2000多年匆匆而过的历史。

来到广州,不妨感受一下广州著名的美食文化,正所谓"食在广州",在这里你可以吃到最为传统的广府菜,早上来一笼虾饺、一碗艇仔粥,晚上尝试一下享誉国内外的咕噜肉、白切鸡,在茶楼里享受最为地道的广州味道,微风和煦,正是一番惬意时光。

☎ 电话区号 020

🚌 交通

▌飞机

广州白云国际机场(96158; https://www.baiyunairport.com/byairport-web/index; 微信公众号: 白云机场)

▌火车

广州站(微信公众号: 广铁集团广州火车站)途经的线路有广深铁路、京广铁路、广茂铁路、广佛肇城际轨道。

广州东站(61346610)已建的轨道线路有广九铁路、广深铁路和广梅汕铁路。

广州南站(95105688)途经的线路有京广高速铁路、贵广高速铁路、南广铁路、广深港高速铁路、广珠城际铁路、广佛环线和广惠城际铁路。

广州北站(61356850)途经的线路有京广铁路、京广高速铁路。

▌长途汽车

广州汽车客运站(86684259; 越秀区环市西路147号)

流花汽车站(86696412; 越秀区环市西路188号)

天河客运站(37085070; 天河区燕岭路633号)

▌地铁

广州地铁系统发达,运营线路共16条,支持现场人工或者机器购票,可购买单程票或者日票,可以使用"岭南通""羊城通""广佛通"或者全国交通一卡通刷卡,另外也可以使用广州地铁乘车码进站。广州地铁运行时间为6:00—23:00,节假日有所变动,出行前请留意最新信息。

▌公交车

广州市内公交便捷,支持投币、扫描乘车二维码、羊城通App、支付宝、微信等方式购票。各大地图类App可查询实时车辆信息。乘坐广州公交前门上车、后门下车,只需刷一次卡。

🛒 土特产和纪念品

当地特色有广式腊肠、马蹄糕、鸡仔饼。

🏠 住宿

▌经济型

觉园1984

(18826488208; 署前路署前二街7号)坐落于东山口民国建筑群中的觉园1984是一座三层独栋的红砖别墅,整合了民宿、展览、轻食等一系列都市风情体验。它的外表延续了别墅原有的复古民国风情,内部的5个房间展示了5个地方的风情,包括代表台湾的闽南风格、代表伊朗的波斯风格,还有代表上海、布达佩斯、巴黎风格的房间。

▌中档

广州琥珀东方酒店

(89988998; 越秀区广州大道中293号)

酒店交通便捷,可以乘坐地铁轻松前往广州塔、广东博物馆。酒店内置有300多间客房,外观时尚个性,装饰优雅宁静,夜晚在房间里可以尽情欣赏广州珠江新城一带的灯火夜色。

▌高档

广州四季酒店

(88833888;珠江新城珠江西路5号)四季酒店位于城市中心,距离广州大剧院有5分钟的步行路程,地理位置优越。酒店内共有344间客房,客房具有柔和的色调和典雅的东方风格,在热闹的市中心也能让人感到宁静舒适。健身房、水疗等服务一应俱全,餐厅提供特色粤菜以满足你的饮食需求。

🍴 就餐

文记壹心鸡

(81728887;宝华路旋源桥10号;11:00—14:00,17:00—21:00)文记壹心鸡是一家驰名粤港澳的餐厅,是广州出名的老字号。它的招牌菜壹心鸡使用一种特制卤水做成,皮爽肉嫩,鲜味十足,蜜汁大肠、莲藕鸡脚汤、秘制红枣骨也是特色菜,非常值得品尝。

百花甜品店

(83846324;越秀区文明路210号;10:00—23:30)百花甜品店是一家百年老字号糖水店,家喻户晓,老广州人的童年记忆里一定有在百花喝糖水的回忆。需要注意的是,因为过于有名,百花甜品店有可能早上就开始排队,想在理想的时间内吃上喜欢的甜品,可要赶早了。

🚶 线路推荐

最具历史感的广式风情:中山六路落画骑楼—中山八路荔湾涌—泮塘西关美食园—沙面—芳村码头、天字码头

穿越不同时代、中西交汇的广州:五羊雕塑—陈家祠—石室圣心大教堂—北京路步行街—珠江夜游

📍 景点

白云山

标签:　5A级景区　　国家级风景名胜区
全国文明风景旅游区

　　广州市白云山素有"南越第一山"之称,由30多座山峰组成,登高后可以俯瞰全市。雨后以及暮春的白云山常有白云缭绕,此时登山可以感受清爽的山间空气,欣赏绝伦景致,麓湖公园、云溪公园、广州碑林、能仁寺点缀在白云山风景区中,给游览增添许多乐趣,山内的鸣春谷是我国目前最大的一座天然鸟笼,坐落在白云山"天南第一峰"旁。除了观赏自然美景外,山上还设有高山滑道、滑草、蹦极等娱乐项目,在加速的心跳之中,登山不再单调。

门票信息|白云山进山5元,园区内景点单独收费

营业时间|6:00—22:00

交通信息|搭乘地铁2号线至白云公园站;搭乘公交车35、38、76、127、223、245、265、891、旅游3、夜9、夜52路前往。

电话|37222222

微信公众号|白云山风景名胜区

网址|http://www.baiyunshan.com.cn/bys/index.shtml

> ⭐ **亮点**
>
> 鸣春谷、能仁寺、碑林

长隆旅游度假区

标签:　5A级景区　　国家级文化产业示范基地
全球最佳主题乐园鼓掌奖

　　广州长隆旅游度假区拥有野生动物世界、欢乐世界、国际大马戏、水上乐园、飞鸟乐园以及酒店等完备的配套设施,是一个大型综合度假园区,野生动物世界内有超过2万只全球珍稀动物,水上乐园获得过杰出成就奖,完备的设施、优美的景观与精彩的活动令心灵得到充分的休息与放松,无论是休

闲放松还是亲子共游，都是好去处。

门票信息 | 长隆欢乐世界250元，水上乐园日常200元，夜场140元，其他园区见官网

营业时间 | 周一至周五9:30—18:00，周末9:30—19:30

交通信息 | 搭乘地铁3号线或7号线至汉溪长隆地铁站，然后前往长隆地铁广场穿梭巴士站；搭乘129、番163、番109路公交到达汉溪长隆站；搭乘304、526路到达长隆野生动物世界站。

电话 | 400-883-0083

微信公众号 | 欢乐长隆

网址 | https://www.chimelong.com/gz/?from=global

★ **亮点**

长隆野生动物世界、欢乐世界、水上乐园

陈家祠

标签：　全国重点文物保护单位　　4A级景区　　国家一级博物馆

　　陈家祠又名陈氏书院，建于光绪年间，是现存规模最大的广府传统建筑之一，被称为岭南建筑艺术的明珠，占地面积1.5万平方米。它的建筑风格精致巧妙，雕梁画栋皆展现了极高的工艺和审美水平，被收入德国《世界建筑艺术》中。同时，陈家祠也是广东民间工艺博物馆所在地，在这里可以看到最丰富的广州技艺，石雕、木雕、陶塑、彩绘壁画……这些精妙的工艺品注视着来来去去的观光客们，在漫长的时光中散发着永恒的魅力。

门票信息 | 10元

营业时间 | 9:00—17:30，17:00停止售票或入场

交通信息 | 搭乘地铁1号线、8号线至陈家祠站；搭乘17、104、107、128、193、204、233、250、413路公交至陈家祠站。

电话 | 81819653

微信公众号 | 广东民间工艺博物馆服务号

网址 | https://www.gzchenjiaci.com/

★ **亮点**

陈氏书院、广东民间工艺博物馆

石室圣心大教堂

标签：　全国重点文物保护单位　　宗教建筑　　必游景点之一

　　石室圣心大教堂于1863年始建，历时25年建成，是全球4座全石结构哥特式教堂建筑之一。教堂的正面是一对高指天空的尖顶石塔，外形尖锐锋利，哥特风格的建筑极具艺术魅力，而教堂内部有着色彩鲜明柔和的彩色窗户，光芒被折射成红、黄、蓝、绿色，投射进教堂。此外，建堂内部依然有中式风格的角落——教堂楼顶的出水口改造成了中国狮子的造型，门上也雕刻着广式的木雕。光与影、尖锐与柔和、西式与中式，在安宁肃穆的气氛中融为一体，共同构成了这座教堂矛盾的迷人之处。

门票信息 | 免费

营业时间 | 周二到周五8:30—11:30、14:30—17:00，周六、周日8:30—17:00，周一不开放

交通信息 | 搭乘地铁6号线至一德路站；搭乘地铁2号线至海珠广场站；搭乘4、8、61、82、86、823、夜16、夜33、夜6路公交到一德中路站。

电话 | 83392860

微信公众号 | 广州石室耶稣圣心大教堂

★ **亮点**

哥特式建筑、天主教弥撒

沙面岛

标签：　历史文物保护区　　欧陆建筑群　　必游项目

　　沙面是历经了百年风雨的国内外通商要津，这里有许多沉淀着历史足迹的欧式建筑，见证了中国百年来的沧桑变化，每一栋建筑的历史都值得驻足细细品味与回想。走

在沙面，可以看到各具特色的路德天主教圣母堂、沙面基督堂、汇丰银行、英国雪厂等诸多保存完好的老建筑，仿佛步入了另一个时空。

岛上的咖啡馆、餐厅、酒吧为旅行者提供了游览后休息的处所，假如逛累了，在这里喝一喝下午茶，感受一下旧广州慢悠悠的生活节奏，也是旅行途中的乐趣所在。

门票信息｜免费

营业时间｜全天

交通信息｜搭乘地铁1号线至黄沙站；搭乘1、9、57、123、188、209、217、219、236、270、297、538路公交在六二三路下车；搭乘81、102、195、238、538路公交至文化公园总站。

> ★ **亮点**
>
> 路德天主教圣母堂、汇丰银行

上下九步行街

标签：　步行街

上下九步行街是广州旧城区最繁华的路段之一，比起高端的北京路，这里的商品更加物美价廉，也更加亲民、富有人情味，凝聚了浓郁的西关市井风情。沿着广州特色的骑楼走一走，逛一逛广州的百货公司，品尝一下广州当地有名的莲香楼点心，更能体会到岭南商业文化和老西关的美食文化。

营业时间｜全天

交通信息｜搭乘530路公交车至上下九公交站。

电话｜81710162

> ★ **亮点**
>
> 西关市井、百货购物

北京路

标签：　4A级景区　必游项目

北京路文化旅游区地处广州古城的中心地带，保存了广州最完整、最集中的文化遗产，是一处历史文化气息浓厚的历史街区，同时也有相当完备的商业、餐饮业服务。

如果要欣赏广州的历史建筑，这里有康有为创办的万木草堂，康有为曾在这里讲学，梁启超也曾在这里听学；有隐藏在闹市之中的千年古刹大佛寺，迄今已有千年的历史；如果要感受广州传统的民间技艺，岭南古琴、广东醒狮、客家山歌等也都在北京路可见，可以尽兴地拜访。当然，在逛累了的时候，北京路上也有众多食铺，提供肠粉、竹升面、双皮奶等广式小吃，等着食客来大快朵颐。

门票信息｜免费

营业时间｜全年

交通信息｜搭乘地铁1号线至公园前站，6号线至北京路站。

电话｜83195442

微信公众号｜广州北京路文化旅游区

网址｜http://www.beijinglu.yuexiu.gov.cn/

> ★ **亮点**
>
> 文物古迹、小吃美食、商业购物

西汉南越王博物馆

标签：　全国重点文物保护单位　4A级景区　国家一级博物馆

西汉南越王博物馆是1983年发现的南越国第二代国王赵眜之墓，是在岭南地区发现的规模最大的唯一汉代彩绘石室墓。这里展示了2000多年前的历史，金印、玉角杯、平板玻璃铜牌等出土文物具有重大的价值。

博物馆建筑本身同样富有韵味，它依山而建，巧妙地将不同的功能分区连接在一起，曾经获得六项国内外的建筑奖项。

门票信息｜10元

营业时间｜9:00—17:30，17:00停止售票及进场，周一闭馆

交通信息｜搭乘地铁2号线至越秀公园站，出站后步行10分钟；搭乘7、29、33、203、211、273、552、543路公交至解放北路站。

电话｜36182920

微信公众号｜西汉南越王博物馆

网址｜https://www.gznywmuseum.org/

> ★ 亮点
>
> 文物展览、博物馆建筑

岭南印象园

标签：`4A级景区` `岭南风情` `休闲度假区`

岭南印象园正如它的名字所言，展现了古朴雅致的岭南风情。它是一个集休闲、度假、娱乐为一体的园区，总面积16.5公顷，内部有着岭南趣味十足的街巷，历史感厚重的宗祠、民居、店铺等沿着街道依次展开，依水而建，构成了一幅繁荣而又日常的岭南人生活图景。

在这里，你可以在老酒坊打上一壶双蒸酒，在舞狮会馆感受醒狮的热闹，跟着广绣老师感受广绣的精致与考究，了解广东特有的自梳女文化……地道的岭南文化正等着你来一探究竟。

门票信息｜60元

营业时间｜9:00—17:00

交通信息｜搭乘地铁4号线至大学城南站；搭乘310路公交车至大学城广工总站。

电话｜39346993

微信公众号｜岭南印象园

网址｜http://www.lnyxy.com/

> ★ 亮点
>
> 岭南传统建筑、传统手工艺

中山纪念堂

标签：`全国重点文物保护单位` `4A级景区` `广州历史名片`

为纪念伟大革命前辈孙中山而建造的中山纪念堂如今已有将近100年的历史。它的主体是一座八角形古宫殿式的建筑，绿树掩映下，漂亮的宝蓝色琉璃瓦熠熠夺目、辉煌庄严。

除了欣赏中山纪念堂的建筑设计外，也可以感受一下园区内神秘的自然景致，园内的古木有着独特的生长形态，树上树、树抱树等奇观深受摄影爱好者们的喜爱。如果有时间的话，不妨在中山纪念堂观赏一出演出，无论是西方舞剧还是经典杂技都可以让你大饱眼福。

门票信息｜10元

营业时间｜9:00—17:00

交通信息｜搭乘地铁2号线至纪念堂站；搭乘2、27、42、56、62、74、80、83、85、133、185、204、209、224A、224、229、261、276、283、284、289、293、297、305、518、543路等公交车可到达。

电话｜83567966

微信公众号｜广州中山纪念堂

网址｜http://www.zs-hall.cn/

> ★ 亮点
>
> 地标建筑

莲花山旅游区

标签：`4A级景区` `国家重点文物保护单位` `广东省省级风景名胜区`

莲花山最有名的不是山本身的自然风光，而是山中拥有2000多年历史的采石场遗址，放眼望去，悬崖峭壁，怪石嶙峋，彰显出古代工匠的勤劳坚韧，可称得上"人工无意夺天工"。在采石场遗迹外，山中还有明代建筑莲花塔和清代建筑莲花城，也都值得一看。

每逢春夏，莲花山都会举办桃花节和莲花节，可以前来欣赏灼灼盛开的各式花朵，园区内有完备的餐厅、烧烤区、露营区、钓鱼台等服务设施，是休闲度假的好去处。

门票信息｜54元

营业时间｜7:00—17:00

交通信息｜乘坐地铁3号线至市桥站或地铁4号线至石碁站，再转"市桥－莲花山"的专线车前往。

电话｜84861599

微信公众号｜广州莲花山旅游区

网址｜http://www.lhs123.cn/

广东

★ **亮点**

采石场遗迹、明清建筑

宝墨园

标签：　4A级景区　　岭南园林

　　宝墨园建于清末民初，面积2000平方米，于1995年重建。园区内古建筑和园林结合巧妙，既可以欣赏雍容华贵的建筑，在雕梁画栋、百转回廊之间穿梭，也可以登楼眺望远山流水、长河石桥。漫步其中，仿佛穿越回了清代士大夫宅邸，悠悠古意自然地漫上心头。

　　园区内不仅有秀丽的景色，也收藏了大量的青铜器、玉器、瓷器，雅集馆内展示着190多幅反映200多年前广州民间生活的通草画，画内人们的生活起居，配上画外宝墨园的古色古香，形成了古今交汇的独特人文景观。

门票信息｜宝墨园54元，南粤苑50元

营业时间｜8:30—17:30

交通信息｜乘12、67路公交车可达。

电话｜84746666

微信公众号｜宝墨园南粤苑

网址｜http://www.baomogarden.net/

★ **亮点**

岭南园林、岭南古建筑、古今艺术

黄花岗公园

标签：　4A级景区　　全国重点文物保护单位
首批中国20世纪建筑遗产名录

　　黄花岗公园，又称黄花岗七十二烈士墓园，已经建成100多年。1911年，孙中山先生领导的同盟会为推翻清朝的封建统治在广州起义，失败后，喻培伦等人英勇牺牲，其中72位烈士的遗骸被收殓安葬于黄花岗。黄花岗公园门前高大的牌坊上，是孙中山先生亲笔题写的"浩气长存"，墓道两旁的苍翠松柏沉默庄严，彰显出烈士英魂们的凛凛傲骨。南墓道是碑林，镌刻着"自由魂""精神不死"等碑

文。在这里，你可以追忆过去，祭奠英魂，感受中国百年来的沧桑变化。

门票信息｜免费

营业时间｜6:30—21:00

交通信息｜搭乘地铁5号线至区庄站；搭乘地铁6号线至黄花岗站；搭乘6、11、16、65、74、85、112、127、220、223、236、285、535、833路公交在黄花岗站下车。

电话｜87326604

微信公众号｜广州市黄花岗公园

★ **亮点**

烈士墓园、纪功坊、默池

越秀公园

标签：　4A级景区　　羊城八景　　历史遗产

　　越秀公园是广州最大的综合性公园，园内有着众多名胜古迹，逶迤蜿蜒200米的明代古城墙是明初广州三大地面古迹之一，建于明洪武十三年（1380年）的镇海楼有着岭南第一胜景的美誉，被视为羊城标志的五羊石雕是广州市重点保护文物，移步换景之间，映入眼帘的各个建筑、雕塑都有自己独特的历史。

　　在公园里还有很多娱乐场所，如儿童乐园、越秀山体育场和越秀泳场等。

门票信息｜免费

营业时间｜全年

交通信息｜搭乘地铁2号线至越秀公园站；搭乘5、7、21、24、42、58、87、101、103、105、108、109、110、113、124、180、182、186、211、256、265、273、284、519、528、543、555、556路公交至越秀公园站。

电话｜86661950

微信公众号｜广州市越秀公园

网址｜http://www.yuexiupark-gz.com/

★ **亮点**

五羊石雕、镇海楼、中山纪念碑

南沙天后宫

标签：　4A级景区　天下天后第一宫

　　天后，民间称之为妈祖，是沿海百姓崇祀的海神。既然来到广州，不妨感受一下这位女神的动人之处，感受广东人民对于妈祖的信奉和崇拜。

　　南沙天后宫坐落于南沙大脚山东南麓，原身天妃庙在日本侵华时遭到破坏，现有的天后宫在1995年重建，其规模之大令它被称为"天下天后第一宫"。掩映在叠翠山间的天后宫集富丽堂皇与清新优雅于一身，草木葱茏、山亭雅致，天后宫建筑本身也别具气势，前来拜妈祖的信众们望之顿生超凡脱俗之感。

门票信息｜20元，可通过公众号线上购票

营业时间｜8:30—17:00

交通信息｜搭乘地铁4号线至蕉门站，转乘南4路公交至天后宫东门站；搭乘南54路公交至天后宫东门站。

电话｜84981223

微信公众号｜广州南沙天后宫旅游景区

⭐ 亮点

宫庙建筑、妈祖雕塑

华南植物园

标签：　4A级景区

　　华南植物园是全国三大植物园之一，建于1929年，总面积4500亩，汇聚了3200多种植物，获得了"热带亚热带植物博物馆"的美誉。园内有我国种类最多的南亚热带植物，对植物不了解的人会惊叹这些花卉树木的罕见与美丽，而植物观察者们则会感慨工作人员收集它们所付出的巨大精力。在华南植物园内还有欢乐世界游乐场，集学习、游乐于一身。

门票信息｜套票50元，园区门票20元，温室门票50元

营业时间｜7:30—17:30

交通信息｜搭乘地铁6号线至植物园站；搭乘B12、28、30、39、83、84、345、346、494、535、534、564、775路公交车至植物园正门站；搭乘775路公交车至植物园西门站。

电话｜87842888

微信公众号｜华南植物园

网址｜http://www.scib.ac.cn/

⭐ 亮点

保护动物、亲子共游

南海神庙

标签：　4A级景区　全国重点文物保护单位　羊城八景

　　南海神庙又名菠萝庙、东庙，是历代皇帝祭海的场所。已经有1400多年历史的南海神庙保存得非常完好，建筑风格稳重宏伟，甚至连杨万里都曾写诗赞叹道："大海更在小海东，西庙不如东庙雄。南来若不到东庙，西京未睹建章宫。"流连在庙内大殿旁，能看到一幅恢宏的唐朝画卷在眼前徐徐铺开，盛唐气象不外如是。在每年农历三月，南海神庙都会举办"波罗诞"来祭祀南海神，届时场景热闹、人声欢庆，别有一番广州味道。

门票信息｜10元

营业时间｜9:00—16:30

交通信息｜搭乘地铁13号线至南海神庙站；乘B1、B1快、B26、B28、B29、B30、B31、夜41、夜73路公交车到南海神庙站。

电话｜82222210

网址｜https://www.hpnhsm.cn/Index/Index

⭐ 亮点

古代建筑、文化遗产

荔湾博物馆

标签：　区级博物馆

　　荔湾博物馆由3栋建筑组成，也是三个展馆的合称。其中荔湾博物馆所在建筑的前身是民国初期英商广州汇丰银行买办陈廉仲先

生的故居，漂亮的三层西洋别墅内会定期更换主题展览，充满艺术气息；第二栋建筑西关民俗馆有满洲窗、蝴蝶窗、彩色玻璃，具有典型的岭南建筑风格；第三栋建筑是蒋光鼐的故居，是一栋融会了岭南与西洋风格的建筑，在故居内展示着这位抗日名将的生平。欣赏这几栋建筑，你可以看到复杂曲折的历史是如何在建筑物的身上留下刻痕的。

门票信息 | 5元

营业时间 | 周二至周日9:00—17:00，16:30停止售票，逢周一闭馆，法定节假日和特殊情况除外

交通信息 | 搭乘地铁1号线至长寿路站。

电话 | 81939917

微信公众号 | 荔湾博物馆

> ★ 亮点
>
> 博物馆、历史文物

永庆坊

标签： 历史街区

　　永庆坊是一个凝固了历史时光的街区，走在永庆坊的街道上，尘封的时光画卷徐徐展开。粤剧是这里值得关注的游览选项，这里有一代粤剧名伶李海泉（他也是李小龙的父亲）的祖居，典型的西关建筑风格尽显广州特色，居所内还设置了全息动态投影，过往的画面在科技的辅助下出现在眼前。恩宁路177号八和会馆是世界粤剧总会所在地，粤剧业内也常常自称为"八和子弟"。沿巷子走到底还能看到粤剧艺术博物馆，在这里可以尽情地体验粤剧的独到与美妙之处。

门票信息 | 免费

营业时间 | 全天

交通信息 | 搭乘地铁1号线至长寿路站或黄沙站；搭乘地铁6号线至黄沙站或如意坊站。

电话 | 87600688

> ★ 亮点
>
> 历史街区、粤剧

广州塔

标签： 地标建筑　中国第一高塔

　　广州塔虽然很难作为单独游览的项目，但是作为广州的地标性建筑和中国第一高塔，即使不刻意来到这附近，在不经意抬头时你也总会看见它的身影。当然，如果想来体验这动人心魄的高度，不如买票到高层玩一次跳楼机和摩天轮，从485米处高速下降的跳楼机已经被列入了吉尼斯世界纪录，而全透明设计的摩天轮舱也一定会让你感受到失控的心跳！在广州塔上还有食物丰盛的法餐和粤菜餐厅，可以在高空处边品尝美食边俯瞰漂亮的广州景致。

门票信息 | 室内433米白云星空观光票150元，户外项目450米户外平台观光票228元，460米摩天轮游乐套票298元，480米极速云霄游乐套票268元，488米户外平台观光票328元，488米一塔倾城游乐套票398元

营业时间 | 9:30—22:30，22:00后不可入内

交通信息 | 搭乘地铁3号线至广州塔站；搭乘121A、121、131A、131B、204路等多条公交线路直达广州塔。

电话 | 89338222

微信公众号 | 广州塔

网址 | http://www.cantontower.com/

> ★ 亮点
>
> 高空项目、地标建筑、旋转餐厅

黄埔军校旧址

标签： 全国重点文物保护单位　红色旅游
第二批中国20世纪建筑遗产

　　孙中山先生于1924年创办的黄埔军校在1938年毁于日军的轰炸中，这是1996年在原址上按照原来的面貌、尺度和空间重新建设起来的。军校里有校本部、孙总理纪念馆、中山故居、纪念碑、东征烈士墓等十几处建筑，处处带着民国的历史回忆。在校本部里有种种各样的展览，你可以看到老军人的口述影

像展厅、军校学生的姓名和由蒋校长撰写的评语等。这空旷的历史建筑凝结了无数的人生故事,行走在其中,就可以看到那些从历史长河中打捞出来的碎片。

门票信息 | 免费

营业时间 | 周二至周日校本部9:00—17:00(16:30停止领票),孙总理纪念室、孙总理纪念碑、白鹤岗炮台9:00—17:00(16:30停止领票),东征阵亡烈士墓园9:00—12:00,13:00—17:00(16:30停止领票),周一闭馆,国家法定节假日和特殊情况除外

交通信息 | 搭乘383路公交至黄埔军校总站。

电话 | 82202278

微信公众号 | 黄埔军校Whampoa Military Academy

网址 | http://www.hpma.cn/

⭐ **亮点**
历史建筑

广东科学中心

标签 | 4A级景区 全国科普教育基地 全国中小学生研学实践教育基地

广东科学中心占地45万平方米,是一个集合了科普教育、科技展示、学术交流和科学旅游的大型科普场馆。馆内有12个常设的主题展、5座科技影院和室外科学探索乐园,无论是成年人还是孩子都可以在寓教于乐的科普展和交互项目中,动手创造、得到知识、收获快乐。馆内还时常举办特别的活动,比如机器人特训营、青少年科技创新大赛等,格外适合有创造力、敢于挑战的孩子。

门票信息 | 60元,亲子套票70元,家庭套票120元

营业时间 | 展馆9:30—15:30,科普电影9:30—16:30

交通信息 | 搭乘大学城1线、大学城4线、384路、387路公交车至大学城广大站。

电话 | 39348080

微信公众号 | 广东科学中心

网址 | http://www.gdsc.cn/

⭐ **亮点**
科技展览、互动体验

石头记矿物园

标签 | 4A级景区 主题乐园

石头记矿物园是世界上第一座以宝石矿物为主题的游乐园。这里展示着超过2000多种天下奇石,其中最为出名的3件是栩栩如生的石宴满汉全席、变幻莫测的珊瑚海洋之梦和雕刻工艺精巧的镇馆之宝水晶观音。此外还有多种展区,比如园区内的木化石展区里有数百株年龄达亿万年的木化石,水晶餐厅里铺陈了大量特色的天然水晶,矿物园中石头的摆放、设置与展示出人意料又圆融一体,展现出了中国玉石文化的精微与优美。

门票信息 | 芝麻开门9:00—18:00免费,18:00—21:00 5元,神秘宝藏票价60元

营业时间 | 芝麻开门9:00—21:00,神秘宝藏9:00—18:00

交通信息 | 搭乘花都区9路、21路公交车至石头记站。

电话 | 36865818

微信公众号 | 石头记矿物园

⭐ **亮点**
矿石游乐园

光孝寺

标签 | 全国重点文物保护单位 历史建筑 宗教建筑

俗话说"未有羊城,先有光孝",光孝寺的历史非常悠久,它最初是公元前2世纪南越王赵建德的故宅,三国时期虞翻在此生活,虞翻死后家人舍宅作寺,之后它一直以寺庙的形式存在。因为经历了漫长的时光,无数建于不同时期的建筑同时存在于这一方土地之上——大雄宝殿建于东晋,千佛铁塔建于南汉,石经幢建于唐朝。这里非常适合对历史

或者佛教感兴趣的人。

门票信息｜5元，70岁以上老人免票

营业时间｜6:00—17:00

交通信息｜搭乘2、31、38、103、181、186、202、239、251、260、288、538、556、823、883路公交车至人民北路站；搭乘地铁1号线至西门口站。

电话｜81088867

微信公众号｜广州光孝寺

★ 亮点

古建筑群

广州公社旧址

标签：　全国重点文物保护单位　历史建筑

　　广州是中国革命史上的重要地理坐标，在这里有无数的民国旧影，显现出革命人士的无畏与勇敢。广州公社旧址是1927年中国共产党领导工农红军打下大半个广州后，所建立的中国第一个城市苏维埃政权所在地。目前对外展出的公社旧址内有院内大门、北中南3座办公楼以及拘留所，其中南楼被辟为广州起义陈列室，旧址里也保存着很多来自中央档案馆的资料和苏联的解密档案，对民国史感兴趣的话，可以自由地浏览这些曾被尘封的档案资料，体验共产党人的革命精神。

门票信息｜免费

营业时间｜周二至周五9:00—12:00、13:30—16:30，周六、周日10:00—16:30

交通信息｜搭乘地铁1号线、2号线至地铁公园前站。

电话｜83341321

★ 亮点

历史建筑

沙湾古镇

标签：　4A级景区　中国历史文化名镇　非物质文化遗产

　　沙湾古镇始建于南宋，历史长达800多年，是广府文化的杰出代表。小镇弥漫着浓郁的岭南韵味，大量祠堂、庙宇兴建于此，何少霞故居、古镇书斋等也都尽显广式风格，还有许多非物质文化遗产也在沙湾古镇得到保留和发扬，龙狮、飘色等其他地区难以同时看到的民间艺术和民俗文化，依旧活跃在这个生机勃勃的小镇中。坐在错落小巷中捧着一碗沙湾姜埋奶，欣赏着来来往往的游人和岭南的人文风情，何等快慰！

门票信息｜留耕堂、三稔厅、衍庆堂票价40元，其他景点免费

营业时间｜9:30—17:30

交通信息｜搭乘坐番6、番7、番12、番67（途经市桥地铁站）、番68路公交车至文体中心（或留耕堂站）下车后步行前往。

电话｜84736168

微信公众号｜沙湾古镇

网址｜http://www.shawanguzhen.com/index.asp

★ 亮点

文化古镇、民俗艺术

五仙观

标签：　道教建筑

　　五仙观是一座道教建筑，兴建于明洪武十年，门上大匾题字"五仙古观"是由清代两广总督瑞麟所写。传说，5位仙人骑着毛色不同的山羊来到广州，祝福广州永无饥荒并赠予稻穗，此后广州就成为了岭南最繁华的地方，这也是广州有"羊城"别称的缘由，五仙观就是供奉这5位仙人的地方。庙里红砂岩上的脚印凹穴也被认为是"仙人拇迹"。五仙观内有着广州现存最为完整的明代宫殿式木构建筑、最大的明代青铜古钟，重檐叠瓦间处处显现出明代建筑的历史气息，神话故事又使五仙观蒙上一层神秘的面纱。

门票信息｜免费

营业时间｜9:00—17:00

交通信息｜搭乘3、6、66、74、82、124、217、

227、541路公交车至惠福西路站。

电话｜83323508

⭐ **亮点**

明代建筑、明代青铜古钟

三元里平英团遗址

标签：第一批国家重点文物保护单位

　　三元里平英团遗址所代表的是一段不应被遗忘的历史。在鸦片战争时期，英国侵略者的脚步迈向了三元里、西村等村庄，而勇敢的三元里村民在古庙前誓师抗英，自发地组织起来与英国侵略者展开斗争，取得了牛栏岗之战的大捷。当时的三元古庙就是现在的三元里平英团遗址，砖木结构的二进四合院前，曾有一群人起誓为了自己的村庄、民族而奋战到底，如今的三元里抗英烈士纪念碑上也题刻着"烈士永垂不朽"。

门票信息｜免费

营业时间｜全天

交通信息｜搭乘地铁2号线至三元里站。

⭐ **亮点**

三元里抗英烈士纪念碑

百万葵园

标签：4A级景区

　　百万葵园种植着约100万株向日葵，在精心的设计与搭配下，颜色艳丽丰富的向日葵、玫瑰、薰衣草等鲜花灼灼盛开，映衬着童话般的建筑，场面非常壮观。在这里不仅可以欣赏到美丽的花海，还可以体验吊链吧、飞吧、瑶寨吧等数十个游乐设施。玩累了，还有百万葵园特别的葵花鸡可以品尝，以新鲜葵花为饲料的葵花鸡自带葵花清香，富含丰富的营养。沉浸在向日葵天堂之中，再来上一只葵花鸡，又是花朵般美好的一天。

门票信息｜150元，学生120元，儿童100元

营业时间｜9:00—17:30

交通信息｜搭乘地铁南沙1线、南沙2线至百

万葵园站；搭乘南沙11路、南沙16路、南沙21路、南沙23路、南沙25路、南沙2路公交车至百万葵园站。

电话｜84956360

微信公众号｜百万葵园度假区

网址｜http://www.bwky.cn/

⭐ **亮点**

向日葵花海、葵花鸡

中山大学

标签：岭南建筑　大学校园

　　中山大学是国内知名大学，由孙中山先生创立。南校区如今是常有游客打卡的地方，他们大多是去欣赏复古雅致的红砖建筑，校园中轴线两旁也矗立着许多保存良好的老建筑，比如爪哇堂、马丁堂、荣光堂、哲生堂、黑石屋和陈寅恪故居，供心怀孺慕的人前往参观。校园里有孙中山先生的雕像和他亲笔所写的"博学、审问、慎思、明辨、笃行"十字校训，充满了浓厚的学术气息，令人向往。

交通信息｜搭乘地铁8号线至中大站或鹭江站。

电话｜84112828

微信公众号｜中山大学

网址｜http://www.sysu.edu.cn/cn/index.htm

⭐ **亮点**

历史建筑、一流大学

广东美术馆

标签：省级美术馆

　　广东美术馆免费向大众开放，常年有优秀的艺术作品展出。在广东美术馆旁边还有星海音乐厅，它们都坐落于风景秀丽的二沙岛上，艺术的气息在这里弥漫，非常适合徜徉。不妨欣赏完画作，再去音乐厅听一支曲子，让心灵得到充分的放松和休整。

门票信息｜免费

营业时间｜周二至周日9:00—17:00，16:30停止

广东

入场,周一闭馆,法定节假日和特殊情况除外
交通信息|搭乘89、131A、194、B21路公交
至星海音乐厅站。
电话|87351468
微信公众号|广东美术馆
网址|http://www.gdmoa.org/

> ★ 亮点
>
> 艺术作品

珠江夜游

标签: 羊城八景

乘游船在珠江上夜游,沿岸灯火璀璨,水面上下是光与影的交错,以码头港口兴起的广州港,又被以乘船游览的方式阅读和体味,千年历史仿佛都融进这一江碧波之中。

在游船经过的路段中,游客可自行选择东段线路,欣赏广州城市风景,以及广州塔、星海音乐厅、花城广场等广州的标志性建筑,也可以选择游览西段的历史建筑群,领略别样的羊城风光。

门票信息|不同码头、不同游船楼层价格不同,请通过微信公众号实时查询
营业时间|开船时间常因当日状况不同而有所调整,需提前确认
交通信息|游船线路众多,可乘车前往广州塔财富码头、海心沙东区码头、天宇码头、西堤码头、大沙头码头。
微信公众号|珠江夜游
网址|http://www.zhujiangyou.com/

> ★ 亮点
>
> 珠江夜景、标志性建筑

小洲村

标签: 传统村落

小洲村始建于元末清初,直到今日依然承载着岭南水乡的悠悠情怀。当地村庄的景点主要有传统的岭南建筑,如祠堂、蚝壳屋等,没有特意翻新过的建筑反而保留下了一抹时间的

韵味。而较为商业化的小店铺也隐藏在村落的小巷中,咖啡、茶、手工艺品琳琅满目,适合在某个周末前来探索,偷得浮生半日闲。

门票信息|免费
营业时间|有的店铺周一至周五不开门,最好周末前往
交通信息|搭乘252、468路公交车至小洲村公交站。
微信公众号|小洲村

> ★ 亮点
>
> 传统村落、岭南建筑

余荫山房

标签: 岭南园林 传统建筑

余荫山房是清代举人邬彬的私家花园,内部建筑装饰繁复、色彩细致艳丽,有岭南别具一格的彩色玻璃窗。深柳堂的檀香木雕屏上刻着刘墉的书法,尽显文人气息。花园里的景色布置巧妙,恬静淡雅,山山水水尽纳于这一方天地,园中还供奉着观音、文昌、关帝,甚至有福德正神,每个细节都在彰显独特的岭南文化。

门票信息|18元
营业时间|8:00—18:00
交通信息|搭乘番51、番51B、番53路公交车至南山公园站;搭乘番30路至余荫山房总站。
电话|84768536
微信公众号|余荫山房
网址|http://www.yuyinshanfang.com/

> ★ 亮点
>
> 清代士大夫花园、刘墉书法

增城白水寨

标签: 风景名胜

增城白水寨地势奇崛、山体险峻,崇山峻岭之中藏着奔流的白水仙瀑布,9999级的登山步道一路经过亲瀑台、沐瀑台、仙姑天池等景观区,可以近距离地欣赏白水仙瀑布优美动人的身姿。

登山步道考验体力，需要量力而行，多数游客在4000多级时折返，尽管如此依旧可以接触白水仙瀑布，感受山水之间的美丽风韵。景区内有新开辟的奇趣水谷，沿着这条线路登高更有无尽的乐趣。

门票信息 | 60元，65岁以上老人免票

营业时间 | 8:30—17:30

交通信息 | 搭乘从化13路公交车、增城派潭班线直达白水寨景区。

电话 | 82820098

微信公众号 | 增城白水寨旅游区

⭐ **亮点**

瀑布、登山步道

黄埔古港古村

标签: 历史遗迹

　　在17世纪、18世纪，这里就是一个黄金港口，海上贸易的来往船只都停靠于此，它见证了海上丝绸之路的繁荣。黄埔古村至今仍留着古港口、宗祠、庙宇、民居等历史文化遗迹，古色古香，充满了广州风情。平日黄埔古村较为安静，但假日里这里的商铺都会开门，摊贩众多，可以吃到低于广州城中市价但又非常美味的甜品，漫无目的地散步也好，径直前往自己想去参观的庙宇、港口也好，这里都是适合休闲度假的郊外小镇。

门票信息 | 免费

营业时间 | 全天

交通信息 | 搭乘旅游观光1、137、262、564、762路公交至黄埔村站；搭乘旅游3线、229路公交至琶洲石基村（黄埔古港）总站。

电话 | 84135753

⭐ **亮点**

古建筑遗迹、美食

石门国家森林公园

标签: 风景名胜

　　公园内有田园风光区、石门风景区、石灶风景区、天堂顶风景区、峡谷探险区等5个风景区，公园是北回归线上的一片绿洲，森林覆盖率极高，登高眺望时满眼的苍翠碧绿，云雾缭绕仿若仙境，更有全国罕见的天然禾雀花群落，如果来访时赶上花朵盛开时节，定能大饱眼福。5个风景区地形地貌、风光特点也各不相同，有的安静，有的冒险，选一个感兴趣的方向去看看吧。

门票信息 | 40元

营业时间 | 5月至10月9:00—19:00，11月至次年4月9:00—18:00

交通信息 | 从市区打车或自驾前往。

电话 | 87850813

微信公众号 | 广州石门国家森林公园

网址 | http://www.shimenpark.cn/

⭐ **亮点**

自然风光、国家公园

深圳

　　深圳简称深，别称鹏城，是粤港澳大湾区的中心城市之一。作为中国第一个经济特区，深圳市自1979年起经济获得了高速的发展，如今，经过40年发展的深圳已然步上世界舞台，它所取得的每一项成就都备受海内外的瞩目。

　　在深圳，你永远可以看到追着梦想奔波在路途上的年轻人，来自全国新鲜血液的汇入使深圳获得了源源不断的动力，漂亮挺拔的大楼、与国际接轨的高新技术、不停奔涌的创造力与活力，这里是冒险者的天堂。

　　而对于旅游来说，深圳同样是个绝佳的去处，在这座年轻的城市里，可以看到充满设计感的各类文化设施、富于美感的创新项目，在2018年深圳入选了Lonely Planet世界十佳旅游城市，比起它的过去，它的未来更加值得期待。

☎ **电话区号 0755**

🚗 交通

▍飞机

深圳宝安国际机场（23456789；https://www.szairport.com/；微信公众号：深圳宝安国际机场）

▍火车

深圳火车站（罗湖火车站；95105105，以下各站电话同；微信公众号：广铁集团深圳火车站）始发站，超过80%的车次为广深动车组列车。

深圳北站 深圳规模最大的综合铁路枢纽，途经列车主要走广深港高速铁路、厦深高铁、杭深铁路等线路。

深圳东站 途经列车主要走广九铁路、广深铁路和京九铁路等线路。

光明城 途经列车主要走广深港高速铁路、赣深高速铁路等线路。

福田站 途经列车主要走广深港高速铁路和厦深铁路等线路。

▍长途汽车

罗湖火车站客运站（82321670；火车站东广场罗湖商业城1-2层）

福田汽车站（83587201；福田区竹子林福田交通枢纽1-2层）

南山汽车站（26162978；南山区前海路3105号）

▍地铁

深圳地铁开通运营线路16条，覆盖全部市辖行政区，地铁支持现场人工和售票机器售票，可以使用深圳通卡、交通联合卡刷卡，也可以使用"手机深圳通"通过手机付费。

▍公交车

深圳市内公交线路发达，支持投币支付，如乘坐无人售票车或人工监票模式车辆，需要自备零钱，此外支持深圳通卡、岭南通卡、交通联合卡刷卡付费或使用"手机深圳通"、乘车二维码等方式支付。乘坐公交依车型不同需要刷一次或者两次卡，具体可咨询司机。

🛒 土特产和纪念品

当地特色有南山荔枝、沙井生蚝。

🏠 住宿

▍经济型

深圳南山前海亚朵S酒店

（89828811；南山区前海路1428号）酒店采光极好，从窗口远眺可以看到前海全景，地铁站也在步行范围之内。酒店设计风格清新柔和，附有完善的健身房、餐厅、自助洗衣等设施。

▍中档

深圳东门希尔顿欢朋酒店

（82269999；罗湖区东门南路3022号）酒店坐落于罗湖商业文化核心区域，周边就是时尚的购物娱乐中心。酒店内部风格简约高端，人体工学座椅和专利床垫都很舒适，设有餐厅、健身房和会议室。

▍高档

深圳东海朗廷酒店

（88289888；福田区深南大道7888号）酒店有352间客房，房间以米白色为主色调，清新淡雅，雅致温馨，木质家具给人以典雅柔和之感。酒店地理位置优越，处于深圳购物区的中心，周围热闹繁华、交通便捷。

🍴 就餐

繁楼（华强北店）

（83206939；福田区振华路118号）繁楼是一家广式风格的茶餐厅，茶点众多，菜品中西结合，是当地人也常去饮早茶的地方。红米肠、手工炸油条都是招牌，口感独特，不妨一试。

润园四季椰子鸡（卓越店）

（29128886；香山东街东部市场4楼；10:00—22:00）润园四季椰子鸡是经久不衰的品牌，家喻户晓，用椰青和秘制汤底熬成的椰子鸡椰香十足，口感鲜嫩爽滑，可以和几个朋友一起来，点上满满一锅，再来一份招牌的珍珠马蹄，爽口又满足。

线路推荐

游海岸、吃海鲜一日漫游：蛇口老街—深圳湾滨海休闲带西段—海上世界

穿越坪山文艺地带：坪山图书馆—坪山中心公园—坪山美术馆

广东

景点

东部华侨城旅游度假区

标签：　5A级景区

　　度假区位于深圳大梅沙，是一个功能强大、集观光、科普、户外运动于一身的大型旅游度假区，主要包括大侠谷生态公园、茶溪谷休闲公园、云海谷体育公园、华兴寺、主题酒店群落、天麓大宅等六大板块，度假区内既有都市丽景，也有山野之趣，各项配套设施完备，可以满足所有年龄段旅客的各种需求。因为园区内游玩项目太多，所以来之前要好好规划自己的行程，才能全身心地投入快乐而不是寻路中。

门票信息┃大侠谷一日游200元，茶溪谷一日游180元，两谷两日游230元

营业时间┃大侠谷9:00—17:00，天机夜场闭园21:00，巨石广场夜场18:00—21:30，茶溪谷9:00—17:00，夜场17:00—20:40

交通信息┃搭乘103、387、J1、M207（原53路）、M362路、大梅沙假日专线2、观光巴士线、机场6线至东部华侨城大侠谷站（也称大侠谷停车场、公交总站）。

电话┃88889888

微信公众号┃东部华侨城

网址┃http://octeast.com/index.html

★ 亮点

旅游度假区

锦绣中华民俗村

标签：　5A级景区

　　锦绣中华民俗村是内容丰富的实景微缩景区，82个景点按照中国版图位置分布，大部分比例为1∶15。景点分为古建筑类、山水名胜类和民居民俗类，里面有许多经典建筑与自然风光，如大雁塔、乐山大佛、圆明园、黄果树瀑布、长江三峡等；也有灿烂多元的民族风情——瑶寨、摩梭寨、土家寨等，显现出中华民族的创造力与活力。

门票信息┃220元，线上预订有优惠

营业时间┃9:30—22:00，白天场9:30—19:00入园，夜场18:00—21:00入园

交通信息┃搭乘地铁1号线至华侨城站；搭乘101、109、113、121、223、232、234、245、26、301、311、323、324、328、365、B603、K123、M358、N5、N6路公交至锦绣中华站。

电话┃83067950

微信公众号┃锦绣中华民俗村

网址┃http://www.jxzhmsc.cn/index.html

★ 亮点

微缩景观

深圳野生动物园

标签：　4A级景区　　深圳市绿色景区

　　放养式的野生动物园给了动物更加宽松舒适的环境，也让游客能够看到更贴近大自然的动物。占地面积60多万平方米的土地上集聚着近万只珍禽异兽，比起笼养的动物，这里的动物可以在开阔地带自然地漫步，而来游玩的游客也可以通过动物园的科普教育了解各种动物的生活习性与生存环境。

门票信息┃240元

营业时间┃9:30—18:00，17:00停止入园

交通信息┃搭乘36、49、66、101、104、M203、

226、240、B736、B796、B797路公交车在动物园站下；搭乘地铁7号线至西丽湖站。

电话｜26628068

微信公众号｜深圳动物园

网址｜http://www.szzoo.net/

> ★ 亮点
>
> 放养式动物园

青青世界

标签：　4A级景区　　生态环保景点　　观光农场

青青世界将农场与观光结合起来，在喧闹的城市中开辟出一块绿色、宁静、神秘而又美丽的区域。这里有仙雾缭绕的热带雨林、斑斓可爱的蝴蝶农场、葱郁茂密的花卉绿植，踏入其中像在丛林中探险一般。更有亚马孙河鱼类展览、森林课堂里亲子科普等各类老少咸宜的活动。同时，它也提供变脸、喷火和小丑气球表演，给久居城市的人带来一些新奇的体验。

白天观光，晚上则可以在青青世界的山林木屋或者树上旅馆住上一晚，圆了年少时读童话故事的幻想与期待。

门票信息｜80元

营业时间｜8:30—17:30

交通信息｜搭乘369路公交车至南头青青世界站。

电话｜26646988

微信公众号｜青青世界

> ★ 亮点
>
> 树屋、蝴蝶农场、亲子科普课堂

海上田园

标签：　4A级景区

西部海上田园旅游区是西海岸线上的田园绿洲，静谧的环境构筑出了一道独立于喧闹市区的风景线，既保留了"沙田基塘"的原始生态环境，又推广了生态农业，同时开放给游客参观游览，你可以切身地感受到何为生态农业，何为环保。

在旅游区内设有十大景区，包括40多个景点，有丰富的游乐项目，如水上竞技、红树林迷宫等，趣味性十足。景区可以夜宿，体验一把树居、船居、穴居等少见的居住方式。

门票信息｜60元

营业时间｜9:00—20:00，19:00停止售票，19:30停止入园

交通信息｜搭乘地铁11号线至沙井站或后亭站。

电话｜27259888

微信公众号｜观澜山水田园

网址｜http://www.szwaterlands.com/szhstyly/hsty/index.html

> ★ 亮点
>
> 生态观光、夜宿树居、船居、穴居

大鹏所城

标签：　全国重点文物保护单位　　深圳十大文化名片

深圳的别称"鹏城"就是来自大鹏所城，这也是深圳市唯一的古城，洪武二十七年（1394年）为抗击倭寇时建造。这座古城曾经的功能是海防、屯兵，来来往往的都是士兵、军官，后来才改为允许居民进住。

如今的大鹏所城有保存完好的古庙、城楼、宅院、粮仓等建筑，岁月将这些建筑打磨得古朴庄严，任风雨来去依旧屹立，往来游客络绎不绝。除了古建筑外，这里也能看到大鹏军语、大鹏山歌等非物质文化遗产。漫步在这座古代城池中，吃一席将军宴，岁月悠悠，万丈豪情，都仿佛涤荡在胸。

门票信息｜免费

营业时间｜全天

交通信息｜搭乘地铁3号线至双龙地铁站；乘坐818路公交车至大鹏中心站；乘坐M471路公交车至较场尾公交站。

微信公众号｜深圳华侨城大鹏所城文化旅游区

> ★ **亮点**
>
> 古建筑、将军宴

中英街

标签：中国历史文化名街　深圳八景

　　中英街是一条特殊的街道，这里深圳和香港各占一半，中间以界碑石做区隔，进入中英街前需要办理一张"前往边防禁区特许通行证"。在这里随处能看到英国、中国大陆与中国香港纠结缠绕的历史，中英街界碑是英国侵略中国的象征，也是香港回归的伟大见证；警示钟亭为纪念香港回归三周年而建，象征"勿忘历史，警钟长鸣"。在这里可以重新品读历史、展望未来。

门票信息｜免费，但需要提前办理证件

营业时间｜办证时间为8:30—12:00和13:00—16:00

办证地点｜中英街门口的办证大厅

交通信息｜搭乘103、205、308、358、387、85、B619、M437、M520、N21路公交至三家店站下车；搭乘68、B924、B961路公交至中英街关前站。

电话｜25350389

微信公众号｜中英街

> ★ **亮点**
>
> 中英街界碑

土洋村东江纵队司令部旧址

标签：全国重点文物保护单位　红色旅游

　　这座欧式建筑原本是意大利教堂，太平洋战争爆发后，神父尽数撤走，因为战争的需要，广东人民抗日游击队纵队的指挥部迁入其中。目前建筑内设置了史迹展和复原陈列两部分，通过展示实物、照片以及相关资料，复原曾生司令员的生活起居用品，展现当时部队艰苦作战的革命精神。

门票信息｜免费

营业时间｜9:00—12:00，14:00—16:30

交通信息｜搭乘E26、M357、M362、高快巴士13号、高快巴士26号公交车至土洋村派出所站。

电话｜84206985

> ★ **亮点**
>
> 复原实物展示

中国丝绸文化产业创意园

标签：3A级景区　国家文化产业示范基地

　　中丝园位于"中国第一村"南岭村内。这里保存着极为丰富的丝绸文化，内设中国丝绸文化博览馆、丝绸之路4D奇幻艺术馆、中华旗袍馆、丝绸生活馆四大展馆，通过各式各样的展览与先进的技术，重新呼唤起人们对于丝绸这一中国古老技艺的好奇与向往。在这里，除了能亲眼看到中国旗袍之美，还能拍出精彩而又亦真亦幻的4D照片。

门票信息｜58元

营业时间｜周二至周日9:30—16:30，周一闭馆

交通信息｜搭乘B881路公交至中丝园站；搭乘306、376、836、B665、E32线、M183、M227、M265、大站快车、M265、M271、M301、M309、M329、M373、M379、M385、M404、M417、M476、M508、高快巴士916号、高快巴士917号、梧桐山假日专线2路至南岭村站。

电话｜89382222

微信公众号｜深圳中丝园

网址｜www.silkgo.com.cn

> ★ **亮点**
>
> 丝绸文化

华强北步行街

标签：3A级景区　商业购物区

　　华强北前身是以生产电子、通信产品为主的工业区域，经济的发展让华强北成长为中国最大的电子市场，如今则在政府的规划指导下转型成为深圳的商业中心，也叫"中国电

子第一街"。科技是华强北的关键词,这里坐落着中国规模最大、种类最齐全的综合电子专业交易市场,拥有世界上最高的全程户外观光电梯,以及深圳建市以来的第一座高楼。

门票信息 | 免费

营业时间 | 全天

交通信息 | 附近公交车站众多,如振兴中、群星广场、华强路口、华新站、圣廷苑酒店等站,过路公交有395、M383、123、225、302路区间、303、383、385、B622路等。

电话 | 82259224

微信公众号 | Wow华强北

网址 | http://www.wowhqb.com/

⭐ **亮点**

全程户外观光电梯

梧桐山风景名胜区

标签: 国家级风景名胜区　国家森林公园

　　梧桐山是深圳市的最高点,被称为深圳"市肺",也是人们争相打卡的知名景点。多条登山路线攀登难度不同,新手老手都能找到适合自己的线路,一边登山还可以一边欣赏风谷鸣琴、梧桐烟云等景观,无论是身体还是心灵都能调节到最舒服的模式。沿途有多处亭台楼阁供人歇息,你也可以远眺山间美景,将烦恼与忧愁都一扫而空。

门票信息 | 免费

营业时间 | 6:00—19:00

交通信息 | 前往北大门、泰山涧、梧桐山北路搭乘211路公交至梧桐山总站或M445路公交至梧桐山市场;前往登云道搭乘27、113、214、B621、M468路公交至梧桐山新居站;前往凌云道搭乘27、57、69、85、103、111、M133、M191、M364、M437路公交至长岭站或长岭沟站;前往碧桐道搭乘68、B902路公交至盐田区医院站;前往秀坪道搭乘M444、M465路公交至半山半海公交总站。

电话 | 25708918

微信公众号 | 梧桐山风景区

⭐ **亮点**

登山观景

深圳博物馆

标签: 博物馆

　　深圳博物馆设计优雅大方,现有文物藏品两万多件,一楼是野生动物标本展,二楼和三楼则介绍了深圳历史和民俗,介绍生动详细,展品与历史情境相结合,还有义工的讲解。博物馆内常开设讲座和活动,介绍各种艺术品与器物的历史、造型等,感兴趣的话可以事先在官网查找相关信息。

门票信息 | 免费

营业时间 | 历史民俗馆、古代艺术馆10:00—18:00;改革开放展览馆10:30—17:30;周一闭馆,重要节假日期间开放,重要节假日后的第一天闭馆

交通信息 | 搭乘地铁4号线至市民中心站。

电话 | 88125553

微信公众号 | 深圳博物馆

网址 | https://www.shenzhenmuseum.com

⭐ **亮点**

野生动物标本、文物藏品

深圳望野博物馆

标签: 国家二级博物馆

　　望野博物馆是一家以收藏、研究、展览古代文物为主的非国有博物馆,外表简约流畅、线条优美,馆内收藏的玉石、陶瓷、青铜以及其他藏品具有很高的艺术价值与观赏价值,在这里,你可以看到很多有趣的藏品,如髹漆共命鸟木刻像、贴金箔蛤盒等,你一定会惊讶于中国古代手工艺人天马行空般的想象力与细致入微的手工艺。

门票信息 | 免费

营业时间 | 周二至周日9:00—21:00

交通信息 | 搭乘M202路、高峰专线94路公交至文化广场东站;搭乘M391路公交至

共和新村站；搭乘M302路公交至文化广场北站。

电话 | 81781731

微信公众号 | 望野博物馆

官网 | https://www.wangyemuseum.com

南山博物馆

标签： 综合类博物馆

　　南山博物馆是集收藏、保护、研究、展示、教育于一体的大型综合类博物馆。固定展览"南山故事"按照时间发展的顺序，来讲述过去南山的样貌。除此之外还有许多来自全世界的专题展览，如叙利亚古代文物展、日本浮世绘艺术展等。

门票信息 | 免费

营业时间 | 周二至周日10:00—17:00, 周六增加夜场18:00—21:00, 周一闭馆

交通信息 | 搭乘地铁1号线至桃园站。

电话 | 86700071

微信公众号 | 南山博物馆

网址 | http://www.nanshanmuseum.com/

> ★ 亮点
>
> 特色专题展

莲花山公园

标签： 红色旅游　鹏城八景

　　莲花山公园因为大面积的草地和邓小平雕像而闻名，在满山的草坪和棕榈之间，是昂首阔步、大步向前的邓小平雕像，仿佛正迈向深圳更加美好的明天。深圳市民常来莲花山公园登山、放风筝、摄影等，让思绪在这片美丽的土地上逐渐放慢、归于宁静。每年十一二月，这里会举办一年一度的杜鹃花展，届时莲花山公园里都是赏花观景、相约出游的人。

门票信息 | 免费

营业时间 | 6:30—23:00

交通信息 | 搭乘地铁3号线或4号线至青少年宫站。

电话 | 83067950

> ★ 亮点
>
> 自然风景、杜鹃花展

小梅沙

标签： 鹏城八景

　　这条长长的海滩有着"东方夏威夷"的美名。澄澈的碧波荡漾在沙滩的怀抱中，不远处的悠悠众山泛着苍翠，小梅沙是暂别都市生活的休憩之所。

　　小梅沙可玩的东西很多，适合和朋友相约来放松玩耍，可以挑战一下刺激的水上项目，骑着摩托艇在海面上驰骋，通过滑索在山海之间凌空飞翔，潜到水下探索珍奇的海底世界，晚上在沙滩帐篷中围坐着聊天，亲密又愉快。

门票信息 | 50元

营业时间 | 全天

交通信息 | 搭乘地铁2号线或者5号线至黄贝岭，坐387路公交车到小梅沙站；搭乘小梅沙假日专线2号或假日专线10号直达小梅沙站。

电话 | 22720053

微信公众号 | 小梅沙度假村

> ★ 亮点
>
> 沙滩景观、水上运动

凤凰山

标签： 新安八景　森林公园

　　凤凰山相传有凤凰栖息在此而得名。被茂密乔木所覆盖的凤凰山上有大约40%的森林是限制游人进入的，这也带来些许神秘之感，让人不禁猜测，如此原始的森林里应该是有些神奇的动物存在的。在游客可以活动的范围内，嶙峋的巨石就是登山时的最佳景观了，当你看到试剑石、较剪石、净瓶撒露等形状各异的石头，就知道人类的想象力有多丰富了。此外，还有古今不少文人墨客在石壁上题诗，如有兴致，在登山时还可以品读一二。

门票信息 | 免费

营业时间 | 夏季6:00—19:00，冬季6:30—18:30

交通信息 | 搭乘782、M251、B854、650、高峰30号专线、M334、M335、B837、B711路公交至凤凰山站。

电话 | 29915042

微信公众号 | 深圳凤凰山

> ★ 亮点
>
> 试剑石

古生物博物馆

标签：　博物馆

　　古生物博物馆坐落于仙湖植物园古化石森林旁边，馆内陈列着200多件古生物化石标本，有丰富翔实的科普与讲解，讲述了关于植物化石的种种故事。博物馆通过多媒体等科技手段，让人们更加清楚地了解人类诞生前的岁月中，地球上的动植物所发生的变化，例如复原了森林被地壳运动和火山岩所掩埋的全过程。馆中也陈列了备受瞩目的"张和兽""孔子鸟"等古生物化石。

门票信息 | 15元

营业时间 | 9:00—17:00，16:30停止入馆，周一闭馆，节假日除外

交通信息 | 搭乘382、363、220、202路公交至仙湖总站；搭乘218、27、57、113、K113、333、336路公交至罗湖外语学校站。

电话 | 25702716

微信公众号 | 深圳古生物博物馆

> ★ 亮点
>
> 古生物化石

东门老街

标签：　商业区

　　东门老街的历史可以追溯到明代中期，如今已过数百年。当时售卖农产品、布匹等生活物资的商业墟市，现在已变成集观光、餐饮、购物于一身的商业旺区。鳞次栉比的建筑中穿行着来来往往的人群，车水马龙、日新月异，不过东门老街上的青铜浮雕、铜秤雕塑、岭南建筑时刻提醒着深圳人勿忘自己的历史，也让旅行者对深圳的过去有了新的了解。

门票信息 | 免费

营业时间 | 全天

交通信息 | 搭乘地铁1号线、3号线至老街站。

电话 | 82829036

> ★ 亮点
>
> 购物餐饮

玫瑰海岸

标签：　4A级景区

　　玫瑰海岸是这座临海城市最美的海岸沙滩之一，有城堡、椰林度假景观，种植了大片的薰衣草花海，沙滩上也布置了文艺清新的展示装置，人造的布景与自然景观结合在一起，构筑出美妙的画面。不少当地人在这里拍婚纱照，这也是你拍照发到朋友圈的好地方。

门票信息 | 30元

营业时间 | 周一至周五8:00—19:00，周六、周日8:00—22:00

交通信息 | 搭乘M199路公交至溪涌玫瑰海岸总站；搭乘NE26、M362路公交至溪涌社区站。

电话 | 84234888

微信公众号 | 玫瑰海岸旅游度假区

> ★ 亮点
>
> 海滨度假

龙岗街道客家民俗博物馆

标签：　全国最大的客家围屋之一
　　　　省级文物保护单位

　　客家民俗博物馆原本是客家人罗瑞凤于乾隆年间兴建的家族宅邸，占地2.5万平方米，是现在全国最大的客家围屋之一。客家围屋也被称为"客家建筑艺术的结晶"，这座博物馆建筑本身就是极富历史价值的文物，

九厅十八景、十阁走马廊，互相通通的各个功能区让围屋的居住和观赏都饶有趣味。馆内收藏客家家具、劳动工具、生活用品以及族谱等400多件文物，全方位地展示客家人的生活起居与精神图景。

门票信息｜免费

营业时间｜9:00—17:30

交通信息｜搭乘地铁3号线至南联站。

电话｜84297960

★ 亮点

民俗博物馆

笔架山公园

标签：自然公园

笔架山公园地形多样、富于变化，茂密的山林之间点缀着湖泊池塘，山上有风筝广场、草地滚球场、垂钓中心、健身场、登山道等设施，能提供多元的文体娱乐项目，因此笔架山公园也是深圳市民常去的休闲之地。对游客而言，公园的观景视角很好，从开阔的山顶往远处看去，深圳湾、蛇口以及香港上水、元朗的景致一览无余，繁华的深圳城市景观也都在视野内。

门票信息｜免费

营业时间｜7:00—17:30

交通信息｜搭乘地铁6号线或9号线至银湖地铁站。

电话｜83246662

★ 亮点

登山步道，俯瞰深圳城景

甘坑客家小镇

标签：深圳十大客家古村落 国家级文旅特色小镇

甘坑客家小镇起源于明清时期的甘坑村，原本古老的村庄样貌保留得很好，有200多年历史的状元府、楼中有楼的南香楼、曾生曾经战斗过的古炮楼，目前的小镇聚集了众多的客家民居、古老建筑，是一幅生动的客家

民俗与传统田园风光画卷。漫步在甘坑客家小镇的街道上，随处可见漂亮的客家排屋。不妨沉浸式地参观：戴上客家凉帽，尝尝客家盆菜，再听上几首客家小调，亲身经历一日客家人的生活。

门票信息｜小镇免费，小凉帽农场20元，凤凰谷30元

营业时间｜全天

交通信息｜搭乘地铁10号线至甘坑站或凉帽山站。

电话｜89328887

微信公众号｜深圳华侨城甘坑客家小镇

★ 亮点

客家建筑、民俗文化

劳务工博物馆

标签：博物馆 红色旅游

劳务工博物馆是我国第一座以劳务工为主题的博物馆，复原了当年的企业工厂里的情况，包括三条不同年代的生产线、劳务工宿舍以及饭堂、放映厅等，生动地展现了当时劳务工工作的场景。基本陈列展厅的展品跨越40多年的历史，其他展厅展示劳务工的美术、书法等作品。对深圳的发展来说，劳务工是不可或缺的一环，对深圳这段发展历史感兴趣的人不妨来劳务工博物馆看一看，重走一遍劳务工的路。

门票信息｜免费

营业时间｜9:00—17:00

交通信息｜搭乘K533、M206、M795路等公交到石岩汽车站。

电话｜29732986

★ 亮点

复原展品

南头古城

标签：省级文物保护单位

南头古城始建于明洪武二十七年（1394

年），是目前深圳最具规模的历史文物旅游景点，城池保存良好。这里有一座雕梁画栋的关圣帝庙，有清末贩卖鸦片的新安烟馆，也有东莞商人讨价还价的聚会场所，随处可见明清风格的建筑物。

门票信息｜免费

营业时间｜全天

交通信息｜搭乘地铁1号线至大新站或桃园站。

微信公众号｜南头古城

★ 亮点

明朝建筑

大芬油画村

标签：　艺术区

全球最大油画生产和出口基地

大芬油画村现在是全球最大的油画生产和出口基地。独特的文化产业品牌使大芬油画村的街头巷尾都与平常村落不同，众多追梦的年轻人来这里寻求油画技艺的精进，也有人想要通过自己的画技大显身手。游客可以在这里看到画廊售卖精美的油画，还可以看到大批人马集体创作的热闹场面。最好的纪念品就是油画作品，你也可以在油画体验处感受一下自己作画的乐趣。

门票信息｜免费

营业时间｜全天

交通信息｜搭乘地铁3号线至大芬站。

微信公众号｜大芬油画村

网址｜http://www.dafencn.com

★ 亮点

油画、画家社群

何香凝美术馆

标签：　国家级美术馆

何香凝是著名的政治活动家、女权运动先驱，她的一生波澜壮阔，见证了中国历史的发展。同时，何香凝也是一名画家，她的画作圆融细腻、意态生动，知名作品有《狮》《梅花》等。何香凝美术馆是中国第一个以个人名命名的国家级美术馆，面积5000多平方米，在这里收藏着大量何香凝的艺术创作以及文献资料，不定期开办展览。

门票信息｜免费

营业时间｜9：30—17：00，停止入场时间16:30，周一闭馆

交通信息｜搭乘地铁1号线至华侨城站。

电话｜26604540

微信公众号｜何香凝美术馆

网址｜http://www.hxnart.com/

★ 亮点

何香凝作品

大华兴寺

标签：　佛教寺庙

大华兴寺位于深圳东部"观音坐莲"山上，寺庙宏伟瑰丽，是唐宋时期古书院的建筑风格。寺院有着引人注目的巨大观音坐莲像，由南面圣观音、北面送子观音、西面莲华手菩萨、东面世间尊观音组成。因佛寺建在山上，你可以登上山顶眺望四周，也可以前往香积斋吃素斋，享受质朴的快乐。

门票信息｜免费

营业时间｜周一至周五9:30—18:00，周六、周日、节假日9:00—18:00

交通信息｜搭乘909A、909B路至大华兴寺牌坊站；搭乘E12、E13、J1、53路，观光线1线或机场6线至东部华侨城大侠谷站；搭乘东线假日快线1路、假日快线2路至东部华侨城站。

电话｜25032298

微信公众号｜大华兴寺

★ 亮点

观音像、寺庙建筑

佛山、中山、珠海、东莞、惠州

佛山地处珠江三角洲腹地，是粤港澳大湾区的城市之一，也是明清时期的"四大名镇"之一。佛山最为出名的可能是黄飞鸿、叶问和李小龙，作为"武术之乡"，佛山出了许多高手，而它的城市气质也正如这些武术名家一般，外表温润雅致，内里功夫颇深。在佛山，你可以感受到一座城市双面的魅力，无论是怀旧还是新潮，总能找到适宜的佛山旅游坐标。

中山的原名"香山"来自境内五桂山的奇异花卉，每到花朵绽放时节就满城飘香。如今中山依然保留着曾经的传统，每次临近端午节的时候都会举办民间盛会龙舟赛，而在乡镇中也能看到以飘色为主角的庙会巡游。

珠海市内有大小海岛262个，与港澳在地理位置上极为接近，随着港珠澳大桥的开通，三地之间的交通更加便捷。被海洋围绕的环境赋予了珠海独有的浪漫，珠海渔女、梦幻水城、三叠泉、御温泉等各项与水有关的景点，与珠海的整体氛围相得益彰。

东莞是粤港澳大湾区的涵盖城市之一，因工业发达而被称为"亚洲工厂"，与此同时，东莞的古迹也得到了精心的保护与照料，可园、却金亭碑、虎门炮台等建筑记录了东莞的历史，也是中国历史里璀璨的篇章。

惠州别称鹅城，苏东坡等众多历史名人曾旅居于此，留下了许多脍炙人口的名篇佳作，也给惠州留下了源源不断的文脉。在惠州，山水自然永远是最美丽的风景，杨万里所作的"三处西湖一色秋，钱塘颍水与罗浮"正是他对惠州之美的诠释。

☎ **电话区号** 佛山0757、中山0760、珠海0756、东莞0769、惠州0752

🚗 交通

▌飞机

佛山沙堤机场（0757-81806521；微信公众号：佛山机场）

珠海金湾国际机场（0756-7771111；https://www.zhairport.com/；微信公众号：珠海机场）

惠州平潭机场（0752-5718114；http://www.gdhzairport.com/；微信公众号：惠州机场）

▌火车

佛山站（0757-82718677）途经线路主要有广三铁路、广茂铁路。

中山站、中山北站、小榄站 途经线路均为广珠城际铁路。

珠海站 为广珠城际铁路、珠机城际铁路的起止站点，此外还有珠海北站、明珠站、前山站，都是广珠城际铁路上的站点。

东莞火车站（0769-6296476）途经线路有广九铁路、广深铁路和广梅汕铁路。

东莞东站（0769-5824982）途经线路有京九铁路和广梅汕铁路。

惠州站（95105105）途经主要线路为京九铁路、广梅汕铁路。

▌长途汽车

佛山汽车站（0757-82232940；佛山市禅城区汾江中路6号）

中山城东客运站（0760-85310908；中山市火炬开发区逸仙路1号）

珠海香洲长途站（0756-2116222；珠海市香洲区紫荆路142号）

珠海拱北汽车客运站（0756-8885218；珠海市香洲区莲花路1号）

东莞汽车客运北站（0769-88783788；东莞市中心东路路口）

东莞东城榴花客运站（0769-22690838；东莞市峡口管理区榴花西街81号）

惠州市汽车客运站（0752-2383336；惠州市惠城区鹅岭南路71号）

▌地铁

佛山目前运营地铁线路2条，在建线路4条（段），地铁支持现场购买一日票或三日票，可以在自动售票机购买单程票，也可以使用广佛通、羊城通刷卡。需注意，地铁不办理广佛通充值、退票、换票业务，游客需在地铁站内的7-11便利店进行充值。

东莞已开通一条地铁线，共15个站点，地铁支持现场人工购票、自动售票机购票，可以使用东莞通卡刷卡，也可以使用微信及支付宝扫码购票。

▌公交车

佛山市内公交线路发达，支持投币支付、刷卡付费，以及刷微信、支付宝乘车二维码等方式支付。乘坐佛山公交只需刷一次卡，有些路段分段收费，具体可询问司机。

中山市内公交线路较为发达，支持投币支付、刷中山通交通卡付费以及使用微信、支付宝扫描乘车码支付。需注意中山市大站快线K系列公交车为无人售票，票价分段递减，上车后按该站至终点站的票价收费，自动投币。乘坐中山公交需要上下车分别在前后门刷卡或者扫码。

珠海公交和有轨电车实行无人售票一票制，支持现金、珠海通（中山通、岭南通）、银联闪付、微信及支付宝乘车码支付。乘坐珠海公交只需刷一次卡，个别线路有免费换乘制度，可询问司机或者在相关官方网站查阅。

东莞市内公交线路发达，支持投币支付、东莞通卡刷卡、支付宝和微信扫码支付等多种购票形式。乘坐无人收费的定额收费公交只需刷卡一次，收费2元；乘坐分段路收费的公交则需上车和下车各刷卡一次。

惠州市内公交较为便捷，可使用现金支付，用岭南通·惠州通刷卡乘车，也可以使用支付宝、微信、银联闪付等方式付费乘车。部分路段分段收费，如使用岭南通·惠州通则可以享受优惠待遇。

🛒 土特产和纪念品

佛山当地特色有西樵大饼、九江煎堆，中山当地特色有小榄菊花肉，珠海当地特色有横琴蚝、横琴蚝干，东莞当地特色有莞香、麻

涌香蕉，惠州当地特色有惠州梅菜。

住宿

▌经济型

珠海云舍民宿

（18928040560；珠海市香洲区淇澳岛白石街62号）珠海云舍民宿位于素有"九湾十八峰"之称的淇澳岛，被大自然保护基地、红树林保护基地等环绕。云舍民宿内部环境秀雅，有厨房、餐厅、会议室、露天茶室等。

▌中档

佛山皇冠假日酒店

（0757-82368888；佛山市禅城区汾江中路118号）这是一家具有浓郁岭南风格的酒店，位于佛山市中心，与佛山祖庙、叶问纪念堂、龙船博物馆等景点距离很近。酒店内有地道的广式早茶供客人选择，干蒸、虾饺、凤爪、烧麦一应俱全。酒店内有游泳池。

▌高档

中山利和希尔顿酒店

（0760-88888888；中山市中山三路16号）酒店位于中山市中心区，附近非常繁华。酒店内共有459间客房，装饰风格豪华，有室内恒温游泳池、专业硬地灯光网球场、水疗中心等，作为连锁高级酒店，服务和硬件设施都达到了相应的标准。

🍴 就餐

黄但记陈村粉食府

（0757-23330218；佛山市顺德区陈村镇旧圩桥南路1-2号铺）黄旦记陈村粉食府是一家老字号，所做的粤菜地道正宗，常年有游客前来打卡"朝圣"。招牌菜陈村粉是顺德的传统名菜，粉的口感爽滑，可搭配多种食材，菜式多样丰富。

石岐佬中山菜馆（张溪店）

（0760-88707708；中山市康华路66

号）石岐佬菜馆是当地的老字号，招牌菜石岐烤乳鸽是中山的标志性菜品，被称赞为"中山第一鸽"。据说是采用13天的妙龄乳鸽烹饪而成，色泽金黄，皮脆肉嫩，即便是极富经验的老饕也赞叹不绝口。

珠海铃记钵仔糕

（13727002736；珠海市香洲区景山路218号，得一超市门口）铃记钵仔糕是珠海人从小吃到大的美味甜品店，甚至有不吃铃记就不算来过珠海的说法。钵仔糕的口感弹嫩爽滑，除了传统的椰汁红豆外更有许多创意的味道，如芝士味、猪脚姜味等。

广东

🚍 线路推荐

佛山生态观景旅游： 南风古灶—岭南天地—绿岛湖—罗南生态园景点

缅怀孙中山先生： 孙中山故里—中山詹园—马公纪念堂—孙文纪念公园—孙文西路

追随苏轼脚步： 惠州西湖—泗州塔—东坡园—丰渚园—元妙观—朝京门

📍 佛山景点

西樵山景区

标签： `5A级景区` `国家森林公园` `国家地质公园`

西樵山是百越文化发祥地，也是文化名山。大自然的鬼斧神工使西樵山的地形地貌千变万化，山中有72座奇峰、36个岩洞、252眼清泉、28处瀑布，亭台楼阁零星点缀其中，又给西樵山增添了几分古韵。西樵山的人文资源也非常丰富，明代西樵山上设立了云谷书院等四处书院，清代又有云溪书院等三处书院在此开办，能够坐在天地间谈道论学，是当年莘莘学子心中的向往。

门票信息｜ 55元

营业时间｜ 7:30—17:30

交通信息｜ 搭乘樵01路和樵16路至西樵山南门入口站，步行300米后抵达西樵山南门；广佛地铁各出口均有接驳公车直达西樵。

电话｜ 81080300

微信公众号｜ 西樵山风景名胜区

网址｜ https://www.xiqiaoshantour.com/

> ⭐ **亮点**
> 自然风光

佛山祖庙

标签： `4A级景区` `全国重点文物保护单位`

佛山祖庙是供奉道教玄天大帝的神庙，被称为岭南古建筑三大瑰宝，雕梁画栋展现的都是传统的岭南风韵。整个祖庙包括祖庙古建筑群、孔庙、黄飞鸿纪念馆、叶问堂等，既是道教崇拜与祭祀的地点，也是佛山武术传播发扬的场所。

在佛山祖庙，除了能看到静态的武术展览，每天10:00和15:00还会有佛山武术和舞狮表演，吸引众多对于佛山武术好奇的游客前来观看。

门票信息｜ 20元

营业时间｜ 8:30—17:30

交通信息｜ 搭乘广佛地铁至佛山祖庙站；搭乘101、107、112、116路公交至祖庙站。

电话｜ 82286913

微信公众号｜ 佛山市祖庙博物馆

网址｜ https://www.fszumiao.com/

> ⭐ **亮点**
> 古建筑群、武术表演

清晖园

标签： `4A级景区`

清晖园是广东四大名园之一，呈典型的岭南园林风格，建筑物无处不精巧。它本是明朝礼部尚书黄士俊修建的黄家祠堂，后来被乾隆年间的进士龙应时购得，逐渐扩展装饰为现在我们所看到的园林建筑。

园中有很多装饰性的木雕、陶瓷、彩色玻璃等，展现了清晖园主人不俗的品位。在摆件之外，修剪精致的花草树木也散发着蓬勃的生命力，让清晖园显得更加清新优美、玲珑通透。

门票信息｜15元

营业时间｜博物馆9:00—17:00，前园8:30—17:00

交通信息｜搭乘佛山城巴禅城—顺德线及301、303、363、309、305路至清晖园公交站。

电话｜22226196

微信公众号｜佛山市顺德区清晖园博物馆

> ★ 亮点
>
> 岭南园林

南风古灶

标签：4A级景区

　　南风古灶是世界上至今仍在使用的最古老的柴烧龙窑，以悠久的陶器制作史而闻名，始建于1506年的它被称为"陶瓷活化石"。南风古灶园区内部划分为3个区域：南风古灶、陶塑公园和绿洲孔雀园，其中南风古灶是一个长30多米的灶，犹如一条沉睡的卧龙，所以也叫龙窑。在这座龙窑之外，园区内还有石湾陶瓷博物馆、公仔街等依托陶瓷而搭建的景点，供游客了解历史，挑选喜爱的陶器。

门票信息｜25元

营业时间｜8:30—17:00

交通信息｜搭乘109、120、137、桂26、临8路公交车至南风古灶站。

电话｜82701118

微信公众号｜南风古灶

> ★ 亮点
>
> 柴烧龙窑

顺峰山公园

标签：顺德新十景　佛山十大最美公园

　　顺峰山公园主要由两山（太平山、神步山）、两湖（桂畔湖、青云湖）、两塔（旧寨塔、青云塔）和一寺（宝林寺）组成，清新秀丽的自然环境映衬着典雅精致的古塔寺庙，

营造出一派岭南气象。公园中两湖环湖通道全长8公里，沿着这条通道漫步，可以看到桂海芳丛、雅正园、汀芷园等岭南园林建筑，感受到湿地生态的宁静秀美。

门票信息｜免费

营业时间｜全天

交通信息｜搭乘304A、306、316、320、380、906、919、920、K371、佛307路公交车至顺峰山公园站。

电话｜22638916

微信公众号｜顺峰山公园

> ★ 亮点
>
> 寺庙、湖边漫步

李小龙乐园

标签：名人纪念馆　生态乐园

　　李小龙乐园坐落于佛山市顺德区均安镇，也就是国际武打巨星李小龙的祖籍地。这座占地3000亩的园区内有22座山峰，湖泊池塘星罗棋布。园区内有世界最大的李小龙雕像、全球最大的李小龙纪念馆以及功夫影院，痴迷于中国武术或者痴迷李小龙的游客可以在这里完成自己的圣地巡礼，重新追忆这位巨星的一生。

门票信息｜50元，园内提供的其他服务如画舫、单车另行收费

营业时间｜5月至10月9:00—17:30，11月至次年4月9:00—17:00

交通信息｜可乘坐393、394、397、399路至李小龙乐园站。

电话｜25508822

微信公众号｜顺德李小龙乐园

网址｜http://www.brucelee-paradise.com/

> ★ 亮点
>
> 李小龙纪念馆、观鸟

梁园

标签：省级重点文物保护单位

　　梁园是岭南四大园林之一，由当地诗书

名家梁蔼如、梁九华、梁九章及梁九图叔侄四人于清嘉庆、道光年间陆续建成，历时50多年。这座园林有着典型的岭南建筑风格，宅邸、祠堂与园林融为一体，经历了数十年耐心打磨，整体布局巧妙，因其湖水萦回、奇石巧布而闻名岭南。

门票信息｜10元

营业时间｜9:00—17:00，16:40停止入园

交通信息｜搭乘105、106、114、118、128路公交车至梁园站。

电话｜82258995

★ 亮点

园林布局

逢简水乡

标签：　3A级景区

逢简水乡是典型的岭南水乡，水道环绕村庄，长约10公里，岸上的古屋古树宁静质朴，村民三三两两少有喧嚣，村庄内有保存完好的梁氏祠堂、金鳌桥等建筑，令人仿佛穿越回了旧日时光。水乡风采依旧，泛舟河上是欣赏这岭南古村迷人魅力的好方法。

门票信息｜免费，租小船游水乡的价格110—200元

营业时间｜全天，游船8:00—17:00

交通信息｜搭乘K990路或者K990快线公交车至逢简村委会路口站。

电话｜27381182

微信公众号｜逢简水乡FengjianCanalTown

★ 亮点

水乡风情

南海影视城

标签：　影视城　中国好莱坞

南海影视城是中央电视台直属的影视摄制基地，除了用来拍摄影视剧外，也开放供游客参观。影视城里分为三大景区和一个表演区，众多风格的建筑齐聚于此，仿佛真的在一

瞬间跨越了时空。许多知名的电视剧，如《三国演义》《香港的故事》都是在这里取景，影视剧爱好者们不妨做一次侦探，对照着剧里的镜头找找看画面中的建筑出现在何处。

门票信息｜90元

营业时间｜8:30—17:30

交通信息｜搭乘佛281、旅游城巴2线、南高16路公交车至南海影视城站。

电话｜85231106

网址｜http://www.cctvnh.com/

★ 亮点

影视取景地

黄飞鸿纪念馆

标签：　名人纪念馆

黄飞鸿纪念馆是为纪念这位在佛山赫赫有名的武林宗师而建，整体建筑为仿清风格的两层两进深三开间镬耳建筑，依照黄飞鸿在世时的佛山民居、祠堂的样式设计，充满岭南式的气派与传统。纪念馆内部展示黄飞鸿的生平事迹、围绕黄飞鸿而展开的各类文艺作品，以及上千件文物，可谓是对黄飞鸿的全方位介绍。

门票信息｜祖庙门票20元，纪念馆包含在内

营业时间｜8:30—18:00

交通信息｜搭乘101、104B、105、106、107、111、112路等多路公交车至祖庙站。

电话｜82286913

网址｜http://www.fszumiao.com/

★ 亮点

佛山民居、相关文物

碧江金楼

标签：　古建筑

碧江金楼是明清时期碧江苏家修建的一座书楼，集中了宅第、祠堂、书斋、园林等功能，具有极高的艺术价值。楼中多用金箔镶贴，故得名金楼。岭南式的院宅内保存着清代

的家具，还有刘墉、宋湘等为这个家族题写的匾额，以及多位书画大家赠送的墨宝。这里重现了珠三角地区一代富庶家族的豪奢。

门票信息｜15元

营业时间｜8:30—17:00，16:30停止入场

交通信息｜搭乘331、332、933路公交车至德云市场站。

电话｜26632123

微信公众号｜碧江金楼

★ 亮点

古代建筑、清朝家具、名人字画

西樵山国艺影视城

标签：影视城

西樵山国艺影视城坐落于5A级景区西樵山的山脚，城区内建设有全实景的世界经典建筑，如明清皇宫、广州街、恭王府、黄大仙祠等。这里诞生过多部优秀的影视作品，在影史上留下了灿烂的一笔，《新喜剧之王》《锋味江湖之决战食神》《叶问终极一战》《致命追击》都曾在这里取景。

影视城经常借景安排演出，如在上海街百乐门中让人有穿越时空之感的戏剧、舞台上极具香港鬼片特色的僵尸剧等，这种体验在别处可难得一见！

门票信息｜128元

营业时间｜影视城9:00—18:00，黄大仙祠8:30—17:30

交通信息｜搭乘樵16路至西樵山南站（登山入口）。

电话｜81250886

微信公众号｜西樵山国艺影视城

网址｜http://www.nastudios.cn/

★ 亮点

影视作品取景地

三水荷花世界

标签：4A级景区　佛山新八景

三水荷花世界是目前世界上规模最大、栽植的荷花种类最丰富的荷花观赏景区，500多个珍稀荷花品种、数十个睡莲品种，将这片生态园区装点得异彩纷呈。荷花世界里还有每天一场的大型歌舞，将荷花的魅力与舞蹈的柔美结合在一起。

门票信息｜成人票（不含游乐项目）60元，各种套票请在官网查阅

营业时间｜9:00—18:00，17:30停止入园

交通信息｜搭乘佛山蓝鲸公交车、三水国鸿631可到达三水荷花世界景区停车场。

电话｜87755303

微信公众号｜三水荷花奇境

网址｜http://www.fshhsj.com/

★ 亮点

珍稀品种的荷花和睡莲

📍 中山景点

孙中山故里

标签：5A级景区　全国重点文物保护单位

孙中山故里位于中山市南朗镇翠亨村，也就是孙中山先生的祖籍所在地，内含孙中山故居纪念馆、翠亨村、中山城、辛亥革命纪念公园和犁头尖山等五个核心景区，通过大量的建筑还原、文物展览来展现孙中山先生的一生。园区内还有精彩的节目——马战表演、综艺表演、3D电影、5D电影等。

门票信息｜中山城65元，纪念馆免费

营业时间｜孙中山故居纪念馆领票时间9:00—16:30，16:30后停止入场；中山城售票处周一至周五8:30—17:30，周六、周日8:00—18:00

交通信息｜搭乘12、K16、087、089路至孙中山故居（杨殷故居）站。

电话｜87932888

微信公众号｜孙中山故里旅游区

网址｜http://www.sunzhongshanguli.com/

★ 亮点

文物展览

珠海景点

珠海长隆国际马戏城

标签: 马戏表演

珠海长隆国际马戏城是专业的国际马戏场馆,这里的表演极富科技感,1300多盏灯所打造的灯光效果、两道高空天幕、由288块长方形组成的LED屏幕——这些装置给人以巨大的声光电冲击。许多来自全世界各地、盛名在外的马戏团曾在这里表演,舞蹈表演、魔术表演、动物表演等轮番上演,惊喜不断。

门票信息|普通座全票285元起,一等座全票333元起,贵宾座全票(送小食套餐)475元

演出时间|19:30

交通信息|搭乘14、86、K10、K11路公交直达珠海横琴长隆国际海洋度假区;在珠海城轨站停车场A出口乘专线车到达珠海横琴长隆国际海洋度假区。

电话|400-883-0083

网址|https://www.chimelong.com/zh/circuscity/

> ★ 亮点
>
> 马戏表演

三灶岛侵华日军罪行遗迹

标签: 全国重点文物保护单位
爱国主义教育基地
万山群岛第一大岛

1938年,日军在三灶岛登岛后就在此设立了司令部,计划从三灶入侵华南。日军在岛上施行三光政策,进行了惨无人道的大屠杀,尸横遍野,在沦陷的八年中,陆续有几千位三灶同胞被杀害。三灶岛的整个遗迹包括万人坟、千人坟、日军慰问所、日军"慰灵"石刻、碉堡、机场等,展示了那一幕幕血淋淋的历史,教导人们勿忘历史、铭记过去。

门票信息|免费

营业时间|8:30—17:30

交通信息|搭乘105路至华容路口站。

> ★ 亮点
>
> 陈列馆

野狸岛

标签: 海岛公园

野狸岛是一座靠近珠海市、风景秀丽、小巧精致的海岛,上面建成了海岛公园,长约3公里的登山步道和3.5公里的环岛路方便人们边散步边欣赏海岛上的美丽景致。停车场、洗手间、道路照明等相关设施一应俱全。海岛上的珠海歌剧院像一个贝壳点缀在脉脉山间,常有高雅的歌剧上演,剧院里还有书店、酒吧等颇具文艺复古气息的小店。

门票信息|免费

营业时间|全天

交通信息|搭乘9、99路至名亭公园站下车;搭乘2、K3、3、3A、6路等公交车至湾仔沙巴士站。

电话|2253978

> ★ 亮点
>
> 珠海歌剧院

东澳岛

标签: 4A级景区 珠海十景

东澳岛保留着非常原始自然的生态环境,较少受到人为的破坏,森林覆盖率达80%。岛上地形不一,有神秘温柔的森林、洁白细腻的沙滩、波澜壮阔的海景,加上蓝天白云、绿树红花,构造出一幅唯美的画卷。

在岛上可以环岛骑行,充分领略海岛美景,也可以海钓、冲浪、潜水,无论是太阳初升还是暮色四合,大自然选用的色调总能达到完美的效果,令人沉醉。

门票信息|免费,但需付船票。

营业时间|全天,但需注意珠海横琴码头游船往返时间(10:45—16:30)

交通信息|从香洲北堤客运站乘船或深圳蛇

口港乘坐海上航班前往；从珠海横琴码头搭乘高速客轮，40分钟即可抵达。

电话 | 6995012

微信公众号 | 珠海东澳岛旅游

> ★ 亮点
>
> 环岛骑行、钓鱼、冲浪

外伶仃岛旅游度假区

标签： 4A级景区　旅游度假胜地

　　珠海外伶仃岛距离珠海市27.5海里，距离香港尖沙咀码头11海里，在天气晴朗时可以清晰地看见香港的青马大桥。关于此处最有名的莫过于文天祥的"人生自古谁无死，留取丹心照汗青"。这座海岛远离都市的喧嚣，四季气候温和舒适，海钓、潜水、游泳都是这里的常见活动，投入其中，宛若用身体与浩瀚汪洋对话。

门票信息 | 登岛免费，香洲港码头船票为120元

营业时间 | 全天

交通信息 | 从香洲港码头乘船前往，航班时间为8:40、9:40、11:20、11:50、12:20、12:40、14:20、15:25、15:50。

电话 | 8855118

微信公众号 | 外伶仃岛

> ★ 亮点
>
> 海钓、潜水

桂山岛风景区

标签： 3A级景区　珠海十大美丽海岛

　　桂山岛位于伶仃洋畔，是珠海万山群岛中开发最为完善、居住人口最多的岛屿。这里不仅风景优美，也有着丰富的人文历史资源，如桂山岛妈祖庙、文天祥文化广场、坑道博物馆等。在这里不仅可以尝试海钓、徒步、冲浪等水上运动，还可以深入了解当地居民的生活样貌，体验在桂山岛上当岛民的悠闲自在的生活节奏。

门票信息 | 免费

交通信息 | 在香洲北堤客运站（香洲港）乘船前往，船票190元，快艇85元。

微信公众号 | 桂山岛游客服务中心

> ★ 亮点
>
> 桂山岛妈祖庙

梅溪牌坊旅游区

标签： 3A级景区　全国重点文物保护单位　珠海十景

　　梅溪牌坊旅游区内有清末中国第一任夏威夷领事陈芳先生的故居、光绪帝御赐的梅溪石牌坊、陈家花园、陈氏家族墓园等，是一个围绕陈氏家族的历史而兴建的景区。其中陈芳故居里有陈公祠、洋房、花厅等，保留完好的建筑虽蒙上了岁月的色泽，依旧散发动人的光辉。

　　除了可以看到名人的故居与陈芳先生一生的轨迹外，景区内还有民俗表演、抖空竹、天桥中幡都是中国传统民间绝活，令人拍案叫绝，赞叹不已。

门票信息 | 33元，双人票60元

营业时间 | 9:00—17:30

交通信息 | 搭乘26、36、70路公交至梅溪牌坊站。

电话 | 8635652

微信公众号 | 梅溪牌坊

> ★ 亮点
>
> 梅溪牌坊、陈芳故居

飞沙滩

标签： 珠海十景

　　飞沙滩是一处纯天然海滩，沙质细腻，海面平静，被评为"珠海十景"之一。这里非常适合度假：踩在柔软的沙滩上，感受略带腥咸的海风吹过脸颊，在躺椅上看水天一色的海景放空自己，或者和朋友们一起白天打沙滩排球，夜晚露营，欣赏繁星点点。

门票信息 | 40元

营业时间 | 9:00—17:00

交通信息 | 搭乘706路公交车至终点站。

电话 | 7710000

微信公众号 | 珠海市飞沙滩旅游开发有限公司

> ★ 亮点
>
> 天然沙滩

唐家共乐园

标签： 省级文物保护单位　珠海十景

唐家共乐园的前身是民国第一任内阁总理唐绍仪的私人园林，名为玲珑山馆，1915年改名为唐家共乐园，取与民同乐之意。进入园内，可以看到保存完善的"一品皇狮""黄蜡石"等文物，也可以看到精美的建筑。最引人注目的莫过于它清新典雅的园林，园林内引进了法国桃花心木、番荔枝、洋紫荆等各种有趣又少见的植物，还生长着400岁高龄的古榕树。

门票信息 | 10元

营业时间 | 8:00—18:00

交通信息 | 搭乘10、3、68、69、K1、K3路公交至唐家市场站。

电话 | 3311154

> ★ 亮点
>
> 珍稀植物、园林建筑

湾仔海鲜街

标签： 美食街

珠海最出名的美食就是海鲜，这座临海的城市餐桌上随处可见鲜嫩可口、当日打捞的海产品，而湾仔海鲜街就是珠海最为出名的海鲜小吃街。街道一侧是卖海鲜的店，螃蟹、生蚝、鲍鱼等各类海产品琳琅满目地排开，个个生猛十足；另一侧大大小小的餐厅则格外适合游客来饱餐一顿，在海鲜铺里挑好海鲜，转身就拎到餐厅里请老板烹饪，这饮食体验堪称一绝。

营业时间 | 具体餐厅营业时间不定

交通信息 | 搭乘14、5、60、61、61路高峰车、62路至湾仔海鲜街站。

电话 | 8812722

> ★ 亮点
>
> 现买现做的海鲜

炮台山海关遗址

标签： 历史遗迹　市级文物保护单位

炮台山海关遗址建筑包括一座4层瞭望塔、海关关楼和炮台周围的城墙。这座始建于乾隆年间的炮台经历了几多风雨，曾有无数英雄先烈在这里留下战斗的身姿，与沿海袭来的侵略者对抗，镇守着中国南部的大门。如今的海关遗址已难掩沧桑，登台远眺，能感受到现在人们的和平生活是多么来之不易，应当好好珍惜。

门票信息 | 免费

营业时间 | 8:00—18:00

交通信息 | 搭乘889路至高怡邨站。

> ★ 亮点
>
> 炮台遗迹

愚园

标签： 市级文物保护单位

愚园是洋务运动先驱、著名实业家徐润建造的私人花园，又名"竹石山房"。与岭南花园的风格不同，愚园是典型的苏州古典园林，轻巧秀丽，里面有牌坊、徐公雨之祠、忍字碑等古迹，也有造型别致的凉亭、假山、石桥，种植着名贵的花草树木，一派生机盎然。现在，愚园附近建成了美食文化广场，可以在咖啡店、酒吧、甜品店消遣度假时光。

门票信息 | 免费

营业时间 | 全天

交通信息 | 搭乘2、33、35路至北岭公交站；搭乘1、10、10A、11、21、32、62、K1路公交车至摩尔广场站。

电话 | 8881911

★ 亮点

园林古迹

🔵 东莞景点

可园

标签： 全国重点文物保护单位

可园为清代岭南四大园林之一，占地面积较小，但每一寸空间都被精巧的构思所充盈，堪称一步一景。庭院、住宅、书斋等不同的分区巧妙地连接在一起，穿插着亭台、树木、池塘、虚实结合、动静相生，曲折的走廊步道让视线充分地舒展开，迎面而来舒朗开阔、幽深宁静的景色让人感慨其主人张敬修的园林设计造诣之高。

门票信息｜古建筑区8元，法定节假日免费

营业时间｜周一、周三至周日9:00—17:30，周二闭馆，法定节假日除外

交通信息｜搭乘3、4、7、15、16、20、28、30、31、45、46、2A、C2、C4、L1(58)、L2(59)、L3(60)、L5路专线公交车至可园站。

电话｜22233015

微信公众号｜东莞市可园博物馆

网址｜http://www.dgkeyuan.org

★ 亮点

岭南园林

🔵 惠州景点

罗浮山景区

标签： 5A级景区 国家重点风景名胜区

罗浮山山势雄浑，自古就被称为岭南第一山。高海拔的山峰有云雾缭绕，瀑布飞溅，山内有十八大洞天和七十二小洞天。秦汉时罗浮山被称作仙山，道教称它为第七洞天，这样的山峰的确像是有仙人居住。

参观罗浮山，除了可以欣赏仙气飘飘的自然景观外，佛道宗教在此留下的痕迹也值

得一看。前有道教洞天福地，后有佛教寺庙庄严，山中的华首寺有第一禅林的美誉，很难不令人心生敬畏。

门票信息｜60元，索道单程50元，往返95元

营业时间｜7:00—18:00

交通信息｜惠州汽车站有到景区的直达车，票价18元。

电话｜6668600

微信公众号｜罗浮山旅游预订中心

网址｜http://www.lfs.com.cn/

★ 亮点

道教洞天、禅宗寺庙、自然风光

惠州西湖

标签： 5A级景区 惠州十大名胜

惠州西湖景区由西湖景区和红花湖景区组成，是一个占据了20平方公里土地的大型旅游景区，全区的"六湖九桥十八景"非常有名，九曲回肠的桥梁更衬得这里山明水秀、烟波浩渺。在这座园林湖泊中，四季更替轮转，景色一如既往的迷人。从古至今有400多位文人来到惠州，写下有关西湖的优美词句，其中苏轼、李商隐、杨万里等名家的大作尤为出名。

门票信息｜免费

营业时间｜8:00—21:00

交通信息｜室内多条公交通往西湖，附近站点有平湖门站、朝京门站、南苑站、圆通桥站、红花湖站、南门公园站、丰渚园站等。

电话｜2248116

微信公众号｜惠州西湖西湖景区

网址｜http://www.hzxihu.net/

★ 亮点

六湖九桥十八景

湛江、茂名、阳江、云浮、江门

湛江自从1899年开阜，商业往来和海上

贸易就得到了长足的发展。如今这里有知名的度假区，还有龙虾、蟹、海螺、鲍鱼等多种美食带来舌尖上的独特体验，法国公使署建造的硇洲灯塔在岛上矗立着，提醒着湛江人那段难以忘记的历史，但已成文物的灯塔也在告诉世人，未来比过去更加重要。

茂名是全国重要的石油化工基地和能源基地，自然资源也非常丰富，山水森林秀美，海岸线蜿蜒曲折。茂名的饮食更是一绝，香油捞粉是这里最具地方特色的食物，价格便宜，油香满口，此外还有化州牛杂、香油鸭等小吃，以及龙眼、香蕉、白糖罂荔枝等水果，等待你的到来。

阳江位于广东西南沿海地区，被绿水青山环抱。阳江复杂多样的地形是生态爱好者们的天堂，在这里可以看到稀奇古怪的峰林溶洞，也有飞流直下的瀑布与纯天然的咸水温泉。

而谈到旅游，云浮的大云雾山、天露山等都是景色秀丽的自然景点，悠久的历史也给云浮带来了像水东古村落、大湾古村落这样的传统村落，更有被誉为中国禅都的六祖慧能大师故里。在云浮，你可以看到一个小城最真实也是最温暖的一面，在旅途中收获很多的感动与祝福。

江门是粤港澳大湾区的涵盖城市之一，也被称为"中国第一侨乡"。这里有烟雾缭绕的天然温泉、洁白细腻的海边沙滩、山势雄浑的森林景区，往来游客可以在这里尽享山水之乐。这里还有咏春拳创始人梁赞故居、梁启超故居、开平碉楼等许多历史遗迹。

☎ **电话区号** 湛江0759、茂名0668、阳江0662、云浮0766、江门0750

🚗 交通

✈ 飞机
湛江吴川机场（0759-3255002；微信公众号：湛江机场）
云浮罗定机场（0766-7333568）

🚆 火车
湛江火车站 途经线路为黎湛铁路，湛江火车站有车开往北京西站、上海南站、郑州站、昆明站等火车站。
茂名站 途经主要线路有河茂铁路、深湛铁路、广茂铁路，是粤西重要的铁路枢纽。
阳江站 途经主要线路为江湛铁路。
云浮东站 途经主要线路为南广铁路。
江门站 是广珠铁路、深湛铁路、江门铁路的交会车站，也是粤港澳大湾区城际铁路建设规划中的主要车站之一。

🚌 长途汽车
湛江海田客运站（0759-3163789；湛江市赤坎区海田路100号）
茂名市客运中心站（0668-2820069；茂名市站前四路89号）
阳江粤运汽车站（0662-3169999；阳江市江城区西平北路888号）
云浮汽车客运站（0766-8181192；云浮市云城区兴云东路246号）
江门汽车站（0750-3881888；江门市蓬江区建设三路139号）

🚍 公交车
湛江市内公交发达，支持现金支付、湛江通、岭南通、交通联合卡刷卡支付，也可以通过支付宝、微信、美团二维码等多种方式扫码支付。湛江市区线路2元，部分线路3元，郊区线路分段收费，需提前查询。

茂名市内公交路线较为发达，可使用现金支付、岭南通·茂城通和茂名市特种卡刷卡支付，其中岭南通·茂城通享受乘车八折优惠。在茂名公交官网可实时查询公交动态，掌握公交信息。部分车辆分段计费。

阳江市内公交较为便捷，可使用现金支付、岭南通卡、羊城通卡、全国一卡通等刷卡支付，也可以使用支付宝或者微信的乘车码。

云浮市内公交较为便捷，可使用现金支付、全国一卡通刷卡乘车，也可以使用支付宝、微信、银联闪付等方式付费乘车。

江门市内公交线路较为发达，支持现金支付、五邑通和全国一卡通刷卡支付、银联移动支付、微信和支付宝支付等方式。

🛒 土特产和纪念品

湛江当地特色有吴川月饼、徐闻菠萝，茂名当地特色有跳仔鱼、储良龙眼，阳江当地特色有阳江十八子刀、阳江豆豉、猪肠碌，云浮当地特色有罗定皱纱鱼腐，江门当地特色有鹤山茶叶、新会柑、新会陈皮。

🏠 住宿

▌经济型

茂名维也纳国际酒店（茂名高铁火车站店）

（0668-2984888；茂名市茂南区新福三路10号）酒店地理位置优越，附近就是茂名火车站，交通十分方便。酒店是欧式古典装修风格，大厅里装饰着罗马柱、穹顶和水晶吊灯，房间也充满异国风情，服务亲切，配套设施完备，是不错的入住选择。

▌中档

江门邑涧酒店

（0750-8258889；江门市蓬江区白石大道26号201室）这是一座以茶文化为主题的酒店，大厅环境雅致、素净而又带着禅意，房间也选用了温馨的主色调，干湿分离的浴室与投影屏幕使居住体验直线提升，适合想要修养身心、体验江门茶的游客。

▌高档

湛江硇洲岛五月海岸民宿

（13702873705；湛江市麻章区硇洲镇东海头环岛线东201号）说是民宿，其实是别墅，坐落在硇洲岛上。一望无际的大海加上充满风情的火山岛，对于度假者堪称完美。白色简约风格的小别墅中有12间客房，推开门就是大海，可以在海边钓鱼、烧烤，也可以搭车（车程20分钟）前往中心市场买新鲜的海产品，感受湛江好味道。

🍴 就餐

烧蚝帮（观海店）

（0759-2283876；湛江市霞山区观海路149号）生蚝是到湛江不可不吃的特产之一，而烧蚝帮就是大多数人的必选，连当地人都被它吸引。烧蚝帮在湛江已经开了多家连锁店，他们的生蚝来自湛江最优质的养蚝基地，招牌菜蒜香生蚝唇齿留香，恨不得再来上一盘。

茂名第一家正宗化州香油鸡饭店

（0668-2225646；茂名市茂南区油城五路12号）这家香油鸡饭店是不少茂名人的童年记忆，多年如一日的好吃。香油鸡是这里的招牌菜，同时也是茂名特色小吃，肉质紧实细腻，鸡皮厚实柔韧，香味沁到米饭中，无一处不香喷喷。干煎豆腐也是茂名人的常见吃法，想来一顿茂名特色的话，这家店绝对不能错过。

云浮林兴美食

（13580663644；云浮市云城区府前路11号）这样一间外表普通的肠粉小店却是云浮的热门之选，每天外面都会大排长龙，甚至室外的棚子里也满座。在外漂泊很久的云浮人回家之后也会在林兴美食来一碟肠粉，唤起对家乡的回忆。

👣 线路推荐

湛江赏海景、尝美食：渔人码头—十里军港—霞山水产品批发市场—海滨公园—观海长廊—渔港花园—金沙湾

江门寻访历史：开平碉楼文化旅游区—立园

📍 湛江景点

湖光岩

标签：　4A级景区　　国家级风景名胜区　国家地质公园

湖光岩风景区是一个以玛珥火山地质地貌为主体的地质公园，地貌丰富且富于变化，而湖光岩则是这座公园内最为重要的火山口湖的名字，湖面光滑如镜，映衬着四周环绕的绿树与湛蓝的天空，分外迷人。

这里的自然风光令古今文人墨客赞叹不已，宋朝丞相李纲在此题写的摩崖石刻"湖

光岩"存留至今。在这片世外桃源中，还隐藏着古刹白衣庵，可以一看。

门票信息｜50元

营业时间｜湖光岩景区博物馆7:30—18:00、地震馆9:20—16:20

交通信息｜搭乘9路至湖光东门站；搭乘3路至植物园站；搭乘6路至湖光岩西门站。

电话｜2819197

微信公众号｜湖光岩风景区

网址｜https://www.hgytravel.com/

> ★ 亮点
> 火山口湖

茂名景点

中国第一滩

标签：　4A级景区

　　1993年，杨茂之和李观来就将这里称为中国第一滩，这一名称后来获得了江泽民的认可。中国第一滩旅游景区拥有绵延12公里、洁白细腻的沙滩，享誉海内外，海水清澈透明，可以承载几乎全部的海滨活动，无论是游泳、打沙滩排球、潜水，还是晒日光浴，你都可以在炎炎夏日获得无与伦比的体验。

门票信息｜免费

营业时间｜全天

交通信息｜搭乘201专线车、2路专线车、电白县城水东镇专线中巴车至第一滩旅游区。

电话｜2680118

微信公众号｜第一滩旅游景区

> ★ 亮点
> 海滨活动

阳江景点

海陵岛大角湾海上丝路旅游区

标签：　5A级景区

　　大角湾海上丝路旅游区（海陵岛大角湾风景名胜区）的主要景点有大角湾、马尾岛、闸坡海市。大角湾青山碧海，美不胜收，可以在这里洗一次愉快的海水浴或者沙浴，感受海水或者沙子接触肌肤的快乐；之后可以去马尾岛看被海浪冲刷了万余载的山体巨石，自然在此淋漓尽致地展现着它的力量；最后去闸坡海市的大排档吃当地海鲜，玩在海边、吃在海边，正是阳江人的生活方式。

门票信息｜15元起

营业时间｜4月16日至10月15日（旺季）8:00—21:30、10月16日至4月15日（淡季）8:00—18:00

交通信息｜乘31路公交车到闸坡汽车客运站。

电话｜3887080

微信公众号｜海陵岛大角湾景区

> ★ 亮点
> 大角湾

云浮景点

六祖故里

标签：　4A级景区　　省级文物保护单位

　　云浮是南方禅宗的起源，而国恩寺就是禅宗第六代祖师慧能法师开山和圆寂的地方，始建于唐高宗年间，被誉为岭南第一圣域，是禅宗三大祖庭之一。寂静清幽的寺庙内种植着六祖手植的千年荔枝树，留存着则天敕赐的牌匾，也有历代的文人墨客感怀追念时留下的墨宝、诗歌。时光在此放慢脚步，让人们得以越过千年的时光一瞥慧能法师的旧影。

门票信息｜免费

营业时间｜8:30—11:30，14:30—17:30

交通信息｜先从云浮汽车客运站乘坐至新兴汽车站的客车，下车后再换乘到国恩寺的专线车。

电话｜2622025

微信公众号｜国恩寺

> ★ 亮点
> 千年荔枝树

广东

🔵 江门景点

开平碉楼

标签: 5A级景区 世界遗产

开平碉楼由当地的村民、归国华侨修建，展现了中西合璧的独特风姿，各不相同的文化和历史脉络汇聚相交成就了这片独一无二的楼群。这些建筑集古希腊、古罗马、伊斯兰等多种风格于一身，在这里可以看到哥特式尖拱、城堡构件、巴洛克风格、柱廊式屋顶等异域风情的元素。这种多层塔楼式建筑主要用作防卫和居住。

门票信息｜自力村碉楼群50元，马降龙碉楼群50元，赤坎古镇影视城20元，开平碉楼套票(自力村+立园)150元，开平碉楼通票成人票(立园+自力村+马降龙+锦江里+南楼)180元

营业时间｜8:30—17:30

交通信息｜搭乘4、6路车至南楼、赤坎古镇；搭乘13路车至公福亭、赤坎古镇、马降龙、锦江里。上车后需跟司机沟通自己的下车地址以免过站。

电话｜2679788

微信公众号｜开平碉楼文化旅游区

网址｜http://www.kptour.com/

> ⭐ **亮点**
>
> 碉楼

清远、韶关、肇庆、河源、梅州

清远城内，繁华的声浪吞没了一切，但是在郊区或县城处，少数民族的文化风情便呈现出活泼而动人的面貌——瑶山的篝火晚会，瑶寨的竹排渡江，这些最本土的生活方式哪怕不必刻意渲染和改变，对于见惯了城市的游客来说也是新奇有趣的异域体验。

韶关是广东省历史文化名城，有着"客家吾州""华南生物基因库""中国园林城市"的美称。主要方言是客家话，客家文化深深根植在韶关的土壤里。这里的自然资源和历史文化资源也很丰富，假如你来到韶关、感受过韶关，就会深深地为韶关着迷。

肇庆古称端州，是粤港澳大湾区城市之一。历史给予肇庆不朽的文脉，而优越的地理区位则让肇庆境内的山川湖河无一不美。

河源别称槎城，是岭南文化的发祥地之一，也是客家先民的始源地，被誉为"客家古邑"。围龙屋、四角楼等建筑是客家文化的名片，客家菜也是河源的招牌，逢年过节，河源的乡镇都会有热热闹闹的花灯、花船舞、纸马舞等表演，你也可以加入喜庆的川流之中。

梅州古称嘉应、程乡，早在1000多年前就有客家人为躲避战乱一路南下迁居至此，客家文化从此在这片土地上繁衍生息，梅州也因而被称为"世界客都"。梅州的客家山歌也很有名，客家人生活中的酸甜苦辣都在歌声里。

📞 **电话区号** 清远0763、韶关0751、肇庆0758、河源0762、梅州0753

🚌 交通

▌飞机

梅州梅县机场(0753-2242666; http://www.gdmxairport.com/mxairport/; 微信公众号: 梅州机场)

韶关丹霞机场(0751-6840294; 微信公众号: 韶关丹霞机场)

▌火车

清远站 途经主要线路为京广高速铁路。

韶关东站(0751-6172222)途经主要线路为京广铁路、赣韶铁路。

肇庆站(0758-6161822)途经主要线路为广茂铁路、广佛肇城际铁路。

河源站(0762-2827832)途经主要线路为京九铁路、广汕铁路。

梅州站(0753-6136132)途经主要线路为漳龙铁路。

▌长途汽车

清远新城粤运汽车站(0763-3368565; 清

远市清城区凤鸣路8号）

韶关汽车客运西站（0751-8754176; 韶关市武江区工业东路1号）

韶关汽车客运东站（0751-8222848; 韶关市浈江区安全北路6号附近）

肇庆长途客运站（0758-6818606; 肇庆市端州区肇庆火车站西100米）

河源粤运汽车客运站（0762-3332106; 河源市源城区大桥路6号）

梅州粤运汽车总站（0753-2222137; 梅州市梅江区梅石路2号）

公交车

　　清远市内公交较为便捷，可使用现金支付、刷卡乘车，也可以使用支付宝、微信、美团、银联IC卡闪付、翼支付等方式付费乘车。部分路线为分段计费，可在"清远粤运"微信公众号上实时查询公交动态。

　　韶关市内公交较为便捷，可使用现金支付、刷卡乘车，也可以使用支付宝、微信、云闪付等方式付费乘车，票价一般为2元，部分路线及车型为分段计费。

　　肇庆市内公交较为便捷，可使用现金支付，或使用岭南通刷卡乘车，也可以使用支付宝、微信、银联闪付等方式付费乘车，部分线路按段递增式分段收费或按分段递减收费。

　　河源市内公交较为便捷，可使用现金支付或绿都通、河源通、岭南通卡刷卡乘车，也可以使用支付宝、微信等方式付费乘车。票价统一为市区路线2元，市郊路线4元。

　　梅州市内公交较为便捷，可使用现金支付或岭南通·嘉应通卡刷卡乘车，也可以使用微信扫码付费乘车，梅州部分路段分段收费。

🛒 土特产和纪念品

　　清远当地特色有清远鸡、乌鬃鹅、烧肉、英德红茶，韶关当地特色有沿溪山毛尖，肇庆当地特色有肇庆端砚、杏花鸡、裹蒸，河源当地特色有霸王花米粉，梅州当地特色有大浦乌龙茶。

🏠 住宿

▌经济型

花筑·肇庆伴月民宿（星湖牌坊七星岩店）

　　（13432486167; 肇庆市端州区彩云路出头村别墅区1号）民宿坐落在湖山环绕的清幽之地，宽敞的露台让你能自在地眺望远处的山峦湖泊，让清风徐徐拂过脸颊。民宿私有的庭院、简约民国风的客房和整栋建筑清新淡雅的色调都在为住宿体验加分。

▌中档

韶关荷花园酒店

　　（0751-8729888; 韶关市武江区沙湖路28号）诗情画意的韶关武江沙湖公园中隐藏着这样一座依山而建的酒店，游客在这里可以在风吹树叶的轻柔声音中睡去，又在阵阵鸟鸣中醒来，自然的韵律协调着自身的生物钟，让久居城市的人重新找回与大地和山峦的联结。

▌高档

清远二十一度山居

　　（14758705875; 清远市清新区浸潭镇新华村244乡道附近）酒店由旧校舍改造而成，坐落在山野之间，从窗户就能看到外面的群山和草场，宛如世外桃源。提供室外游泳池、儿童乐园、健身房、会议室等设施，让来到这里度假的大小朋友都能够心满意足地离开。

🍽 就餐

清远明兴猪肚鸡（总店）

　　（0763-3312889; 清远市清城区旧城城北路西门塘3号; 11:00—24:00）明兴猪肚鸡在清远是无人不知的老字号，现已开了3家分店。新鲜的清远鸡加上干净的猪肚，用多种中药材作为配料烹饪，不仅味道鲜香，汤汁浓郁，还具有驱寒健胃的养生功效，喝起来感觉胃里暖洋洋的，实乃食疗佳品。

肇庆肥娇私房菜

（13727285823；肇庆市鼎湖区福东街与福源街交叉口东南50米）别看这家店看起来不起眼，它可是在肇庆赫赫有名的餐厅，店内招牌菜青瓜花炒牛肉、生鱼两吃、沙姜猪手、河蚌浸鸡是地道的肇庆风味，入口温软爽滑，口感十足，让人难以放下筷子。

河源磷记猪脚粉（总店）

（0762-3392275；河源市源城区河源大道北33号）磷记猪脚粉是河源知名的老字号早餐店，招牌菜猪脚汤和米粉爽口弹牙、肥而不腻，本地人也常常来这里吃早餐。不习惯河源口味的人可能会觉得饭菜偏咸，但这就是不少河源人记忆中的老味道。

🚶 线路推荐

清远漂流度假游：黄腾峡漂流—大姑母农庄—石角大堤

梅州历史名人故居一日游：叶剑英故居—继善楼—蔡蒙吉故居

客家传统文化建筑一日游：松口镇（火船码头、中国移民纪念广场、元魁塔、世德堂、承德楼）—侨乡村（南华又庐、德馨堂、毅成公家塾、自在楼）

📍 清远景点

连州地下河

标签： 5A级景区

连州地下河位于粤桂湘三省交界之处，是亚热带喀斯特地貌溶洞暗河景观。深入这条地下暗河，能看到形状奇异的钟乳石，搭配人工设置的灯光，仿佛步入了另一重只会在梦中出现的奇幻世界。全长1500米的溶洞游览区由桥与路连接，洞中有瀑布等景观，游客能在这里尽兴地体验自然的奥妙。

门票信息 | 120元
营业时间 | 8:30—17:00，最晚入园16:30
交通信息 | 乘坐连州汽车站至东陂（丰阳）

的中巴车，在连州地下河路口下（票价5元），从这里到景区有2公里的距离，可选择走路（20—30分钟）或乘坐摩的（5元）进景区。
电话 | 6678688
微信公众号 | 连州地下河
网址 | http://www.lzdxh.com/

⭐ **亮点**

溶洞景观、地下暗河

📍 韶关景点

丹霞山

标签： 5A级景区　世界地质公园　世界遗产

丹霞地貌这一地貌类型就得名于丹霞山，丹霞山同时也是世界上发育最为典型、类型最为齐全的丹霞地貌所在地。丹霞山全山由红色砂砾岩组成，远远看去"色如渥丹，灿若明霞"，正所谓"桂林山水甲天下，不如广东一丹霞"。

丹霞山境内怪石嶙峋，被流水切割的石峰、石柱千姿百态，向人们展示着大自然的强大力量，让来者既赞叹又敬畏。若是选择乘缆车出行，则可以看到更为广袤的丹霞地貌，万千美景尽收眼底。

门票信息 | 100元（48小时有效），一般节假日（春节、国庆）才会有折扣，缆车车票40—45元
营业时间 | 全天
交通信息 | 从广州、深圳、赣州、珠海、东莞、韶关等各大城市都有直达丹霞山的客车，而且丹霞山客运站就在景区大门口口旁。
电话 | 6291630
微信公众号 | 丹霞山
网址 | http://dxs.sg.gov.cn/

⭐ **亮点**

丹霞地貌

📍 肇庆景点

星湖风景名胜区

标签： `5A级景区` `国家重点风景名胜区`

　　星湖风景名胜区包括七星岩和鼎湖山两大景区。其中七星岩景区属于喀斯特地貌，景区内峰林、溶洞、湖泊构成了一幅怪奇险崛的图景，被誉为"岭南第一奇观"；而鼎湖山景区则以清透温润的山野风景为主，树木丛生，百草丰茂，瀑布坠落山崖，是我国第一个自然保护区，被誉为"北回归线上的绿洲"。在这两处景区之间由游船和大巴衔接，游客往来两处景区，可以享受不同的视觉震撼。

门票信息｜七星岩、鼎湖山各70元，七星岩+鼎湖山套票120元，售票时间8:00—18:00

营业时间｜8:00—18:00，其中庆云寺8:00—17:00

交通信息｜景区内乘坐穿梭巴士往来，可打车前往景区。

电话｜2528138

微信公众号｜万绿湖

网址｜https://www.xhglj.com.cn/

⭐ 亮点
七星岩、鼎湖山

📍 河源景点

万绿湖风景区

标签： `4A级景区` `国家森林公园` `国家湿地公园`

　　万绿湖因四季皆绿、无一处不绿而闻名，这座华南第一湖占地370平方公里，有360多个岛屿，抬眼看去，只见湖面光滑如镜，犹如无瑕的绿色宝石，墨绿、浅绿、深绿，随着天气与时间的变化，绿色也深浅交错，无论何时望过去都是动人心魄的天然美景。

　　在万绿湖游览，不如乘船来更好地欣赏一番湖面与远处的小岛，岸边的镜花缘、龙凤岛等景点刚好由航线连接，一步一景，景色各异，玩上一天也不会厌倦。

门票信息｜各景区收费见官网，船费55元，游船套票1号线成人票价198元，2号线成人票价180元

营业时间｜9:00—16:00

交通信息｜在河源汽车总站门前乘坐到万绿湖的专线中巴。

电话｜8780002

微信公众号｜万绿湖

网址｜http://www.wanlvhu.cn/

⭐ 亮点
游湖

📍 梅州景点

雁南飞茶田景区

标签： `5A级景区` `全国农业旅游示范点` `全国三高农业标准化示范区`

　　雁南飞茶田景区坐落于叶剑英元帅的故乡梅县雁洋镇，在这里人文和自然景观完美统一。这里有传统客家建筑，明清时期的古建筑在修缮后保持了温润的气质；也有数千亩绿波摇荡的茶田，可以喝到美味的地方特产茶，也可以欣赏精彩的茶艺表演。茶田景区内的围龙大酒店获得中国建筑工程最高奖鲁班奖，酒店还提供地道的客家美食。

门票信息｜80元

营业时间｜全天

交通信息｜从梅州粤运锭子桥客运站到雁南飞可乘坐41路、48路公交车。

电话｜2828888

微信公众号｜梅州雁南飞茶田景区

网址｜http://www.yearning.cn/

⭐ 亮点
茶田、古村落

揭阳、汕尾、潮州、汕头

历史给揭阳留下了丰厚的底蕴，城市中遍布旧时的建筑，如岭南地区保存最完整的孔庙揭阳学宫就卧在高楼林立的城市中央，形成一道亮丽的风景。

作为潮汕文化、客家文化、广府文化的交汇地，汕尾融合发展出了自己多彩的文化风尚。这里的饮食也自成一格，吸纳众长之后烹饪出的食物口味鲜香浓郁，牛肉饼、猪肠粉等都堪称一绝，即使是为了食物，也值得走上这么一遭。

千年的文化滋养使得潮州这一方水土诞生出无数钟灵毓秀的人物，留下了许多饱经沧桑的文物古迹。丰富的遗迹使潮州拥有"来广不来潮，白白走一遭"的好名声，这里集中了广东省众多古迹，旧式的街道巷子、土楼厝祠让潮州仿佛穿越了时空。

汕头地理位置优越，拥有海港和其他海洋资源，交通繁忙，无数的商品在这里进出口、中转和集散。寻访汕头，可以看到美丽的海港和岛屿风情，尽情地享受新鲜的海产，也可以看到历史遗迹，无论为何而来，汕头都能为你提供一趟充实的旅途。

☎ **电话区号** 揭阳0663、汕尾0660、潮州0768、汕头0754

🚌 交通

▌机场

揭阳潮汕国际机场（0663-3933333; http://www.cs-airport.com/; 微信公众号: 揭阳潮汕国际机场）

▌火车

揭阳站 途经主要线路为梅汕铁路。
汕尾站 途经主要线路为厦深铁路、广汕铁路、汕汕铁路、漳汕铁路。
潮州站 途经主要线路为广梅汕铁路。
汕头站 途经主要线路为广梅汕铁路、梅汕铁路、厦深铁路，同时接发高速动车与普速列车。

▌长途汽车

揭阳市汽车总站（0663-8612145; 揭阳市榕城区榕华大道75号）
汕尾海丰粤运汽车总站（0660-6607498; 汕尾市海丰县广富路与三环西路交叉口东北角）
潮州粤运汽车站（0768-2202552; 湘桥区潮枫路2号）
汕头市汽车客运站（0754-8102757; 金平区光华街道潮汕路2号）

▌公交车

揭阳公交较为便捷，可使用现金支付，可以使用榕江通刷卡乘车，也可以使用支付宝扫码乘车。

汕尾公交较为便捷，可使用现金支付，可以用岭南通、全国一卡通刷卡乘车，也可以使用支付宝、微信以及银联移动支付等方式扫码乘车。

潮州市内公交较为便捷，已开通超过70条公交线，可使用现金支付、潮州通卡刷卡乘车，也可以使用支付宝、微信、手机闪付和银联IC卡闪付扫码乘车。

汕头市内公交便捷，已开通超过140条公交线，可使用现金支付、全国一卡通、岭南通刷卡乘车，也可以使用支付宝、微信、银联云闪付等方式扫码乘车。

🛒 土特产和纪念品

揭阳当地特色有普宁蕉柑，汕尾当地特色有虎噉金针菜，潮州当地特色有潮州木雕、凤凰单丛，汕头当地特色有西胪乌酥杨梅。

🏠 住宿

▌经济型

潮州住好客栈
（17722210944; 潮州市太平路金城巷22号）酒店坐落在金山、西湖旁边，足不出户也能感受到好风景的环抱。住宅是传统的潮州民居风格，简约质拙的木桌椅与蓬勃舒展的绿色植物装点出一天的好心情，阳光洒落的时候，在天井喝上一杯凤凰单丛茶，像潮州人一样开始慢悠悠的一天吧。

▎中档

普宁高铁站亚朵酒店

（0663-2997799；揭阳市普宁大道盈泰华府65号）酒店距离高铁站很近，交通便利，有高铁站接送服务，缩短旅途中的奔波劳累。酒店内部设计风格简约典雅，木质家具和米白色的色调让室内氛围格外舒适。餐厅提供普宁本地特色的粿条汤和其他中外小吃。

▎高档

汕头龙光喜来登酒店

（0754-89998888；汕头市龙湖区长平路11街区龙光世纪大厦）这座豪华酒店位于汕头市中心与长平路购物区的黄金地段，典雅豪华的装饰风格尽显奢侈，海景房视野开阔，能看到秀丽的公园与绵延的海岸线。酒店拥有漂亮的露天泳池，可以在绿植的包围中畅快地游泳。

🍴 就餐

汕尾明叔捞面

（15876771754；汕尾市城区二马路240号）明叔捞面是一家经营超过40年的老店，在当地颇有口碑，当地人也经常带外地朋友来这里感受地道汕尾捞面的味道。招牌有叉烧扁食捞面、牛肉饼汤等，对于想要尝试汕尾特色的旅行者来说都值得一试。

潮州潮汕楼（古城店）

（0768-3999118；潮州市湘桥区东门街22号；周一至周五10:00—14:00、16:00—21:00，周六、周日10:00—21:00）潮汕楼是潮州老字号，就在牌坊街深处，逛累了可以来这里安抚一下自己的肠胃。这家

店做得一手地地道道的潮汕菜，肠粉、潮汕蚝烙、潮州鱼饺汤等特色菜口感清爽，令人赞不绝口，本地人也经常到这里用餐，因此要做好排队的准备，也可以直接打电话预订好座位。

汕头杏花吴记牛肉火锅

（0754-87225148；汕头市金平区杏花桥边杏花西路47号）汕头的牛肉火锅味道一绝，杏花吴记更是其中的佼佼者。潮汕人吃牛肉非常讲究，每一部分的吃法都有所区别，在杏花吴记点上一盘盘胸口、肥牛、五花趾或者全牛宴，再配上地道的潮汕沙茶酱，一份正宗的汕头牛肉火锅正等待着客人们的品鉴。

🚻 线路推荐

揭阳历史文化游：黄岐山—进贤门城楼—桂竹园—普宁广场—古榕抱石

探秘潮州：牌坊街—民居文化展览馆—广济桥—韩文公祠—开元寺—许驸马府

📍 揭阳景点

黄满寨瀑布群

标签： 4A级景区 　岭南第一瀑

千米河段上的多级瀑布气势如虹，人们为它们取了各种生动形象的名字，如三叠瀑、银河瀑、飞虹瀑布等。瀑布飞流直下、碎珠溅玉，山谷之间满是水流与巨石相撞的轰鸣声，景色迷人，在盛水时节尤为壮观，游客可顺着步梯掠过水面，感受地势的参差与水流的强劲。景色随光影的流转而变化，等到下午四五点钟的时候，阳光斜斜洒落，极有可能看到彩虹。

门票信息 | 120元
营业时间 | 8:30—18:00
交通信息 | 打车或自驾前往。
电话 | 8379366
微信公众号 | 广东黄满寨瀑布

★ **亮点**

彩虹

📍 汕尾景点

玄武山

标签: `4A级景区` `全国重点文物保护单位`

玄武山最为出名的是宗教文化，每年有无数人前来参拜，只为在元山寺求一灵签。元山寺是一座佛道合一的寺庙，同时供奉着北极玄天上帝和释迦牟尼佛，庙内有历代大家留下的题匾和文物，从一座庙就可以看到中国宗教近千年来的流转，而它的灵验也成为人们口耳相传的民间传说。

目前玄武山在农历九月初九会进行为期7天的庙会活动，玄武山庙会也是广东省非物质文化遗产，在庙会上可以看到生动而新鲜的汕尾民俗，甚至还有潮剧团来进行演出，盛况空前，不要错过。

门票信息 | 15元

营业时间 | 8:30—17:00

交通信息 | 在陆丰市区汽车总站乘坐旅游专线，或乘坐东海—碣石公交线路至玄武山旅游区。

电话 | 8691368

微信公众号 | 汕尾市玄武山旅游区

网址 | http://www.xwslyq.com/

★ **亮点**

元山寺、玄武山庙会

📍 潮州景点

潮州老城古民居建筑群

标签: `全国重点文物保护单位`

潮州老城古民居建筑群包含14座古民居，是明清与民国时期的建筑遗产。这14座古民居多为当时达官显贵的宅邸，比如潮州总兵卓兴的府第、明南京礼部尚书黄锦的府第

等，装修气派，彩绘、雕塑、木雕等也都毫不吝啬，一砖一瓦之间尽显豪门意气，即使是以现代人的眼光来看，这些建筑也依旧不减其魅力。

门票信息 | 免费

营业时间 | 全天

交通信息 | 搭乘101、105、109、201、602路公交车至城南小学站。

★ **亮点**

卓府

广济桥

标签: `4A级景区` `全国重点文物保护单位` `中国四大古桥`

广济桥始建于1171年，展现了中国古代工匠绝佳的想象力与创造力，直至今日人们仍为它精彩的设计而震撼。横跨韩江的桥本身结构特殊，同时是梁桥、拱桥和浮桥，在游船经过时还可以收起来，不妨17:30左右前来观看桥梁的收放过程。除了实用性，桥的造型也是精心设计过的，桥墩用精美的亭台楼阁加以装饰，24个楼台模样各不相同，站在阁中，可以欣赏江水滔滔不绝，正如千年岁月将过，这座桥却一如往昔。

门票信息 | 20元

营业时间 | 11月到次年1月周一至周五10:00—16:30（16:00停止售票），周末及节假日9:00—17:30，其他时间周一至周五10:00—17:00，周末及节假日9:00—17:30

交通信息 | 搭乘1路公交至城南小学站，搭乘3路公交至竹木门站。

电话 | 2222683

★ **亮点**

桥墩

广济门城楼

标签: `潮州古城七城门楼之首`

潮州古城7座城门现只余4座，其中的广

济门城楼曾是潮州最大的城门，历史长达600年，3层高的建筑仿照宫殿的样式，细节精细考究，玻璃瓦、重檐歇山顶、格子窗等具有潮州特色。

登上城楼可以看到远处的广济桥，将潮州的历史景象尽收眼底，更可以在晚上登上广济门城楼，挑选一处合适的地点欣赏广济桥灯光秀。

门票信息 | 10元

营业时间 | 9:00—18:00

交通信息 | 搭乘101、102、103、105、108、109、110、112、113路公交车，以及K2快线、K4快线、高铁K1快线到南桥市场站。

电话 | 2236031

> ★ **亮点**
>
> 古城楼、陈列馆

牌坊街

标签：老城建筑　牌坊

牌坊街上矗立了22座明清石牌坊，大多为进士、状元、尚书设立，最早的牌坊距今已有500年历史，牌坊附近中西合璧的骑楼洋溢着南洋风情，这条街正是潮州往来人群文化交融的缩写。

除了寻访古建筑外，牌坊街的小吃也是一绝，潮州手打牛肉丸、芋泥饼等都极具特色，非常适合买上一些边逛边吃。

营业时间 | 全天

交通信息 | 搭乘101、105、109、207、602路公交车至城南小学站。

电话 | 2238664

微信公众号 | 牌坊街

> ★ **亮点**
>
> 小吃

韩文公祠

标签：4A级景区

韩文公祠是纪念文学家韩愈的祠庙，始建于北宋咸平二年（999年），苏轼为其撰写了《潮州韩文公庙碑》，现存的建筑主体是在明清之际修补过后的遗留。韩愈在被贬潮州的8个月里，为当时的蛮荒之地潮州带来了翻天覆地的变化，也令潮州人时刻感念在心。寄居在山水之间的韩文公祠外形古朴庄重，建筑风格颇有岭南风情，历朝历代为纪念韩愈所留下的文物不胜枚举，院中有大量的明代石刻，极具历史价值。

门票信息 | 免费

营业时间 | 8:00—17:00

交通信息 | 搭乘10、601、602路公交车至韩文公祠站。

电话 | 2523581

> ★ **亮点**
>
> 纪念韩愈的文物

开元寺

标签：全国重点文物保护单位

开元寺始建于唐开元年间，又被称为"镇国开元禅寺"，是一组集合了唐、宋、元、明、清各个时代建筑风格的建筑群，获得了"百万人家福地，三千世界丛林"的赞叹。

开元寺内部的主要建筑有大悲殿和泰佛殿。大悲殿外形古朴庄重，是一座有潮州地方建筑风格的佛教建筑，也是国内佛教汉白玉观世音化身像最多的殿阁；泰佛殿则具有典型的泰国特色，鱼鳞瓦、山墙、门窗等，都透露着泰式风情。

门票信息 | 免费

营业时间 | 8:00—12:00，11:00停止入场，13:00—17:00，16:00停止入场

交通信息 | 搭乘601、602路公交至开元寺站。

电话 | 2225571

微信公众号 | 潮州开元寺

> ★ **亮点**
>
> 多朝代建筑特色

广东

许驸马府

标签：　全国重点文物保护单位

　　许驸马府是宋英宗之女德安公主的驸马许珏的宅邸，也是全国唯一一座建在京城之外的驸马府。因为这座府邸历代都有人居住和修缮，留存着强烈而浓厚的生活气息，格局大体保持完好，还能看到初修建时的形态，堂屋、天井是典型的潮州风格，漫步其中，处处皆是景。

门票信息｜10元

营业时间｜8:00—17:30

交通信息｜搭乘5、12路公交车至中心医院站。

电话｜2225571

★ 亮点

潮汕建筑风格

己略黄公祠

标签：　潮州木雕第一绝

　　这是一座被称为"潮州木雕第一绝"的建筑。本身潮州木雕技艺就已非常精巧，但是己略黄公祠可以说是其中集大成之作，在观赏的时候，记得关注那些玲珑细致的角落，圆雕、沉雕、浮雕、镂空等多种技术的娴熟运用让建筑无一处不精致。在上色上，黑漆装金、五彩装金、本色素雕的手法也赋予了己略黄公祠极强的层次感。错落有致、优美流畅的黄公祠本身就是一座潮州木雕博物馆。

门票信息｜免费

营业时间｜8:30—17:30

交通信息｜搭乘3路至竹木门下车，搭乘1、5、8、9、12路至中心医院站。

电话｜2251318

★ 亮点

木雕工艺

西湖

标签：　传统公共园林

　　潮州西湖的历史可追溯至唐代，在此后漫长的时光中，潮州西湖的演变就像一部微缩的中国历史，经历了宋代的精心搭建，元代又在战乱中遭受破坏，清朝时期更是战火连天，民国时期被军阀占据，直到今天才重回宁静，成为向公众开放的城市园林。现如今这座园林湖泊平静，林间翠色绵延，亭台楼阁点缀其中，提供观景远眺的最佳地点。

门票信息｜8元

营业时间｜8:00—22:00

交通信息｜搭乘5路公交车至北关站，搭乘3路公交车至北园站或白桥站，搭乘12路公交车至中心医院站。

电话｜2220731

★ 亮点

摩崖石刻

淡浮院

标签：　4A级景区　　潮州新八景

　　这座文物收藏院是中泰两国友谊的见证，由泰国淡浮院院长郭丰源倡议建造，殿内藏有儒释道等各宗教派系的文物。文物固然可观，淡浮院建筑自身也在细节处显露真章，如入口大石牌坊两侧的"金声""玉振"是饶宗颐先生的字迹，正殿匾额为溥仪的弟弟溥杰所写，木刻对联也是出自大师的手笔。假如细心观察，就会发现文化气息浸入了淡浮院的每个角落，成就了这样一座潮州文化地标。

门票信息｜40元

营业时间｜8:00—17:30

交通信息｜搭乘潮州市旅游专线车，或者搭乘8路公交汽车直达景区。

电话｜2505747

微信公众号｜潮州砚峰书院

★ 亮点

园林、名人真迹

海阳县儒学宫（潮州市博物馆）

标签：　古建筑群

　　海阳县儒学宫俗称红学、学宫，始建于南

宋，在明洪武年间重建大殿。儒学宫保留了大部分古建筑，可以看到鲜明的明代建筑特色，即使曾受于大火，它也如同凤凰一般在工匠们的巧手之下浴火重生。除了建筑本身，潮州市博物馆也设在儒学宫内，这里妥帖地收藏着大量瓷器、玉石、潮绣、字画等诞生于潮州璀璨文明的艺术精品，文物种类繁多，令人目不暇接。

门票信息｜4元

营业时间｜8:00—17:00

交通信息｜搭乘3路公车至昌黎路站。

电话｜2220952

> ★ 亮点
>
> 古建筑群、博物馆

从熙公祠

标签：　全国重点文物保护单位

从熙公祠坐落于潮安的古村落中，是清代旅居马来西亚柔佛州侨领陈旭年（又名从熙）在同治九年（1870年）所建。陈旭年的一生跌宕起伏，充满传奇色彩，从身无分文的偷渡客，变成名声享誉马来西亚和新加坡的华侨领袖，又在晚年回归故里。他所建的从熙公祠是清代潮州祠堂建筑的杰出代表，石雕和木雕精细优美、工艺精湛，后来他请潮州工匠在新加坡按照同样的规格和样式造了资政第，后来还被新加坡印在了邮票上，建筑之美，为世界所公认。

门票信息｜5元

营业时间｜8:00—18:00

交通信息｜推荐自驾前往。

> ★ 亮点
>
> 石雕、木雕

道韵楼

标签：　全国重点文物保护单位　广东土楼

饶平县有600多座土楼，道韵楼是其中最负盛名的一座。在这座楼的设计与建造中，

能够看到浓厚的中华传统文化色彩。整体上道韵楼呈八角造型，象征着八卦，广场中央的两口井象征着阴阳鱼的两只眼睛，楼内有72间房、112架梯子，都是8的倍数，每卦之间都用巷子隔开，内部雕梁画栋、艺术风格鲜明，同时又井然有序，显现出设计者们的匠心独运。

门票信息｜免费

营业时间｜8:00—18:00

交通信息｜推荐自驾前往。

电话｜8354633

> ★ 亮点
>
> 古建筑及其结构

龙湖古寨

标签：　广东十大最美村落

龙湖古寨历史悠久，始建于南宋年间，在明清时期兴盛，目前保留着100多座古建筑，其中宗族祠堂、世家府邸和乡绅豪宅不一而足。如今，村寨的形态依旧如古代一般，是先人按照地舆学的九宫八卦修建而成的，工整有序的街头巷尾透露着浓浓的古意和玄妙的韵味，而这些古建筑也得到了翻修和保护，让更多的人前来欣赏潮汕古建筑的美丽风姿。

门票信息｜免费

营业时间｜8:30—17:30

交通信息｜搭乘204路至龙湖古寨站。

电话｜6598099

微信公众号｜龙湖古寨旅游区

网址｜http://www.lhgz0768.com/

> ★ 亮点
>
> 进士第

🔘 汕头景点

陈慈黉故居

标签：　省级文物重点保护单位　汕头八景

"富不过慈黉爷"是汕头地区流传已久的民间谚语。陈慈黉是典型的从潮汕前往东

南亚经商发家致富的巨贾，对于自己的故乡总是有难以冲淡的离愁别绪。发达之后，陈慈黉就在汕头兴建了一座豪宅，这也就是被称为"岭南第一侨宅"的陈慈黉故居，占地面积2.54万平方米，拥有506间房间，既融入潮汕民居特色，又仿照了中国古典宫廷，当真称得上富丽堂皇。

门票信息｜40元

营业时间｜8:30—16:30

交通信息｜搭乘103、澄海8路公交车至澄海隆都店市站。

电话｜85786955

微信公众号｜陈慈黉故居

> ★ 亮点
>
> 善居室

石炮台公园

标签：　汕头八景　　全国重点文物保护单位

　　石炮台公园以"崎碌炮台"为原址而建立，是一座纪念性的公园，坐落在海滨长廊边。修建于清同治十三年（1874年）的崎碌炮台占据着有利的地理位置，扼住了汕头海湾的咽喉，在军事海防上起着非常重要的作用，也是广东省内保存较完好的军事设施之一。在这里乘凉纳荫，观赏海景，可以感受到这200年以来中国海防实力的飞速发展。

门票信息｜免费

营业时间｜大门6:30—23:00，崎碌炮台7:30—18:00

交通信息｜搭乘19、103、105路直达石炮台公园。

电话｜88543120

> ★ 亮点
>
> 崎碌炮台

潮海关旧址（海关关史陈列馆）

标签：　全国重点文物保护单位

　　潮海馆旧址建成于1919年，是汕头开阜之

后最早设立的建筑之一，这栋建筑作为海关持续到1988年，后来成为文物保护单位而停用，在接受了修复和完善之后，2006年作为汕头海关关史陈列馆再次开放，向往来的游客讲述伴随着屈辱、荣耀、战火与胜利的动人故事。

门票信息｜免费

营业时间｜周三9:00—11:30，15:00—17:00，闭馆前半小时停止入馆，国家法定节假日除外

交通信息｜搭乘46路至西堤码头站，搭乘11、35路至镇邦路口（西堤），搭乘10、11、13、16、25、26、32、33、35、36、37路到西堤下车。

电话｜88292969

网址｜http://nanjing.customs.gov.cn/Portals/151/guanshi/index.html

> ★ 亮点
>
> 民国建筑

汕头大学

标签：　大学校园

　　汕头大学是全球唯一一所由私人基金会持续资助的公立大学，优美的建筑设计与诗情画意的草木景观让汕头大学获得了"高校建筑之花"的称号。在这里，你可以看到实用性与美观并重的大学公共建筑，如位于图书馆东侧的真理钟，时刻提醒汕大学子要永远追求真理，而图书馆、医学院等建筑本身就是杰出的艺术作品，值得一观。

门票信息｜免费

营业时间｜全天

交通信息｜搭乘6、17、21、27、39路至汕头大学站。

电话｜88900541

微信公众号｜汕头大学

网址｜http://www.stu.edu.cn/

> ★ 亮点
>
> 真理钟、图书馆

礐石风景名胜区

标签： 4A级景区 汕头八景

　　礐石风景名胜区由43座山峰组成，其名礐石得自这片土地上怪石嶙峋的场景。当花岗岩地貌遇上球状风化，大自然的鬼斧神工就发动了它的作用，形成了形态各异的洞穴或者奇石。这里的焰峰、笔架山层峦叠嶂、气势不凡，供人攀登。如果只是想要放松心情，而不希望太劳累的话，景区内有地势和缓的湖水景区、田园风光景区、清风阵阵、鸟语花香，别有风味。

门票信息｜门票免费，联票15元（含塔山和焰峰景区）

营业时间｜秋冬季8:00—18:00，春夏季7:00—19:00

交通信息｜搭乘37、11、49路直达礐石风景区；搭乘9、12、13、17、19、23、24、25、101、103、46、52、53路公车至广场轮渡，搭乘轮渡过海至礐石风景区。

电话｜87490175

★亮点

奇石洞穴

南澳岛

标签： 4A级景区

　　南澳岛是"全国生态示范区"、全国首批12个国家级海洋生态文明建设示范区之一，虽然只是一座小岛，发展历史却很早就开始了，在明朝就有"海上互市"的传统。现在的南澳岛上除了可以进行海钓、游泳、晒日光浴等日常海岛活动外，丰富的景点也让旅行者有了更多的体验。国家森林公园、青澳湾、总兵府等景点结合了历史遗迹与自然野趣。

门票信息｜免费
营业时间｜全天
交通信息｜从汕头市区搭乘105路直达南澳岛内的游客中心或者南澳县城宫前盐站。
电话｜86813779

微信公众号｜南澳岛指南

★亮点

青澳湾

前美古村侨文化旅游区

标签： 4A级景区 广东省旅游特色村

　　汕头前美古村始建于元末明初，如今已有600多年历史，是汕头著名侨乡，曾被评为广东最美乡村、中国历史文化名村。在这里能够看到潮汕侨民的人生聚散，那段岁月如今都凝固在了这50万平方米的古建筑群中。村落里有永宁寨、大夫第、太守第、古祖家庙等建筑，外形中西合璧，历史上中国人在辗转移居过程中所融合与吸收的不同文化也在建筑中得以展现。

门票信息｜免费
营业时间｜全天
交通信息｜搭乘103路至澄海隆都店市站。
电话｜2523581

★亮点

古建筑、名人故居

潮阳大颠祖师塔

标签： 全国重点文物保护单位

　　灵山寺以"道迹贤宗"享誉海内外，是一座知名的道教寺庙，而它的闻名也与韩愈和大颠和尚有关。韩愈在被贬潮州时曾与大颠和尚交往密切，二人结下深厚的情谊，这段儒释相交的故事恰好发生在韩愈排佛之后，因此这份情谊更是超脱个人立场，立足于心灵的相知。如今灵山寺内的潮阳大颠祖师塔葬着大颠和尚，那命运辗转的友人又去向了何处？

门票信息｜免费
营业时间｜4:00—16:00
交通信息｜搭乘123路至新乡站或者灵山寺路口站，搭乘307、潮阳203路至新桥站或溪边站。
电话｜87595232

⭐ **亮点**

寺庙、祖师塔

汕头老妈宫

标签： 市级文物保护单位

汕头老妈宫其实就是天后宫，因为潮汕人多称呼天后为阿妈，所以天后宫又叫妈宫。汕头老妈宫始建于清嘉庆年间，因历史悠久所以加入了"老"字。老妈宫雕梁画栋，非常精细，修复过后的老妈宫让历史痕迹都存留了下来。老妈宫的旁边就是关帝庙，若来参访可以仔细看看两间宫庙的神像与摆设有何不同，进而增加对潮汕地区民间宗教的理解。

门票信息｜免费

营业时间｜全天

交通信息｜搭乘2、3、5、7、11、14、17、20、22b、42、52、101路至金凤坛站。

电话｜15382943890

⭐ **亮点**

古建筑

黄花山国家森林公园

标签： 国家森林公园

黄花山国家森林公园位于南澳岛上，是一座奇特的海岛国家森林公园，北回归线从公园中部横穿而过。森林公园内有很多景点，比如龟埕景区、坑道探险等，让旅程更加有趣。不过，就算只是欣赏森林公园自身的自然风光就已足够涤荡胸怀，这里群山叠翠、草木葱茏，有1400多种亚热带植物和40多种国家重点保护的野生动物，是一座名副其实的海上天然植物园。

门票信息｜20元

营业时间｜8:00—17:30

交通信息｜汕头汽车总站每天有3班车直达南澳汽车站，也可以从莱芜码头摆渡到南澳岛长山尾码头。

电话｜86802941

⭐ **亮点**

龟埕景区

桂林漓江

广西

广西壮族自治区位于中国华南地区，在云贵高原的东南边缘，主要分布有山地、丘陵、台地、平原等地貌，整体地势西北高、东南低。广西境内多山，山体庞大，岭谷相间，整体呈盆地状，因此有"广西盆地"之称。

据考古发现，广西地域早在80万年前就有原始人类繁衍生息。百色旧石器遗址是广西已发现的距今年代最早的遗址。秦始皇统一岭南后，将今天的广西区域纳入中央王朝版图，分属桂林郡和象郡。多亏了连接湘江和漓江的灵渠通航，当时中原的先进生产技术广泛传入广西，极大地推动了这一地区经济和社会的发展。

行前参考

💬 实用方言

得: 可以，能行
车大炮: 吹牛
听日: 明天

☀ 何时去

3月至4月: 广西的春天比较短暂，此时向日葵、油菜花、桃花相继盛开。

5月至10月: 此时广西正值漫长的夏季，天气炎热，可以前往海拔较高的地区避暑。

11月至次年2月: 秋冬季节广西气候温和舒适，整体进入旅游淡季，食宿价格下降。农历正月前来，不要错过宾阳炮龙节。

龙脊梯田

❗ 注意事项

夏季来广西旅游，一定要注意防晒，带好防晒霜和防晒服。夏季广西时常会刮台风、下雷阵雨，出门记得带一把雨伞，既能挡雨也能防晒。

🅑 当地新讯

2022年起，广西开始大力推广汽车露营的旅行方式，搭建新能源汽车采购供销一体化平台，建设广西房车基地，打造户外装备采购平台。广西壮族自治区文化和旅游厅将进一步推进广西汽车露营圈的开发和建设，加快打造一批汽车露营基地，推广和普及汽车旅游生活新方式。

广西

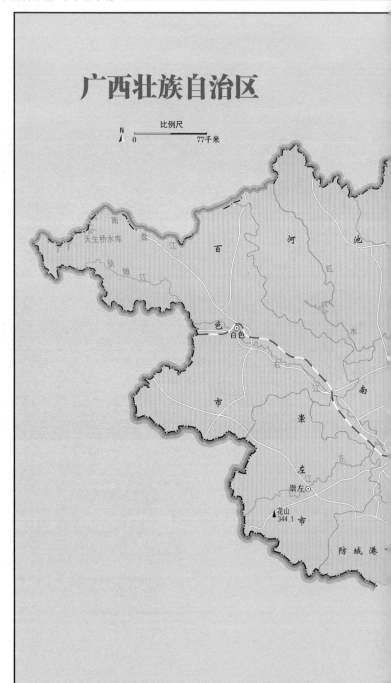

广西壮族自治区

N

比例尺

0   77千米

天生桥水库

南   盘   江

驮   娘   江

百

河   红

池

水

色

百色

石

南

市

崇

左

左

崇左

花山
344.1

市

防城港

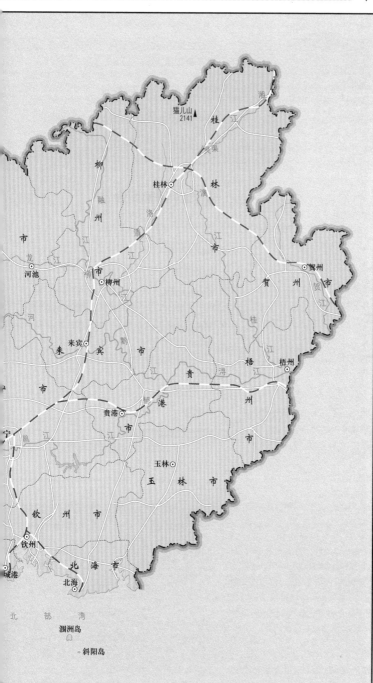

南宁

南宁别称"邕",是广西壮族自治区首府,素有"中国绿城""天下民歌眷恋的地方"等美誉。它是"一带一路"的重要节点,也是广西北部湾经济区、珠江—西江经济带和北部湾城市群核心城市。另外,南宁是一个以壮族为主体,壮族、汉族、瑶族、苗族、侗族等多民族聚居的首府城市,少数民族文化浓郁,拥有多样的自然和人文景观。

南宁古属百越之地,东晋大兴元年(318年)建晋兴郡,晋兴(今南宁)为郡治所在地,南宁建制从此开始,至今已有1700多年历史。元朝泰定元年(1324年),邕州路改名为南宁路,取南疆安宁之意,南宁之名由此而来。

广西

☎ 电话区号 0771

🚗 交通

🛬 飞机
南宁吴圩国际机场(2881111; 微信公众号: 南宁吴圩国际机场)

🚄 火车
南宁站(2222222; 西乡塘区中华路82号; 微信公众号: 南宁火车站)途经线路为南昆客运专线、南广高铁、南崇高铁和湘桂铁路。
南宁东站(95105105; 青秀区长虹路66号)途经线路为湘桂铁路、柳南客专、南广高铁、南钦高铁、贵南高铁和南玉高铁。

🚇 地铁
南宁地铁(2201000; http://www.nngdjt.com/)运营线路共有5条,为南宁轨道交通1号线、2号线、3号线、4号线、5号线。地铁支持现场人工或者机器购票,可以使用南宁地铁卡刷卡进站,另外也可以通过南宁轨道交通App规划地铁路线和买票。各线路首末班车时间不一,出行前请留意最新信息。

🚌 长途汽车
南宁市埌东汽车站(5508333; 民族大道186号)
南宁江南客运站(4518200; 星光大道236号)
南宁安吉客运站(3109661; 安吉大道42号)

🚍 公交车
南宁市内公交便捷,标识清晰,大部分旅游景点都有公交线路可达,并且支持投币、刷南宁公交一卡通、手机扫码等支付方式。
"出行南宁"App可以显示线路,并查询实时公交信息。

🛒 土特产和纪念品
当地特色有生榨米粉和罗汉果。

🏠 住宿

经济型

South face
(13317719505; 青秀区园湖路南湖6号2栋2单元1201)这家青年旅舍地理位置优越,地处南湖和麻村地铁站之间,出行便利。公共空间虽然只有一个铺有地毯的客厅,但好在房间宽敞明亮,设施齐全,分为男生四人间和女生六人间,其中女生房带有独立卫生间。

中档

宜尚酒店民族广场店
(2856288; 青秀区民族大道32号)酒店毗邻广西壮族自治区博物馆,位置优越,出行便利,中山路、南湖都轻松可达。房间面积虽然不大,但装饰风格简约时尚,床品舒适,还会赠送水果和夜宵。前台工作人员服务热情。

高档

沃顿国际大酒店
(2111888; 青秀区民族大道88号)这家位于南湖湖畔的五星级酒店闹中取静,环境清幽,保证住客拥有优质的睡眠环境。湖景房稍贵一点,但透过落地窗能欣赏到南湖的美景。另外酒店还是机场大巴的停靠站,因此出行非常方便。

🍴 就餐

米马河

（5706454；青秀区竹塘路26号；10:00—22:00）这家正宗的广西菜馆环境简朴，性价比很高，分量实惠。推荐招牌"硬菜"木桶猪脚、生炒牛杂以及作为小吃的粉饺。这家店的食材非常新鲜，而且口味也很地道，在当地人中口碑不错，值得尝试。

👣 线路推荐

南宁历史之旅： 广西民族博物馆—广西壮族自治区博物馆—新会书院

南宁自然之旅： 南湖—青秀山—广西药用植物园

📍 景点

南湖公园

标签：`公园`

南湖公园如今已是南宁人非常喜爱的散步休闲场所，公园面积广大，整个湖泊呈瘦长形，拥有长达8公里的环湖步道，还拥有丰富多样的亚热带植物景观，非常适合来这里慢跑或快走绕湖一圈。从南湖广场一路步行，会经过百色起义纪念馆，有时间的话可以进去看看，了解百色起义那段令人心潮澎湃的历史。夜晚的南湖会打上各色灯光，景色非常美丽。

门票信息｜免费

营业时间｜全天

交通信息｜可乘坐公交14、20、215路至南湖公园站。

电话｜5881808

> ⭐ **亮点**
> 百色起义纪念馆

广西药用植物园

标签：`植物园`

广西药用植物园位于南宁东北角，种植

有4000多种药用植物。科普园以《本草纲目》为蓝本，分成了木部、草部、藤本等区域，另外还有广西特产药物区、荫生植物区、姜科植物区、民族药物区、珍稀濒危药物区、热带药物区等多个特色植物区，有时间的话可以仔细看看。草部植物园的净化区域里有大家很熟悉的两面针、草珊瑚、国家一级保护植物金花茶等植物，千万不要错过里面的百病主治验方长廊，这个长廊的植物对应人体系统的疾病进行分类，你可以找找有没有适应自身病情的植物。

门票信息｜30元

营业时间｜8:00—18:00

交通信息｜可乘坐公交20、42、90路至兴宁区政府站。

电话｜5617166

微信公众号｜广西药用植物园

> ⭐ **亮点**
> 珍稀濒危药物区、热带药物区

广西民族博物馆

标签：`博物馆`

广西民族博物馆在全国范围内都算数一数二的民族博物馆。这里拥有世界上数量最多、种类最全的铜鼓陈列，甚至博物馆的建筑本身就是铜鼓造型。博物馆的另一大亮点是全面展示了广西12个世居民族的文化，内容覆盖服饰、生活、节庆、手工艺等各个方面，可以让你深入了解广西的少数民族。博物馆分3层，共5个展厅。2楼"铜鼓文化"展厅是博物馆的精华，其中云雷纹大铜鼓是世界上迄今发现的铜鼓中面积最大的一面。"五彩八桂"展厅占据了整个3楼，在里面能看到五花八门的各民族实物。

门票信息｜免费

营业时间｜9:30—16:30，周一闭馆

交通信息｜可乘坐公交W8路至广西民族博物馆站。

电话｜2024322

微信公众号 | 广西民族博物馆
网址 | www.amgx.org

★ 亮点

云雷纹大铜鼓

广西壮族自治区博物馆

标签： 博物馆

广西壮族自治区博物馆是苏联风格的老旧建筑，从外面看上去格外引人注目。博物馆内常规展厅不多，精华部分是2楼的"瓯骆遗粹"展厅，展出的百越代表性文物有200余件，镇馆之宝当属那只精美实用的铜凤灯，它独特的造型已成为博物馆的标志。露天的民族文物苑由多座广西少数民族传统建筑组成，包括壮族干栏、侗族鼓楼和风雨桥、苗族吊楼、白裤瑶谷仓等，另外还有文莱苏丹龙辇。

门票信息 | 免费
营业时间 | 9:00—16:00，周一闭馆
交通信息 | 可乘坐公交6、34、39、79、213路至广西博物馆站。
电话 | 2707027
微信公众号 | 广西壮族自治区博物馆
网址 | www.gxmuseum.cn

★ 亮点

铜凤灯

新会书院

标签： 历史建筑

新会书院是南宁城区少数保留下来的古建筑之一，这片现存三殿两廊的建筑由广东新会商贾出资，始建于乾隆初年。大门口的一副藏头对联很醒目："新沾雨露，会际风云"，记录了当年会馆的繁华。南粤建筑风格从大门口的廊柱、石雕以及屋檐就能显露出来。如今位于后厅的关帝阁不幸在20世纪40年代日军的轰炸中遭到破坏。建议周末早上前来，新会书院作为邕剧传承地，每个周末都会有2

小时左右的邕剧演出。

门票信息 | 免费
营业时间 | 9:00—16:30，周一闭馆
交通信息 | 可乘坐公交18、40、58、78、81、202路至新会书院站。
电话 | 2825607

★ 亮点

南粤建筑风格

扬美古镇

标签： 古镇

扬美古镇位于南宁市区以西38公里处，是如今广西南部地区为数不多的古镇之一，明清时期因占据水路交通优势，逐渐发展起来。如今古镇留下了200多座古建筑，夹杂在新建房屋之间。古建筑保存最好的地方是临江街，两边有许多贩卖"扬美三宝"（梅菜、沙糕、豆豉）的店铺。游览景区除了步行，也可以选择乘坐观光牛车或江边码头的私船，价格都比较实惠。

门票信息 | 10元
营业时间 | 8:30—18:00
交通信息 | 可自驾或打车前往。
电话 | 4860732

★ 亮点

"扬美三宝"

防城港、崇左、钦州、北海

防城港位于广西南部，历史悠久。秦始皇平定百越后，防城港正式被纳入中央王朝版图，而到清朝初年西南三藩平定后，防城港与境内沿海地区的商贸往来增加，内陆居民以及客家人纷纷移民至此，带来了不同的文化和习俗。

崇左位于广西西南部，已有2000多年历史。这还是一块富有光荣革命传统的红色土

地,是邓小平领导和发动龙州起义建立中国工农红军第八军的革命圣地。崇左境内旅游资源丰富,德天跨国瀑布、太平古城都是很受欢迎的旅游地。

钦州地处广西南部沿海地区,是岭南广府文化重要的兴盛地、传承地之一,这里还生活着许多壮族人,因此形成了别具一格的少数民族文化传统。

北海市位于广西南部,文化底蕴深厚,是古代"海上丝绸之路"的重要始发港。北海旅游资源丰富,主打滨海自然风光和以南珠文化为代表的人文景观。

☎ **电话区号 防城港0770、崇左0771、钦州0777、北海0779**

🚗 交通

▌飞机

北海福成机场(0779-8512770; 微信公众号: 北海机场)

▌火车

防城港北站(0770-9510510; 防城港市防城区田口街; 微信公众号: 防城港北站)途经线路为广西沿海城际铁路。
崇左站(0771-5968252; 崇左市江州区太平镇江南路45号)途经线路为湘桂铁路。
钦州站(0777-5122252; 钦州市钦南区永福西大街)途经线路为钦防铁路、南防铁路、黎钦铁路以及钦港铁路。
北海站(0779-2208373; 北海市海城区北京路与站北路交叉处南)途经线路为广西沿海城际铁路。

▌长途汽车

防城港汽车站(0770-3258265; 防城港市防城区防城港北站北侧)
崇左国际客运中心(0771-7827995; 崇左市江州区独山路与花山路交叉口东南侧)
钦州汽车北站(0777-2103927; 钦州市钦北区北进城路1号)
南珠汽车站(0779-2095899; 北海市海城

区北海大道2号)

▌公交车

防城港、崇左、钦州、北海市内公交便捷,标识清晰,大部分旅游景点都有公交线路可达,并且支持投币、刷公交卡、手机扫码等支付方式。

🛒 土特产和纪念品

防城港当地特色有上思香猪和上思天桃,崇左当地特色有大新苦丁茶和天等指天椒,钦州当地特色有钦州坭兴陶和钦州猪脚粉,北海当地特色有海鸭蛋。

🏠 住宿

▌经济型

多米踏沙国际青年旅舍

(0770-7664440; 防城港市解放路199-4号)这是防城港市区为数不多的青旅,坐落在老街上,位置优越,出行极其便利,步行几分钟就能到东兴口岸,周边也有很多餐饮选择。旅舍有一个宽大的院落,店内还开设了桨板冲浪、皮划艇体验及系统课程,时常还会组织客人去海边抓螃蟹、钓鱿鱼,有兴趣可以参加。

▌中档

崇左维纳斯度假村酒店

(0771-5098888; 崇左市江州区友谊大道1号)酒店位于友谊大道,毗邻风景如画的石景林,交通便利,出行方便,周边还有百货大楼等大型购物中心,餐饮选择众多。房间装饰华丽,设施齐全,前台工作人员热情友好。

▌高档

茗宿

(0779-2083208; 北海市外沙岛西20幢NA01号)这家酒店开业不久,从房间的全景落地窗望出去,景色优美,部分房间还有带浴缸和躺椅的宽大观景阳台,你可以悠闲地躺着欣赏北海风光。一楼有一个院落可以供客人用餐，也可以代为加工海鲜，你还可以尝尝福建老板亲自选购的武夷佳茗。

🍴 就餐

张六猪脚粉

（13907875968；钦州市向阳街15号；4:30至次日3:00）猪脚是钦州本地的特色小吃，这家张六猪脚粉在当地人中颇有口碑。需要注意的是，钦州多数猪脚粉店只经营晚市，18:00以后才能吃到。如果你不习惯猪脚这种重口味食物，店里通常还有叉烧粉、牛腩粉可供选择。

伍记红鱼粥

（0779-2079981；北海市广东路二运汽车站对面；21:00至次日凌晨）这家餐厅的特别之处在于21:00以后才营业，很有日剧《深夜食堂》的氛围。不要错过鲜香可口的招牌红鱼粥、牡蛎煎蛋和虾米干炒豆芽，菜单上的菜品味道都不错，可以放心品尝。

👣 线路推荐

防城港口岸之旅：东兴口岸—大清国五号界碑—万众国际批发市场

涠洲岛风情之旅：鳄鱼山—滴水丹屏—石螺口—贝克沙滩—天主教堂

📍 防城港景点

陈公馆

标签：名人故居

陈公馆从外观看是座法式大宅，曾经是国民党粤军将领陈济棠的旧居。陈济棠是土生土长的东兴人，少年从军，励精图治，最终成为权倾岭南的"南天王"。进入公馆，会看到两座隐蔽的炮楼，陈公馆的主体建筑由主、副两栋别墅构成，建筑内分别为陈济棠生平陈列馆，以及中越友谊纪念馆。展览内容比较粗糙，大致浏览即可。

门票信息 | 25元
营业时间 | 9:00—16:00
交通信息 | 可自驾或打车前往。
电话 | 6288077

⭐ **亮点**

炮楼

东兴口岸

标签：口岸

东兴口岸是防城港非常特别的观光地，平时商贸往来频繁，人头攒动，中越友谊大桥和界河也很热闹。你可以选择晚上前来，两国区别分明的霓虹灯形成别致的景象。桥底西侧立着一块大清国五号界碑，是清政府与法国签订《中法会订越南条约》的历史遗迹，沿着河堤路继续往西还能看到1368号界碑。口岸附近的建设街、电线街和木兰路历史上是东兴最热闹的市集，越南妇女、中国商人都会在这里经营具有越南特色的食品店。

门票信息 | 免费
营业时间 | 8:00—20:00
交通信息 | 可自驾或打车前往。
电话 | 7682872
微信公众号 | 东兴边检

⭐ **亮点**

大清国五号界碑

屏峰雨林

标签：雨林

屏峰雨林景区主要分为石门谷和红石谷两部分，两者都以水为特色。游客可以穿梭在石门谷森林中的步道上，欣赏重重叠叠的瀑布。红石谷则以漂流为主，不同的漂流方式适应不同人群。可以在网络平台上预订门票，会有较大折扣。来屏峰雨林最好选择自驾或是跟团游，这里山路崎岖，交通不太便利。

门票信息 | 石门谷步道80元，红石谷漂流150

广西

元起

营业时间 | 8:00—18:00

交通信息 | 可自驾或打车前往。

电话 | 7668117

> ★ 亮点
>
> 红石谷漂流

崇左景点

崇左白头叶猴国家级自然保护区

标签： 自然保护区

崇左白头叶猴国家级自然保护区很长一段时间都是北京大学崇左生物多样性研究基地，以及"大熊猫之父"潘文石教授及其团队研究白头叶猴的地方。保护区直到2014年才对公众开放，因此来到崇左千万不要错过这里。保护区内生活着占据全球一半数量的白头叶猴。你可以利用环线道路选择步行或乘电动车参观。此外，保护区内还有科普中心和影院，帮你深入了解白头叶猴的相关知识。

门票信息 | 40元

营业时间 | 夏季8:00—18:00，冬季8:00—17:30

交通信息 | 可自驾或打车前往。

电话 | 7930388

网址 | www.czbtyh.cn

> ★ 亮点
>
> 白头叶猴

石景林

标签： 公园

石景林位于崇左新城的西面，是一个主打喀斯特地貌的景点，里面的石峰虽然不太高，但在长年雨蚀、风化等作用下，具有皱、透、漏、瘦等特质，沿着小道穿行，让你有丛林探秘的感觉。游览完石景林，时间还多的话可以去西侧面积更大的园博园，这片园林是为2015年广西园博会修建的大型园林。

门票信息 | 35元

营业时间 | 夏季8:00—18:00，冬季8:00—17:30

交通信息 | 可自驾或打车前往。

电话 | 6466633

> ★ 亮点
>
> 石峰、园博园

崇左斜塔

标签： 历史建筑

崇左斜塔号称世界八大斜塔之一，坐落在崇左市区北郊左江中心的鳌头岛上。斜塔建于明代天启元年（1621年），当时工匠综合考虑江心风力、地基等因素，大胆决定让塔身迎水流方向倾斜约2.5度，此后久经考验的崇左斜塔证明了这个方案的正确性。景区面积很小，你可以考虑乘坐渔船到江心岛，近距离欣赏斜塔。

门票信息 | 10元

营业时间 | 8:30—17:30

交通信息 | 可乘坐公交6路至斜塔路口站。

> ★ 亮点
>
> 乘坐渔船

德天瀑布

标签： 瀑布

德天瀑布是广西边境的标志性景点，这座号称亚洲第一、世界第四的跨国瀑布声名远扬，还曾被评为2005年《中国国家地理》"中国最美瀑布"的第二名。每到夏秋季节，德天瀑布与旁边的越南板约瀑布连成一片时，水流如同万马奔腾一般，气势排山倒海。你也可以选择乘坐竹排在河面上直接观赏瀑布，河上还有人来兜售纪念品。沿着三级观瀑台往前就是著名的大清国53号界碑，碑上刻有"中国广西界"几个字。

门票信息 | 80元，观光车票35元

营业时间 | 7:30—17:30

交通信息｜可自驾或打车前往。

微信公众号｜德天跨国瀑布

> ★ 亮点
>
> 大清国53号界碑

📍 钦州景点

刘永福故居

标签：名人故居

　　刘永福是清末著名的爱国将领，统领黑旗军，一生经历非常传奇。他早年是最早的一批反清义士，之后在中法战争时归顺清廷抵抗外侵，在甲午战争时又远赴台湾战斗。刘永福故居是其归老所居的家宅，又称"三宣堂"，面积广阔，一共有100多间房。故居门前的广场立有刘永福塑像，周围有书房、伙房、兵器房、用人房等厢房环绕。有时间的话可以看看东侧厢房开设的钦州市民俗风情展，可以快速了解当地的风土人情。前庭对面是建成开放不久的刘永福纪念馆，用丰富的图片和实物材料展现了这位爱国将领传奇的一生。

门票信息｜免费

营业时间｜9:00—17:00

交通信息｜可乘坐公交1、15路至永福广场站。

电话｜3692054

> ★ 亮点
>
> 钦州市民俗风情展

冯子材故居

标签：名人故居

　　冯子材故居又被称为"宫保第"，是清军将领冯子材的住所。整座建筑是三路三进式的岭南庭院风格，但跟刘永福故居相比，这里显得更为小巧朴素。如今故居内主要展出了冯子材的生平，东侧的庭院内是一处名人雕塑园。

门票信息｜免费

营业时间｜9:00—17:00

交通信息｜可乘坐公交1、3、6路至钦州湾鸿发路口站。

电话｜2825466

> ★ 亮点
>
> 冯子材故居展

三娘湾

标签：海湾

　　在天气晴朗的时候出海，你就有可能在三娘湾看到可爱的白海豚。4月至9月是出海观赏白海豚的最佳时节，此时气候温暖，白海豚活动频繁。除了观白海豚之旅，你还可以看看白海豚雕塑、巨大的天然景观石。天气好的时候，你可以前往这里的海滨浴场游泳，此处水质不错，但是沙质较粗。

门票信息｜40元

营业时间｜全天

交通信息｜可自驾或打车前往。

电话｜3816068

网址｜www.qzsnwly.com

> ★ 亮点
>
> 观海豚之旅

📍 北海景点

银滩

标签：海滩

　　银滩的景色很符合这个名字，银白色的沙滩在阳光照耀下显得熠熠生辉，海水清澈湛蓝。银滩的沙质细软，完全可以穿着拖鞋踩上去，也很适合展开沙滩活动，饭后也可以加入当地人的队伍在这里悠闲散步。推荐黄昏时分前来，此时光线恰到好处，海天合一，随便一按快门都是大片。银滩有沙滩车、气垫船、摩托船等水上项目，如果想避开嘈杂的游人，可以去附近的海滩公园漫步。

门票信息｜免费

营业时间｜4月1日至10月31日7:00—19:00

交通信息｜可乘坐公交20、21路至银滩站。

电话｜3880999

> ⭐ **亮点**
>
> 沙滩车、气垫船

老街

标签： 历史建筑

老街可以说是北海的标志性景点，这片历史街区始建于1883年，当时珠海路是北海最繁华的商业街区，后来逐渐变成以民宅为主的街道，如今则演变成观光步行街。现在街边的餐厅、酒吧、客栈、咖啡馆以前都是经营渔民用品的商店。很多当地人也会在这里吃吃逛逛，你可以跟随他们的脚步寻找地道的餐厅和咖啡馆。老街全长1.2公里，一路上分布着几口古井、几块石碑、几处渡口日址。绝对不能错过精华景点骑楼，这片街区保留了几百栋骑楼，其浮雕、窗顶都值得细看。

门票信息｜免费

营业时间｜全天

交通信息｜可乘坐公交2路至老街站。

> ⭐ **亮点**
>
> 百年骑楼

北海海底世界

标签： 海洋馆

北海的这家海底世界值得带孩子来玩。这里分海底花园、海底长廊、玛雅山岗、中华水世界、海龟岛、魔鬼鱼主题馆、渔人码头、北部湾海岸、360度海底环游、百米海底隧道、极地企鹅馆等区域，令人眼花缭乱。在百米长的海底隧道漫步时，能够看到古代海上丝绸之路上的沉船、"二战"的沉船和飞机，以及众多珍奇鱼类。

门票信息｜148元

营业时间｜8:00—18:00

交通信息｜可乘坐公交3路至海滨公园站。

电话｜2223888

微信公众号｜北海海底世界

网址｜www.seasj.com

> ⭐ **亮点**
>
> 海底花园、海底隧道

侨港海滩

标签： 海滩

侨港海滩是银滩的替代选择，如果你觉得银滩游客过多，过于嘈杂，可以选择侨港海滩。这里的沙滩和海水虽然比不上银滩，但也有独特的风情。20世纪90年代末，为了帮助从越南归国的旅越难侨重建家园，中国政府和联合国难民署共同在侨港建起了居民楼、学校、医院和渔港，这也为侨港留下了浓郁的异国风情。你可以在周围的越南小吃店、餐厅、侨港风情街、鱼市看看，感受这里独特的氛围。

门票信息｜免费

营业时间｜全天

交通信息｜可乘坐公交5路至侨港海滩站。

> ⭐ **亮点**
>
> 侨港风情街、鱼市

冠头岭

标签： 公园

冠头岭海拔只有120米，不过在北海，这里是难得的可以俯瞰城市景观的地方。作为北海地势最高处，冠头岭的山顶植被茂盛，有登山步道可达，而山脚也有众多海鲜餐厅和大排档，适合逛完之后大吃一顿。有时间可以看看山脚南麓的南澫渔村，它又被称为"北海第一村"，每年农历三月二十三有热闹的"三婆诞"，会有传统表演和活动，你可以在这里买到价廉物美的海鲜。另外，冠头岭北麓有一片水质很好的海滩，傍晚的时候可以来此散步。

门票信息 | 免费
营业时间 | 全天
交通信息 | 可自驾或打车前往。
电话 | 3883863

> ⭐ **亮点**
>
> 南㵐渔村

鳄鱼山

标签 山岳

鳄鱼山位于涠洲岛南湾西侧，是一座年轻的火山岛，拥有完整的木栈道、视野开阔的观景台、茂盛漂亮的植被，总会吸引许多游客前往观光。大门口的涠洲灯塔非常显眼，一路上还有古炮台和汤翁台，下到海边就是火山口，最近的一次喷发距今只有7100年。据说当年喷出的岩浆布满了狭长的海岸，非常壮观。鳄鱼山的精华之处是架设在海面之上的步行栈道，你可以借此欣赏火山地质奇观，包括藏龟洞、龙宫探奇在内的海蚀洞穴，还有风化到晚期的经典地貌海蚀拱桥。

门票信息 | 旺季98元，淡季49元
营业时间 | 8:00—18:00
交通信息 | 可自驾或打车前往。
电话 | 6013998

> ⭐ **亮点**
>
> 海蚀洞穴、海蚀拱桥

五彩滩

标签 地质景观

五彩滩又被称为"芝麻滩"，集合了海蚀崖、海蚀洞和海蚀平台三种地貌，在国内非常少见，这也使五彩滩形成了独特的大型地质景观带。虽然这里的景观多样性不比鳄鱼山，但是五彩滩拥有整个涠洲岛面积最大的海蚀平台区域，退潮时宽度可达上百米。可以仔细看看这里的海蚀沟，有些如同人工切割般整齐。

门票信息 | 免费

营业时间 | 全天
交通信息 | 可自驾或打车前往。

> ⭐ **亮点**
>
> 大型地质景观带

贝壳沙滩

标签 沙滩

贝壳沙滩全长约5公里，环境清幽，很适合喜欢安静的游客。正如名字所言，沙滩上有很多贝壳、海螺、珊瑚残骸等，可以带小孩过来捡捡贝壳，玩玩水。沙滩附近植被茂密，是湿地公园和鸟类保护区的所在地。除了悠闲漫步，你也可以选择在凉爽的林间小路上骑行。沙滩上有不少木屋式酒店，不过入住体验比较一般。

门票信息 | 免费
营业时间 | 全天
交通信息 | 可自驾或打车前往。

> ⭐ **亮点**
>
> 湿地公园、鸟类保护区

天主教堂

标签 历史建筑

这座巨大的哥特式天主教堂在涠洲岛上显得非常醒目，在村子附近就能望见伸出的塔尖。教堂历史悠久，斑驳的外墙透露出它的沧桑，其建筑材料全取自岛上的珊瑚、岩石和石灰。教堂内部精致美丽，拱顶、十诫告示、耶稣受难图，以及圣母玛利亚、施洗者约翰的塑像，都增加了肃穆沉静的氛围。每天11:00和15:30，教堂有两场持续半小时的唱诗表演，有时间的话可以在一旁安静观看。

门票信息 | 免费
营业时间 | 全天
交通信息 | 可自驾或打车前往。

> ⭐ **亮点**
>
> 拱顶、十诫告示、耶稣受难图

广西

滴水丹屏

标签：　地质景观

　　滴水丹屏位于滴水村下面的海岸上，原名滴水岩。因为拥有大面积的海蚀崖而吸引了很多游客，崖壁上层裂隙常有水溢出，总会有水珠往下滴，还布满了茂密的植物。崖壁前的沙滩是看日落的最佳地点，也是拍摄大片的最佳取景地。另外滴水丹屏的海滩非常不错，靠近水边的沙子柔软细腻，再往岸边就是松树林，有时间可以在此漫步。

门票信息｜免费

营业时间｜全天

交通信息｜可自驾或打车前往。

电话｜6016278

> ★ 亮点
>
> 松树林、海滩

玉林、贵港、梧州、贺州

　　玉林位于广西东南部，古称鬱林，曾是百越民族分布的地区之一。1958年，鬱林正式更名为玉林，寓意"岭南美玉、胜景如林"。

　　贵港位于广西东南部，自古以来遍植荷花，有"荷城"之称。它是近代历史上著名的太平天国起义策源地，桂平西山、道家二十一洞天白石山、太平天国金田起义遗址、中共广西"一大"旧址等都是贵港有名的自然和人文景点。

　　梧州位于广西东部，历史悠久，是岭南文化发源地之一。这里旅游资源丰富，自宋代起就形成了著名的梧州八景——桂江春泛、云岭晴岚、龙洲砥峙、鹤岗返照、金牛仙渡、鳄池漾月、火山夕焰、冰井泉香。

　　贺州位于广西东北部，境内有丰富的历史人文景观，包括临贺故城遗址、浮山陈王庙、临贺文笔塔、铺门石城、贺街千年桂花井等。

📞 **电话区号 玉林0775、贵港0775、梧州0774、贺州0774**

交通

▎飞机

玉林福绵机场（0775-2869119）

梧州西江机场（0774-3836784；微信公众号：梧州机场）

▎火车

玉林站（0775-3122562；玉林市玉州区中秀路168号）途经线路为黎湛铁路、洛湛铁路。

贵港站（0775-4228007；贵港市江北东路518号）途经线路为南广铁路以及黎湛铁路。

梧州站（梧州市长洲区湖滨路168号）途经线路为洛湛铁路益湛段。

贺州站（0774-5626392；贺州市平桂区黄田镇站前大道）途经线路为洛湛铁路、贵广高铁线路。

▎长途汽车

玉林汽车总站（0775-2823398；玉林市大北路194号）

贵港汽车总站（0775-4228007；贵港市和平路326号）

金晖梧州汽车站（0774-3857716；梧州市红岭路5号）

贺州客运中心站（0774-5283263；贺州市平桂区南环路与光明大道交会处）

▎公交车

　　玉林、贵港、梧州、贺州市内公交便捷，标识清晰，大部分旅游景点都有公交线路可达，并且支持投币、刷公交卡、手机扫码等支付方式。

🛒 土特产和纪念品

　　玉林当地特色有生晒桂圆肉和玉林八角，贵港当地特色有罗秀米粉和西山茶，梧州当地特色有梧州龟苓膏和梧州蜜枣，贺州当地特色有黄姚黄精酒和英家大头菜。

🏠 住宿

▌经济型

艾尔法酒店

（0775-2726888；玉林市玉州路262号）酒店位于玉州路南端，邻近玉林最热闹的十字街，旁边是人民公园，出行方便。酒店于2016年开业，风格明快，设施较新，房间明亮宽敞。后院有免费停车位，入住还送水果。

▌中档

贵港亚朵酒店

（0775-2926688；贵港市港北区中山路与郁林路交会处东北角）酒店主打精致旅游度假路线，位置优越，紧邻民族文化公园，出行方便，周边生活配套设施丰富。房间宽敞明亮，设施齐全，整体性价比较高。

▌高档

星卓酒店

（0774-3955688；梧州市桂江二路38号）桂江边的这家酒店非常醒目，位置很方便，也很好找。这里的大床房视野开阔，能看到180度江景。房间设施保养得不错，洗手间很大，干湿分离，非常实用。楼下有专用的停车场。整体性价比不错，入住体验舒适。

🍴 就餐

美极大排档

（0775-2805197；玉林市江滨路581号；10:30—14:30，17:00—21:00）这家餐厅很特别，只经营三道菜——生炒牛料、青菜和牛骨汤。两层店面不小，但顾客太多，有时候桌椅还要摆到路上。黄喉、百叶、牛肚、牛肉一同翻炒，味道鲜美可口，有时候19:00就会售卖一空。

千家客原生土味坊

（0774-5261118；贺州市八达西路光明大道口；7:30—21:30）这家地道的客家菜餐厅犹如一座饮食博物馆，在公共区域展示民间饮食相关的老物件。推荐尝试三宝酿和黄田扣肉。包厢席间可能会有简单的民俗表演。服务人员热情友好，上菜很快。

🍴 线路推荐

贵港风情之旅： 贵港市博物馆—南山寺—东湖公园

梧州历史之旅： 骑楼城—大东邮局—龙母太庙—中山纪念堂

📍 玉林景点

云天文化城

标签： 博物馆

云天文化城是一座私人博物馆，是玉林的地标建筑。因为外形酷似布达拉宫，展品更是气派奢华，因此当地人称它为"云天宫"。整座博物馆派头非常大，庭院中随处可见的罗汉松是自日本移植而来的，树龄都在500年以上。文化城分庭院与宫殿两部分。庭院里展出了各种奇珍异木，另外还有雕塑作品。宫殿目前开放了6个展厅，藏品以各种菩萨、寿星、王母、瑞兽造型的木雕、石雕和瓷器为主。一定要去6楼看看，这里有尊30米高、600吨重的皆大欢喜佛，非常恢宏。

门票信息｜150元

营业时间｜8:30—19:00，售票至17:30

交通信息｜可乘坐公交2、4、8、16、21路至云天文化城站。

电话｜2886513

微信公众号｜广西玉林云天文化城

网址｜http://www.yuntiancity.com/

> ⭐ **亮点**
>
> 皆大欢喜佛

玉林市博物馆

标签： 博物馆

玉林市博物馆新址于2015年底开放，展品丰富多样，用实物、图片和文字展示了玉林详尽的历史、古建筑、民俗。在北流铜石岭出土的十余面青铜鼓是镇馆之宝，有时间一定要仔细看看，青铜鼓中最大的直径有133.7厘米，鼓面带有虎、蛙等立体形象。另外一侧的玉林市城市规划展示馆也值得一看，可以在里面了解玉林市的规划历史和近代城市发展史。

门票信息 | 免费

营业时间 | 9:00—17:00

交通信息 | 可乘坐公交17、22路至市政广场站。

电话 | 2685908

微信公众号 | 玉林市博物馆

> ★ 亮点
>
> 青铜鼓

📍 贵港景点

南山寺

标签：　寺庙

　　南山寺位于郁江南岸狮山岩洞中，宋朝时因为得到了皇帝赐书、题字而声名远扬。寺中三宝分别为菩提树、天然石佛和宋代铁钟，有时间一定要仔细看看。狮山岩洞中遍布历代摩崖石刻，各种奇岩怪石都被赋予了生动的传说故事。前寺的两尊力士和大雄宝殿中的罗汉壁画都是最新修建描画的。登上山顶，可以欣赏周围山峰环绕的秀丽景色。

门票信息 | 9元

营业时间 | 8:00—18:00

交通信息 | 可乘坐公交8路至南山公园站。

电话 | 4331210

> ★ 亮点
>
> 历代摩崖石刻

贵港市博物馆

标签：　博物馆

　　贵港市博物馆面积不大，但是内部展品丰富多样，是了解贵港历史文化、出土文物以及藏品故事的好地方。博物馆的亮点是罗

泊湾一号墓展厅，这是广西目前发现的规格最高的西汉墓，不过复原墓室周围陈列的精美文物都是复制品，真品如今都在广西博物馆。二楼的"西江明珠，古郡遗珍"展厅同样值得一看，这里展出了大量陶器、铜器。

门票信息 | 免费

营业时间 | 9:00—17:00，周一闭馆

交通信息 | 可乘坐公交8、18路至博物馆站。

电话 | 4215658

微信公众号 | 贵港博物馆

> ★ 亮点
>
> 罗泊湾一号墓展厅

东湖公园

标签：　公园

　　东湖公园位于贵港东侧，是广西最大的内陆湖公园。东湖历史悠久，因苏轼书"东湖"两字得名，据民国二十三年《贵县志》载："湖广约四里，水木明瑟，风景幽静，夏时游者云集，不独为邑名胜，在西江上游亦推此湖为最巨。"可见当时东湖就已经是当地人和游客喜爱的休闲场所了。湖西北侧有建于民国的翼王亭，湖心岛上立有翼王塑像，两者都是为了纪念贵港历史上最耳熟能详的名人石达开。东湖水面宽阔，步行一周约3公里，步道植被茂盛，夏季可以来此避暑。

门票信息 | 免费

营业时间 | 全天

交通信息 | 可乘坐公交5路至四方塘站。

电话 | 4215997

> ★ 亮点
>
> 翼王塑像、翼王亭

📍 梧州景点

骑楼城

标签：　历史街区

　　梧州的骑楼城历史悠久，保留较好，整

个骑楼城从大东下路开始,一直延伸至北环路。这里不但有南洋式骑楼,还有一批历史建筑,共同组成了一座露天的岭南市井百态博物馆。在这里不要错过新西旅店、大东邮局、维新里、金龙巷。新西旅店是一座7层大楼,融合了欧洲与中国建筑元素,曾经是当年梧州最豪华的酒店。大东邮局是一座米黄色的三层西式大楼,如今已被列入全国重点文物。维新里保留了梧州城较为完整的近代民居。金龙巷的历史则可以追溯至清代中晚期,曾经是梧州城的富人区,建筑颇为精致。

门票信息|免费

营业时间|全天

交通信息|可乘坐公交2、3、7、10、11、13路至河滨公园站。

> ★ **亮点**
>
> 大东邮局、维新里、金龙巷

龙母太庙

标签: 寺庙

　　龙母是西江流域广受信奉的河神,她的地位和形象类似于妈祖。相传龙母姓温名媪,是百越族的一位女首领,因为收养了五条西江巨龙,感化龙子造福百姓,被尊奉为"龙母"。梧州的龙母太庙始建于北宋,一直以来都受到当地百姓的崇奉,香火鼎盛。庙宇经过多次重修,泥塑、壁画、贡品等都很有梧州的地方特色。碰上农历五月初八龙母诞,这里会通宵达旦地举办庆祝活动,很值得一看。

门票信息|28元

营业时间|9:00—17:00,农历初一、十五8:00—18:00

交通信息|可乘坐公交1、16、18、19路至太庙站。

电话|2826098

> ★ **亮点**
>
> 泥塑、壁画、贡品

中山纪念堂

标签: 纪念堂

　　孙中山和梧州颇有历史渊源,孙中山筹备北伐战争时,曾于1921年至1922年先后三次驻节梧州。矗立于北山山顶的这座白色建筑,是1925年孙中山病逝后,梧州善后处处长李济深倡议集资建设的,于1930年正式建成,是全国最早建成的中山纪念堂。纪念堂中部是西式大礼堂,两侧的展览介绍了孙中山的生平与梧州辛亥革命。纪念堂旁边的中山公园是梧州老城中心的绿地,有时间不妨在这里呼吸一下新鲜空气。

门票信息|免费

营业时间|9:00—17:00,周一闭馆

交通信息|可乘坐公交2、5、21、50路至中山纪念堂站。

电话|2024739

> ★ **亮点**
>
> 孙中山生平展、梧州辛亥革命展

梧州市博物馆

标签: 博物馆

　　梧州市博物馆位于珠山山顶的西边,展出内容包括新旧石器、陶器、瓷器、玉器、铁器、石刻、书画以及历代古钱币,还有以"千年岭南重镇,百年两广商埠"为主题的梧州历史文化展。博物馆旁是建道圣经学院旧址,几座教学楼展现了浓郁的历史氛围。不远处是英领事署旧址,有英式庭园和高大的回廊。有时间的话可以登上对面四层高的鹤岗楼,俯瞰梧州全貌。

门票信息|免费

营业时间|周二至周五9:00—11:30和14:30—17:00,周六和周日9:00—17:00,周一闭馆

交通信息|可乘坐公交2、3、7、10、11路至河滨公园站。

电话|3826852

微信公众号|梧州市博物馆

网址|http://www.wzsmuseum.cn/index.html

梧州历史文化展、英领事署旧址

贺州景点

灵峰广场

标签： 广场

　　灵峰广场是贺州的中心，你可以从这里跟随登山锻炼的市民爬上灵峰山山顶。虽然附近已有成片的高楼，但是南边的贺江、原野和绵延青山仍然构成了非常美丽和谐的景色。灵峰山24小时开放，登山小径还有灯光照明，想看日出或夜景非常方便，不必担心设施和安全问题。有时间的话还可以去灵峰广场附近的贺州市博物馆，博物馆面积不大，有瑶族风情展和一些当地出土的文物，可以让你了解贺州地区的少数民族文化以及城市发展史。

门票信息｜ 免费

营业时间｜ 全天

交通信息｜ 可乘坐公交5、6、7、9路至灵峰广场站。

★ 亮点

贺州市博物馆

西约街历史文化街区

标签： 历史街区

　　西约街是贺州清代和民国时期非常重要的商业街区，也是抗日战争和解放战争时期爱国民主人士重要的活动场所。这片街区分布有中苏友好协会旧址、中共广西省工委联络处等红色文化遗产，以及柳亚子、何香凝、李济深、红线女等名人的活动旧址。附近贺江边的老八步码头，于清嘉庆年间开始繁荣发展，水路贸易繁盛，至民国时期已经形成矿砂、米面、油料等各类专业集市。有时间可以在沙街巷、一景茶楼、河边巷逛逛，看看街区旧日的洋楼小店，感受昔日的氛围。

门票信息｜ 免费

营业时间｜ 全天

交通信息｜ 可自驾或打车前往。

★ 亮点

沙街巷、一景茶楼

大钟山公园

标签： 山岳

　　大钟山公园于2017年建成，是一座城市开放公园，以贺江南岸的大钟山为核心，如今已是当地人散步、休闲的好去处。这里有大草坪和人造水景，周围的山峰都有步道可以攀登，视野开阔，景色美丽，登顶后可以看到蜿蜒的贺江、贺州市区和背后层层叠叠的喀斯特群山。

门票信息｜ 免费

营业时间｜ 8:00—18:00

交通信息｜ 可乘坐公交3、24路至光荣院站。

★ 亮点

喀斯特群山

桂林

　　桂林市位于广西东北部，是世界著名的旅游城市和中国历史文化名城，也是广西东北部地区及桂湘交界地区的政治、经济、文化、科技中心。1201年，诗人王正功写出了这里最著名的一句旅游推广词——"桂林山水甲天下"。

　　桂林历史悠久，据市区宝积岩和甑皮岩洞穴发现的遗物考证，距今约一万年前，桂林就有人类活动的痕迹。夏、商、周时期，桂林是百越人的居住地。公元前214年，秦始皇开凿灵渠，沟通湘、漓二水后，桂林便成为"南连海域，北达中原"的重镇。"桂林"之名始于秦代，秦始皇置桂林、象、南海三郡，桂林郡因当地盛产玉桂而闻名。

☎ 电话区号 0773

🚐 交通

▮飞机

桂林两江国际机场（2845303；微信公众号：桂林机场）

▮火车

桂林站（2164842；象山区中山南路39号）途经线路为衡柳铁路、桂海铁路。

桂林北站（2162222；叠彩区站前路6号）途经线路为湘桂高速铁路、贵广高速铁路。

桂林西站（灵川县定江镇西站东路）途经线路为贵广高速铁路。

▮长途汽车

桂林汽车客运北站（8998500；北辰路76号）

桂林汽车客运南站（3822666；凯丰路茶店路口以西约500米）

琴潭客运站（3832703；翠竹路31号）

▮公交车

桂林市内公交便捷，标识清晰，大部分旅游景点都有公交线路可达，并且支持投币、刷桂林公交一卡通、手机扫码等支付方式。"桂林出行网"App可以显示线路信息，并查询实时公交信息。

🛒 土特产和纪念品

当地特色有啤酒鱼和三花酒。

🏠 住宿

▮经济型

桂林老地方国际青年旅舍

（2813598；微信公众号：GL_ThisOld Place；翊武路2号）这家青年旅舍位置优越，位于两江四湖的核心地段，隔壁是可以自由出入的桂林图书馆榕湖分部。旅舍房间宽敞明亮，舒适整洁，前台工作人员能为你提供很多有用的旅行建议，你也可以在这里方便找到拼车拼饭的伙伴。旅舍提供早餐和自行车出租服务。

▮中档

住在书店酒店

（3556000；微信公众号：zhuzaishu dian；环城西一路117号联达广场2号楼）这是家以书店为主题的酒店，最大的特色是可凭房卡24小时进出"纸的时代"书店，你可以独享书店打烊后的安静时光。酒店有一个可享用日落鸡尾酒的露台花园，景色优美，安静祥和。客房内没有传统酒店可见的电视、电话，却有摆满图书的巨大书柜。

▮高档

香格里拉大酒店

（2698888；环城北二路111号）酒店坐落在漓江东畔，是桂林奢华的住宿选择之一，拥有临江的优雅花园和景观优美的客房，房间宽敞奢华，床品舒适。酒店提供烹饪、攀岩、小火车等多种收费活动，还设有一个迷你动物园，适合带孩子的游客前来。前台工作人员专业热情，会提供很多实用的旅行建议。

🍴 就餐

香宫

（2698888；香格里拉大酒店一层；11:00—14:00，17:30—22:00）这家奢华的传统中餐厅位于香格里拉酒店内部，菜品质量很高，服务贴心舒适，菜肴价格也比较合理。餐厅提供粤菜、湘菜以及桂林本地料理，推荐烧鹅皇、自酿啤酒鱼、红烧肉。不少菜品可点半份。周末提供早茶，点心多样，分量也不少。

阿甘酒家（解西店）

（2821515；解放西路16号三欣大厦2楼；8:30—21:30，早茶至14:00）这家广西菜餐厅很受当地人的欢迎，大厅提供免费自助的油茶和水果，腊味蒸芋丝和剑骨鱼是这里的招牌。平时餐厅还设置早茶时段，可以前来品尝各类好吃的点心。

👣 线路推荐

桂林山水之旅：七星公园—靖江王陵—兴

坪—遇龙河

阳朔风情之旅：龙脊梯田—阳朔公园—徐悲鸿故居

 景点

两江四湖·象山景区

标签：　5A级景区　城市水系　公园

　　两江四湖是桂林的标志性景点，指的是漓江、桃花江与杉湖、榕湖、桂湖、木龙湖。这个古老的环城水系历史悠久，在南宋时就已经出现在鹦鹉山的摩崖石刻《静江府城池图》上，南宋诗人以"一水抱城流"来描写桂林的城市风貌。强烈推荐你在夜晚乘坐两江四湖游船，灯光效果很好，你也可以从不同的角度欣赏日月双塔和湖畔的历史纪念碑。

　　象山是桂林最著名的地标之一，是游客来桂林必去的打卡地。穿过象山广场进入公园后，可以沿着步道直接登上象山。山顶有一座明代的普贤塔，从这里可以俯瞰桂林的景色。有时间可以去漓江边的水月洞，这里更是集中了南宋四大书法家中陆游、范成大、张孝祥三位的作品。别忘了在洞口正对的象鼻岩上拍张照片。

门票信息｜象山55元，游船门票详见官网

营业时间｜全天游客中心7:00—18:00，各景点和游船时间详见官网

交通信息｜可乘坐公交16、23路至象山公园站。

电话｜2888802

微信公众号｜两江四湖象山景区

网址｜https://www.glljsh.com/

　　★ 亮点

　　两江四湖游船、象鼻岩

叠彩山

标签：　5A级景区　公园

　　叠彩山旧名桂山，位于桂林市区东北部，在桂林市区的漓江之畔，包括四望山、于越山和明月峰、仙鹤峰。从景区东门进入，穿过一片园林，就到了叠彩山的标志景观风洞，这里是景区内石刻最密集的区域。仔细留意左下方有一小块黑底隶书题刻，即唐代元晦的《叠彩山记》，其中"彩翠相间，若叠彩然"是山名的最早起源。有时间可以去北麓白鹤洞前的环碧园看看，这里曾是明代靖江王的别业，1824年，李秉绶购置此园，在这里聘请画师、收徒讲学，居廉、居巢皆在此学习，因此这里也成为"岭南画派"之肇始，发展出了自海上画派以来中国最成体系、最有影响的新画派。

门票信息｜25元

营业时间｜4月至10月6:30—19:00，11月至次年3月7:00—18:30

交通信息｜可乘坐公交2、203路至叠彩山站。

电话｜2100660

　　★ 亮点

　　观风洞、环碧园

靖江王府

标签：　历史建筑

　　靖江王府的主要建筑已经在明末的战乱中焚毁殆尽，如今我们看到的多为民国时期重建的，只有一些台基雕栏、云阶玉璧为明代原物。参观时须跟随导游依次参观王府历史展厅、贡院、独秀峰等景点。历史展厅是景区的精华，详尽介绍了280多年的靖江王历史。你还有机会在贡院参加一场短暂的科举考试，被点为状元的"幸运"游客往往会被迫花钱买一瓶"贡酒"。贡院之后就是著名的独秀峰。1921年，孙中山督师北伐时曾在王府设立大本营。

门票信息｜100元

营业时间｜5月至国庆节假期7:30—18:30，3月至4月、10月至11月7:30—18:00，12月至次年2月8:00—18:00

交通信息｜可乘坐公交1、22、30路至靖江王府站。

电话 | 2851941

微信公众号 | 靖江王府

> ★ 亮点
>
> 王府历史展厅、贡院、独秀峰

西山公园

标签: 公园

　　西山公园是桂林一处底蕴深厚的城市公园，这里最大的看点是西山石刻，这也是桂林佛教造像最密集的区域，现存佛像242尊、浮雕石锦1座。山脚下的西庆林寺遗址是唐朝初年兴建的，曾是桂林最重要的佛寺。如果有兴趣，可以一路爬上观音峰，俯瞰桂林的城市景观，这里也是欣赏落日的好去处。东面的下山路沿途多摩崖佛像，其面容特征、服饰风格皆似犍陀罗佛像，精致生动。

门票信息 | 55元，含免费讲解

营业时间 | 7:00—22:30

交通信息 | 可乘坐公交14、89路至西山公园站。

电话 | 2893193

> ★ 亮点
>
> 西山石刻

七星公园

标签: 公园

　　七星公园位于桂林市区漓江东岸，被誉为微缩版的桂林编年史。白先勇先生笔下的花桥就在景区大门口附近，桥头曾有很多米粉店，这些往事被写入了他的《花桥荣记》《少小离家老大回》等作品中。之后可以前往七星岩，不要错过洞口处丰富的摩崖石刻。景区的精华部分是公园南面的骆驼山，因山峰形似骆驼而备受游客青睐。从骆驼山往往龙隐岩，一路上都是从桂林四处移置而来的古代石刻、石牌坊，令人印象深刻。

门票信息 | 55元

营业时间 | 6:30—20:00

交通信息 | 可乘坐公交11、18路至七星公园站。

电话 | 5812174

微信公众号 | 桂林七星景区

网址 | www.glqxjq.com

> ★ 亮点
>
> 七星岩、龙隐岩

芦笛岩

标签: 溶洞

　　芦笛岩被誉为中国的"国宾洞"，因为这处景观一直是外国元首游访桂林的必到之处。整个游览路程约500米，不会花费太多时间，沿途布满了各式石笋、石柱、石幔、石花，但灯光可能会过于浓艳，影响了整个景区的美感。沿途可以依次欣赏"高峡飞瀑""盘龙宝塔""原始森林""帘外云山""定海神针"等景观。在可容纳1000人的龙王海底宫殿里，有全天定时上演的4D视觉秀。值得一提的是，86版电视剧《西游记》中的不少场景都取自于此。

门票信息 | 90元

营业时间 | 7:30—18:00

交通信息 | 可乘坐公交3、213路至芦笛岩站。

电话 | 2110889

> ★ 亮点
>
> "高峡飞瀑""盘龙宝塔"

桂林博物馆

标签: 博物馆

　　桂林博物馆新馆于2017年开放，是广西不容错过的博物馆之一。二层的漓水春秋展厅是整个博物馆的精华，展示了桂林自史前时期至近现代的历史，展品包括来自晓锦遗址的炭化稻米、完整的灵渠模型等，另外还有隋唐以来的碑刻、"桂林山水甲天下"等名碑拓片。隔壁的翰墨华章展厅表现了明清书画的演变，展厅入口处的《阳朔山图卷》气势撼人。三层的友谊桂林展厅展示了桂林接受的外宾礼品，以及桂林各个友好城市的风土人情。

门票信息 | 免费

营业时间 | 9:00—17:00，周一闭馆

交通信息 | 可乘坐公交91路至博物馆站。

电话 | 2897308

微信公众号 | 桂林博物馆

网址 | www.guilinmuseum.org.cn

> ★ 亮点
>
> 《阳朔山图卷》、晓锦遗址的炭化稻米

飞虎公园

标签: 公园

　　顾名思义，飞虎公园就是为了纪念飞虎队而建造的。飞虎队是"二战"期间由美国志愿兵组成的援华航空部队，1941年在昆明设立总部，它开辟的昆明往返印缅之间的驼峰航线，曾一度是战时中国乃至亚太战场重要的生命线。1942年6月，"飞虎将军"陈纳德以桂林秧塘机场为基地开始对日作战。飞虎公园大门内就是一条复原的机场跑道。跑道尽头是美国飞虎队桂林纪念馆，一共分为5个展区，生动详细地介绍了美国飞虎队援华的历史。

门票信息 | 免费

营业时间 | 7:30—18:30

交通信息 | 可乘坐公交85路至飞虎林居站。

电话 | 5583820

> ★ 亮点
>
> 美国飞虎队桂林纪念馆

李宗仁故居

标签: 名人故居

　　桂林郊区的这座李宗仁故居是著名爱国将领李宗仁的出生地。故居是一处颇有桂北风格的晚清庄园民居建筑，由安乐第、将军第、学馆、三进客厅、炮楼等组成。最南侧的安乐第是故居中历史最悠久的建筑，由李宗仁的祖父修建，也曾是李宗仁的婚房。最北边是规模庞大的三进客厅，为1926年增建，如今被开辟为李宗仁生平陈列展厅，用生动翔实的图文资料介绍他如何接受新式教育、加入同盟会、参与北伐，以及从桂系首领成为中华民国代总统并远走美国的经历。1965年，李宗仁回到中国大陆，成为统一战线的一员，直到1969年在北京病逝。

门票信息 | 免费

营业时间 | 9:00—16:30

交通信息 | 可自驾或打车前往。

电话 | 5300061

> ★ 亮点
>
> 李宗仁生平陈列展厅

会仙湿地

标签: 湿地

　　会仙湿地位于桂林以南约30公里处，是一片相对原生态的山水，这片独特的喀斯特峰林岩溶湿地被誉为"漓江之肾"。湿地中还有一条开凿于唐长寿元年（692年）的桂柳运河，与灵渠地位相当。你可以在毛家码头坐船，欣赏龙头山的美景。如果有时间也可以爬上龙头山的山顶，眺望远处层层叠叠的喀斯特山峰。会仙湿地邻近的山尾村有一处白崇禧故居，村里还有不少老房子，大多都是典型的桂北民居风格，有兴趣可以前往一看。

门票信息 | 免费

营业时间 | 全天

交通信息 | 可自驾或打车前往。

> ★ 亮点
>
> 白崇禧故居、龙头山

徐悲鸿故居

标签: 名人故居

　　这座院落是李宗仁于1936年赠给徐悲鸿的，足见民国时期这位绘画大家的地位之重。如今院子里一株90年树龄的玉兰树非常醒目，

旁边是徐悲鸿雕像，陈列馆里展出了徐悲鸿的生平照片，偶尔你还会见到一群外国人在这里学习中国书画。值得一提的是，徐悲鸿的名作《漓江春雨》便是在这里绘制的。

门票信息｜免费

营业时间｜9:00—17:00

交通信息｜可自驾或打车前往。

> ★ **亮点**
>
> 徐悲鸿雕像

碧莲峰山水园

标签：公园

碧莲峰山水园有"阳朔第一峰"的美誉，可以让你逃离阳朔的喧嚣和成群的游客。公园面积很小，大门附近是鉴真曾经过过的唐代寺院，如今为了纪念这段历史，新建了一座鉴山楼和鉴真纪念馆。沿着临江的步道前行，一侧的山崖上遍布摩崖题刻。其中最有名的是清代阳朔知县王元仁的"带"字，这位王羲之的后裔，在这个字中暗藏诗句"一带山河，少年努力"，其印章"静山"，因刻工不识篆体而被倒刻在崖壁上，成了一段趣事。

门票信息｜22元

营业时间｜8:00—18:00

交通信息｜可自驾或打车前往。

电话｜8823496

> ★ **亮点**
>
> "静山"

十里画廊

标签：喀斯特地貌　田园风光

十里画廊在阳朔县城南面，从凤鸣社区北大门到月亮山赏月路南大门。这一路风景绝美，两侧是高耸的喀斯特山峰，田园风光优美。你可以选择骑行与徒步结合的方式游览，惬意自在，难度也不大，半天时间即可往返。十里画廊沿途布满景点，图腾古道、蝴蝶泉公园、工农桥等可以按照时间和体力选择性地游览，金宝河和遇龙河从重重叠叠的峰峦中悠然而来，两岸都是奇特的喀斯特地貌。月亮山是十里画廊的地标，这座中空的石山会随着观看角度的变化，呈现从满月到新月的演变，非常有趣。

门票信息｜免费

营业时间｜全天

交通信息｜可自驾或打车前往。

> ★ **亮点**
>
> 月亮山、图腾古道、蝴蝶泉公园

遇龙河

标签：河流

遇龙河发源于临桂县，是阳朔最美的景观之一，河水从葡萄流经白沙到达高田，切分出两岸温柔的田园风光和无与伦比的峰林景色，这也是阳朔的标志性景点。遇龙河最北部的亮点是迷人的葡萄镇，这里被很多摄影爱好者视为最佳摄影点之一。距阳朔15公里的五里店村有一处世外桃源，把陶渊明《桃花源记》中描绘的世外桃源放到了阳朔的山水田园间，显得非常和谐。顺水向南，依次是富里桥和遇龙桥，这两座历史悠久的明代石桥分别是阳朔最高和跨度最大的单拱石桥。

门票信息｜免费

营业时间｜全天

交通信息｜可自驾或打车前往。

微信公众号｜遇龙河

> ★ **亮点**
>
> 葡萄镇、五里店村

福利镇

标签：古镇

福利镇因为荔枝成林、村舍隐伏其间而得名"伏荔"。古镇三面环山，一面临水，是漓江上的重要码头，镇上至今还保留着闽粤商人修建的妈祖庙。古镇的格局保留完好，老街

广西

两旁还能见到不少古民居。福利镇还以画扇工艺闻名，号称"中国画扇第一镇"。如果你对扇子感兴趣，可以去镇上老街的莫氏扇艺坊亲手制作一把扇子，价格不贵，你还可以选购一些精致的扇子。

门票信息｜免费

营业时间｜全天

交通信息｜可自驾或打车前往。

> ★ **亮点**
>
> 莫氏扇艺坊

兴坪古镇

标签：　古镇

　　兴坪古镇位于桂林到阳朔的漓江河段上，是这一河段沿线的重要古镇。早在三国时期，古镇南面不远处的狮子嵅就已经成为当时吴国的熙平县治，直到隋开皇十年（590年），朝廷才把县治迁往今日的阳朔县城一带。"兴坪"一名，即由古时候的"熙平"二字演化而来。如今的古镇由两条老街组成，你可以来逛逛万年戏台，它是清代关帝庙的一部分，但是如今都是没什么特色的纪念品商店。老街旁还保留着一些清代和民国时期的古民居，可以进去感受一下历史气息。

门票信息｜免费

营业时间｜全天

交通信息｜可自驾或打车前往。

> ★ **亮点**
>
> 万年戏台

老寨山

标签：　山岳

　　位于兴坪的老寨山风景秀丽，在20世纪90年代，山上的美景打动了日本人林克之，他自筹资金与村民一起在老寨山修建了1149级登山步道。从此以后，老寨山成为兴坪重要的旅游标志，在兴坪山上看日落也成了必须体验的旅游项目。从渡口旁的老寨山客栈出发，沿步道登山可以直达山顶的友好亭。从这里可以俯瞰漓江湾、大河背村和远处的喀斯特群山，景色非常美。路上有些台阶比较陡，一定要小心谨慎，穿轻便的登山鞋。

门票信息｜免费

营业时间｜全天

交通信息｜可自驾或打车前往。

> ★ **亮点**
>
> 友好亭

恭城古建筑群

标签：　历史建筑

　　恭城古建筑群气势恢宏，是恭城镇的标志性景点。这里的文庙非常值得一看，它建于明永乐八年（1410年），是广西现存规模最大、保存最好的文庙，也让这个瑶族自治县赢得了"华南小曲阜"的美名。可以仔细留意文庙的正脊及山墙，都装饰有丰富的灰塑，富有鲜明的岭南风格。文庙的西侧是祭祀关羽的武庙，建于明万历三十一年（1603年），和文庙一样历史悠久。每年的农历五月十二，这里都会举办关帝庙会，武庙戏台上的演出将持续三天三夜。

门票信息｜联票40元

营业时间｜8:30—17:30

交通信息｜可自驾或打车前往。

> ★ **亮点**
>
> 文庙、武庙

恭城瑶族博物馆

标签：　博物馆

　　恭城瑶族博物馆于2017年底正式对公众开放，是一座藏品丰富的民俗博物馆，展厅位于仿古建筑群的地下，入口较为隐蔽，不太好找。展览主要由瑶族的历史民俗及恭城的出土文物两部分组成，可以仔细看看唐初以来瑶族迁入恭城的历史，从那时起，汉族、瑶族、壮族等多民族文化在此融合，形

成了如今丰富灿烂的民族文化。1971年在嘉
会镇秧家村出土的一批青铜器，有明显的春
秋晚期至战国早期楚地特色，文物价值非
常高。

门票信息｜免费

营业时间｜9:00—12:00, 14:30—17:00, 周末
不午休, 周一闭馆

交通信息｜可自驾或打车前往

微信公众号｜恭城瑶族自治县瑶族博物馆

> ⭐ **亮点**
>
> 嘉会镇秧家村出土的青铜器

银子岩

标签： 溶洞

银子岩是桂林有代表性的喀斯特溶洞，
洞内钟乳石闪烁着类似银子的光芒，因此得
名银子岩，"游了银子岩，一世不缺钱"的广
告语，也吸引了不少好奇的游客前来。游览银
子岩全程约需1小时，每位游客在入口处会领
到一个电子讲解器，全程有29个讲解点，游
客可以自由参观，收听讲解器里对景点的介
绍。银子岩的主要景观包括音乐石屏、龙脊梯
田、独柱擎天和四世同堂。

门票信息｜65元

营业时间｜8:00—17:30, 节假日延至18:00

交通信息｜可自驾或打车前往。

电话｜2387991

微信公众号｜桂林银子岩

> ⭐ **亮点**
>
> 音乐石屏、龙脊梯田、独柱擎天

丰鱼岩

标签： 溶洞

丰鱼岩以"一洞穿九山"闻名，于20世
纪60年代被开发出来，1994年正式对公众开
放。在喀斯特溶洞中，丰鱼岩的景观不算最出
奇的，但好在这里的游览项目很丰富，门票包

含了暗河漂流和观光小火车两项活动。洞内
的游览路线全程3.3公里，包括陆路和水路。
参观时需要跟随导游一同入内，导游会在游
览过程中讲解和溶洞有关的地质知识。丰鱼
岩的镇洞之宝是一根直径14厘米、高达9.8米
的"定海神针"，造型很特别，有时间的话可
以仔细看看。

门票信息｜50元

营业时间｜8:00—17:30

交通信息｜可自驾或打车前往。

电话｜6988999

> ⭐ **亮点**
>
> "定海神针"

荔江湾

标签： 自然景观

荔江湾位于桂林市荔浦县东南部，是荔
浦的母亲河，素有"桂林山水第一湾"之称。
景区面积很大，主要由鹞鹰山、象鼻山、五指
山、龙头山、白石山、红马山、白马山组成，同
时还开设了丰富的游览项目，行程包括游船、
观看鸬鹚捕鱼表演、游览永苏里古城、划龙
舟等。最后你还可以前往有"洞中九寨"之称
的天宫岩，拍摄荔江湾的美景。

门票信息｜45元

营业时间｜8:00—17:00

交通信息｜可自驾或打车前往。

电话｜7238350

> ⭐ **亮点**
>
> 鸬鹚捕鱼表演、划龙舟

龙脊梯田

标签： 梯田

赫赫有名的龙脊梯田位于桂林市区西北
约80公里处，由龙脊古壮族梯田、平安壮族
梯田、金坑·大寨红瑶梯田三部分组成，另外
还散布着中六寨、金竹寨、黄洛寨等壮瑶村

寨。金坑·大寨红瑶梯田位于景区最深处，有大寨、壮界和田头寨三个自然村，你可以乘坐金佛顶索道直接到达观景台。平安壮族梯田是龙脊梯田最早成名的梯田景区，1号观景台九龙五虎的景色非常壮丽，梯田和村寨还有零散分布其间的小路组成了一幅独特的山水画卷。龙脊古壮寨是龙脊梯田中壮族人最早定居的区域，也是龙脊梯田规模最大的村寨，到处都能见到干栏式吊脚楼，是欣赏壮族生活文化的最佳场所之一。

门票信息 | 95元

营业时间 | 全天

交通信息 | 可自驾或打车前往。

电话 | 7583088

微信公众号 | 龙脊梯田景区

> ★ 亮点
>
> 龙脊古壮寨梯田、平安壮族梯田、金坑·大寨红瑶梯田

灵渠

标签：　运河

　　灵渠历史悠久，素有"兴安高万丈，水往两头流"的说法。公元前219年，秦始皇下令在岭南地区修建水渠，以便运输军用物资、统一岭南。这条现存长度约36公里的河渠是世界上现存最古老的河渠之一，沟通了长江水系的湘江和珠江水系的漓江。灵渠景区位于兴安县城东面，是这项著名水利工程的精华部分。四贤祠内有关于灵渠开创者和修建者史禄、马援、鱼孟威和李渤的介绍，你也可以在这里了解灵渠修建的历史和碑刻文物。千万不要错过景区的南陡，南陡被誉为"天下第一陡"，考虑到湘江与漓江之间存在高差，因此需要通过类似南陡的陡门来控制灵渠的流量，以此合理安排灌溉和通航。

门票信息 | 45元，套票含游船125元

营业时间 | 5月至10月7:30—19:00，11月至次年4月8:00—18:00

交通信息 | 可自驾或打车前往。

电话 | 7976016

> ★ 亮点
>
> 四贤祠、南陡

红军长征突破湘江烈士纪念碑园

标签：　纪念碑

　　红军长征突破湘江烈士纪念碑园是为了纪念长征途中突破湘江这一悲壮的历史事件。1934年11月底，长征中的红军在突破了国民党三道封锁线后决定抢渡湘江，8万余人在这场极为惨烈的湘江战役中损失过半，此后当地流传着"三年不饮湘江水，十年不食湘江鱼"的民谣，可见抢渡湘江的惨烈程度。纪念碑园里还有湘江战役纪念馆，让你深入了解红军长征的历史和其中的艰辛。

门票信息 | 免费

营业时间 | 8:30—17:30

交通信息 | 可乘坐公交15路至纪念碑园站。

电话 | 6221492

> ★ 亮点
>
> 湘江战役纪念馆

八角寨

标签：　地质公园

　　八角寨是广西第一个国家地质公园，这里以丹霞地貌为主。它是崀山伸入广西的余脉，因为顶峰有八个翘角而得名八角寨，也是湘、桂两省区的界峰。群螺观天、龙脊天梯、龙虎栈道都是景区的精华景点。穿过近年重建的云台寺，可以沿着一条小路来到仙人下棋，这片景观幽静美丽，可以在此独享宁静。"鲸鱼闹海"是壮年期丹霞密集型峰丛峰林的代表，晨昏时分景色非常美，摄影爱好者可以在这里拍摄大片。

门票信息 | 30元

营业时间 | 8:00—17:00

交通信息 | 可自驾或打车前往。

电话 | 4485508

⭐ **亮点**

仙人下棋、群螺观天、龙脊天梯

湘山寺

标签：寺庙　楚南第一寺

湘山寺有"楚南第一寺"之称，是广西历史最悠久的寺院，于唐肃宗年间兴建，宋徽宗曾来此礼佛，明代徐霞客来过这里，"清初四僧"之一的石涛也在此始入佛门，可见此地的历史故事非常丰富。不幸的是，寺庙的建筑曾在太平天国及抗日战争时期遭到严重破坏，如今我们看到的多数为近年新建，不过妙明塔仍是唐朝时期留存的。妙明塔高27.7米，塔身内外嵌有以南宋时期为主的历代碑刻。妙明塔背后的山崖上留有历代石刻题记。

门票信息 | 10元

营业时间 | 夏季5:30—21:40，冬季8:00—17:30

交通信息 | 可乘坐公交102、103、110路到达。

电话 | 4811384

⭐ **亮点**

妙明塔

雷公岭国家矿山公园

标签：矿山公园

1958年，当时作为这片地区支柱产业的雷公岭锰矿开始了开采工作，直到2002年才因环境问题被关停。如今雷公岭锰矿已被改造为广西首个国家矿山公园。雷公岭大多数时候看起来景色平平，采矿遗迹被湮没在漫山的野草中。不过如果运气好赶上一个晴好的黄昏，这里会是欣赏落日的最佳场所。公园的雷公塔是2003年为使全州县形成"三塔鼎立"之势而新建的，有兴趣可以看看。

门票信息 | 免费

营业时间 | 全天

交通信息 | 可乘坐公交103路至雷公岭公园站。

⭐ **亮点**

雷公塔

柳州、河池、来宾、百色

柳州又称龙城、壶城，位于广西中北部，素有"桂中商埠"之称，同时也是山水景观独特的历史文化名城。如果你是个吃货，柳州便是品尝螺蛳粉的"圣地"，你可以在这里大快朵颐，还可以品尝各类炒螺、鸭脚煲、米粉。

河池是西南出海大通道的咽喉要塞，我国"五纵七横"的国道主干线西南出海大通道穿境而过，是"南贵昆经济区"和"泛珠三角经济圈"。

来宾别称世界瑶都，位于广西中部，故有"桂中腹地"之称。

百色人文底蕴深厚，历史文化、山水生态和红色旅游资源丰富，是一个集革命老区、少数民族地区、边境地区、大石山区、水库移民区"五区一体"的特殊区域，也是著名"芒果之乡"和重要的铝工业基地。

☎ **电话区号** 柳州0772、河池0778、来宾0772、百色0776

🚗 **交通**

▌**飞机**

柳州白莲机场（0772-3201088；微信公众号：柳州白莲机场）

河池金城江机场（0778-2277001；微信公众号：河池金城江机场）

百色巴马机场（0776-3233666；微信公众号：百色机场）

▌**火车**

柳州站（0772-3922222；柳州市柳南区南站路6号；微信公众号：柳州火车站）途经线路为湘桂铁路、黔桂铁路、焦柳铁路、柳南城际铁路、衡柳铁路。

宜州站（0778-2487234；河池市宜州区庆远镇迎宾大道2号）途经线路为黔桂铁路。

来宾站（0772-6688222; 来宾市兴宾区铁道一路84号）途经线路为湘桂铁路。

百色站（0776-2687222; 百色市右江区站前大道103号）途经线路为南昆铁路、南昆高速铁路。

▊长途汽车

柳州汽车总站（0772-3808414; 柳州市文笔路3号）

金城江城西汽车站（0778-2290777; 河池市金城江区乾霄路35号）

金秀客运站（0772-6212317; 来宾市金秀瑶族自治县功德路54号）

百色城东客运中心（0776-2881290; 百色市站前大道108号）

▊公交车

柳州、河池、来宾、百色市内公交便捷，标识清晰，大部分旅游景点都有公交线路可达，并且支持投币、刷公交卡、手机扫码等支付方式。

🛒 土特产和纪念品

柳州当地特色有螺蛳粉和鸭脚煲，河池当地特色有巴马香猪和龙滩珍珠，来宾当地特色有桥勒生姜和金秀绿茶，百色当地特色有百色芒果和田林八渡笋。

🏠 住宿

▊经济型

优程酒店

（0772-3136666; 柳州市柳邕路253号）酒店的位置稍适偏远，但整体性价比很高。房间舒适整洁，卫浴干湿分离，有自助洗衣和烘干设备，酒店后院可以免费停车。酒店距离汽车总站约2公里，步行可达万达广场，餐饮选择丰富。

▊中档

河池黔安国际大酒店

（0778-2668888; 河池市金城江区金城西路27-1号综合楼第3单元9-20楼）酒店

位于河池市城西水电广场旁，地理位置优越，交通便利，附近有大型的购物超市。酒店房间装饰奢华，卫生间干湿分离，住客可以免费停车，服务人员热情友好。

▊高档

怡程酒店

（0772-6210888; 来宾市金秀瑶族自治县金秀水电大厦）这家酒店是金秀县少数高档酒店之一，综合性价比很高。酒店于2017年开业，从大堂到房间都比较干净，设施齐全。前台工作人员热情友好，身着改良后的盘瑶传统服饰，颇有民族风情。

🍴 就餐

肥螺庄

（13707803989; 柳州市太平中街; 11:00至次日2:00）这家大排档人气很高，面积非常宽敞，一号店、二号店，一直到六号店依次排开，即使是这样，全天基本座无虚席，有时候还需要等位。推荐鸭脚螺蛳煲、炒螺，口感偏咸辣，上菜速度有点慢。

黄记好再来小吃店

（15078683711; 百色市文明街41号; 7:00至次日2:30）这家小吃店可能是这条街上营业时间最久的。卷粉性价比很高，肉末、肉丝、胡萝卜、豆角、凉薯、木耳、酸菜等配料都囊括在通透的粉筒中，你还可以选择柠檬酱、海鲜酱、甜酱、番茄酱，口感丰富。

🚩 线路推荐

河池奇幻之旅: 德天瀑布—通灵大峡谷—巴马长寿村

来宾自然之旅: 圣堂山—巴勒山—莲花山

📍 柳州景点

柳州博物馆

标签: 博物馆

柳州博物馆作为综合性博物馆面积很

大, 是全面了解柳州历史文化的最佳去处。博物馆二层的历史馆和民族馆非常精彩, 藏品丰富, 重现昔日场景的老街巷、以三江县人和桥为蓝本的侗族风雨桥等布置, 都增加了观看的趣味性。如果对古人类文明感兴趣, 可以去一层看看从白莲洞、鲤鱼嘴等古遗址中出土的化石。三层是青铜器和书画的专题展, 千万不要错过镇馆之宝西周云雷纹青铜角形器。

门票信息 | 免费

营业时间 | 9:00—17:00, 16:00停止入馆, 周一闭馆

交通信息 | 可乘坐公交8路至博物馆站。

电话 | 2831519

微信公众号 | 柳州博物馆

网址 | http://www.lzbwg.org.cn/home/index/index.html

> ★ **亮点**
>
> 白莲洞、鲤鱼嘴出土文物

柳州工业博物馆

标签: 博物馆

　　柳州工业博物馆是感受这座工业城市魅力的最佳场所。博物馆的规模和面积很大, 馆外停着"退休"的火车头和已改装为"书吧"的绿皮车厢。草坪上的装置很有创意, 那些由工业零件重组而成的秋千和跷跷板, 会吸引童心未泯的游客。馆内展品内容丰富, 从标着PARIS的大型机床到广西第一辆老式汽车, 每件展品背后都有传奇故事, 也展现了柳州工业往日的辉煌历程。不要错过柳州企业风采馆, 这里是发源于柳州的五菱汽车以及两面针、金嗓子、花红药业等品牌的展示基地。

门票信息 | 免费

营业时间 | 9:00—17:00, 周一闭馆

交通信息 | 可乘坐公交12、59路至工业博物馆站。

电话 | 3353293

微信公众号 | 柳州工业博物馆

> ★ **亮点**
>
> 柳州企业风采馆

鱼峰公园

标签: 公园

　　鱼峰公园位于柳江南岸的闹市之中, 有"两山夹一潭"的风光。两山指西麓的鱼峰山和东麓的马鞍山, 鱼峰山因形似一条立起的鱼而得名, 马鞍山是柳州市区的最高峰, 登顶可俯瞰柳州城的美景。两山之中的小龙潭相传是刘三姐的成仙之地, 因此湖中还有"骑鲤升天"的刘三姐雕像, 形象生动, 是打卡留念的好去处。两座山虽然不算高, 但山路有些陡峭, 爬山的话最好穿轻便的登山鞋。你也可以选择乘坐马鞍山竖井电梯直达山顶。

门票信息 | 免费

营业时间 | 全天

交通信息 | 可乘坐公交6、10、11路至鱼峰公园站。

电话 | 3815523

微信公众号 | 柳州鱼峰公园

> ★ **亮点**
>
> 刘三姐雕像

柳侯祠

标签: 历史建筑

　　柳侯祠位于柳侯公园内, 始建于唐代, 最初因建在罗池西边名为罗池庙, 后为了纪念曾任柳州刺史的著名诗人柳宗元, 这里便改名为柳侯祠。如今看到的建筑是1987年按照清代平面图重建的作品。不要错过镇馆之宝南宋碑刻《荔子碑》, 这是祠内保存的"国宝级"文物, 此碑以苏轼书写, 刻韩愈诗文, 述柳宗元事迹, 因而又被誉为"三绝碑"。祠后还有一座柳宗元的衣冠冢, 有时间可以去看一看。

门票信息 | 10元

营业时间 | 9:00—17:00, 周一休息

交通信息 | 可自驾或打车前往。

电话 | 3867902

> ⭐ **亮点**
>
> 《荔子碑》

柳州菜饮食文化博物馆

标签: 博物馆

柳州美食遍地，种类也很丰富，因此来到柳州可以专程前往这座博物馆，深入了解柳州的饮食文化。博物馆展示了柳州菜的起源、发展、食材、口味、菜式、烹饪工具等，从鼎鼎大名的螺蛳粉，到柳州各少数民族神奇的饮食风俗，都有涉猎。有趣的是博物馆楼上还有一间环境雅致的餐厅，提供展览中提到的众多特色菜，不过价位稍高，但能在博物馆里吃上一顿地道的柳州菜，还是会让人觉得不虚此行。

门票信息 | 免费
营业时间 | 9:00—21:00
交通信息 | 可自驾或打车前往。
电话 | 3800125
微信公众号 | 柳州菜饮食文化博物馆

> ⭐ **亮点**
>
> 螺蛳粉

香桥岩溶国家地质公园

标签: 地质公园

岩溶就是我们常说的喀斯特地貌，这座地质公园正是典型的喀斯特地貌集中发育区，你在这里可以看到处于不同发育阶段的峰丛、峰林、天生桥、峡谷等地貌类型。香桥岩溶国家地质公园面积很大，包含了中渡镇以北的广袤地区，不过如今开发的收费景区只是其中一小部分，最大的亮点在于横卧香桥峡谷之上的天生桥和大型天然溶洞九龙洞，可以花时间仔细看看。在景区观景台可以从高处拍到重重叠叠的峰丛，景色壮观。

门票信息 | 60元
营业时间 | 夏季9:00—17:30，冬季9:30—17:00

交通信息 | 可自驾或打车前往。
电话 | 6531178

> ⭐ **亮点**
>
> 天生桥、九龙洞

中渡古镇

标签: 古镇

中渡古镇位于鹿寨县城以北20公里的洛江江畔，历史可以追溯到三国东吴末期，当时中渡镇可以说水运发达、商贾云集，是旧县治的所在地。如今古镇繁华不再，但你仍能从保存下来的大片清代古民居和四通八达的老街中，感受到浓郁的历史气息。古镇中心是一座供奉关羽的武圣宫，东、南、西、北四条街彼此交织，可以留意分布其中的嘉盛商号、东南客栈。罗公馆被改成了中渡古镇文化博物馆，馆内展示了古镇的历史和民俗。古镇有多个码头，"大码头"历史悠久，是一座古朴的青石码头，旁边还有两棵高大葱郁、盘根错节的古榕树。

门票信息 | 免费
营业时间 | 全天
交通信息 | 可自驾或打车前往。
电话 | 6812032

> ⭐ **亮点**
>
> 武圣宫、罗公馆

三江侗族博物馆

标签: 博物馆

三江侗族博物馆展示了三江县的发展史，你可以在这里看到侗族先人的滑石耳环、滑石托盘等文物，以及侗族的生活用具、手工业品、民族服饰、具有代表性的鼓楼和风雨桥的模型等。不要错过二楼展厅里那间小小的侗族木屋，它还原了厨房、婚房等场景，非常生动。

门票信息 | 免费
营业时间 | 9:00—12:00，15:00—17:00，周一闭馆

交通信息｜可自驾或打车前往。

电话｜8614112

微信公众号｜三江侗族博物馆

> ★ 亮点
>
> 鼓楼、风雨桥

三江鼓楼

标签：　鼓楼

　　三江鼓楼虽然是近年来新建的建筑，规模却超过了三江的其他鼓楼。三江鼓楼由多位民间楼桥师傅共同建造，有27层瓦檐，你可以登到4楼，远眺整个三江的美景。鼓楼底层有关于鼓楼历史、类型的展板介绍，包括三江境内大部分鼓楼的照片。鼓楼附近的侗乡鸟巢每晚会上演大型实景歌舞秀《坐妹》，有兴趣可以看看，要提前买票。

门票信息｜15元

营业时间｜8:00—18:00

交通信息｜可自驾或打车前往。

电话｜6634876

> ★ 亮点
>
> 侗乡鸟巢

程阳八寨

标签：　古村落　历史建筑

　　程阳八寨最大的亮点就是全国最著名的风雨桥——程阳永济桥，横跨在林溪河上方。程阳八寨指的是林溪河沿岸的8个村寨，即马安寨、岩寨、平寨、大寨、董（东）寨、平坦寨、吉昌寨、平铺寨。马安寨、岩寨、平寨是游人最多的寨子，这里旅馆、饭店云集。马安寨的马安鼓楼和戏台非常有名，历史悠久。不要错过三江侗族民俗工艺博物馆，里面展出了木工用具、建筑模型、侗布、服饰与刺绣等，可以让你深入了解三江人民的生活习俗和民族文化。平寨的表演艺术中心会上演免费侗族歌舞，每天10:00和15:30各有一场，表演包括侗族大歌、芦笙舞。

门票信息｜60元

营业时间｜8:30—17:30

交通信息｜可自驾或打车前往。

电话｜8581682

> ★ 亮点
>
> 马安鼓楼、戏台

高定村

标签：　古村落

　　高定村是独峒镇中距离县城最远的村寨之一，如今保持着比较完好的侗寨风貌，非常难得，可以前来打卡。这个有500多户的寨子中，分布着7座鼓楼，其中一座罕见的独柱鼓楼，它只有一根普通成年人都能抱住的主柱和8根环柱，然而如此简单的结构却支撑起了十三层檐的双层鼓楼。高定村的寨门旁有个三江侗族生态博物馆工作站，可以联系工作人员免费参观。寨门旁边还有个小观景亭，可以从高处俯瞰整个村子的美景。

门票信息｜免费

营业时间｜全天

交通信息｜可自驾或打车前往。

> ★ 亮点
>
> 独柱鼓楼

林略村

标签：　古村落

　　林略村位于独峒镇中心西北5公里处，地势较高，拥有独特的山林梯田风光，从远处看，黑色斜屋布满了山坡，颇为壮观，这也给林略村赢得了"天上宫阙"的美誉。2009年的大火不幸损毁了许多民居和鼓楼，如今大部分建筑已经修复完成。如果有时间可以仔细看看复原的鼓楼，尤其是中心那座将鼓楼与戏台融为一体的"戏台鼓楼"。

门票信息｜免费

营业时间｜全天

交通信息｜可自驾或打车前往。

★ 亮点

"戏台鼓楼"

双龙沟

标签：原始森林

双龙沟位于融水县城西北，是融安县于2016年推出的新景区，整体规模很大，性价比较高。景区主打原始森林风光，包括古树、溪流、瀑布等景观，植被覆盖率很高，是一处天然氧吧，在这里可以呼吸清新的空气，欣赏多座瀑布飞流直下。景区内的亮点是一条199.9米的高空玻璃栈道。双龙沟门口有《苗魅》实景表演，需要另外收费。

门票信息｜108元

营业时间｜9:00—18:00

交通信息｜可自驾或打车前往。

电话｜6451888

微信公众号｜广西融水双龙沟景区

★ 亮点

原始森林风光

🔍 河池景点

长寿博物馆

标签：博物馆

巴马是广西赫赫有名的长寿之乡，因此来到这里当然要去长寿博物馆一探究竟。虽然名为长寿博物馆，但博物馆并不是只关注长寿，同时还展示了生活在这一带的瑶族人的服饰、节日、风俗等。针对长寿这一主题，馆内详细解析了巴马地区的气候和环境，还附上了满满一整面墙的百岁老人照片，以及最新的巴马百岁老人统计数据。看完你就会大致了解巴马村人长寿的原因了。

门票信息｜免费

营业时间｜夏季8:30—12:00和15:00—18:00，冬季8:30—12:00和14:30—17:30，周一闭馆

交通信息｜可自驾或打车前往。

电话｜6218152

★ 亮点

百岁老人照片墙

水晶宫

标签：溶洞

水晶宫是巴马的地标景点。不必计较导游夸张的解说词，石头的形状本非这里的特色，纤细的鹅管、细密的石毛、剔透的水晶石才是别处溶洞难以得见的奇妙景象。进入景区，你会观赏到钟乳石、石笋、石柱、石幔等重力水沉积物。一路往里走，溶洞越发晶莹剔透，呈现出罕见的白色，那些石花、石毛、卷曲石等非重力水沉积物把南方溶洞变成了北国飘雪之地，这也是水晶宫最大的亮点。

门票信息｜180元

营业时间｜8:30—17:30

交通信息｜可自驾或打车前往。

电话｜6216177

★ 亮点

石花、石毛、卷曲石

百魔洞

标签：溶洞

百魔洞虽然名气不及水晶宫，但也有不少看点。百魔洞的前洞共有4层溶洞，目前只开发到第2层，全程游览大约需要1小时。前洞里每级台阶旁都有无障碍通道，方便小孩和老人通行。后洞规模最大，主要的看点是钟乳石。两洞之间的天坑是景区的精华，是整个巴马地区最高的天坑。坑内生长着上百种植物，包括各种中草药，可以仔细看看其中濒危的桫椤。天坑北侧有一条通往瑶寨的小路，如今寨子里还住着三四百人。

门票信息｜85元

营业时间｜1月至4月9:00—17:00，5月至12月8:30—16:30

交通信息｜可自驾或打车前往。

电话｜6218152

★ 亮点

钟乳石、桫椤

洞天福地

标签：溶洞

洞天福地是2018年10月新开的景点，位于百魔洞上游，景点和百魔洞类似，也是两洞一坑的格局，因此两处景点挑一处游玩即可。这里可能是桂西高科技运用最多的一个景点，洞口有一座彭祖雕像，前洞里有人造荷花池，华丽的灯光秀遍布整个景区。中间的天坑和钟乳石丰富的后洞相对来说人工痕迹更少。全程游览约需1.5小时。

门票信息｜128元

营业时间｜9:00—17:00

交通信息｜可自驾或打车前往。

★ 亮点

彭祖雕像

百鸟岩

标签：溶洞

百鸟岩又名"水波天窗"，游览全程都在水上，这也是景区最大的亮点。你可以仔细看看岩溶"天窗"。这里和凤山三门海非常像，两者挑选一处游玩即可。百鸟岩的岩洞内没有灯光，每隔两三百米就有一个天窗。天气晴好时光线直射进洞里，会形成若明若暗的光影变幻效果。农历三月至六月，会有大量候鸟飞来这里安家。第一个洞穴入口右上方有墓洞，据说是古老的丧葬遗存，可以听听导游怎么说。

门票信息｜90元，含游船导游

营业时间｜8:30—17:30

交通信息｜可自驾或打车前往。

电话｜6216177

★ 亮点

墓洞

乐业–凤山世界地质公园博物馆

标签：博物馆

这座独特的博物馆建在巨大的穿龙岩洞穴大厅内。穿龙岩又名"凤阳关"，历史悠久，自古以来就是进入凤山的通道。穿龙岩是一个大型厅堂形伏流穿洞，属于乔音河地下洞道的一部分，在这里你可以身临其境地了解地质知识。博物馆内有沙盘展示区、地质公园八大景区图文展示、古生物化石展示、科普演示、流石坝等。另外溶洞内还有巨大的剧场，县城许多大型活动会在这里举办。

门票信息｜免费

营业时间｜9:00—12:00，15:00—18:00，周末不开放

交通信息｜可自驾或打车前往。

★ 亮点

沙盘展示区、古生物化石展示

三门海

标签：自然景观

不要被三门海的名字误导了，这里既无门也无海。"门"是指天窗——地下河之上的洞穴顶板塌陷形成的窗口；"海"其实是地下河，但水色堪比湛蓝的大海。三门海不足1公里长的地下河道有7个岩溶天窗，但目前仅开发了前3个天窗，后面的天窗均需潜水贯通。从码头坐船沿坡心河逆流而上游览，会依次经过3个天窗，导游会对沿途的景点进行许多发挥想象力的讲解，此外还有农民运动时的隐蔽点、常年保持在22℃的第3个岩洞等。

门票信息｜108元，含游船导游

营业时间｜5月至10月8:30—17:30，11月至次年4月9:00—17:00

交通信息｜可自驾或打车前往。

★ 亮点

岩溶天窗

万寿谷

标签： 溶洞

万寿谷是盘阳河在地下溶洞间穿行的其中一站，虽然不像其他溶洞有自己的特色，但这里会集了天生桥、天窗、钟乳石、石笋、石柱、石幔、鹅管、卷曲石等各种形态。它也是桂西溶洞景点里规模最大的一个，全程游览大约需要1.5小时。第一个溶洞是万寿谷的精华，这里有大面积的石花、石毛和石幔。第二个溶洞是个巨大的天窗，也是以前红七军秘密制造炸药的地方。第三个溶洞温度最低，看点也很多，不过钟乳石颜色因为空气流通的原因，有些发灰发黄。

门票信息│188元，含讲解

营业时间│8:30—17:30

交通信息│可自驾或打车前往。

电话│6815399

★ 亮点

石花、石毛和石幔

七百弄国家地质公园

标签： 地质公园

七百弄国家地质公园位于大化瑶族自治县都阳镇双福村至板升乡的约40公里长的公路上，没有明显的界线，景点散落在公路两侧。这里的地貌非常罕见，所有峰丛高度相对平均，而洼地极深。整个地质公园总共有5000多座山峰，峰丛的密度、洼地的深度和密度皆为世界之最。景区的亮点是千山万弄观景台，站在最高点可以将百余平方公里喀斯特峰丛一览无余。有时间也可以游览乔圩洞、天上人间和天街别墅。

门票信息│90元

营业时间│8:00—18:00

交通信息│可自驾或打车前往。

电话│5808888

★ 亮点

千山万弄观景台

红水河百里画廊景区

标签： 自然景观

红水河百里画廊景区河道开阔，水面平静，游船线路从大化至贡川，一路上风景如画，有犀牛饮水、情人湾等景点，全程游览大约需要2小时。发船班次不固定，至少10人以上才发船，如果你是一个人前来，最好选择周末或节假日，这样就有机会与旅游团拼个船。

门票信息│120元

营业时间│8:00—18:00

交通信息│可自驾或打车前往。

电话│5808888

微信公众号│大化红水河百里风情画廊

★ 亮点

犀牛饮水、情人湾

🔵 来宾景点

莫氏土司衙署

标签： 历史建筑

土司制度是中国古代在边疆少数民族地区设立的一种特殊政治制度，土司掌管当地的财权、政权和军权，世代沿袭，地位很高。忻城的莫氏土司是当地壮族人，自元代受封为土司开始，在忻城统治长达470年，共历19任。如今的莫氏土司衙署位于忻城县关镇翠屏山北麓，始建于明万历十年（1582年），由第7任土司主持建造，规模在当时来说非常宏伟。由于战争和火灾，大部分建筑都遭到损毁，现在的建筑部分是清代大修后的遗存，部分是1949年后重建的。建筑内部介绍了土司文化、忻城莫氏以及土司制度下忻城的文教、经济情况，有兴趣可以深入了解一下。

门票信息│20元

营业时间│8:00—17:30

交通信息│可自驾或打车前往。

★ 亮点

土司文化

圣堂山

标签: 山岳

　　圣堂山位于金秀40公里外的南郊,是大瑶山的主峰,海拔达1979米,云集了奇峰、怪石、云海、巨杉等景观,可以说是金秀的地标性景点。你可以先乘坐景区观光车来到半山腰的登山入口,由此踏上石阶,登上山顶大概需要3小时。沿途有造型各异的巍峨群峰。每年4月至5月中旬是游览圣堂山的最佳时段,此时这里的野花相继绽放,为圣堂山披上迷人的色彩。

门票信息 | 65元,观光车30元

营业时间 | 8:30—16:30

交通信息 | 可自驾或打车前往。

电话 | 6217133

> ⭐ 亮点
>
> 巍峨群峰

巴勒山

标签: 山岳

　　巴勒山位于金秀大瑶山的东北部,距离金秀县城约65公里,正好位于金秀与桂林荔浦、梧州蒙山的交界处。巴勒山海拔1068米,在山顶可以看到连绵起伏的山包,远处的云海更是为整个景观增添了迷幻的色彩。巴勒山生活着一支茶山瑶,他们十分热情好客,每逢节庆也有热闹的活动。如果时间充裕,可以从村后的梯田继续往上走,前往海拔1300米的平老岭,这里有开阔的高山草甸风光,景色质朴美丽。

门票信息 | 玻璃栈道100元

营业时间 | 全天

交通信息 | 可自驾或打车前往。

> ⭐ 亮点
>
> 茶山瑶

莲花山

标签: 山岳

　　莲花山的风景和圣堂山相比更加秀气,整座山峰从远处望去,好像一朵含苞待放的莲花,因此得名莲花山。莲花山海拔不高,整体攀爬难度比圣堂山低,跟着路标顺时针走一圈就能饱览莲花山风光。沿途设有多个观景亭,不要错过忆王阁和松涛亭,莲花栈道和圣堂山的圣堂走廊比较类似。园区内有大片原始森林,有些植物可能含有毒素,因此远观即可,不要用手触碰。

门票信息 | 65元

营业时间 | 8:30—16:30

交通信息 | 可自驾或打车前往。

> ⭐ 亮点
>
> 忆王阁、莲花栈道

金秀瑶族博物馆

标签: 博物馆

　　金秀是中国第一个瑶族自治县,因此金秀瑶族博物馆也是国内第一个瑶族博物馆。博物馆共有两层,展示了金秀境内五个瑶族支系的历史、民俗、服饰、生活用品、建筑、出土文物等,是深入了解瑶族历史文化、民风民俗的很好场所。

门票信息 | 免费

营业时间 | 周二至周五8:00—12:00和14:30—17:30,周一闭馆

交通信息 | 可自驾或打车前往。

电话 | 6212197

微信公众号 | 金秀县瑶族博物馆

> ⭐ 亮点
>
> 瑶族建筑、出土文物

📍 百色景点

解放街

标签: 历史街区

　　解放街可能是整个百色最具历史气息的街区了,从街口的灵州会馆到街尾的两河相交处,整条街道长不过400米,两边都是白色的骑

楼,建筑基本都可以追溯到清末民初。整片历史街区可以说见证了整个近代中国的历史。民国时期这里曾是鸦片交易中心,此后这里成为红色革命的总部,抗战期间缅甸远征军在此停留,甚至还出现过美国大兵。如今,骑楼下依然是一家家紧挨着的商铺,商铺可能平平无奇,不过屋檐上的雕饰各有不同,值得留意。

门票信息｜免费

营业时间｜全天

交通信息｜可乘坐公交3路至解放街站。

电话｜2894679

★亮点

骑楼屋檐雕饰

粤东会馆(中国工农红军第七军军部旧址)

标签｜历史建筑

　　1929年12月11日,张云逸在粤东会馆宣布百色起义,中国工农红军第七军就此诞生。百色起义得到了当时粤商的支持,粤东会馆因此成为当时党委机关、起义指挥部及红军的军部所在。如今会馆内保留了当时的办公室、会议室,以及邓小平、张云逸等人的宿舍。会馆建筑建于明朝末年,是典型的岭南风格老宅,历史气息浓郁,布局为三进三路九院。可以仔细看看屋顶墙头的玻璃釉彩陶塑,厅堂屋脊和女儿墙上的陶塑脊饰题材各不相同。

门票信息｜免费

营业时间｜5月至10月9:00—17:00,11月至次年4月9:00—16:30

交通信息｜可乘坐公交3路至解放街站。

电话｜2820967

★亮点

陶塑

百色起义纪念公园

标签｜纪念馆

　　百色起义纪念公园建在右江河以北,公园内包含了右江民族博物馆、百色起义纪念馆、邓小平手迹碑林等景点,都围绕着百色起义的主题展开。公园入口处就是百色起义纪念碑。不远处是右江民族博物馆,博物馆展示了百色从旧石器时代到1949年解放的编年史。民族民俗展厅最值得一看,你可以在这里了解壮族的壮锦、壮剧、干栏式建筑等。走过一段小路和台阶就是邓小平手迹碑林以及百色起义纪念馆,纪念馆分为义厅、英烈厅、小平厅三部分,以大量图文、实物等资料介绍了右江革命根据地和百色起义的历史,内容丰富。

门票信息｜免费

营业时间｜全天

交通信息｜可乘坐公交1路至百色起义纪念公园站。

电话｜2833177

★亮点

右江民族博物馆、百色起义纪念馆

大王岭原始森林

标签｜森林公园

　　大王岭原始森林位于百色市大楞乡境内,拥有"中国原始森林第一漂流"的美誉。大王岭面积很大,生态系统保护得非常好,生活着许多罕见的动植物品种。已知的珍稀植物中最古老的是桫椤,这种与恐龙同时代的植物"活化石"在大王岭分布很广,因此大王岭也被称为"桫椤王国"。参观景区可以选择水上漂流或是森林徒步,全长都是5公里。漂流较为惊险刺激,适合年轻的游客,全程漂流约90分钟。

门票信息｜180元,含漂流

营业时间｜8:30—17:00

交通信息｜可自驾或打车前往。

电话｜2844288

★亮点

桫椤、漂流

蜈支洲岛

海南

海南位于中国最南端,轮廓就像一个大雪梨,地势四周低平,中间高耸,整个岛屿遍布山地、丘陵、台地、平原等地貌。这座历史悠久的海岛早在一万年前就有"三亚人"定居,可惜岛上的少数民族没有文字记录流传。如今的海南有海口的骑楼老街、五公祠建筑群、三亚的天涯海角、南山大小洞天等很受欢迎的自然和人文景点。这里不仅有阳光、沙滩、海浪,还有文昌鸡、和乐蟹、东山羊等独特美味,值得品尝。

行前参考

💬 实用方言

呀诺达:一二三

哇爱鲁:我爱你

汝讲的话真有味:你说得话真有意思

☀ 何时去

11月至次年3月:旅游旺季,气候温暖舒适,但是物价也很贵。

4月至6月:北部适合开展各种水上活动,中部和西部的山区则是避暑胜地。

7月至8月:全省普遍天气湿热,要注意防晒。

9月至10月:海南岛的雨季进入尾声,除了国庆小长假期间会迎来小高峰,其他时段游客不会很多。

海口骑楼老街

⚠️ 注意事项

到海南旅游一定要注意防晒，这里的紫外线辐射一年四季都很强烈，出发前准备好防晒霜、墨镜、帽子、防晒服，衣服除了考虑拍照美观，也要选择轻便透气的。

🅵 当地新讯

海南推出了"智游海南"App和小程序，发布海南的实用旅游信息，围绕"吃、住、行、游、娱、购"等旅游要素提供服务。游客可以从中了解目的地概况、攻略、玩法、游记等，出游时还能提供导游导览、智能客服、智慧厕所等指南服务。

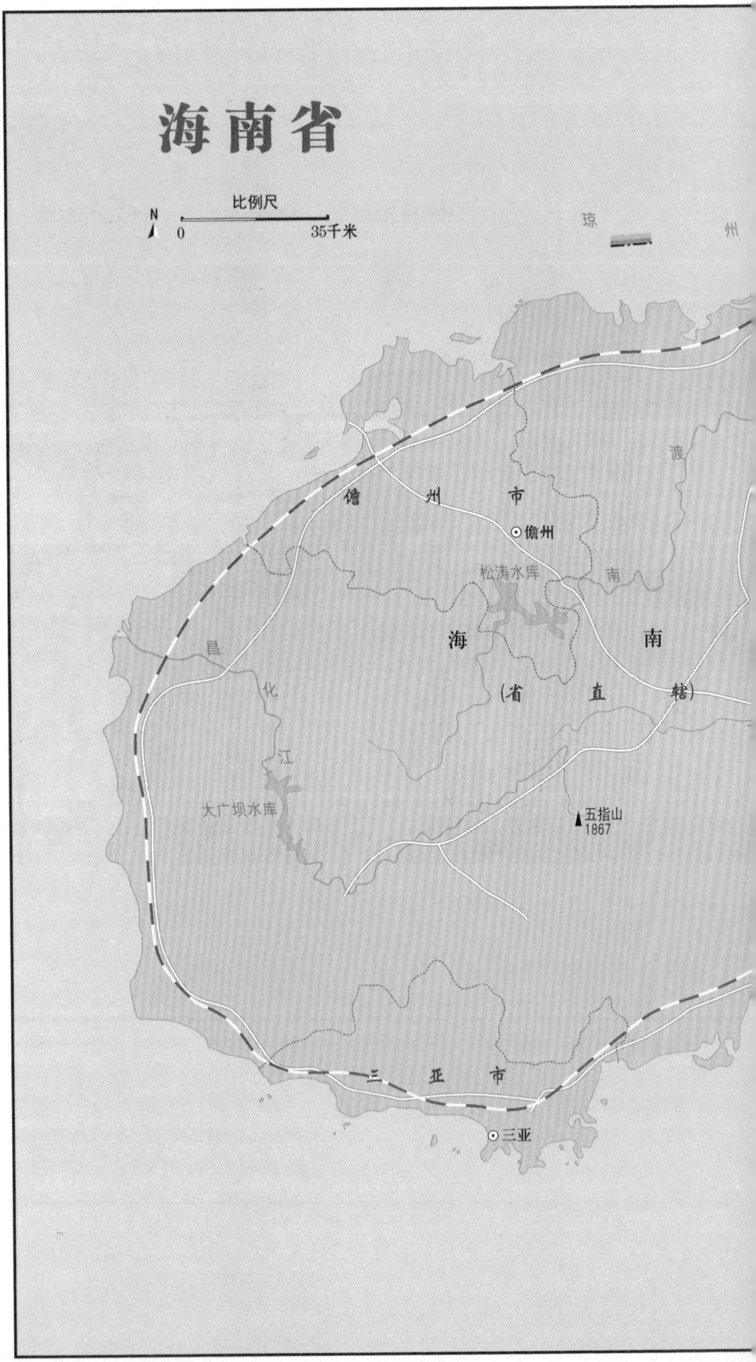

海南

海南省

比例尺

N
0　　　　　35千米

琼　　州

渡

儋　州　市

⊙儋州

松涛水库

南

海　　　　南

（省　　直　辖）

昌

化

江

大广坝水库

▲五指山
1867

三　亚　市

⊙三亚

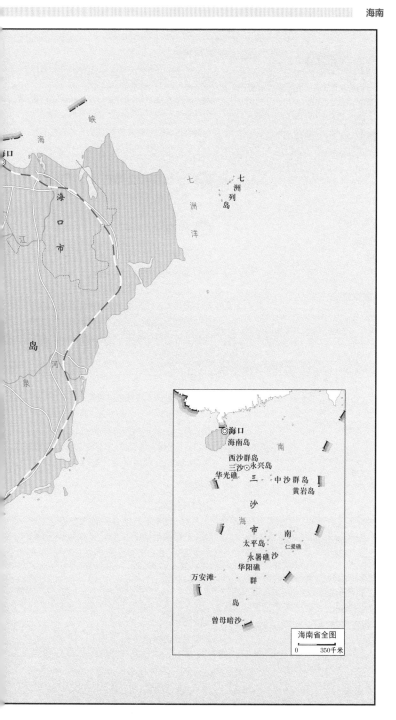

峡

海

海口

七洲列岛

七洲洋

海口市

江

岛

河

泉

海南省全图

◎海口
海南岛
南
西沙群岛
三沙◎永兴岛
华光礁　三沙　中沙群岛
黄岩岛
沙
海　市　南
太平岛　仁爱礁
永暑礁沙
华阳礁
万安滩　群
岛
曾母暗沙

0　　350千米

海南

海口

海口市别称"椰城"，是海南省省会，地处海南岛北部，与广东省隔海相望。"海口"这一名称最早出现于宋代，已有900多年的历史，意为南渡江入海口处的一块浦滩之地。这里气候温暖舒适，全年日照时间长，同时也凭借丰富的旅游资源吸引了大量游客，骑楼老街、府城鼓楼、琼台书院、海瑞墓园等都是海口历史悠久的人文景点。

☎ **电话区号 0898**

🚗 交通

▌飞机
海口美兰国际机场（65760114；www.mlairport.com；微信公众号：海口美兰国际机场）有飞往全国和国际主要城市的航班。

▌火车
海口站（68716741）途经线路为粤海铁路、海南东环铁路。
海口东站（65340753）途经线路为海南环岛铁路。

▌船
秀英港（68653680；秀英区滨海大道96号）以国内国际客运为主，兼顾货运。有航线前往北海、广州、香港，以及其他大陆沿海城市。
新海港（31686888；秀英区滨海大道）距离海口市火车站不远，有免税店提货点。

▌长途汽车
汽车东站（65230337；海府路148号）
汽车西站（省际总站）（68658128；秀英区海秀西路156号）
海口汽车客运总站（66825921；龙华区迎宾大道5号）
港口客运站（68655079；秀英区滨海大道102号）

▌公交车
海口公交系统比较发达，市区各地均有线路覆盖，部分还延伸至澄迈老城。票价除了长线有分段收费，一般都是1—2元。可以关注微信公众号"海口公交出行"或致电66665666，查询具体线路和换乘方式。此外，海口还有旅游专线公交，通往市区主要景点。

🛒 纪念品和土特产

当地特色有海南椰角和椰子糖。

🏠 住宿

▌经济型
海口Almida·阿米哒设计民宿
（32981668；海甸街道和平大道二横路海星别墅B4栋）这家民宿客房布置温馨简洁，房间面积宽敞，大部分都有阳台，入住体验较为舒适。民宿周边邻商场、超市，有停车场，闹中取静，出行便利。

▌中档
海岛森林酒店（高铁东站店）
（36651111；凤翔东路99号）这家本土特色连锁主题酒店位置优越，交通便利，以火山石、老船木为特色，入住客人还可以免费喝茶、喝咖啡，楼道里还有免费供应的水果。

▌高档
海口万豪酒店
（68708666；滨海大道292号）这家酒店主打传统中式风格，可以说是海岸线上的亮丽风景。消费不算很贵，性价比很高，房间设备齐全，宽敞奢华，床品舒适，入住体验非常棒。

🍴 就餐

琼菜王美食村
（66667788；金垦路20号；11:00—14:00，17:00—21:00）这个美食村的名头取得一点都不夸张：户外就餐区如同园林，四面敞开的中式凉亭总是被预订一空。室内的空间全部采用十人座的圆桌。这里没有菜单，你需要直接去琳琅满目的柜台点菜，小吃、甜品、山野菜、烤乳猪、椰子鸡、海鲜，应有尽有。

老彭记清补凉（新华南店）

（15203669220；文明西路5号；14:30至次日1:00）这家老字号店铺在海口名气很大，已成为当地人心中的老牌味道。推荐招牌椰子水清补凉，这款海南平民级甜品将各种配料加到椰子水或椰奶之中，清甜可口，包你满意。

🚏 线路推荐

海口休闲文化游： 海南省博物馆—骑楼老街—万绿园—假日海滩—荣堂村—白沙门公园—海大南门夜市

海口历史仿古游： 五公祠—忠介路步行街—冯小刚电影公社—观澜湖新城—奇幻温泉乐园

📍 景点

海南省博物馆

标签： 博物馆

博物馆分新旧两个馆，老馆在前，新馆在后。新馆的展示内容更加丰富，介绍了海南岛的地理成因、海洋文明、历史变迁、本土风情等方面。一楼的"华光礁1号"沉船展值得一看，真实的船舶残骸以及埋在海底800多年的陶瓷文物会让你身临其境。老馆主要展出了海南的"非遗"，包括饮食、手艺、戏曲、少数民族文化等内容，还模拟了骑楼老街、琼剧茶楼、黎族村落等场景，非常生动。

门票信息｜免费
营业时间｜9:00—17:00
交通信息｜可乘坐公交12、27、43路至海南广场站。
电话｜65238891
微信公众号｜海南省博物馆
网址｜www.hainanmuseum.org

⭐ **亮点**
"华光礁1号"沉船展、海南"非遗"

骑楼老街

标签： 历史老街 商业街区

骑楼的意思是"骑"在人行道上的一种楼，一般楼上用于居住，楼下的柱廊有顶盖，是防晒、避雨的公共空间。在两广、福建等地，骑楼很常见。海口的骑楼老街主要分布在得胜沙路、中山路、博爱路、新华路、解放路、长堤路等街道，只要在市中心逛逛，就很容易来到骑楼之下。中山路骑楼样式最多，是游客参观骑楼的首选，大亚酒店、妈祖庙天后宫等历史悠久的建筑也都在这条路上。

门票信息｜免费
营业时间｜全天
交通信息｜可乘坐公交23路至钟楼站。
电话｜66200273
微信公众号｜海口南洋骑楼老街
网址｜www.qiloulaojie.com

⭐ **亮点**
西门古玩街、东门市场

海口五公祠建筑群

标签： 历史建筑

五公祠建筑群位于海府大道，闹中取静，素有"琼台胜景""瀛海人文"之称。五公祠建筑群包括海南第一楼、学圃堂、观稼堂、西斋、东斋等建筑。每个建筑既有自己的独特风貌，又形成一个协调的整体。五公祠始建于明万历年间，清光绪年间经过重修，后又多次修缮，是全面了解海南历史、政治、文化发展的很好场所。

门票信息｜20元
营业时间｜9:00—17:00
交通信息｜可乘坐公交车11、14、37、106路至五公祠站。
电话｜65855653

微信公众号 | 五公祠发言人

> ★ 亮点
>
> 海南第一楼、学圃堂

天后宫

标签: 历史建筑

海南有着深厚的妈祖文化,当地人将妈祖视为保护神。海口的天后宫位于中山路步行街,是海南现存规模最大、历史最悠久的供奉妈祖的宫殿,始建于元代,在清咸丰十年(1860年)经过重修,如今再次修缮。新修的天后宫特地从妈祖的故乡湄洲岛请来了妈祖像,还将东厢房辟为天后宫陈列馆,在此介绍妈祖文化。每年农历正月二十九、正月三十是天后宫放灯的日子,届时海口及周边多个天后宫队伍会聚集在中山路一带进行妈祖巡游。

门票信息 | 免费

营业时间 | 8:30—17:30

交通信息 | 可乘坐公交车14、17、18、20路至钟楼站。

> ★ 亮点
>
> 天后宫陈列馆

海口钟楼

标签: 地标 海口八景

海口钟楼是海口的地标建筑,被列为海口八景之一。钟楼历史悠久,建于1929年,最早是为适应对外通商而建立,是爱国商人周成梅先生发动海外侨胞捐款集资,仿照广州、上海等沿海城市的钟楼设计建造而成。1987年钟楼经过海口政府改建,位于海口儿童公园内,采用了先进的电子钟记时,以保证报时准确不误。

门票信息 | 免费

营业时间 | 全天

交通信息 | 可乘坐公交车14、17、18、20路至钟楼站。

电话 | 66798460

> ★ 亮点
>
> 钟楼报时

海南热带野生动植物园

标签: 动物园

海南热带野生动植物园又叫东山野生植物园,距海口市中心约27公里,是我国首家大型热带野生动植物园,也是中国境内唯一一个岛屿型热带雨林的动植物大观园,浓缩了海南岛本土动植物精华。这里以热带野生动植物博览、科普为主题,动植物种类丰富,有狮虎狮兽、火烈鸟、河马、熊猫等。

门票信息 | 139元

营业时间 | 9:30—18:00

交通信息 | 可乘旅游公交2路至野生动植物园站。

电话 | 68526666

微信公众号 | 海南热带野生动植物园

网址 | http://www.hntwzoo.com/

> ★ 亮点
>
> 狮虎狮兽、火烈鸟

长影环球100奇幻乐园

标签: 主题公园

长影环球100奇幻乐园位于秀英区西海岸,将童趣和电影科技融为一体,互动性极强。乐园拥有4大主题分区:丝路探险、光影奇境、魔幻谷、梦幻童世界。一定要打卡丝路探险区的楼兰古塔、郑和宝船项目,非常有历史特色。景区的大门口是一个很大的喷泉,中间有个兔子雕塑,非常可爱,很多人在此合影留念。

门票信息 | 288元

营业时间 | 11:00—18:00

交通信息 | 可乘坐公交车93、96路至奇幻乐园站。

电话 | 66118100

微信公众号 | 长影环球100咨询

网址 | http://www.changying100.com/

楼兰古塔、郑和宝船

冯小刚电影公社

标签：电影主题景区

　　冯小刚电影公社是全球第一个以导演命名，集实景旅游、实体商业、影视拍摄三位一体的大型电影主题景区，整个景区展现了20世纪百年间中国城市街区的光景变迁。电影公社主要分为1942景区、老北京景区、南洋景区、教堂广场区几个部分。冯小刚的电影《1942》《芳华》都在这里取景，沿街有许多商铺和餐厅，可以在这里寻找民国初年的氛围，拍照留念。

门票信息｜160元

营业时间｜9:00 – 22:00

交通信息｜可乘坐公交车K2、K3路至观澜湖电影公社站。

电话｜36688000

微信公众号｜观澜湖华谊冯小刚电影公社

网址｜http://www.movietownhaikou.com/zh-cn/home.php

1942景区、老北京景区

三亚

　　三亚古称崖州，别称鹿城，地处海南岛的最南端，是国内唯一一个可以同时领略热带雨林和海洋风光的城市。当地众多山头也提供了眺望大海、河湾的制高点。市区两岸自然生长的红树林生机勃勃，是白鹭栖息之地。

　　三亚历史悠久，考古学家发现了1万年前的三亚人遗址，这是目前已知海南岛最早的人类居住遗址。到了西汉时期，三亚已经被纳入中国版图。宋、元、明朝时期，三亚的棉纺业在全国居于领先地位，传说黄道婆早年还向本地黎族妇女学纺织技术。

☎ **电话区号 0898**

 交通

▌飞机

三亚凤凰国际机场（88289389；www.sanyaairport.com）

▌火车

三亚站（31887222；海润路近三亚航空学院）途经线路为粤海铁路、海南东环铁路、海南西环铁路。

亚龙湾站（95105105；吉阳大道东环铁路）途经线路为海南东环铁路。

▌船

蜈支洲码头（400-114-6666；海棠湾镇蜈支洲岛三亚蜈支洲岛度假中心内）

肖旗港码头（天涯区西岛海洋文化旅游区内）

鹿回头广场码头（15091918134；吉阳区大东海鹿回头广场）

▌长途汽车

三亚汽车西站（88350899；凤凰镇凤凰路）

三亚汽车站（88252656；解放二路443号）

▌公交车

　　三亚市内公交便捷，标识清晰，大部分旅游景点都有公交线路可达，大部分公交车实行无人售票。基础票价2元，上车前要准备好零钱，或使用三亚公交App"天涯行"，上车扫二维码支付。分段计价的公交车在上下车时都要扫码。

🛒 **纪念品和土特产**

　　当地特色有椰雕和黎锦。

🏠 **住宿**

▌经济型

三亚奥克伍德雅居酒店

　　（88880333；天涯区回新路118号）酒店位于繁华的市中心，距离三亚湾海滩仅有几分钟的步行路程，对面就是主题夜市，出行便利。酒店配有休闲娱乐设施，包括棋牌室、健身房、儿童娱乐室、会议室和半露天的恒温泳池。房间宽敞明亮，设施齐全。

▌中档

三亚亚龙湾红树林度假酒店

（400-003-8828；亚龙湾国家旅游度假区龙海路15号）酒店位于亚龙湾国家旅游度假区内，建筑融合了浓郁的东南亚海岛风情与传统中国建筑元素。酒店有500多间房间，中、西、泰、韩、海鲜餐厅提供各类美食供客人品尝。

▌高档

三亚亚特兰蒂斯酒店

（88986666；海棠湾海棠北路36号）酒店位于海棠北路，距离国际免税城约数分钟车程。酒店拥有千余间宽敞的海景客房及套房，可以满足客人的不同需求。特色套房配备24小时贴身管家服务。有机会一定要打卡酒店的奥西亚诺海底餐厅。

🍴 就餐

不仔客海鲜（第一市场总店）

（18601061156；椰风巷55号；11:00—22:30）这家餐厅常年位居大众点评榜单，好评率很高。店内服务热情友好，菜品味道很好，上菜速度超级快，店员还会主动询问是否需要剥虾，得到允许后会帮忙熟练剥开。推荐鲍鱼文昌鸡煲、海胆豆腐煲和椰香饭。

宫满西廷（大东海店）

（大东海榆亚路62号夏威夷大酒店停车场内；11:00—23:00）这是一家网红私家菜餐厅，位于大东海附近，门外等候затре每天都有排队的人。店内干净整洁、清新典雅，如果你对哪道菜品感兴趣，服务员会耐心地为你讲解菜品的材料及口感。

🚩 线路推荐

三亚海岸风光之旅： 蜈支洲岛旅游风景区—蜈支洲岛情人桥—蜈支洲岛海滨浴场—观日岩

三亚文化之旅： 南山文化旅游区—天涯海角—椰梦长廊

📍 景点

蜈支洲岛

标签： 5A级景区

　　蜈支洲岛位于海棠湾，又名情人岛，从上空俯瞰，整座岛屿呈天然的心形。岛上有2700多种原生植物，植被覆盖率非常高，海水清澈，周边海域珊瑚种类丰富，可以欣赏到缤纷珊瑚与群鱼环绕的景观。岛上有很多活动项目，包括潜水、拖伞、摩托艇、动感飞艇等。

门票信息 | 160元（含往返船票）

营业时间 | 8:00—16:00

交通信息 | 可乘坐轮渡前往，每29分钟一趟往返，最晚上岛时间为16:00，最晚离岛时间为17:00

电话 | 400-114-6666

微信公众号 | 蜈支洲岛TravelAngel

网址 | www.wuzhizhou.com；

★ **亮点**

电影《私人订制》取景地、海底世界

南山文化旅游区

标签： 5A级景区　　佛教文化

　　你一定听过"福如东海，寿比南山"这句话，寿比南山说的就是眼前这座香火旺盛的山。在当地人眼中，南山历来是吉祥福泽之地。据佛教经典记载，观音菩萨为了救度芸芸众生，发了十二大愿，其中第二愿即是"常居南海愿"。唐代和尚鉴真法师为弘扬佛法五次东渡日本未果，第五次漂流到南山，在此居住一年半之久，并建造了佛寺，传法布道，随后第六次东渡日本终获成功。日本第一位遣唐僧空海和尚就是在这里登陆中国，驻足传法。

门票信息 | 108元

营业时间 | 8:00—17:00

交通信息 | 可乘坐公交29路至南山站。

电话 | 88837873

微信公众号 | 海南南山文化旅游

网址 | http://www.nanshan.com/nanshan/index.html

> ★ 亮点
>
> 108米高海上观音

大小洞天旅游区

标签: 5A级景区　道教文化

　　大小洞天原名海山奇观风景区,古称鳌山大小洞天,是著名的道教文化风景区。景区拥有秀丽的海景、山景和石景,得到了琼崖第一山水名胜的美誉。1962年郭沫若游览"大小洞天",对景区的山光海色赞叹不已,在《游崖县鳌山》一诗中誉之为"南溟奇甸"。可以仔细留意风景区内历代诗文摩崖石刻,包括"小洞天""钓台""海山奇观""仙人足""试剑峰"等。

门票信息 | 90元

营业时间 | 7:30—18:00

交通信息 | 可乘坐公交29路至大小洞天站。

电话 | 88830335

微信公众号 | 三亚大小洞天旅游区

> ★ 亮点
>
> "小洞天""钓台""海山奇观"

天涯海角游览区

标签: 三亚最早的景点

　　天涯海角位于三亚市区西南部,因景区两块巨石分别刻有"天涯""海角"及郭沫若先生题写的"天涯海角游览区"而得名。景区1984年开始对外运营,是三亚最早的旅游景点之一,其自然景观是由大型海滩岩、下马岭、天涯湾以及沙滩和海水组成,景区的精华部分是天涯石、海角石、南天一柱。另外景区内还有一处历史悠久的"海判南天"石刻,

为清初测绘《皇舆全览图》的三位钦差奉旨剖立,为清版图的"南交"所在。

门票信息 | 淡季68元,旺季81元

营业时间 | 7:30—18:20

交通信息 | 可乘坐公交车16、21、24、25、29、55路至天涯海角站。

电话 | 88910131

微信公众号 | 天涯海角欢迎您

网址 | www.aitianya.cn

> ★ 亮点
>
> 日月石、"海判南天"石刻、南天一柱石

亚龙湾森林公园

标签: 森林公园

　　亚龙湾森林公园位于三亚市东南方向25公里处,公园分为东园和西园,植被种类丰富,雨林景观的观赏性很强,主要为热带常绿性雨林和热带半落叶季雨林。这里还有一座"世界最大天然弥勒佛",它位于红霞岭端,其形象酷似合掌打坐的弥勒佛,也被称为"龙头石"。亚龙湾森林公园还是电影《非诚勿扰Ⅱ》、电视剧《亲爱的,热爱的》的取景地,有时间可以看看在屏幕里出现过的"过江龙索桥""峭壁天池"。

门票信息 | 旺季158元,淡季140元

营业时间 | 7:00—17:00

交通信息 | 可乘坐公交车15、25、27路至亚龙湾加油站。

电话 | 38219999

微信公众号 | 亚龙湾森林公园

网址 | http://park.ylwpark.com/

> ★ 亮点
>
> 龙头石、雨林奇观、飞来石

椰梦长廊

标签: 海滨观景大道

　　椰梦长廊是沿三亚湾修建的一条海滨观景大道,大道两旁栽满椰树。起点在海月广

场,终点在西滨海路,全长20公里,被誉为"亚洲第一大道"。日落时分的椰梦长廊非常美丽,在夕阳映照下,长廊和沙滩构成一幅令人心醉神迷的美景。这里也很适合散步、骑行或驾车兜风,还设有慢跑步道。旺季到这里最好避开东段和中段,西段海滨人会比较少。

门票信息 | 免费

营业时间 | 全天

交通信息 | 可乘坐公交车6、21路至椰梦长廊站。

> ★ 亮点
>
> 落日美景、骑车兜风

三亚国际免税城

标签: 全球最大单体免税店

三亚国际免税城于2014年正式开业,是全球规模最大的单体免税店。目前已有普拉达、乔治·阿玛尼等众多国际顶级品牌入驻,汇集了各国特色商品、海南特产、户外运动、美食、顾客服务五大功能分区。商品种类非常丰富,很适合一站式扫货。

门票信息 | 免费

营业时间 | 10:00—22:00

交通信息 | 可乘坐公交车33、34、35路至海棠湾免税广场公车站。

电话 | 400-699-6956

微信公众号 | cdf三亚国际免税城

网址 | www.cdfgsanya.com

> ★ 亮点
>
> 免税购物中心

大东海

标签: 三亚老牌沙滩

大东海位于三亚市的榆林港和鹿回头之间,三面环山,其月牙形的海湾、湛蓝的海水和平坦软的沙滩吸引了很多游客。大东海是三亚的老牌沙滩,开发较早,比较成熟,各类海上娱乐项目价格比其他景区便宜很多,

附近也有完备的娱乐、住宿设施。由于距离市中心很近,交通便捷,旅行者可以轻松抵达这里。

门票信息 | 免费

营业时间 | 全天

交通信息 | 可乘坐公交车15、17、19路至大东海站。

电话 | 88212680

> ★ 亮点
>
> 海上娱乐项目

凤凰岭景区

标签: 山岳

凤凰岭海拔400米,是三亚市的最高峰,在这里可以一览三亚湾、大小东海、榆林湾、亚龙湾的美景。凤凰岭景区主要分为四湾八景观赏区和水晶圣殿雨林景区两部分,栈道最东端的水晶圣殿是婚礼拍摄基地,总是会吸引很多游客到这里打卡拍照,日落时分的景色令人震撼。

门票信息 | 旺季10元,淡季8元

营业时间 | 7:30—20:30

交通信息 | 可乘坐公交17、24、55路至凤凰岭景区站。

电话 | 88666867

微信公众号 | 三亚凤凰岭海誓山盟景区

网址 | www.sanyafhl.com

> ★ 亮点
>
> 水晶圣殿雨林景区

临春岭森林公园

标签: 公园

临春岭森林公园是三亚难得的一处免费景点。公园原名虎豹岭,如今是三亚市唯一一处公益性的森林公园,当地人很喜欢在这里锻炼散步。公园开发了三条难度不一的游览线路,适合不同年龄段的游客。沿登山栈道建有逐鹿台、瞭望塔、茶亭、半山揽月、凤凰

林、对弈台6个观景点。傍晚前来，可以眺望三亚的落日美景。

门票信息｜免费

营业时间｜7:00—21:30

交通信息｜可乘坐公交车9、10、36、53路至春光路口站。

> ★ 亮点
>
> 茶亭、半山揽月、凤凰林

三亚彩色动物园

标签：动物园

三亚彩色动物园位于三亚千古情景区内部，有时间可以一并游览。彩色动物园利用旅人蕉、小叶垂榕、三角梅、九里香、龙船花等上千种热带植物，精心打造了百草园和热带植物体验长廊，为动物营造了自然的生活条件。动物园里生活着包括长颈鹿、梅花鹿、斑马、矮马、浣熊、红白鼯鼠、细尾獴、石貂、耳廓狐、土拨鼠、努比亚陨石羊等众多动物，让游客有机会与动物亲密接触。

门票信息｜280元

营业时间｜12:00—21:30

交通信息｜可乘坐公交车1、7、9路至千古奇情景区站。

电话｜88658333

网址｜www.songcn.com

> ★ 亮点
>
> 耳廓狐、土拨鼠、努比亚陨石羊

亚龙湾

标签：海滩

大名鼎鼎的亚龙湾位于三亚市区以东30公里处，有中国南部最美海岸之称，周边有着非常完善的配套设施，高级酒店、餐厅一应俱全。亚龙湾以野猪岛为中心，南有东洲岛、西洲岛，西面有东排、西排。与大东海和三亚湾相比，亚龙湾的沙滩更加洁白细软，海水也更加湛蓝洁净。这里有完备的步道，可以通过步行

或是骑行，领略整个海滩的绝美风光。亚龙湾是三亚珊瑚礁国家自然保护区的一部分，你可以在这里看到保存完好的珊瑚礁和热带鱼，参加包括潜水在内的各种水上和水下活动。

门票信息｜免费

营业时间｜8:00 - 18:00

交通信息｜可乘坐公交15、24、25、27路至亚龙湾站。

电话｜88568899

> ★ 亮点
>
> 珊瑚礁、热带鱼

亚龙湾热带天堂森林公园

标签：森林公园

这里完美融合了自然风光和人文景色，同时也是电影《非诚勿扰Ⅱ》的取景地之一。森林公园拥有热带常绿性雨林和热带半落叶季雨林，过龙江索道、鸟巢度假村、极速溜索都是很受欢迎的景点。有时间一定要去山顶公园看看，登上沧海楼极目远望，俯瞰亚龙湾美景。云顶咖啡馆的森林云顶咖啡值得品尝。

门票信息｜旺季120元，淡季100元

营业时间｜7:30—18:30

交通信息｜可乘坐公交车15、24、25、27路至亚龙湾加油站公车站。

电话｜38238888

网址｜www.ylwpark.com

> ★ 亮点
>
> 过龙江索道、鸟巢度假村

珠江南田温泉

标签：温泉

三亚有着丰富的温泉资源，其中南田农场温泉是很受欢迎的一处。景区分布着68个大小不一、功能各异的药池，温泉的温度常年保持在20—57℃。清晨和傍晚游客很少，环境清幽。景区内有农家美食、烧烤、超市，非常便捷。可以考虑在这里住上几天，推荐珠

江南田温泉度假区的花园洋房, 房间宁静舒适, 还包含早餐及两张温泉门票。

门票信息｜190元

营业时间｜8:30—23:00

交通信息｜可乘坐公交1路至南田温泉站。

电话｜88819888

> ★ 亮点
>
> 珠江南田温泉度假区

龙仔湾

标签：　海滩

　　龙仔湾位于亚龙湾与太阳湾交界处, 原名百福湾, 当地人也称其为月亮湾、珊瑚湾。龙仔湾是一处尚未被开发的处女地, 没有沾染商业气息。龙仔湾海湾呈U字形, 海水湛蓝清澈, 海沙细软如粉。由于海底能见度很高, 这里也是很受欢迎的潜水胜地, 水下珊瑚种类丰富, 有机会还能见到小丑鱼、海龟、蝴蝶鱼等。

门票信息｜免费

营业时间｜全天

交通信息｜可乘坐公交27路至亚龙湾中心广场站。

电话｜68576638

> ★ 亮点
>
> 潜水

皇后湾

标签：　海滩

　　皇后湾古称"琼南湾", 距离三亚市区30公里, 位于海棠湾海岸线上, 保留着南海海岸线良好的生态资源, 同时也很适合海钓、潜水、沙滩拓展等户外活动。皇后湾尚未被完全开发, 因此这里的海滩风格原始美丽, 无污染的海水清澈透明, 神奇多彩的海底生活着形态各异的珊瑚和热带鱼。

门票信息｜免费

营业时间｜全天

交通信息｜自驾或打车前往。

> ★ 亮点
>
> 海钓、潜水

亚特兰蒂斯水世界

标签：　主题公园

　　亚特兰蒂斯水世界隶属于迪拜亚特兰蒂斯品牌, 是个一站式度假区, 如果想要一场奢华梦幻的海洋世界之旅, 一定要来这里。乐园里有水上滑道、"失落的空间"水族馆、热带风暴、海神塔、公主塔等游乐设施和景观, 满足不同年龄段旅行者的需求。园区位于酒店内, 有丰富的就餐选择, 配套设施完善。

门票信息｜298元

营业时间｜10:00—18:00

交通信息｜自驾或打车前往。

电话｜88986666

网址｜http://www.atlantis.com/sanya/marine-and-waterpark

> ★ 亮点
>
> "失落的空间"水族馆、热带风暴

三亚海昌梦幻海洋不夜城

标签：　主题公园

　　三亚海昌梦幻海洋不夜城是一座以海洋为主题的沉浸式观光园区, 景区主要分为海棠湾、非洲海、波斯湾、孟加拉湾、爪哇海、南中国海、滨水长廊和梦幻海洋等8个部分, 有众多刺激程度不一的游乐设施, 囊括了世界各大洲的海洋景观和特色。同时景区每天还会有不同主题的歌舞表演, 并有丰富的餐饮配套设施。

门票信息｜198元

营业时间｜10:00—22:00

交通信息｜自驾或打车前往。

电话｜88637777

微信公众号｜三亚海昌梦幻海洋不夜城

网址｜https://www.haichangfantasytown.com/sanya

海南

★ 亮点

海棠湾、非洲海、波斯湾

三亚西岛海洋文化旅游区

标签: 主题公园

　　三亚西岛海洋文化旅游区位于三亚市西南方向8海里的海域，由西岛海上游乐世界、牛王岭游览区和肖旗港3个部分组成。西岛周边海域为国家级珊瑚礁自然保护区，是世界公认潜水胜地之一。有时间可以走出乐园，进入西岛渔村看看，渔村拥有400多年的历史，至今仍然保留着传统的生活习惯和节奏。

门票信息 | 景区和往返船票90元起

营业时间 | 登船时间8:30—17:30，渔村全天开放

交通信息 | 从肖旗港乘船前往。

电话 | 88910888

微信公众号 | 三亚西岛海洋文化旅游区

网址 | http://www.syxidao.com/

★ 亮点

西岛渔村

崖州古城

标签: 古城

　　崖州古城位于三亚市区以西约40公里处的崖城镇，曾是中国最南端的州治所处。崖城在历史上一直是海南岛南部的政治、经济、文化中心和军事重镇。从宋朝开始，一些著名的政治家、文学家曾被流放于此，包括赵鼎、胡铨、王士熙等，因此崖州古城又有"幽人处士家"的称号。崖州古城自宋代开始发展，后经元、明、清三代扩建，逐渐发展成为一座大型城池。古城一共有3个城门，如今仅剩下文明门，不过好在经过修葺，现在已经焕然一新。崖城学宫是古城的精华建筑，位于古城的中心位置。学宫是中国最南端的孔庙，始建于宋代，地位崇高，历经十九次修葺、扩建。有时间还可以去城西的迎旺塔、东门街区的民

国骑楼建筑群看看，寻找古城的历史气息。

门票信息 | 免费

营业时间 | 全天

交通信息 | 自驾或打车前往。

电话 | 65308072

★ 亮点

崖城学宫

文昌、琼海、万宁、陵水

　　文昌市历史悠久，从西汉元封元年（公元前110年）设紫贝县，距今已有2100多年。近代以来，文昌是著名的海南闽南文化发源地、海南文昌航天发射中心所在地，还有美味的文昌鸡名扬四海，吸引了不少游客。

　　琼海是海南第三大城市，在新市乡土吉尾、排岭坡发现的新石器时代遗址表明，4000多年前这里就有人类繁衍生息。如今更为人熟知的是因亚洲论坛而闻名的博鳌镇，因海底科考和更路簿而闻名的潭门镇。此外，这里还有题材广泛、内容丰富的民歌。

　　万宁市近些年因户外爱好者、综艺节目的"加持"而声名远扬，越来越多的冲浪爱好者来到这里乘风破浪。而来到这里的人，也不会错过这里地道的海南咖啡，特殊的制作工艺让它与其他咖啡截然不同，参观咖啡厂也成了旅行者不可错过的项目。

　　陵水黎族自治县是一个以黎族、汉族、苗族人口为主的"大杂居，小聚居"的市县，也素有"鱼米之乡"的美誉。境内的旅游资源包括陵水县苏维埃政府遗址、三昧寺、南湾猴岛、吊罗山国家森林公园、椰子岛、土福湾、清水湾等。

☎ 电话区号 均为0898

 交通

▌飞机

琼海博鳌国际机场（36860114；琼海市中原镇）

海南

🚆 火车

文昌站（31611082; 文城镇火车站路）途经线路为海南东环铁路。

琼海站（95105105; 琼海市嘉积镇爱华东路）途经线路为海南东环铁路。

博鳌站（琼海市中原镇223国道东侧）途经线路为海南东环铁路。

万宁站（31601542）途经线路为海南环岛铁路。

陵水站（95105105）途经线路为海南环岛高铁。

🚌 长途汽车

文昌汽车站（63221392; 文昌市新风路275号）

琼海汽车站（62822327; 琼海市东风路51号）

万宁汽车站（62222526; 万宁市万州大道北段）

陵水汽车站（83322264; 陵水县新建路10号）

🚍 公交车

　　文昌市内大部分旅游景点都有公交线路可达，并且支持投币、刷文昌公交一卡通、手机扫码等方式支付。文昌汽车站是大多数公交的主要集散地。

　　琼海嘉积镇的公交便捷，线路覆盖了周边大部分乡镇。主要班车大部分都会经过红色娘子军纪念碑前的公交站。

　　万宁市内公交便捷，线路经过日月湾、石梅湾等旅游区，对游客很方便。

　　陵水共有9条城市公交专线，运营时间为6:30—22:00，票价2元起，大多数班车经过陵水火车站或海韵广场。所有公交车均可使用"天涯行"App查询线路和支付车费。

🛒 土特产和纪念品

　　文昌当地特色有文昌鸡和空心煎堆，琼海当地特色有番石榴和嘉积鸭，万宁当地特色有和乐蟹和兴隆咖啡，陵水当地特色有酸粉和珍珠。

🏠 住宿

经济型

万宁居山望海民宿

　　（18876003005; 万宁市礼纪镇华润石梅湾九里一期）酒店依山傍海，海景房空间非常大，位置好，楼下就是咖啡工厂，去石梅湾很近。别墅式房型非常舒适，共有3层，设施齐全。民宿服务周到，如果入住有问题，半夜发的微信都能得到及时回复。

中档

皇马假日天成大酒店（文昌火车站店）

　　（63231777; 文昌市文昌大道187号）酒店位于文昌市文昌大道，交通便利，闹中取静。酒店于2019年重新装修，房间设施很新，床品舒适，前台工作人员热情友好，能给出实用的旅行建议。

高档

琼海官塘假日度假酒店

　　（36869999; 琼海市塘白石岭风景区内）酒店坐落在海南著名的温泉之乡——琼海官塘，环境清幽，隐匿在山川湖泊之中。它拥有26座室内外温泉泡池以及儿童乐园，更是博鳌亚洲论坛官方指定接待酒店之一。房间设施齐全，床品奢华舒适，入住体验很棒。

🍴 就餐

瑞丰椰子鸡（小岛民店）

　　[13307611295; 文昌市椰林湾路百莱玛度假村东北门向东60米(小岛民楼下); 11:00—21:30]这家餐厅供应的文昌椰子鸡非常地道，锅底是浓浓的新鲜椰汁，口感清甜，推荐开背虾、石斑鱼。店员淳朴热情，有时还会赠送免费水果。

正宗陵水酸粉王

　　（15108978893; 陵水县椰林北干道2号东线高速路口大转盘西侧内进20米; 8:30—22:00）这家陵水酸粉在大众点评网

上排名靠前。陵水酸粉10元一碗，配料十足，另外还可以加入沙虫干、鱼饼、小咸鱼、鱿鱼丝等海产，再配上韭菜、空心菜、炸花生、牛肉干等。

👣 线路推荐

文昌休闲之旅：宋氏祖居—文昌航天城主题公园—淇水湾—东郊椰林—百莱玛度假村—石头公园—清澜港红树林

陵水精华之旅：陵水县农民协会旧址（顺德会馆）—苏维埃政府旧址（琼山会馆）—陵水黎族自治县城乡规划展览馆—分界洲岛—椰田古寨

琼海踏青之旅：白石岭—红色娘子军纪念园—博鳌小镇—北仍村

休闲登山与咖啡文化游：东山岭—兴隆—日月湾

📍 文昌景点

文南老街

标签：　历史街区　　骑楼老街

　　文南老街的骑楼建于20世纪20年代，规模仅次于海口老街和文昌铺前老街，历史悠久。包括《台湾人的根》《海外赤子》《天涯怪客》在内的电影和电视剧都在这里取景拍摄。老街沿途都很有历史氛围，建筑风格极其多样，有石质栏杆女儿墙、镀金雕刻的南洋风格山花，也有窗楣形态丰富的欧式、伊斯兰式和中式风格。

门票信息｜免费

营业时间｜全天

交通信息｜自驾或打车前往。

> ⭐ **亮点**
>
> 欧式骑楼

孔庙

标签：　海南第一庙

　　文昌孔庙是海南省保存较完整的古建筑群之一，始建于北宋庆历年间（1041—1048年），有着"海南第一庙"的美誉。它也是中国唯一一座不朝南和不开大门的孔庙。孔庙中轴线上依次分布着棂星门、泮池、状元桥和孔子全身塑像。后院是大成门和大成殿。大成殿殿内正中供着孔子坐像，孔子像两旁是颜回、曾参等"四配"和"十二哲"的牌位。

门票信息｜旺季15元，淡季13元

营业时间｜8:00—17:30

交通信息｜可乘坐公交1、2、3路至公园站。

电话｜66810815

> ⭐ **亮点**
>
> 建筑布局

宋氏祖居

标签：　历史建筑　　名人故居

　　宋氏祖居坐落在一片山丘上，周围环境幽静。宋庆龄的父亲宋耀如于1861年在这间祖居里诞生。为纪念宋庆龄及其家族在近代史上的贡献，文昌市人民政府于1985年修复宋氏祖居，并在宋庆龄基金会和海内外友好人士的支持下相继兴建了宋庆龄陈列馆、宋庆龄植物园。

门票信息｜30元

营业时间｜8:00—18:00

交通信息｜自驾或打车前往。

电话｜63573599

微信公众号｜文昌宋氏祖居

网址｜http://www.octsszj.com/

> ⭐ **亮点**
>
> 宋庆龄雕像、孙中山雕像、听雨轩、椰子纪念园

符家宅

标签：　历史建筑

　　符家宅将南洋、琼北民居、伊斯兰建筑风格融汇于一身。外垣是骑楼样式，伊斯

兰拱券造型与高耸的室内空间是符宅的最大特色。早年间符家三兄弟在新加坡经营橡胶生意，发迹后归乡建造了这处宅院。当时符家宅主要用泰国木和当地青砖建造而成，用料结实。如今宅院苔藓丛生，墙壁缝隙中滋生的灌木与周边的树林逐渐融为一体。老宅开放与否取决于住在隔壁的符家后人，可礼貌地询问对方，在得到应允后入内参观。

门票信息 | 免费
营业时间 | 全天
交通信息 | 自驾或打车前往。

> ★ **亮点**
>
> 南洋风情的宅院

海南

文昌航天城主题公园

标签：航天发射中心

　　文昌航天城主题公园是一座太空历险游乐园，同时也是航天科普教育基地。作为一座太空主题公园，这里为游客提供了在太空遨游探险的机会，并让游客了解太空探索科普知识。游览需乘坐电瓶车，依次在测控中心、火箭组装厂房、发射塔架下车游览。不过，游客不能入内参观，只能在讲解员指定的时间和范围内才允许拍照。

门票信息 | 130元
营业时间 | 全天
交通信息 | 自驾或打车前往。
电话 | 63568080

> ★ **亮点**
>
> 火箭发射装置

铜鼓岭国家自然保护区

标签：琼东第一峰

　　铜鼓岭主峰海拔只有338米，三面环海、奇异的山石和繁盛的植被增加了这里的魅力，因此铜鼓岭有"琼东第一峰"的美誉。景区主要分为淇水湾、月亮湾、石头公园、宝陵

河、云龙湾、大澳湾等6个部分。观光车会将你带上山顶观景平台，你可以在观景台上纵览公园全貌，眺望月亮湾、蓝宝石海、翡翠海的风景，天气好时还能看到颜色变幻的"七色海"。

门票信息 | 免费
营业时间 | 全天
交通信息 | 自驾或打车前往。
电话 | 63576552

> ★ **亮点**
>
> 淇水湾、月亮湾

溪北书院

标签：书院　历史建筑

　　溪北书院是清末海南岛的著名书院之一，由清末著名文人潘存为振兴家乡教育发起创办。溪北书院由大门、讲堂、经正楼、经堂和斋舍5部分组成，全部为砖瓦结构。溪北书院整体呈四合院围合式。讲堂是书院中规模最大的建筑单体，有时间一定要在这里仔细看看，其屋架为抬梁式木构架，是海南地区常用的"一柱二料"的形式。讲堂后侧的东西两廊连接起讲堂与经正楼。

门票信息 | 免费
营业时间 | 全天
交通信息 | 自驾或打车前往。

> ★ **亮点**
>
> 讲堂、经正楼

十八行村

标签：古村落

　　十八行村位于文昌市会文镇西部，有近600年的历史，这里的居民大多从福建迁徙而来。清朝时期，村子里出了不少官员，他们衣锦还乡之后就开始大兴土木盖新居，因此留下了许多极富特色的清代民居。十八行村的最大特色是古建筑规模较大，保存较为完

整。院落按十八行建造，住着六七户人家，寓意"兄弟同心，邻里不欺"。

门票信息 | 免费

营业时间 | 全天

交通信息 | 自驾或打车前往。

> ★ 亮点
>
> 十八行院落

八门湾红树林

标签：　海上森林公园

八门湾红树林是海南省著名的红树林景观，以四面滩涂为中心，辐射至文昌河、文教河等河流上游数公里处，覆盖了文城、清澜、头苑、东阁、东郊、文教等6个镇。八门湾红树林有"海上森林公园"之美称，是世界上海拔最低的森林，也是我国红树品种最多的地方。乘坐快艇前来，就有机会欣赏到红树卷曲的树干和交错的地面根。

门票信息 | 50元

营业时间 | 全天

交通信息 | 自驾或打车前往。

> ★ 亮点
>
> 红树林

七星岭

标签：　海南八大状元宝地之首

七星岭位于文昌市铺前镇东北，北面临海，隔海和雷州半岛相望。七星岭一共有大小十余峰，其中七峰独高，似"七夕星斗"，因此得名七星岭。这里被《琼州风水志》列为海南八大状元宝地之首。七星岭上有巍然耸立的斗柄塔，始建于明代天启五年（1625年），重修于清代同治十三年（1874年）。斗柄塔一共7层，沿塔内螺旋式阶梯可登顶层，俯视琼州海峡，景色非常美丽。

门票信息 | 30元

营业时间 | 8:00—18:00

交通信息 | 自驾或打车前往。

> ★ 亮点
>
> 斗柄塔

📍 琼海景点

红色娘子军纪念园

标签：　红色旅游区

红色娘子军纪念园是为纪念第二次国内革命战争时期诞生的"中国工农红军第二独立师女子军特务连"而建造的旅游区，主要由和平广场、纪念广场、红色娘子军纪念馆、椰林寨几个部分组成。纪念广场上有红色娘子军战士雕像，纪念馆共3层，一楼有红色娘子军陈列厅，二楼是放映厅。

门票信息 | 30元

营业时间 | 8:00—17:30，17:30停止入场

交通信息 | 可乘坐公交6路到达。

电话 | 62802175

> ★ 亮点
>
> 红色娘子军陈列厅

周士第将军纪念馆（琼海市博物馆）

标签：　红色旅游

周士第是我国优秀的军事指挥员。他参加过第一次国内革命战争、八一南昌起义、长征、抗日战争和解放战争，新中国成立后致力于中国人民解放军的建设事业，是中国无产阶级军事家。周士第将军纪念馆是为了纪念周士第而建，馆前竖立了周士第将军花岗岩全身雕像，馆内展出了周士第将军参加革命活动的照片、文献资料和文物，生动展现了周士第的生平和历史功绩。

门票信息 | 免费

营业时间 | 8:30—12:00，14:30—17:30

交通信息 | 自驾或打车前往。

电话 | 62802359

> ★ 亮点
>
> 相关文物

中国（海南）南海博物馆

标签：博物馆

　　中国（海南）南海博物馆位于琼海潭门中心渔港，外形酷似黎族船形屋，取义"丝路逐浪，南海之舟"。博物馆分为南北两区，南区是主要的展览区域，北区主要用于引进临时展览。展品包括历代外销文物、南海生物标本、海南历史文物、历代船模等。展览包括"南海人文历史陈列""南海自然生态陈列""做海——南海渔家文化展（海南）"，可以让你深入了解南海人文历史、自然生态、文化遗产保护以及我国与南海周边国家的经贸交往。

门票信息｜免费

营业时间｜9:00～17:00，周一闭馆

交通信息｜可乘坐公交15路至潭门镇博物馆站。

电话｜62605666

微信公众号｜中国南海博物馆

网址｜http://www.nanhaimuseum.org/

> ★ **亮点**
>
> 南海人文历史陈列

博鳌水城旅游景区

标签：会址

　　博鳌水城位于博鳌港，是万泉、龙滚、九曲三条河流汇拢而来，是亚洲论坛会址所在区域。水城共有两个会址，2001年2月举办的第一届博鳌论坛开会场地位于博鳌镇南边的水城路上，如今被保存为博鳌亚洲论坛成立会址。东屿岛上的博鳌亚洲论坛永久会址位于成立会址西南边，每年4月会迎来各国政商要客。景区套票包含了往返玉带滩的船票。

门票信息｜30元

营业时间｜8:00～18:00

交通信息｜自驾或打车前往。

微信公众号｜博鳌亚洲论坛永久会址景区

网址｜https://www.boaoforum.org/zh/index.html

电话｜62691595

> ★ **亮点**
>
> 博鳌亚洲论坛成立会址、玉带滩、圣公石

博鳌禅寺（东方文化苑）

标签：寺庙

　　博鳌禅寺与博鳌亚洲论坛永久会址隔水相望，2000年由博鳌水城创始人蒋晓松先生个人施资，在万泉河中竖起一座高9.9米的观世音菩萨塑像。2002年蒋先生又捐资正式筹建以博鳌禅寺为主体的博鳌东方文化苑。博鳌禅寺2005年正式对外开放，以南北为中轴线，依次为通慧门、天王殿、普济殿、大雄宝殿、万佛殿，东西两旁设置有钟鼓楼、东西配殿、方丈楼、上客堂、僧侣宿舍等。一定要仔细看看普济殿中的十二尊"十二生肖观音像"，十分生动。

门票信息｜免费

营业时间｜7:00至日落

交通信息｜可乘坐公交2路至东方禅寺站。

电话｜62775772

微信公众号｜博鳌禅寺

> ★ **亮点**
>
> 万佛塔、观世音菩萨塑像

蔡家宅

标签：华侨宅邸

　　蔡家宅是海南保存最好的老屋之一，由印尼华侨富商蔡家森及其兄弟四人于1935年回乡时建造。蔡家宅共有4座院落，融合了东方传统建筑风格和西式的建筑元素。青砖大瓦、屋脊翘头和欧式浮雕结合得非常完美。如今蔡家主人的后代几乎都侨居海外，只剩下看门人守护着几座大屋。有时间可以

看看院里那棵900岁的重阳木。第一处院落的会客厅里有循环播放的纪录片，可以让你深入了解蔡氏家族背后的故事。

门票信息｜免费

营业时间｜8:30—18:00

交通信息｜自驾或打车前往。

> ★ **亮点**
>
> 南洋建筑风格

乐会古城

标签：　古城

　　乐会古城位于万泉河中央，从元朝开始这里就是古县乐会的县治所在，从明朝至近代，繁华了600多年之久。这座古城在近现代史上饱受摧残，城墙、县衙、城门、老街和古物在历经日军侵华、政治运动和强劲台风后悉数被毁，而随着陆路的修建和发展，码头也渐渐消失。目前进出乐会村已无水路，它通过乐城大桥与外界相连。不过你还是可以在古城里寻找到历史氛围浓郁的建筑，城隍庙就是其中之一，它始建于明洪武二年（1369年），几经重建，如今香火依旧鼎盛。庙旁还有历史悠久的青砖古道，两旁留有城墙和城门的遗址。

门票信息｜免费

营业时间｜全天

交通信息｜自驾或打车前往。

> ★ **亮点**
>
> 城隍庙、青砖古道

⊙ 万宁景点

东山岭

标签：　海南第一山

　　东山岭位于市中心以东2公里处，它184米的海拔还不及五指山的十分之一，不过因为丰富的人文内涵而被誉为海南第一山。当地人视东山岭为风水宝地，历代贬官视这里为"东山再起"之地，因此常年香火旺盛。东山岭的山顶可以俯瞰万宁风光，徒步攀登大约需要1小时。推荐乘缆车上山、步行下山，这样你就有机会看到不同朝代的诗词题句，其中历史最为悠久的题刻"华封岩"可以追溯到宋宣和四年（1122年）。

门票信息｜旺季50元，淡季40元

营业时间｜7:30—17:00

交通信息｜可乘坐公交2路至东山岭站。

> ★ **亮点**
>
> 潮音寺、李纲像、东山八景

兴隆热带植物园

标签：　植物园

　　兴隆热带植物园始建于1957年，位于万宁市兴隆镇温泉旅游区内，隶属于农业部中国热带农业科学院香料饮料研究所，是海南最早对外开放参观的热带植物园。兴隆热带植物园划分为五大功能区：植物观赏区、试验示范区、科技研发区、立体种养区和生态休闲区，收集并培育了2300多种热带和亚热带植物，其中包括香草、咖啡、可可、胡椒等人们已耳熟能详的植物。另外你还有机会看到各种神秘的珍稀植物并了解它们背后的故事。

门票信息｜淡季50元，旺季60元

营业时间｜7:30—17:30

交通信息｜自驾或打车前往。

电话｜62555900

> ★ **亮点**
>
> 热带和亚热带植物

⊙ 陵水景点

陵水县农民协会旧址（顺德会馆）

标签：　历史建筑

　　陵水县农民协会旧址前身是建于清康熙五十二年（1713年）的顺德会馆，当时，旅居陵水的广东顺德籍商人捐资打造了这座精美的岭南建筑。1926年，陵水县农民协会在此成立，为之后苏维埃政府的成立奠定了基础。这座老建筑之后的命运非常曲折，20世纪90年代的修缮破坏了原本的文物，之后会馆还一度被用作歌舞厅和台球厅。2013年，本着修旧如旧、贴合文物原貌的原则，建筑得到了全面修缮。如今建筑内部会不定期展览当地书画作品。

门票信息｜免费

营业时间｜冬春季8:00—12:00、14:40—17:30，夏秋季8:00—12:00、15:00—18:00，周一下午闭馆

交通信息｜可乘坐公交8、9路至陵水汽车站。

电话｜83308049

> ★ **亮点**
>
> 精美的岭南建筑风格

苏维埃政府旧址（琼山会馆）

标签：琼崖第一个红色政权的诞生地

　　苏维埃政府旧址闹中取静，是一座祠堂式建筑，有三进院落。前门气派典雅，是欧式风格，天井厢房、彩色剪瓷和绿琉璃瓦又承袭了中国传统的建筑元素。旧址前身是琼山会馆，1921年由旅居陵水的琼山籍商人捐建。1927年，县苏维埃政府在此宣告成立，这是海南新民主主义革命史上的首个县级苏维埃政权。1981年，建筑被辟建为县博物馆，开始对公众开放。你可以在这里深入了解陵水县苏维埃革命斗争的历史。

门票信息｜免费

营业时间｜8:30—12:00，15:00—18:00，周一下午闭馆

交通信息｜可乘坐公交1路至怡景湾酒店公交站。

电话｜83317957

> ★ **亮点**
>
> 苏维埃革命斗争史展览

椰田古寨

标签：民族风情

　　椰田古寨与蜈支洲岛、南湾猴岛隔海相望，颇受欢迎。景区共由古老文化、奇特风情、椰风飘香、神秘傩蛊、小锤叮当5大部分组成，还有"欢乐苗家歌舞"演出。在这里，你可以了解海南奇特的民俗文化，欣赏黎族文面阿婆专心埋头织锦，感受进门捏耳朵、喝拦门酒的仪式，品尝椰肉制品，听取制蛊过程，观看银器制作过程等；也可以逛逛黎苗民居、烧酒坊、谷仓等特色建筑，深入了解黎族文化背后的故事。

门票信息｜10元

营业时间｜7:30—17:30

交通信息｜自驾或打车前往。

电话｜83470995

微信公众号｜椰田古寨

> ★ **亮点**
>
> 黎族、苗族各种文化符号

分界洲岛

标签：观光海滩

　　分界洲岛和牛岭是海南岛名副其实的分界线：岭北为万宁，岭南为陵水。同时这条线也是文化的分割线，岭北以汉文化为主，岭南则充满了黎、苗少数民族风情。分界洲岛海水清澈，沙滩松软细白，很适合在这里潜水，观赏海底生物。这里的水上运动项目非常多，包括海钓、摩托艇、海上拖伞等，还可以乘坐观光潜水艇进行海底风光探秘。岛上还有水上动物娱乐园，适合亲子玩乐。

门票信息｜132元，包含往返船票

营业时间｜8:00—17:30

交通信息｜乘船抵达。

电话｜31817777

微信公众号｜分界洲岛旅游区

> ★ **亮点**
>
> 水上运动

吊罗山国家森林公园

标签： 国家森林公园

吊罗山国家森林公园地跨陵水、保亭、琼中3县，地势西北高、东南低，植被丰富，空气清新，是当地的一座"天然氧吧"。森林公园内动植物资源较丰富，有金斑喙凤蝶、南山鹧鸪、银胸丝冠鸟等国家重点保护动物，小妹水库、枫果山瀑布、石晴瀑布都是公园内的精华景点。

门票信息 | 70元
营业时间 | 全天
交通信息 | 自驾或打车前往。
电话 | 83396575
网址 | http://www.hntrnp.com/

> ★ 亮点
>
> 枫果山瀑布、石晴瀑布

南湾猴岛

标签： 猕猴保护区

南湾猴岛位于陵水县南约14公里处的南湾半岛，三面环海，是我国也是世界上唯一的岛屿型猕猴自然保护区。岛上生活着2500多只猕猴，因此人们称之为"猴岛"。和猴子互动时一定要注意安全，保持适当距离，以防被这些过度热情的猴子抓伤。南湾猴岛的沙滩洁净迷人，有天然海滨浴场，水下有色彩斑斓的珊瑚礁群，是海南岛的潜水胜地之一。

门票信息 | 旺季160元，淡季152元
营业时间 | 8:00—16:50
交通信息 | 自驾或打车前往。
电话 | 83360902

> ★ 亮点
>
> 观猴

定安、屯昌、琼中

定安县是海南省直辖县，位于海南岛东北部内陆。这里"一树之大可成林"的亚洲最大榕树王、"一泉之冷世无双"的热带富硒冷泉、"一湖之美芳姿艳"的南丽湖国家湿地公园都是很有特色的自然景观。

屯昌原为荒地，明末清初战争频繁，东南沿海的百姓纷纷南逃来此屯荒、垦植，以图昌兴，故名"屯昌"。屯昌县位于琼北部平原和琼中部山区接合处，素有"海南中部门户"之称。这里资源富集，特产富饶，享有"水晶之乡""南药之乡"等美誉。

琼中历史悠久，可追溯到2000多年前。它位于五指山北麓，因位于琼岛中部而得名。境内山峦重叠，生态环境优越，有黎母山森林公园、百花廊桥、百花岭瀑布等自然和人文景观。

☎ 电话区号 均为0898

🚌 交通

▍长途汽车

定安汽车站（63823495；定安县见龙大道和沿江二路交叉口）
屯昌汽车站（67812813；屯昌县屯昌大道）
琼中汽车站（86222704；琼中海榆路附近）

▍公交车

定安城区共有4路公交车，票价均为1元。其中2路和4路沿见龙大道行驶，连接老城和新城，并经过定安汽车站。

屯昌县内一共有5条公交线路，车费1元，末班车时间大多在18:00左右。

琼中境内市内线路不多，但标识清晰，县政府所在的营根镇对旅行者较为有用的是公交2路和3路，两条线路都沿国兴大道行驶，经过三月三广场、汽车站和百花廊桥。

🛒 土特产和纪念品

定安当地特色有红毛丹，屯昌当地特色有屯昌黑猪、屯昌香鸡、枫木苦瓜，琼中当地特色有绿橙。

住宿

经济型

佳捷精品酒店（屯昌中心商业广场店）

（67825888；屯昌县昌盛二路）酒店位于屯昌县昌盛二路，地处市中心，临近文赞生态湿地公园和梦幻香山公园，交通便利，环境优越。一楼有免费停车场，房间设施齐全，总体性价比较高。

中档

学而山房

（18389771127；琼中管理处西侧1.5公里）酒店位于黎母山里，从外部环境到各项设施都与名字极为相称。几年前它还是一所废弃的学校，如今一层的教室被改造成陶艺坊、书画室等活动室。大厅可以用餐品茶。二层、三层开辟出8间客房，陈设雅净。

高档

屯昌紫京皇冠酒店

（67808888；屯昌县昌盛一路289号）酒店地处昌盛一路，临近聚源大酒店、广海家私城、海中社区卫生室等，地理位置甚佳，出行方便。房间简约明净，设施齐全，服务热情周到，前台工作人员会给出实用的旅行建议。

就餐

仙沟农家牛肉（定安店）

（18689777800；定安县仙安路93号；10:00—23:00）海南定安的"动动牛肉"非常出名。这家餐厅的牛肉有涮烤两吃可选，搭配本地白萝卜，煮出来的汤鲜甜可口，让人非常满足。

枫木香草鸭农庄

（18389508889；屯昌县枫木镇木色湖东）这家餐厅在当地口碑很好，环境清幽，有很多露天座位。饭点要早点来，这里经常会排队。推荐香草鸭、空心菜，菜量很大。

线路推荐

定安自然之旅：定安古城—文笔峰和南丽湖—七仙岭—呀诺达热带雨林文化旅游区

屯昌自然之旅：梦幻香山芳香文化园—五指山木色湖

定安景点

定安古城

标签：`古镇`

定安古城没有成排的仿古建筑和鳞次栉比的纪念品商店，没有浓郁的商业气息。本地人聚集在街角的茶馆喝茶聊天，理发店老板和老主顾自然地寒暄，每个角落都弥漫着真实的生活气息。古城格局清晰，基本以定安县衙为中心和地标，向东南西北延伸出四条街道。一定要逛逛钟南街，从这里的骑楼依稀可以看出金融商埠曾经的风采。定安著名明代文人胡濂的后人所建的胡宅大院也是古城的一大亮点，宅院素雅整洁，如今大院内仍住着胡氏后人，入内参观需要礼貌地打声招呼。

门票信息｜免费

营业时间｜全天

交通信息｜可乘坐公交1路至东门街站。

> **⭐ 亮点**
>
> 定安县衙、胡宅大院、解元坊

文笔峰和南丽湖

标签：`仿古建筑` `人工湖`

文笔峰虽然只是一座百余米高的小土坡，却因浓郁的文人气息和奇幻的道教传说成为定安著名的文化景观。传说这里是道教南宗祖师白玉蟾（南宋）最终羽化升仙之地。明朝中期，为正定安文风，原先的李家岭更名"文笔峰"，从此以后定安的才学之士竟然真的层出不穷。文笔峰附近的南丽湖是定安另一处风景胜地，因为两个景点距离很近，可以一同游览。南丽湖是一处主要用于度假休闲的人工湖，原名南扶水库，湖中小岛上栖息着白鹭和其他水鸟，有时间可以仔细看看。

门票信息 | 文笔峰门票81元，南丽湖免费

营业时间 | 文笔峰8:00—18:00，南丽湖全天开放

交通信息 | 自驾或打车前往。

★ **亮点**

玉蟾阁、三清坛、元辰殿

百里百村

标签: 特色村庄　革命摇篮

　　百里百村是定安八景之一。定安南部散落着许多各具特色的村庄，包含了从元代南建州至抗日革命根据地时期的文化景观。当地旅游部门将这些村庄中的看点串联起来，打造成几座大型乡村公园，冠上了"古色古乡，百里百村"的名号。所有乡村都是开放的，分布在龙门、岭口、翰林、龙河四镇和中瑞农场。各镇皆有班车到达，你可以有选择地进行一日游。

门票信息 | 免费

营业时间 | 全天

交通信息 | 自驾或打车前往。

★ **亮点**

龙河四镇、中瑞农场

📍 屯昌景点

梦幻香山旅游区

标签: 休闲度假旅游景区

　　梦幻香山旅游区是一家以"芳香"为主题的文化园。园区位于海南中线高速公路74公里处，距省会海口车程50分钟，交通非常便利。园区种植了300亩柠檬、200亩芳香苗木，打造了加利坡城堡、天然香料植物园、玫瑰园、芳香文化广场、风车观景台等景观。

门票信息 | 50元

营业时间 | 8:30—18:00

交通信息 | 自驾或打车前往。

电话 | 67920878

网址 | http://www.menghuanxiangshan.com/

★ **亮点**

加利坡城堡、天然香料植物园、玫瑰园

猪哈哈的农场

标签: 农业主题公园

　　猪哈哈的农场位于海南屯昌坡心镇，距离海口约1小时车程。农场以农业种植为文化载体，有将近20个农业观光大棚，包括太空棚、科普棚、习耕棚、育苗棚、采摘棚，还有若干户外采摘区，可以带小朋友前来实地学习农业、种植知识。园区还配备了咖啡厅、餐厅等配套设施，可以在此开展陶泥DIY、湖畔垂钓、烧烤等丰富的亲子活动。

门票信息 | 30元

营业时间 | 9:00—17:00

交通信息 | 自驾或打车前往。

电话 | 36818999

★ **亮点**

太空棚、科普棚、习耕棚

📍 琼中景点

百花岭风景区

标签: 4A级景区

　　百花岭位于琼中县营根镇西南面7公里处，以山地观光避暑、热带雨林观光旅游为主题，拥有将军榕、情侣秋千、连里树、古木逢春等丰富的植物生态景观。景区的一大亮点是拥有全省落差最大的百花岭瀑布，景色壮观迷人。你可以登上观瀑亭，直观地欣赏直泻的飞流。景区还开发了环湖度假别墅，你可以在这里钓鱼、游船。

门票信息 | 免费

营业时间 | 全天

交通信息 | 可打车或自驾前往。

电话 | 86361111

> **★ 亮点**
>
> 百花岭瀑布

白沙起义纪念园

标签： 纪念园

　　白沙起义纪念园位于琼中县红毛镇番响村东侧，始建于1987年，是为了纪念黎族领袖王国兴、王玉锦于1943年8月领导黎、苗族同胞发动白沙起义的光辉事迹。白沙起义在琼崖抗日战争和解放战争中起到了很大的作用，是中国少数民族革命斗争史和中国人民革命史的重要组成部分。纪念园包括纪念碑、纪念馆、纪念雕塑墙等。其中纪念馆用白沙起义实物生动展现了那段澎湃激昂的历史。

门票信息 | 免费
营业时间 | 全天
交通信息 | 可打车或自驾前往。
电话 | 86222285

> **★ 亮点**
>
> 纪念馆

什寒村

标签： 古村落

　　什寒村坐落在琼中县红毛镇，这座古老的村庄是由三黎一苗的4个村落组成的，其中最古老的黎族村已经在此生活了百余年之久。人们将这座海拔800米的高村称为"天上什寒"。村子里的房子是统一的白墙灰瓦，墙上画着各种黎族和苗族人物。村中的重阳古树是这里很醒目的标志，村里的人们说这棵树的树龄已有800余年。因树龄长久，树上伴生了很多野生石斛等药材。有时间可以去村里的文化广场看看，这里的石柱和地板上雕刻的是村里的图腾。

门票信息 | 免费
营业时间 | 全天

交通信息 | 自驾或打车前往。

> **★ 亮点**
>
> 重阳古树

黎母山森林公园

标签： 国家森林公园

　　黎母山森林公园位于琼中境内，山势险峻，既是海南的名山，又是黎族人民的始祖山。黎母山自古以来被誉为黎族的圣地。相传天上七仙女曾来此山游玩，其中桃花仙女迷恋此山的美丽富饶，便化为金南蛇产下一卵，后经雷公划破，跃出几位少女，号称黎母，从此诞生了黎族人。公园拥有丰富的天然热带森林，是一个热带植物王国，也是野生动物的乐园，有能预测天气的"知风草"、被誉为"天下第一香"的墨兰等奇花异草，可以仔细看看。

门票信息 | 20元
营业时间 | 全天
交通信息 | 自驾或打车前往。
电话 | 86308000

> **★ 亮点**
>
> 黎母山主峰、吊灯岭瀑布、槟榔湖

五指山、保亭、乐东

　　"不到五指山，不算到海南。"五指山市位于海南岛中南部，周围群山环抱，森林茂密，是有名的"翡翠山城"，也是海南岛海拔最高的山城。五指山还是黎苗传统文化歌舞及工艺品创作和表演的主要基地，民族风情原始、古朴、浓郁，每年三月三黎苗民族传统节日庆典都热闹非凡，如果时间正好，别忘了去体验一番。

　　保亭主要有黎族和苗族聚居，历史文化积淀深厚，可以来这里了解黎族民间故事、手工艺品、乐器等。到了保亭才知道，海南不只有海浪白沙，还有热带雨林和温泉，呀诺达雨林文化旅游区、海南槟榔谷黎苗文化旅游区、七仙岭温泉国家森林公园和神玉岛文化旅游度假区等都值得一去。

乐东历史悠久，文化源远流长。据县出土文物汉代银印"朱庐执"鉴证，早在2000多年前，黎族先民就在这块土地上劳动生息。在这里，能看到独具特色的剪纸、花灯，以及黎族棉纺织工艺、黎族麻纺织工艺和崖州民歌等非物质文化遗产，还有我国南方最大的盐场莺歌海盐场、独特的毛公山，以及尖峰岭国家森林公园。

 电话区号 均为0898

🚗 交通

▌火车

乐东站（85523322；乐东313县道）途经线路为海南环岛高速铁路线。

黄流站（95105105；乐东黄流镇孔汶村）途经线路为海南西环铁路线。

▌长途汽车

五指山汽车站（86622857；五指山市海榆北路50号）

黄流汽车站（85851515；乐东黄流镇黄金大道上汽车站广场）

▌公交车

五指山市内公交便捷，标识清晰，大部分旅游景点都有公交线路可达，并且支持投币、刷五指山公交一卡通、手机扫码支付等方式。五指山市已实现"村村通公交"。需要注意的是，五指山的公交车没有站牌，路边招手即停，上车后需要请售票员提醒你下车。

保亭黎族苗族自治县内公交便捷，标识清晰，公交1路、4路、7路经过汽车站、汽车运输公司和县城补票点。

乐东黎族自治县境内公交线路不多，已陆续开通了几条乡村公交线路，并支持投币、刷当地公交一卡通等方式。

🛒 土特产和纪念品

五指山当地特色有红茶、山竹、红毛丹，保亭当地特色有什玲鸡、七仙岭山竹、保亭山兰米，乐东黄流当地特色有老鸭和乐东香蕉。

🏠 住宿

▌经济型

水云山庄宾馆

（31862000；五指山市翡翠花园水云山庄5栋1层）这家宾馆开在居民区里，依山傍水，步行可达五指山景观河边，交通便利，位置优越，门口还有公交车站可直达五指山市中心商业区。客房布置温馨，房间简单干净，来自东北的老板夫妇热情友好，整体性价比很高。

▌中档

五指山红叶大酒店

（38621111；五指山市三月三大道27号）这是一家以红叶文化为主题的度假酒店，装饰风格典雅温馨。酒店位于五指山市中心地段，毗邻长途汽车站，交通便捷，周围有很多商店和餐厅。客房宽敞明亮，视野很棒。

▌高档

保亭七仙岭雨林仙境温泉度假酒店

（83889988；保亭七仙岭温泉国家森林公园温泉口旁）酒店位于七仙岭温泉国家森林公园内，绿植围绕，环境优美。客房宽敞明亮，装修精致，配有私密水疗亭。天然温泉水入户，让你享受私密的泡汤，在温泉水里还能煮鸡蛋。

🍴 就餐

五指山民族风味园

（86628003；五指山市泰翡路；9:00-14:00，16:30—21:00）这家餐馆建在汽车站后面的山头上，在山崖边修建了一条凉廊，顾客可以坐在这里边吃饭边欣赏美景。推荐招牌菜小黄牛、五脚猪、蚂蚁鸡，分量很大，保证让你吃到满意。

乐东味

（18876106833；乐东龙湖大道88号；9:30—13:30，16:30—20:30）这家餐厅是乐东口碑很好的一家，服务细腻热情，老板质朴友善，会给客人推荐当地的招牌，还会根据客人人数推荐合适分量的菜肴。推荐店家招牌菜排骨、百香果鱼汤。

🚌 线路推荐

五指山自然之旅： 五指山—太平山瀑布—牙胡梯田

乐东自然之旅： 海南尖峰岭国家森林公园—莺歌海湾—鸣凤谷

📍 五指山景点

五指山国家自然保护区

标签： 山岳

五指山是海南最高峰，海拔1867米，因为五峰相连形如手指，因此得名五指山。这座山也是五指山市的名称由来。五指山植被覆盖率很高，空气清新，素有"天然氧吧"之称。山中遍布热带森林，是海南主要河流昌化江、万泉河的发源地，一年四季气候舒适。这里自然风光优美，生活着许多动植物，是生物多样性极为丰富的宝库。

门票信息 | 旺季50元，淡季42元
营业时间 | 8:30—18:00，16:00停止入园
交通信息 | 自驾或打车前往。
微信公众号 | 五指山红峡谷文化旅游区
网址 | http://www.hntrnp.com/

> ⭐ **亮点**
> 大峡谷漂流、蝴蝶牧场、太平山瀑布

初保村

标签： 民族风情

初保村是至今保留最完整、最具古老气息的黎族民居群，地处五指山西麓。整座村庄依山而建，村前那条河被称为"牙合河"，全村几十户人都住在具有黎族特色的"吊脚楼"里。可以说这里是了解黎族传统习俗、建筑和民族文化的绝佳场所。这里的村民和蔼可亲，大多能歌善舞，还保留着黎族人的生活传统，而年轻一代大多已离开村落到外面的世界寻求生存和发展。有时间可以尝尝这里的竹筒饭、五色饭、野黄牛、野山鸡等菜肴，非常地道，而且价廉物美。

门票信息 | 免费
营业时间 | 全天
交通信息 | 自驾或打车前往。

> ⭐ **亮点**
> 吊脚楼、竹筒饭

牙胡梯田

标签： 海南第一梯田

海南的梯田美景一直以来都不太为人所知，这片"海南第一梯田"也是近年来通过社交软件开始走红的。黎族人在这片大山上开山造田，引水灌溉，形成了成片的梯田，绵延在牙胡、牙防、坎通等黎族村落之间。和云南、广西气势磅礴的梯田相比，牙胡梯田显得小巧很多，不过这里山势陡峭，俗称"一床棉被盖过田"。4月至5月和8月至9月是这里景色最美的时候，放眼望去，满目都是梯田丰富的色彩。

门票信息 | 免费
营业时间 | 全天
交通信息 | 自驾或打车前往。

> ⭐ **亮点**
> 梯田美景

📍 保亭景点

呀诺达热带雨林文化旅游区

标签： 5A级景区

呀诺达热带雨林文化旅游区位于保亭黎族苗族自治县三道镇。"呀诺达"是海南方言"一二三"的音译，景区别具一格地赋予"呀

诺达"新的内涵，"呀"表示创新，"诺"表示承诺，"达"表示践行。同时"呀诺达"又有欢迎、您好的意思，是景区的通用语言。游客来到景区，经常听到工作人员一声"呀诺达"问候，表示友好和祝福。旅游区已建成雨林谷、梦幻谷、三道谷3个自然景观区域和雨林一号度假酒店，开展了包括玻璃观景平台、悬崖观海秋千、高空滑索、踏瀑戏水、雨林拓展在内的多项活动。

门票信息｜180元

营业时间｜8:00—17:30

交通信息｜自驾或打车前往。

电话｜83881101

网址｜http://www.yanoda.com/

★ 亮点

哇哎噜玻璃观景平台、悬崖观海秋千、高空滑索

七仙岭

标签：观光名山　温泉疗养地

七仙岭位于保亭黎族苗族自治县东北处，是海南岛的名山之一。七仙岭以7座状似手指的山峰而得名，最高峰海拔1107米。从远处眺望，七仙岭酷似7位姐妹披着薄纱直立。七仙岭山脚下的温泉闻名遐迩，大小40多口泉眼汇聚成池，传说中这里是仙人沐浴的地方，如今吸引了许多游客前来。

门票信息｜48元

营业时间｜全天

交通信息｜自驾或打车前往。

电话｜31835047

★ 亮点

温泉

槟榔谷黎苗文化旅游区

标签：热带雨林

槟榔谷黎苗文化旅游区建于1998年，位于保亭县与三亚市交界的甘什岭自然保护区

境内。景区最大的亮点是万余棵亭亭玉立、婀娜多姿的槟榔组成的林海，游客还可以置身于古木参天、藤蔓交织的热带雨林中。景区主要由非遗村、甘什黎村、谷银苗家、田野黎家、《槟榔·古韵》大型实景演出、兰花小木屋、黎苗风味美食街7大文化体验区构成，游客还可以体验黎族传统纺染织绣技艺。槟榔谷还是海南黎族和苗族的传统节日"三月三"的活动举办地之一。

门票信息｜旺季96元，淡季80元

营业时间｜全天

交通信息｜可打车或自驾前往。

电话｜38661116

网址｜http://www.binglanggu.com/jqjj.php

★ 亮点

槟榔林海

神玉岛文化旅游区

标签：热带雨林

神玉岛毗邻毛真水库，以中华玉文化和生态文化为主题，是集文化艺术、旅游度假、健康养生三位一体的旅游度假区。这里拥有山地湖泊、原始热带生态雨林、千年荔枝树、森林溪谷、杪椤丛林和桃花水母等丰富的自然景观。景区还打造了中华玉器艺术馆、热带雨林自然生态博物馆、苗文化风情小镇、神玉儿童乐园等景点，适合各个年龄层的游客前来。

门票信息｜59元

营业时间｜8:30—17:30

交通信息｜可打车或自驾前往。

电话｜83885111

★ 亮点

千年荔枝树、森林溪谷

📍 乐东景点

白沙河谷本土文化园

标签：博物馆

白沙河谷本土文化园位于佛罗镇白沙河

海南

大桥,是一家藏品丰富的黎族文化博物馆。这里的黎族文化藏品包括黎族文身和生活内容的相片和历史资料、各类农耕劳动生产工具、各类生活用具,游客可以在这里了解黎族的历史文化和传统习俗,以及海南岛独特的历史。另外文化园还有山丘、河谷沟、清泉、水草湿地,一定要仔细看看海南黄花梨文化及黄花梨等珍稀本土树种。

门票信息｜30元
营业时间｜10:00—18:00
交通信息｜自驾或打车前往。
电话｜13907631399

> ⭐ **亮点**
>
> "南海神针"图腾柱、北宋旧遗址甘泉驿

海南

尖峰岭国家森林公园

标签: 森林公园

　　尖峰岭国家森林公园是我国第一个以热带雨林为类型的国家森林公园,位于海南岛西南部,地跨乐东、东方两市县,与乐东尖峰镇天然渔港——岭头港接壤。尖峰岭也是我国现存最为典型、保存最好、面积最大的热带雨林之一,2005年被《中国国家地理》评为"中国最美十大森林"。这里的热带雨林景观可与南美洲、非洲的热带雨林媲美,有刺灌丛、热带稀树草原、热带半落叶季雨林、热带常绿季雨林、热带山地雨林、热带山地常绿林等完整的植被类型。良好的生态环境使尖峰岭成为许多动植物的栖息地,被誉为"热带北缘生物物种基因库"。

门票信息｜60元
营业时间｜全天
交通信息｜自驾或打车前往。
电话｜85720343
官方网站｜www.hntrnp.com

> ⭐ **亮点**
>
> 雨林美景、南国天池、尖峰览胜

莺歌海湾

标签: 海滩

　　莺歌海湾过去是渔民出海捕鱼归来停靠的港湾,如今新建了许多配套旅游设施,包括观景栈道、沐浴硬件、宾馆和餐厅,因此也吸引了一大批游客前来。莺歌海湾的小镇很有文艺氛围,拥有不少古朴的老建筑,有时间可以在小街逛逛,看看这些老房子。一定要走一走海上石栈道,栈道直接通往海中心,沿途的海景可以尽收眼底。

门票信息｜免费
营业时间｜全天
交通信息｜自驾或打车前往。
电话｜13632866430

> ⭐ **亮点**
>
> 海上石栈道

莺歌海盐场

标签: 盐场

　　莺歌海盐场位于乐东,背靠尖峰岭林区,是海南岛最大的海盐场,在华南地区也是数一数二的海盐场。这里可见一大片银白色盐海,渠道纵横有序,盐田闪烁,景色美丽。莺歌海盐场建在海山之间,尖峰岭的连绵群山挡住了来自北方的台风云雨,使这里长年烈日当空,日照充足,因此也有充分的光热进行盐业生产。再加上这里的海水含盐度高,便造就了得天独厚的海盐生产条件。

门票信息｜免费
营业时间｜全天
交通信息｜自驾或打车前往。

> ⭐ **亮点**
>
> 银白色盐海

西山岭景区

标签: 自然风景区

　　西山岭原名白石岭,位于海南岛西部,与东山岭、南山相对应,因此得名西山岭。西山

岭主要由3座石山组成,自然景观奇特,其中红水河谷是一大亮点,落差高达1500多米。西山岭景点包括求雨石屋、求寿石屋、仙居洞、飞来石等。有时间可以去附近的古海遗迹看看,这里有丰富的地下温泉、木棉树景观和纯黎族村寨民族风情。

门票信息｜免费

营业时间｜全天

交通信息｜自驾或打车前往。

> ★ 亮点
> 古海遗迹

澄迈、临高、儋州

澄迈县毗邻省会海口市,因古县治老城有"澄江""迈岭",故取山水名之首,定县名为"澄迈"。澄迈与雷州半岛隔海相望,拥有广袤的森林资源。澄迈境内福山咖啡文化风情小镇、琼北最大佛教寺院永庆寺都是很有特色的旅游景点。

临高县是海南省直辖县,县内旅游景点丰富,有高山岭、后水湾红树林、居仁瀑布等自然和人文景观。这里历史悠久,古名富罗、临机,早在秦时属象郡。

儋州市位于海南西北部,地形以丘陵为主,邻近北部湾,是海南岛西部的经济、交通、通信和文化中心,海南洋浦经济开发区、中国热带农业科学院以及海南大学儋州校区都位于儋州市境内。儋州在先秦时代为百越之地,西汉朝廷在此设郡,后成为大诗人苏东坡的流放地,东坡书院、东坡井、宁济庙、伏波庙、白马涌泉、儋州古城等都是这里有名的人文景点。

☎ 电话区号 均为0898

🚗 交通

▋火车

老城镇站 途经线路为海南环岛铁路。

福山镇站 途经线路为海南环岛高铁。

临高南站 途经线路为海南环岛高铁。

儋州白马井站 途经线路为海南环岛高铁。

儋州银滩站 途经线路为海南环岛高铁。

▋长途汽车

澄迈汽车站(67621830;澄迈县文明路109号)

临高汽车站(28284323;临高县临城镇江南路)

儋州汽车站(23327166;儋州市中兴大街豪威麒麟大酒店旁)

▋公交车

澄迈县内公交线路不多,但总体较为便捷,票价大部分为2元,支持投币、刷澄迈公交一卡通等方式。

临高县新近开通了28条城乡公交线路,标识清晰,并且支持投币、刷临高公交一卡通等方式。

儋州市内公交便捷,标识清晰,共有19条公交线路,且大部分旅游景点都有公交线路可达,并且支持投币、刷儋州公交一卡通、手机扫码支付等方式。

🛒 土特产和纪念品

澄迈当地特色有澄迈福橙、福山咖啡,临高当地特色有乳猪、玻璃鱿鱼,儋州当地特色有蜜柚、儋州粽子。

🏠 住宿

▋经济型

格林豪泰智选酒店(澄迈老城店)

(36967788;澄迈老城镇南海大道与盈滨路交叉口处)酒店位于老城开发区南海大道72号,距离西海岸度假沙滩仅需10分钟左右的车程,交通便利,出行方便。房间设施齐全,卫生间干湿分离,性价比较高。

▋中档

临高悦来登大酒店

(28329999;临高县二环中路143号)这家酒店位置优越,交通便利,出门就是商圈,餐饮选择很多。房间设施设备齐全,整体性价比高, 前台人员服务热情。

高档

儋州海航福朋喜来登酒店

(28828888; 儋州市那大镇国盛路1号)这家喜来登酒店以前是海航招待所,之后重新修建过。酒店大堂气派,房间富丽堂皇。酒店还配备了健身房、游泳池,在市中心里是性价比很高的豪华酒店。

🍴 就餐

临高鲜乐谷海洋餐厅

(13976532523; 临高县跃进路182号)这家餐厅在临高很受欢迎,供应新鲜丰富的海鲜烧烤,价廉物美,分量量很大,保证让你吃到饱。服务人员热情友好,上菜麻利,推荐香辣海虾、本地山羊、清蒸石斑鱼。

吴记糟粕醋火锅

(13876492275; 儋州市那大中兴大街康润花园小区A3号; 11:00—14:30, 17:00—21:00)这家糟粕醋火锅可以说是儋州最好吃的一家。主打海鲜套餐涮锅,菜品种类丰富,食材非常新鲜。糟粕醋是海南当地的一种特产,调制出来的锅底有种独特的酸味,非常推荐。

🚩 线路推荐

澄迈自然之旅: 海南红树湾湿地公园—罗驿古村

临高自然之旅: 临高角—棋子湾—霸王岭国家森林公园

儋州历史之旅: 东坡书院—铁匠黄花梨手工艺品村—千年古盐田—光村雪茄风情小镇—力乍村

📍 澄迈景点

罗驿古村

标签: 古村落

罗驿古村从南宋末年开始发展成型,至今已有近800年的历史,是澄迈有名的长寿之

乡。罗驿村中遍布明代的牌坊、清代的宗祠,还有古道、老井、石塔、炮楼、牌坊等。村落格局完整,路网清晰,公共空间以及普通居住空间分配得井然有序。

村东还有一条火山石古驿道,是1000年前琼州西路的官道,据说苏轼前往儋州时就曾经过这里。整个罗驿古村规模不小,多数人姓李。元代时这里还走出了澄迈史上的第一位举人,被誉为澄迈科举仕宦第一村。一定要去村中水泥道西侧的李氏宗祠看看,这里的入口十分显眼,宗祠有三进三间,始建于清雍正年间,如今是村史馆。

门票信息 | 免费
营业时间 | 全天
交通信息 | 自驾或打车前往。

⭐ **亮点**
李氏宗祠

海南红树湾湿地公园

标签: 湿地公园

红树林是一种稀有的木本植物。它生长于陆地与海洋交界带的滩涂浅滩,是陆地向海洋过渡的特殊生态系统。红树林群落在世界上面积不大,但具有很高的生态价值。位于澄迈县的红树林湿地保护公园是国家级自然保护区,处于严格的保护之下。另外公园还设有海南岛最长的原木栈道、红树湾湿地体验馆、火烈鸟岛,可以在这里了解关于红树林和湿地的科普知识。

门票信息 | 免费
营业时间 | 8:30—17:30
交通信息 | 自驾或打车前往。
电话 | 36506688

⭐ **亮点**
原木栈道、红树湾湿地体验馆

永庆寺

标签: 寺庙

永庆寺位于盈滨半岛西端,始建于宋

代，位列古代澄迈八景之一。据说流放至海南的苏轼也曾去访这里。如今我们看到的寺庙是2009年按照宋代伽蓝七殿的格局重修而成的，规模宏大，在琼北寺庙中数一数二，各殿所供奉的佛像都是采用整块缅甸白玉雕刻而成，非常珍贵。逢年过节，永庆寺会有热闹的庙会，届时这里会有民俗汇演，还有澄迈本地土特产的展销和特色小吃摊。

门票信息｜50元

营业时间｜8:30—17:30

交通信息｜可乘坐公交10路至永庆寺站。

电话｜67490301

> ★ **亮点**
> 缅甸白玉雕刻佛像

📍 临高景点

临高角

标签： 海滩

　　临高角位于临高县最北端，与广东徐闻县的滘尾角遥遥相对。清光绪二十年（1894年），法国殖民者为了控制琼州海峡，在临高角建造了一座灯塔。如今，已有百年历史的临高角灯塔依然挺立，是国际航标协会认定的百座世界历史文物灯塔之一。但是灯塔不对外开放攀登，你只能从外面远远观看它的身姿。在1950年的解放海南岛战役中，临高角扮演了重要的角色，中国人民解放军首次完成了近2万人的大规模渡海登陆，创造了木帆船打败军舰的奇迹。1995年，这里建起了临高角解放公园，纪念解放战役中牺牲的战士。

门票信息｜免费

营业时间｜8:00—18:00

交通信息｜自驾或打车前往。

> ★ **亮点**
> 临高角灯塔、临高角解放公园

📍 儋州景点

千年古盐田

标签： 国家级非物质文化遗产

　　洋浦千年古盐田是目前中国保存比较完好的古盐场，盐场沿用了古老的传统制盐工艺，这种古老的传统晒盐工艺已被列入《国家级非物质文化遗产名录》。因此，千年古盐田也成为民间传统制盐手工业发展的历史见证。盐田每年接待众多游客，为了把古盐田保护规划好，儋州市政府即将对古盐田的发展做出进一步规划，要把古盐田打造成一个具有观赏及考古价值的旅游景点。考虑到天气炎热，要想看到盐田工人劳作的过程，一般需在早上和傍晚前来。

门票信息｜免费

营业时间｜全天

交通信息｜可乘坐公交3路至古盐田站。

电话｜65569366

微信公众号｜千年古盐田

> ★ **亮点**
> 盐田工人劳作的过程

中和古镇

标签： 古镇

　　中和古镇是海南岛历史悠久的小镇，大文豪苏东坡在这里谪居三年之久，对本地文化带来了很深的影响，几百年来，这里的人都很爱吟诗作对，因此古镇有了"诗对之乡"的美誉。古镇保留了很多珍贵的历史建筑，镇东有东坡书院、桄榔庵、东坡井等。古城尚保存有西、北两个城门，从城门也可以想象到当时古镇宏伟的规模。

门票信息｜免费

营业时间｜全天

交通信息｜自驾或打车前往。

> ★ **亮点**
> 东坡书院、桄榔庵

海南（儋州）热带植物园

标签 | 植物园

海南（儋州）热带植物园就是当地人口中的"两院"植物园，这座植物园隶属于中国热带农业科学研究院。经过60年的发展，园内已有2000多种热带、亚热带植物，主要分为棕榈区、热带果树区、观赏花木区等几个部分。镇园之宝是一棵高达20米的见血封喉树，有时间可以仔细看看。另外果实硕大的吊瓜树、柬埔寨国王赠送给周恩来总理的糖椰子都是园中的亮点。

门票信息 | 36元
营业时间 | 7:30—17:30
交通信息 | 可乘坐公交4路至两院站。
电话 | 23300195
网址 | www.hnrdzwy.com

★ 亮点
见血封喉树

海花岛

标签 | 人工旅游岛

海花岛是全世界规模最大的花型人工旅游岛，位于儋州市排浦港与洋浦港之间的海湾区域，南起排浦镇，北至白马井镇，如今已成为儋州市的网红景点。海花岛由3个独立的离岸式岛屿组成，中间的花形岛是海南的省花"三角梅"形状，两边的2号岛、3号岛是浪花形状，因此得名海花岛。1号岛将中外特色建筑风格与经典地标相结合，营造了浓郁的度假氛围；2号岛和3号岛大部分都是酒店和餐厅。

门票信息 | 免费
营业时间 | 全天
交通信息 | 自驾或打车前往。
电话 | 400-068-3333
微信公众号 | 海花岛旅游度假区
网址 | https://hhd.evergrande.com/zh-cn/

★ 亮点
水上王国、海洋乐园、国际会展中心

白沙、昌江、东方

白沙是海南的生态核心功能区，也是南渡江、珠碧江、石碌河三大河流的发源地。白沙的名字其实来自谐音：《清史稿地理志》中写过"儋州有薄沙巡司"，说的就是康熙皇帝设于此的军事据点"薄沙营"，后来"薄沙"慢慢演变为"白沙"。来这里能看到白沙起义遗址、琼崖纵队遗址等红色旅游景点，也有陨石坑、红坎瀑布、南开石壁等自然景观。

昌江地处五指山余脉的西北侧，地形地貌复杂，主要聚居着汉族与黎族、苗族。这里海岸曲折，港湾较多，滩涂面积大，在霸王岭天然林区生活着1000多种野生动物。

东方市位于海南省西南部，这个地名和它的地理位置没有任何关系，主要因为最初县城定址在黎族聚居的东方峒（峒是旧时少数民族地区类似乡一级的行政单位）。由于和越南相邻，东方市对越贸易历史久远，是海南唯一拥有边贸政策的城市口岸和进境水果指定口岸。付龙园遗址、新街贝丘遗址、九龙县治遗址等都是重要的历史文化景点。

☎ **电话区号 均为0898**

▌火车
东方站（25523778）途经线路为海南环岛铁路、海南西环货线。

▌长途汽车
东方汽车站（25523778；东方市解放东路和海榆西线交叉口西侧）

▌公交车
白沙县内公交线路不多，但标识清晰，目前新增3条城乡线路，白沙县城到细水和元门有2条公交线路。

昌江石碌镇有多条公交线路，标识清晰，票价均为1元，支持投币、刷昌江公交一卡通等方式。

东方市内公交便捷,标识清晰,票价均为1元。公交5路、9路和18路较为便捷有用。

包厢很多,经常是客满状态。菜品价格实惠,分量很足,各种客家菜都值得品尝。

🛒 土特产和纪念品

白沙当地特色有绿茶、芒果,昌江当地特色有霸王岭山鸡、雪茄烟叶、苗族五色粽,东方当地特色有酸瓜和羔羊。

🏠 住宿

▌经济型

格菲酒店(东方高铁站海东方沙滩公园店)

(25591999;东方市琼西北路9号东方海郡商铺C段二层202室)酒店是2021年新开的,设施很新,寝具很舒适,前台的服务员热情友好,整体性价比很高。酒店离市区只有5公里,交通方便,停车场车位很多。房间很干净,宽敞整洁。

▌中档

东方紫荆花大酒店

(25523888;东方市东方大道97号)酒店毗邻东方火车站,出行便利,是一家以东方市本土渔民、黎族传统文化为特色的精品商务酒店,房间宽敞舒适,设备齐全。前台工作人员会给出实用的旅行建议,整体入住体验很舒适。

▌高档

东方傲玥丽呈酒店

(38933333;东方市八所镇福龙中路9号)酒店地理位置优越,毗邻万达商业广场、东方市五馆一院,交通十分便利。酒店有5种不同中式风格的客房,可以满足住客多元化的需求。客房提供免费迷你吧台,供应各种饮料,套房还有咖啡机和咖啡胶囊。

🍴 就餐

海岸客家

(25510588;东方市新东方酒店一楼;7:00—14:00,17:00—21:00)这是本地一家不错的热门老店,口碑很好。餐厅环境优美,

📢 线路推荐

东方自然风景与文化游:鱼鳞洲自然风景保护区—白查村—海南铁路博物馆

📍 白沙景点

鹦哥岭自然保护区

标签:　自然保护区

鹦哥岭自然保护区是海南第一大河流南渡江和第二大河流昌化江的主要发源地。保护区是海南省目前面积最大、自然景观条件最为复杂的保护区,生活着丰富多样的植物和动物,其中包括伯乐树、龙眼润楠、大杜鹃等。鹦哥岭的另一大亮点是保存了华南地区连片面积最大的热带森林,自然环境优越,气候舒适。

门票信息 | 免费
营业时间 | 全天
交通信息 | 自驾或打车前往。

> ⭐ **亮点**
> 伯乐树、龙眼润楠

邦溪自然保护区

标签:　自然保护区

邦溪自然保护区位于白沙县邦溪镇境内,是海南坡鹿的原生地。这种动物是海南省独有的品种,因其数量稀少而引起大家关注,被称为"稀世之宝"。保护区地势较平坦,属热带丘陵区域,除海南坡鹿外,还生活着蟒蛇、海南兔、原鸡、鹧鸪、赤鹿、野猪等动物。

门票信息 | 免费
营业时间 | 全天
交通信息 | 自驾或打车前往。

> ⭐ **亮点**
> 海南坡鹿、海南兔

📍 昌江景点

霸王岭国家森林公园

标签： 国家森林公园

　　霸王岭国家森林公园位于昌江县境内，是海南省五大林区中保存最完好的热带原始森林。森林公园分为雅加景区和白石潭景区两个部分，气候温和，雨量充沛，空气负氧离子含量高，生活着众多珍贵的动植物，其中珍稀动物有黑冠长臂猿、云豹、黑熊等。另外，霸王岭国家森林公园是四大类人猿之一的黑冠长臂猿种群的最后栖息地，也是世界上唯一以长臂猿为保护对象的保护区，全世界仅存的33只黑冠长臂猿全部在霸王岭。

门票信息｜雅加景区50元，白石潭景区50元
营业时间｜7:30—17:30
交通信息｜自驾或打车前往。
电话｜26883333
网址｜http://www.hntrnp.com/

> ⭐ **亮点**
>
> 黑冠长臂猿

棋子湾

标签： 观景海滩

　　棋子湾位于昌江县古昌化城的北部，西接昌化江入海口，东倚昌化岭风景区。棋子湾不仅风景秀丽，而且流传着许多美丽传说。历代慕名而至的名人包括苏东坡、赵鼎、郭沫若，他们都在这里留下了脍炙人口的诗篇。棋子湾海湾形状曲折，水面平静，海水清澈见底，海沙细软。沿岸分为大角、中角、小角三个小湾，各有看点，自驾旅行者可以沿着恒大棋子湾和昌化镇之间的旅游公路依次游览。

门票信息｜免费
营业时间｜全天
交通信息｜自驾或打车前往。

> ⭐ **亮点**
>
> 峻壁角、细眉角

七星燕窝岭

标签： 山岳

　　七星燕窝岭位于昌江县城石碌镇往南20多公里处，主峰海拔487米，从远处看去峰峦叠翠，有山有水，是一处放松休闲的好去处。在七星岭可以俯瞰昌化江，岭后还有七星温泉，可容纳400多人。优越的自然环境让七星岭成为热带动植物的栖息地，有花梨、坡垒、母生、油杉、鸡尖、黑格、红椤等珍贵木材。

门票信息｜免费
营业时间｜全天
交通信息｜自驾或打车前往。

> ⭐ **亮点**
>
> 花梨、坡垒

斧头山

标签： 山岳

　　斧头山位于昌江县东部，主峰海拔1200多米，气候温和，雨水充沛，林木茂密，生活着许多珍贵的动物，有长臂猿、云豹、黑熊、水鹿、穿山甲，因此也有"动物种储存库"的美称。斧头山的植物种类也很多，光是兰花就有70多种，还有大型的蔓类植物和附生植物，从远处看去好像空中花园一般。每年这里会吸引许多科研人员以及动植物爱好者。

门票信息｜免费
营业时间｜全天
交通信息｜自驾或打车前往。

> ⭐ **亮点**
>
> 蔓类植物

📍 东方景点

鱼鳞洲自然风景保护区

标签： 海上国门

　　鱼鳞洲位于东方市八所镇西南的海滩上，历史悠久，据史料记载，早在清康熙四十

年（1701年）就已是名胜之地。鱼鳞洲既有山海，又有石水，景观秀丽又奇特，还有小石沙滩、灯塔和大风车，很适合拍照。

门票信息｜免费

营业时间｜全天

交通信息｜可乘坐公交1、9、17、18路至边贸城站。

> ★ **亮点**
>
> 风车、灯塔

白查村

标签：　中国历史文化名村

白查村是黎族美孚方言聚落之一，是目前我国黎族传统民居船形屋保存得最完整的自然村落。80余间船形屋掩映在椰林丛中，十分别致可爱。白查村的船形屋承载着一个民族的历史记忆，反映了黎族先民的生活轨迹和生存理念。如果有时间可以仔细看看谷仓的构造，它的屋顶与墙体是分离的，屋内的通风采光更好，结构也更加稳定。过去的黎族百姓就地取材，用竹木和茅草就能建造出一间供全家人居住的茅草屋。

门票信息｜免费

营业时间｜全天

交通信息｜自驾或打车前往。

> ★ **亮点**
>
> 黎族船形屋

海南铁路博物馆

标签：　博物馆

这间铁路博物馆毗邻八所港，前身是海南铁路总公司，更早之前是日军侵占海南时的驻军指挥部所在地。随着铁路公司迁往海口，这里就被改成了展厅，展出关于海南铁路建设和发展历程的实物、图文资料。博物馆虽然位置偏僻，但展品很有特色。露天院子里停放的各种"退役"列车一定会让你惊喜。这里有海南铁路史上最后一台停运的蒸汽机车、第一批从国外引进海南的内燃机车、日占时期由日本制造的天车（吊车）和矿石车以及宋美龄乘坐过的"美龄号"等，每一台列车背后都有一段生动的历史故事。

门票信息｜免费

营业时间｜9:00—11:30，14:30—17:00，周六日和节假日闭馆

交通信息｜自驾或打车前往。

电话｜25535488

> ★ **亮点**
>
> "美龄号"、各类珍贵铁路文物

APPENDIX

电话区号

常用求助电话

报警　　　　110
火警　　　　119
急救　　　　120，999
政府便民电话　12345
消费者投诉举报专线　12315

直辖市和特别行政区

北京　　　　010
上海　　　　021
天津　　　　022
重庆　　　　023
香港　　　　852
澳门　　　　853

省和自治区

河北

石家庄　　　0311
邯郸　　　　0310
保定　　　　0312
张家口　　　0313
承德　　　　0314
唐山　　　　0315
廊坊　　　　0316
沧州　　　　0317
衡水　　　　0318
邢台　　　　0319
秦皇岛　　　0335

山西

太原　　　　0351
朔州　　　　0349
忻州　　　　0350
大同　　　　0352
阳泉　　　　0353
晋中　　　　0354

长治　　　　0355
晋城　　　　0356
临汾　　　　0357
吕梁　　　　0358
运城　　　　0359

内蒙古

呼和浩特　　0471
呼伦贝尔　　0470
包头　　　　0472
乌海　　　　0473
乌兰察布　　0474
通辽　　　　0475
赤峰　　　　0476
鄂尔多斯　　0477
巴彦淖尔　　0478
锡林郭勒　　0479
兴安　　　　0482
阿拉善　　　0483

辽宁

沈阳　　　　024
铁岭　　　　024
大连　　　　0411
鞍山　　　　0412
抚顺　　　　024
本溪　　　　024
丹东　　　　0415
锦州　　　　0416
营口　　　　0417
阜新　　　　0418
辽阳　　　　0419
朝阳　　　　0421
盘锦　　　　0427
葫芦岛　　　0429

吉林

长春　　　　0431
吉林　　　　0432

延边　　　　0433
四平　　　　0434
通化　　　　0435
白城　　　　0436
辽源　　　　0437
松原　　　　0438
白山　　　　0439

黑龙江

哈尔滨　　　0451
齐齐哈尔　　0452
牡丹江　　　0453
佳木斯　　　0454
绥化　　　　0455
黑河　　　　0456
大兴安岭　　0457
伊春　　　　0458
大庆　　　　0459
七台河　　　0464
鸡西　　　　0467
鹤岗　　　　0468
双鸭山　　　0469

江苏

南京　　　　025
无锡　　　　0510
镇江　　　　0511
苏州　　　　0512
南通　　　　0513
扬州　　　　0514
盐城　　　　0515
徐州　　　　0516
淮安　　　　0517
连云港　　　0518
常州　　　　0519
泰州　　　　0523
宿迁　　　　0527

浙江		龙岩	0597	新乡	0373
杭州	0571	三明	0598	许昌	0374
衢州	0570	南平	0599	平顶山	0375
湖州	0572	**江西**		信阳	0376
嘉兴	0573	南昌	0791	南阳	0377
宁波	0574	新余	0790	开封	0371
绍兴	0575	九江	0792	洛阳	0379
台州	0576	上饶	0793	焦作	0391
温州	0577	抚州	0794	济源	0391
丽水	0578	宜春	0795	鹤壁	0392
金华	0579	吉安	0796	濮阳	0393
舟山	0580	赣州	0797	周口	0394
安徽		景德镇	0798	漯河	0395
合肥	0551	萍乡	0799	驻马店	0396
滁州	0550	鹰潭	0701	三门峡	0398
蚌埠	0552	**山东**		**湖北**	
芜湖	0553	济南	0531	武汉	027
淮南	0554	菏泽	0530	襄阳	0710
马鞍山	0555	青岛	0532	鄂州	0711
安庆	0556	淄博	0533	孝感	0712
宿州	0557	德州	0534	黄冈	0713
阜阳	0558	烟台	0535	黄石	0714
亳州	0558	潍坊	0536	咸宁	0715
黄山	0559	济宁	0537	荆州	0716
淮北	0561	泰安	0538	宜昌	0717
铜陵	0562	临沂	0539	恩施	0718
宣城	0563	滨州	0543	十堰	0719
六安	0564	东营	0546	神农架	0719
池州	0566	威海	0631	随州	0722
福建		枣庄	0632	荆门	0724
福州	0591	日照	0633	仙桃	0728
厦门	0592	聊城	0635	天门	0728
宁德	0593	**河南**		潜江	0728
莆田	0594	郑州	0371	**湖南**	
泉州	0595	商丘	0370	长沙	0731
漳州	0596	安阳	0372	岳阳	0730

湘潭	0731	桂林	0773	宜宾	0831
株洲	0731	梧州	0774	内江	0832
衡阳	0734	贺州	0774	资阳	028
郴州	0735	玉林	0775	乐山	0833
常德	0736	贵港	0775	眉山	028
益阳	0737	百色	0776	凉山	0834
娄底	0738	钦州	0777	雅安	0835
邵阳	0739	河池	0778	甘孜	0836
湘西	0743	北海	0779	阿坝	0837
张家界	0744	**海南**		德阳	0838
怀化	0745	海口	0898	广元	0839
永州	0746	三亚	0898	**贵州**	
广东		三沙	0898	贵阳	0851
广州	020	儋州	0898	遵义	0851
汕尾	0660	文昌	0898	安顺	0851
阳江	0662	琼海	0898	黔南	0854
揭阳	0663	万宁	0898	黔东南	0855
茂名	0668	陵水	0898	铜仁	0856
江门	0750	定安	0898	毕节	0857
韶关	0751	屯昌	0898	六盘水	0858
惠州	0752	琼中	0898	黔西南	0859
梅州	0753	五指山	0898	**云南**	
汕头	0754	保亭	0898	昆明	0871
深圳	0755	乐东	0898	西双版纳	0691
珠海	0756	澄迈	0898	德宏	0692
佛山	0757	临高	0898	昭通	0870
肇庆	0758	白沙	0898	大理	0872
湛江	0759	昌江	0898	红河	0873
中山	0760	东方	0898	曲靖	0874
河源	0762	**四川**		保山	0875
清远	0763	成都	028	文山	0876
云浮	0766	攀枝花	0812	玉溪	0877
潮州	0768	自贡	0813	楚雄	0878
东莞	0769	绵阳	0816	普洱	0879
广西		南充	0817	临沧	0883
南宁	0771	达州	0818	怒江	0886
防城港	0770	遂宁	0825	迪庆	0887
崇左	0771	广安	0826	丽江	0888
柳州	0772	巴中	0827	**西藏**	
来宾	0772	泸州	0830	拉萨	0891

日喀则	0892	庆阳	0934	昌吉	0994
山南	0893	武威	0935	五家渠	0994
林芝	0894	金昌	0935	吐鲁番	0995
昌都	0895	张掖	0936	巴音郭楞	0996
那曲	0896	酒泉	0937	铁门关	0996
阿里	0897	嘉峪关	0937	阿克苏	0997
青海		天水	0938	阿拉尔	0997
西宁	0971	陇南	0939	喀什	0998
海北	0970	甘南	0941	图木舒克	0998
海东	0972	白银	0943	伊犁	0999
黄南	0973	**宁夏**		可克达拉	0999
海南	0974	银川	0951	新星	0902
果洛	0975	石嘴山	0952	**台湾**	
玉树	0976	吴忠	0953	台北（886）02	
海西	0977	固原	0954	基隆（886）02	
陕西		中卫	0955	新北（886）02	
西安	029	**新疆**		桃园（886）03	
咸阳	029	乌鲁木齐	0991	宜兰（886）03	
延安	0911	塔城	0901	花莲（886）03	
榆林	0912	哈密	0902	新竹（886）03	
渭南	0913	和田	0903	台中（886）04	
商洛	0914	昆玉	0903	彰化（886）04	
安康	0915	阿勒泰	0906	云林（886）05	
汉中	0916	北屯	0906	嘉义（886）05	
宝鸡	0917	克孜勒苏	0908	台南（886）06	
铜川	0919	柯尔克孜		澎湖（886）06	
甘肃		博尔塔拉	0909	高雄（886）07	
兰州	0931	双河	0909	屏东（886）08	
临夏	0930	克拉玛依	0990	苗栗（886）037	
定西	0932	胡杨河	0992	南投（886）049	
平凉	0933	石河子	0993	台东（886）089	

中国国家级风景名胜区名单（大陆地区）

所在地	国家级风景名胜区名称	所在地	国家级风景名胜区名称	所在地	国家级风景名胜区名称
北京	八达岭一十三陵	黑龙江	镜泊湖		龙川风景名胜区
	石花洞		五大连池		齐山一平天湖
天津	盘山		太阳岛		风景名胜区
重庆	缙云山		大沽河风景名胜区	福建	武夷山
	长江三峡	江苏	太湖		清源山
	四面山		南京钟山		鼓浪屿一万石山
	芙蓉江		云台山		太姥山
	天坑地缝		蜀冈一瘦西湖		桃源洞一鳞隐石林
	金佛山		三山		泰宁（原名"金湖"）
	潭獐峡	浙江	杭州西湖		鸳鸯溪
河北	承德避暑山庄外八庙		富春江一新安江		海坛
	秦皇岛北戴河		雁荡山		冠豸山
	野三坡		普陀山		鼓山
	苍岩山		天台山		玉华洞
	嶂石岩		嵊泗列岛		十八重溪
	西柏坡一天桂山		楠溪江		青云山
	崆山白云洞		莫干山		佛子山
	太行大峡谷		雪窦山		宝山
	响堂山		双龙		福安白云山
	娲皇宫		仙都		灵通山
山西	五台山		江郎山		湄洲岛
	恒山		仙居		九龙漈
	黄河壶口瀑布		浣江一五泄	江西	庐山
	北武当山		方岩		井冈山
	五老峰		百丈漈一飞云湖		三清山
	碛口风景名胜区		方山一长屿硐天		龙虎山
内蒙古	扎兰屯		天姥山		仙女湖
	额尔古纳风景名胜区		大红岩		三百山
辽宁	鞍山千山		大盘山风景名胜区		梅岭一滕王阁
	鸭绿江		桃渚风景名胜区		龟峰
	金石滩		仙华山风景名胜区		高岭一瑶里
	兴城海滨	安徽	黄山		武功山
	大连海滨一旅顺口		九华山		云居山一柘林湖
	凤凰山		天柱山		灵山
	本溪水洞		琅琊山		神农源
	青山沟		齐云山		大茅山
	医巫闾山		采石		瑞金
吉林	松花湖		巢湖		小武当
	"八大部"一净月潭		花山谜窟一渐江		杨岐山
	仙景台		太极洞		汉仙岩
	防川		花亭湖	山东	泰山

所在地	国家级风景名胜区名称	所在地	国家级风景名胜区名称	所在地	国家级风景名胜区名称
	青岛崂山		九嶷山—舜帝陵		紫云格凸河穿洞
	胶东半岛海滨		里耶—乌龙山		平塘
	博山	广东	肇庆星湖		榕江苗山侗水
	青州		西樵山		石阡温泉群
	千佛山		丹霞山		沿河乌江山峡
河南	鸡公山		白云山		瓮安江界河
	洛阳龙门		惠州西湖	云南	路南石林
	嵩山		罗浮山		大理
	王屋山—云台山		湖光岩		西双版纳
	石人山		梧桐山		三江并流
	林虑山	广西	桂林漓江		昆明滇池
	青天河		桂平西山		丽江玉龙雪山
	神农山		花山		腾冲地热火山
	桐柏山—淮源	海南	三亚热带海滨		瑞丽江—大盈江
	郑州黄河	四川	峨眉山		九乡
湖北	武汉东湖		黄龙寺—九寨沟		建水
	武当山		青城山—都江堰		普者黑
	大洪山		剑门蜀道		阿庐
	隆中		贡嘎山	西藏	雅砻河
	九宫山		蜀南竹海		纳木措—念青唐古拉
	陆水		西岭雪山		唐古拉山—怒江源
	丹江口水库		四姑娘山		土林—古格
湖南	衡山		石海洞乡	青海	青海湖
	武陵源		邛海—螺髻山	陕西	华山
	岳阳楼洞庭湖		白龙湖		临潼骊山
	韶山		光雾山—诺水河		宝鸡天台山
	岳麓山		天台山		黄帝陵
	崀山		龙门山		合阳洽川
	猛洞河		米仓山大峡谷	甘肃	麦积山
	桃花源	贵州	黄果树		崆峒山
	紫鹊界梯田—梅山龙宫		织金洞		鸣沙山—月牙泉
	德夯		潕阳河		关山莲花台
	苏仙岭—万华岩		红枫湖	宁夏	西夏王陵
	南山		龙宫		须弥山石窟
	万佛山—侗寨		荔波樟江	新疆	天山天池
	虎形山—花瑶		赤水		库木塔格沙漠
	东江湖		马岭河峡谷		博斯腾湖
	凤凰		都匀斗篷山—剑江		赛里木湖
	沩山		九洞天		罗布人村寨
	炎帝陵		九龙洞		托木尔大峡谷
	白水洞		黎平侗乡		

华中和华南城市地铁图

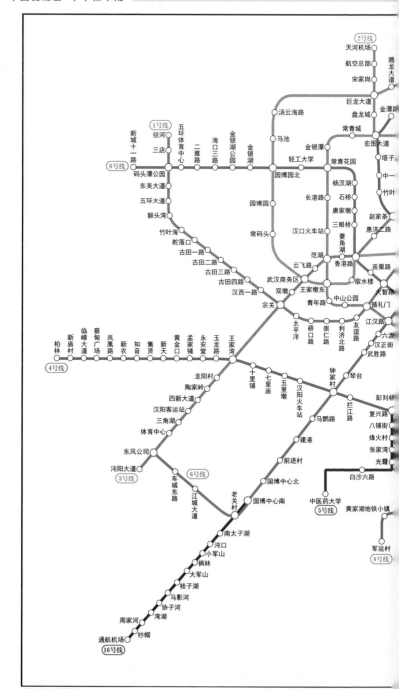

湖北武汉地铁图

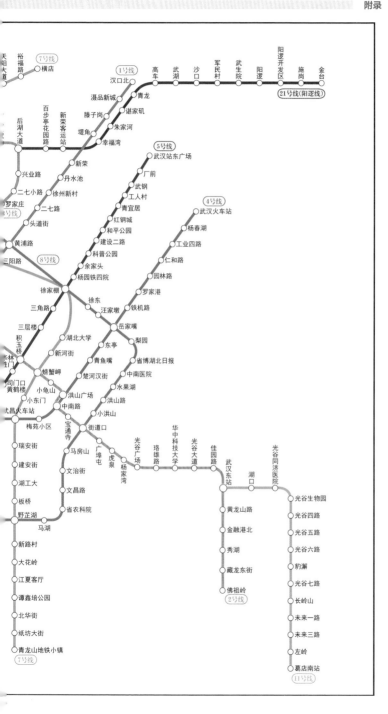

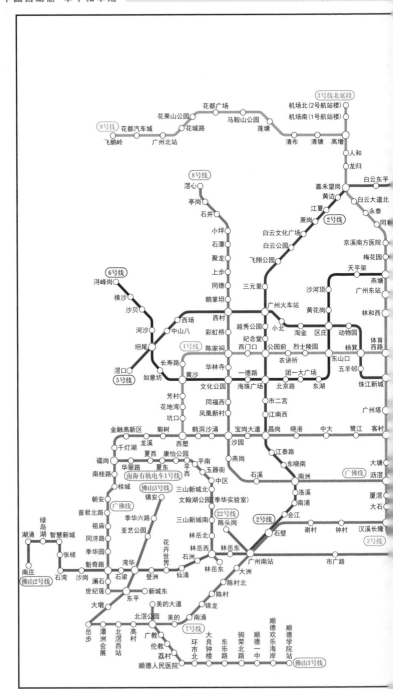

广东广州佛山地铁图

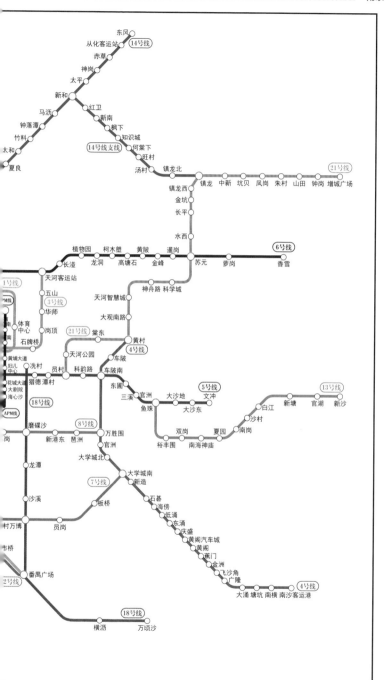

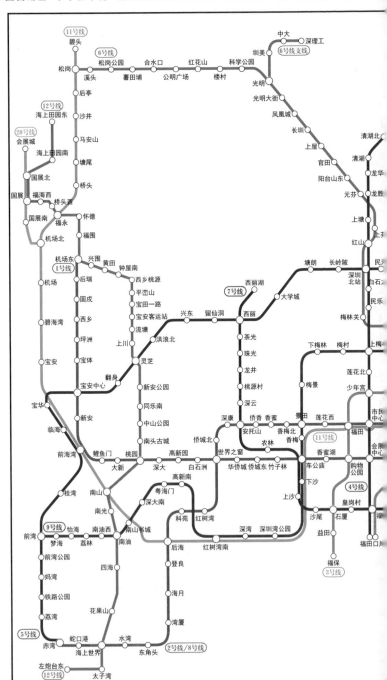

广东深圳地铁图

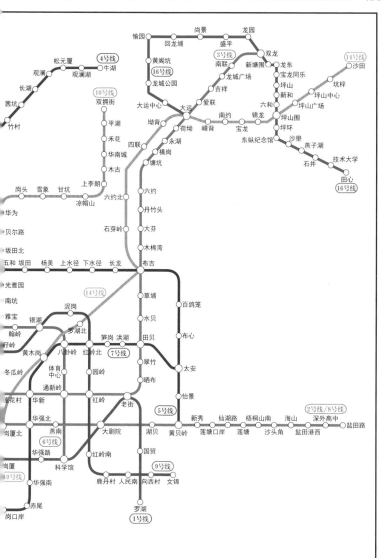

附录

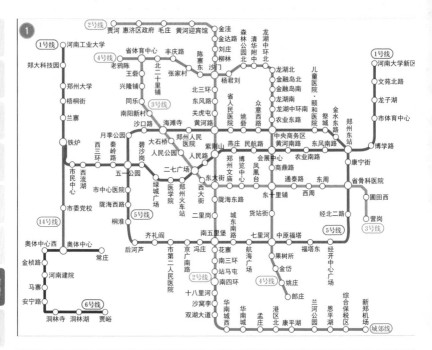

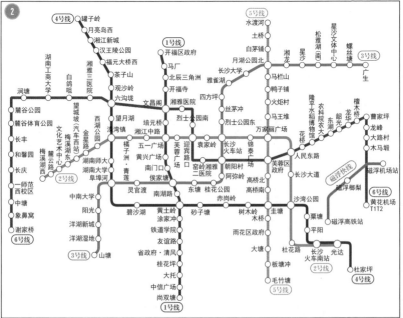

①河南郑州地铁图；②湖南长沙地铁图

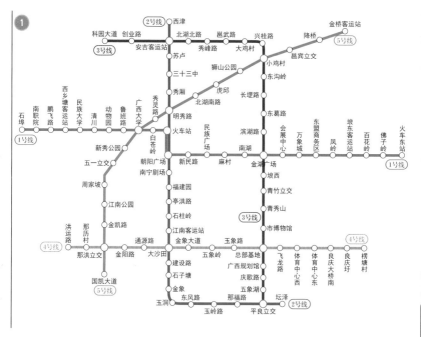

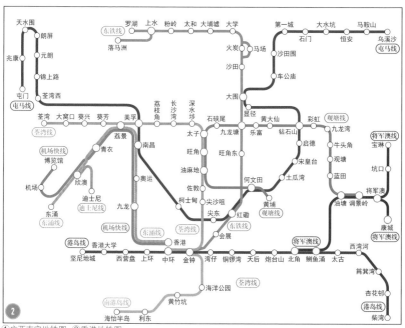

①广西南宁地铁图；②香港地铁图

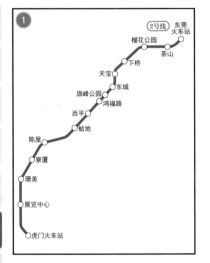

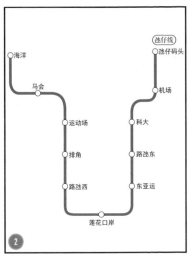

①广东东莞地铁图; ②澳门地铁图; ③河南洛阳地铁图

打包清单

_____ 年 _____ 月 _____ 日　目的地 _____

📋 证件和文件
- ☐ 身份证
- ☐ 护照
- ☐ 驾照
- ☐ 酒店和机票订单复印件
- ☐ 预购好的门票、演出票复印件

👕 衣物
- ☐ 运动鞋
- ☐ 百搭舒适的便鞋
- ☐ 应季的裤装
- ☐ 防水防风的外套
- ☐ 保暖贴身的打底衣物
- ☐ 礼服（出入高级或特殊场所）
- ☐ 商务服装（会议、差旅等场合）
- ☐ 内衣裤
- ☐ 睡衣
- ☐ 拖鞋
- ☐ 泳衣
- ☐ 睡袋

💧 护肤和洗漱用品
- ☐ 根据旅行时长准备护肤品小样或者分装
- ☐ 防晒霜
- ☐ 压缩毛巾、浴巾
- ☐ 隐形眼镜护理液

🔋 其他
- ☐ 备用眼镜
- ☐ 晴雨伞
- ☐ 水杯或保温杯
- ☐ 兑换货币

💊 药品和健康防护
- ☐ 抗过敏药
- ☐ 感冒药
- ☐ 退烧药
- ☐ 去痛片
- ☐ 止泻药
- ☐ 晕车药
- ☐ 应对中暑的药物
- ☐ 碘酒
- ☐ 棉棒
- ☐ 创可贴
- ☐ 纱布
- ☐ 驱蚊液
- ☐ 避孕药物
- ☐ 须长期、定时服用的药物
- ☐ 维生素
- ☐ 口罩
- ☐ 消毒棉片
- ☐ 免洗洗手液
- ☐ 接种疫苗（有些国家对疫苗有特殊要求，应提前关注）

⚡ 小电器
- ☐ 插线板
- ☐ 万能转换插头
- ☐ 充电线
- ☐ 便携式电吹风
- ☐ 便携烘干机

旅行并不一定要带上所有家当，这份清单只是出于多方面的考虑，最终还是要根据旅行的目的地、时间长短、行李重量和件数限制、出行目的等因素进行搭配和删减。这份清单也不只是针对国内出行，希望对每一次旅行都能有所帮助。

使用方法｜每纳入一件物品，就在前面打一个钩。

打包清单

_____ 年 _____ 月 _____ 日　　目的地 _____

📑 证件和文件
- ☐ 身份证
- ☐ 护照
- ☐ 驾照
- ☐ 酒店和机票订单复印件
- ☐ 预购好的门票、演出票复印件

👕 衣物
- ☐ 运动鞋
- ☐ 百搭舒适的便鞋
- ☐ 应季的裤装
- ☐ 防水防风的外套
- ☐ 保暖贴身的打底衣物
- ☐ 礼服（出入高级或特殊场所）
- ☐ 商务服装（会议、差旅等场合）
- ☐ 内衣裤
- ☐ 睡衣
- ☐ 拖鞋
- ☐ 泳衣
- ☐ 睡袋

🧴 护肤和洗漱用品
- ☐ 根据旅行时长准备护肤品小样或者分装
- ☐ 防晒霜
- ☐ 压缩毛巾、浴巾
- ☐ 隐形眼镜护理液

🔋 其他
- ☐ 备用眼镜
- ☐ 晴雨伞
- ☐ 水杯或保温杯
- ☐ 兑换货币

💊 药品和健康防护
- ☐ 抗过敏药
- ☐ 感冒药
- ☐ 退烧药
- ☐ 去痛片
- ☐ 止泻药
- ☐ 晕车药
- ☐ 应对中暑的药物
- ☐ 碘酒
- ☐ 棉棒
- ☐ 创可贴
- ☐ 纱布
- ☐ 驱蚊液
- ☐ 避孕药物
- ☐ 须长期、定时服用的药物
- ☐ 维生素
- ☐ 口罩
- ☐ 消毒棉片
- ☐ 免洗洗手液
- ☐ 接种疫苗（有些国家对疫苗有特殊要求，应提前关注）

⚡ 小电器
- ☐ 插线板
- ☐ 万能转换插头
- ☐ 充电线
- ☐ 便携式电吹风
- ☐ 便携烘干机

旅行并不一定要带上所有家当，这份清单只是出于多方面的考虑，最终还是要根据旅行的目的地、时间长短、行李重量和件数限制、出行目的等因素进行搭配和删减。这份清单也不只是针对国内出行，希望对每一次旅行都能有所帮助。

使用方法 | 每纳入一件物品，就在前面打一个钩。

作　者	"中国自助游"编写组

编　撰 李晗然　李铭亮　刘子嘉　米　迪　王　罂
　　　　吴雨杏　肖　潇　徐芳雨　赵　涵

责任编辑 王若玢
编　辑 周　琳　叶思婧
地图编辑 田　越
排　版 北京梧桐影电脑科技有限公司

本书图片由视觉中国提供。

图书在版编目（CIP）数据

中国自助游 . 华中和华南 / "中国自助游"编写组
编写 . -- 北京 : 中国地图出版社 , 2023.3
　　ISBN 978-7-5204-3435-5

　　Ⅰ . ①中… Ⅱ . ①中… Ⅲ . ①旅游指南 – 中国 Ⅳ .
① K928.9

中国国家版本馆 CIP 数据核字 (2023) 第 034159 号

中国自助游·华中和华南
ZHONGGUO ZIZHU YOU · HUAZHONG HE HUANAN

出版发行　　中国地图出版社
社　　址　　北京市白纸坊西街 3 号
邮政编码　　100054
网　　址　　www.sinomaps.com
印　　刷　　保定市铭泰达印刷有限公司
经　　销　　新华书店
成品规格　　197mm×128mm
印　　张　　9.75
字　　数　　461 千字
版　　次　　2023 年 3 月第 1 版
印　　次　　2023 年 3 月北京第 1 次印刷
定　　价　　40.00 元
书　　号　　ISBN 978-7-5204-3435-5
审 图 号　　GS 京（2022）1519 号

如有印装质量问题，请与我社发行部（010-83543963）联系